何郝炬◎著

行者春秋

四川人民出版社

图书在版编目（CIP）数据

行者春秋 / 何郝炬著. ――成都：四川人民出版社，
2022.1

ISBN 978－7－220－12696－3

Ⅰ. ①行… Ⅱ. ①何… Ⅲ. 何郝炬－回忆录
Ⅳ. ①K827＝7

中国版本图书馆 CIP 数据核字（2022）第 009388 号

XINGZHE CHUNQIU

行者春秋

何郝炬 著

责任编辑	谢 雪 邓泽玲
封面设计	李 敏
内文设计	戴雨虹
责任校对	林 泉 舒晓利
责任印制	李 剑

出版发行	四川人民出版社（成都市槐树街 2 号）
网 址	http://www.scpph.com
E-mail	scrmcbs@sina.com
新浪微博	@四川人民出版社
微信公众号	四川人民出版社
发行部业务电话	（028）86259624 86259453
防盗版举报电话	（028）86259624
照 排	四川胜翔数码印务设计有限公司
印 刷	自贡市华华广告印务有限公司
成品尺寸	170mm×240mm
印 张	21.75
字 数	320 千
版 次	2022 年 3 月第 1 版
印 次	2022 年 3 月第 1 次印刷
书 号	ISBN 978－7－220－12696－3
定 价	88.00 元

目录

第一章

1952 年的新尝试

新活路，小摊子，从头开始

1952 年，一座精致、玲珑的小院，在重庆上清寺熙熙攘攘的闹市包围之中，显得十分清静。乍然间，从小院外边闯进了一位身材不高、两鬓花白、步履稳健的老人。

"作孚①先生，您咋晓得我住在这儿，还有时间亲自来？"

"这个鲜公馆，不晓得来过多少回了。凑巧今天来参加军政委员会的办公例会，和鲜老坐在一起，他说你借特园几间房子临时办公，正好顺路来看看，摆摆龙门阵。"

我刚从民生公司公方代表和航运业的岗位上调来，奉命组建西南建筑工程管理局（由西南军政委员会财政经济委员会建筑工业管理局改组而来，简称"建工局"）。离开原岗位之前，卢作孚曾诚恳地挽留我，他说："你要开始新的工作，不管咋样，你还是'民生'和我的老朋友，你熟悉'民生'的处境和情况，总想经常听到你的意见和看法哩！"

---

① 卢作孚（1893—1952）：原名卢魁先，别名卢思，重庆合川人。近代著名爱国实业家、教育家、社会活动家，民生公司创始人，中国航运业先驱，被誉为"中国船王""北碚之父"。

卢先生的想法并不现实，离开民生公司以后，我不可能再提看法和意见。但卢先生却是这样做了，知道我的住处后，差不多每周都要来一趟，谈谈"民生"和他的近况，我只能听着，偶尔插几句话而已。

我现在的状况概括地讲是三句话："新活路，小摊子，从头开始。"

这是一项完全陌生的事业，只能从有关文件了解大概（而这种文件又少又简略），再就是与财委领导段君毅①、刘岱峰②的几次谈话：当前正是恢复经济时期，要为下一步大规模建设做好准备。建筑业是未来大规模建设的重要行业，但现状是散、乱，没有统一的管理体制，没有承担国家骨干工程的主要建筑力量，更没有近、远期规划，国家已开始着手解决建筑业的组织、管理等问题，西南区也需要立即开展此项工作，让我立即上任，担当筹备组建西南区建筑业管理机构的重要任务。

刚一接触，我立刻感到工作的紧迫性和复杂性。摆在面前的是一个杂乱无序、无章可循的乱摊子，不论设计还是施工，都是各干各，工程由大大小小的私人营造商承包，其中不少是无资金、无设备的皮包公司。他们揽下活路，发包给包工头，偷工减料、抬高造价、质量低劣等事件时发。各部门和省、市虽也组建了一些国营工程企业，但人数不多，更缺乏明确的组织管理制度和办法，未脱离旧营造厂作的窠臼。

我刚到职即遇到法院判决的两件重案：一是基泰工程公司的原高级建筑师肖子言在一项国家投资的建筑工程中获取回扣，侵吞巨额公款，已被绳之以法。我了解到肖子言的所作所为，是旧时人所共知的行业潜规则。对肖子言的严处，从法律和道义看，无人能说不是，但内心也感受到很大震慑。另一件是公营重庆建筑公司承建的物资仓库，二楼混凝土楼板表面

---

① 段君毅（1910—2004）：河南范县人，毕业于北平中国大学政治经济系。1936 年加入中国共产党。新中国成立后，先后任西南军政委员会财经委员会副主任兼工业部部长、党组书记，第一机械工业部部长，中共四川省委书记，铁道部部长，河南省委第一书记，北京市委第一书记、北京卫成区第一政委，中顾委常委。
② 刘岱峰（1913—1990）：曾用名刘岳魁，山西盂县人，北京大学经济和历史系专业肄业。1932 年 10 月加入中国共产党。新中国成立后，先后任西南财经委员会副主任，云南省副省长，国家经委、国家建委、国家计委、全国物价委员会副主任。

出现较长裂纹，该公司总工程师徐尚志①坚持认为不是重大的技术事故，拒绝建设方的责任追究，遭到起诉。法院在调查征求工程技术界意见时，也未得到翔实的反映，徐尚志因此被判处几年徒刑，此事同样引起了震动。

一上来就是如此复杂的环境，真是摸不着头脑。好在段君毅交代任务时，嘱咐我在创建初期抓住两个人，一个是西南工业部的基建处长宋望平②，他同时兼任工业部所属的西南建筑公司经理；另一个是重庆市建设局局长李仲直③。接管重庆两年来他俩一直从事基建工作，能力出众。我常向他们了解情况，有问题向他们请教，有事抓他们来办，无形中成了临时的三人小组。尽管他们各有专职、责任在身，也不遗余力给了我很多帮助，他们希望由建工局这个统一的管理机构把行业全面抓起来。李仲直说：眼下建筑行业分散繁杂，问题众多，希望建工局及时组建，真正发挥权威作用。

想做的事很多，可眼下只有一个东拼西凑的临时班子，七八个人手，我是唯一的副局长，什么事都管。办公室主任苏云是局里实际的二号人物，老地下党员，从刘岱峰主任的财委机关行政部门硬抽出来。另外设立综合、技术两个科，综合科科长谢子瑜是从重庆市抽调来的，是曾留学比利时的土木工程师，但实际上对生产技术十分生疏，不能管多少事，而且

---

① 徐尚志（1915—2007）：四川成都人，毕业于重庆大学土木系建筑学专业。新中国成立后，先后任重庆市建筑公司工程师、设一部主任，西南建筑工程局工程师，西南工业建筑设计院工程师、主任工程师、副总工程师，中国建筑西南设计研究院主任工程师、副总工程师、总工程师、总建筑师、顾问总建筑师，西南交通大学教授；九三学社四川省委常委、副主委兼秘书长、主委、名誉主委，九三学社第四届中央委员、九三学社中央常委；四川省第八届人大常委会副主任；荣获首批"中华人民共和国工程设计大师（建筑）"称号。
② 宋望平（1915—1991）：又名子进、俊，山东邹平人。1938年加入中国共产党。新中国成立后，先后任西南工业部办公室主任兼西南区电力工业局局长，西南建筑公司总经理，西南财经委员会工业部办公室主任兼基建处处长，西南局工业部办公室主任兼基本建设处处长，中央工业部基建处处长，东北局经委委员兼秘书长，齐齐哈尔市委第一书记、革委会副主任，黑龙江省革委会生产指挥部副主任，大庆市委第二书记，黑龙江省工交办主任等。
③ 李仲直（1918—2015）：河南安阳人。1939年加入中国共产党。新中国成立后，曾任重庆市建设局局长、重庆建筑公司主任、重庆市建设委员会副主任，中国建筑学会重庆分会理事，中共重庆市委工业部副部长，重庆市城市建设委员会主任，中共四川维尼纶厂党委书记，重庆建筑工程学院党委书记等职。

自视甚高；另外两个负责写写抄抄的小青年是他从营造厂招来的。技术科没有科长，财委把刚毕业的两个大学生张诚朴、卓湘泉调给我们，他俩刚出校门，不敢独立工作。亏得李仲直的好建议，法院把徐尚志监内服刑的判决改为"监外执行"，让徐尚志负责技术。李仲直对徐尚志受到刑事处分有不同看法，但在当时舆论环境下无能为力，正好我这个摊子的确需要有真功夫的技术人员。徐尚志不能在技术科公开负责，不能签字，但实际在技术科做主，两个青年遇事请教他，按他的要求、想法办事，总算是安排下来了。

管理局在特园有了窝，完全是因为苏云。鲜特生①是苏云的老乡和前辈，鲜老曾在川军中当过行营参谋长，从抗战到解放，是表现积极的民主人士。苏云熟悉鲜老，熟知他家房屋底细，恰好有几间闲房可临时租用。他向鲜老提出，一谈即合，借给我们三间房。

"凡事开头难"，我暗暗对自己说。我并不觉得有多严重，毕竟过去的经历，每到一地，开始只有三五个人，七八条枪，而最后总能发展起来。这次主管生产技术，对我这个门外汉来说难度可想而知。问题虽不少，但眼下很难立刻解决，只能按照现有体制规章，进行一些行政管理的一般业务。作为建工局，除了一些例行公事而外，目前做一些调查研究，为下一步开展工作做好准备。

此时我还兼任另一项职务——重庆市建筑业党委书记，是重庆市几个行业党委之一，如同我曾担任重庆市航运业党委书记。工作对象包括重庆市各建筑单位、西南工业部建筑公司和重庆市属的建筑公司。当时的任务是在建筑业开展民主改革，由建筑党委和建筑工会一起深入企业，发动群众，开展工作。我和建筑工会主席桑林一道，以西南建筑公司大渡口（重钢）工区和重庆市建筑公司一个工地为试点，由工会派出两个工作组，与两个公司党委结合进行。根据建筑业的情况，参考重庆市码头装卸工人发动群众的经验，开展反把头斗争，并把它作为建筑业民主改革第一阶段的

---

① 鲜英（1885—1968）：字特生，四川西充人。民盟创始人之一，著名民主人士。

主要内容，这样我就有相当多的时间在试点工地摸索、了解情况，考虑下一步如何工作。当前党委是空架子，原计划与建工局机构结合，对工作有利。但建工局无任何力量，也没有从事党委和思想工作的人力，可以说，就是我一个人干这个活。好在建筑工会主席桑林和他领导下的汪康铭，以及后来的费长厚等人，成为实际工作的主力，西南建筑公司的副经理刘贤以及由他派出的陈观云发挥了很好的作用。

在 "三反" "五反" 运动中洗了个大澡

我在建筑业尚未入门，民主改革第一项工作的反把头斗争也仅处于开始阶段，建筑业管理刚在摸索起步之时，一声巨响，国家机关"三反"运动（反贪污、反浪费、反官僚主义）开始了。这是国家政治生活中的大事，是继抗美援朝、镇压反革命之后又一场大规模的政治运动。抗美援朝是反帝斗争，镇压反革命是在国内肃清反革命残余的社会斗争。"三反"运动则是在人民内部、在国家机关中进行的重大运动，并与以后在全社会私营工商业者中开展的"五反"（反行贿、反偷税漏税、反盗骗国家财产、反偷工减料、反盗窃国家经济情报）斗争结合，成为反对资产阶级的一场风暴。

运动初始，我没有理解到运动的意义和影响，仅仅认为对当时出现的贪污贿赂、官僚主义等腐败现象，发动一次运动是必要的。一个数十人的航务局，留用人员中两个科长，分别贪污收取回扣数百万元（旧币，下同）①；一个老红军干部担任百余人的修船厂厂长后，一年多时间被奸商拉下水，吸食鸦片，接收贿赂数百万元，最终给予刑事处理；还有肖子言收取巨额回扣的公案。这些事例触目惊心，我深信中央是根据社会现实做出的重大决定。

根据多年经验，首先是进行动员。最初是一般动员，逐步开展坦白检

---

① 旧币一百万元相当于现在的一百元。

举，一步步走上高潮，弦一下拉得很紧。

建工局是新成立的十多人的机关，没有附属单位，开展工作没有门路，找不出多少"三反"性质的问题。尽管如此，在军政委员会和机关党委一再动员指导下，再小的单位也不能成为死角，气氛越来越紧张。十几人的学习会上出现了几次高潮，揭发检举各种各样的问题，对一点小事也抓住不放。问题最后集中到两点，一是根据运动要求，领导人首先要检查自身，动员大家提问题、提意见。于是外出吃饭超过了标准，加大了公家的开支，私人用了几次公家的小车，浪费了多少汽油，都提到了原则性高度。我连续检讨了几次，被认为不深刻，不能使大家满意。另一问题是为什么把"刑事犯罪分子"徐尚志弄到机关，是不是我有意包庇坏人。徐尚志本人多次反复交代，仍然有人提出他不能在机关里继续待下去，应当退回去，重新处理，等等。就这样一些事，我们经历了几个白天黑夜的反复鏖战。

一天，恰好卢作孚先生到特园，看见两间屋子里写的大标语，听见人们对我和徐尚志大声呵斥和批判，一时愕然。他对我说，民生公司是民营企业，没有开展"三反"运动，公方代表一再向公司职工和他们提出要求，欢迎向公方代表提意见，但没有多少人说话。他看到我这儿的情况大不一样，想不到运动那么激烈，有些事合理合法，不一定有什么问题，这样尖锐地提出，怎么处理呢？我向他解释，自我批评和大家揭发批评，是我们的革命传统，事情最后当然要分析处理。重要的是要使批评者和被批评者都受到深刻的教育，树立正确的思想观念。卢作孚说，在军政委员会例会上，他听到了关于"三反"运动的动员，却没想到在实际行动中这样认真严肃。按规定范围，民生公司不会进行"三反"，但作为军政委员会的成员，他要认真考虑这些问题。

毕竟是一个新组建的还未开展工作的小机关，和直接领导我们的西南财委机关一样，经过连续几天疾风骤雨式的会议后，渐渐冷静下来，逐步转向建设性的学习讨论以及个人作风的整改。但西南一级的机关总学习指导委员会，坚持继续深入，号召进入运动的第二阶段，深入反贪污、反受贿的斗争，霎时间气氛变得更为紧张。从上到下，每个人都明白前些日子对浪费、官僚主义的声讨，只是挞伐谴责作风问题，贪污受贿则是犯罪行为，性质完全不同。财委和我们这样的小机关查不出贪污，只得重新拾起个人占公家便宜、公私不分等小事，并提到贪污的高度，自觉从思想上划清界限、检查认识，每个人都受益匪浅。一些大的部门不断挖掘出大大小小的贪污分子，报纸时有报道。最初揭露出的贪污金额不大，多在百万元以下，逐渐发展到几百上千万元，人数越来越多。

一天晚上，财委通知我到一个设有专用电话的运动值班室，那里每天收到各省区、各大部门"三反"运动进展的统计汇报报表，逐日更替。表中大小贪污分子分作两类，以千万元为界，百万元以下者不计。挖出的贪污分子被简称为大、小"老虎"，从逐日增加的"老虎"数字，可以窥见各地"三反"运动斗争程度的深度和气氛。最突出的是公开报道了西南军区后勤部的"三反"运动，军区后勤部副部长姚继鸣在大会上公开检讨，并被停职反省；军械部部长黄以仁被宣布为大贪污分子，在学田湾数万人的大会上，当场被戴上脚镣手铐，揪出会场。我对后勤部成为军队"三反"的重点对象早有所闻，但如此宣布揭露，令人震惊。姚继鸣被上线为严重官僚主义和铺张浪费。黄以仁则被扣上"大贪污分子"的帽子，实际上就是因为他俩负责修建的办公楼超标。

从机关揭露的盗窃事件中，逐渐折射出不法资产阶级对国家干部腐蚀贿赂，形成内外勾结，侵吞国家资产等多方面的非法活动。国家很快宣布同时开展"五反"运动，运动在各地迅速兴起。与"三反"运动不同的是，"五反"不是按地区各级国家机关及所属单位进行，而是以城市为中心，按行业进行。重庆市建筑党委和主管局、建筑工会一起组成委员会开展工作，组织上也对我局增派干部，市里还从军大借调学员组成临时工作队下到基层企业。差不多同时，西南财委通知，将工业部所属西南建筑公司移交建工局管理，由我兼任经理，继续抓建筑公司"三反"运动的有关工作。财委领导说，建工局终究要发展成为建筑公司的主管部门，现在正是时候。一方面工业部管的摊子太多，常常顾不过来，建工局已经组建了一段时间，趁"三反"这个节点开始工作，时机十分有利。估计用不了多久，还有其他单位将会移交给建工局，要有思想上组织上的准备。

全市已开展"五反"动员大会，经济社会生活的弦一下子绷得紧了。

1951年2月6日，卢作孚先生又一次来到特园。他常在军政委员会办公或有事找军政委领导之际，顺便来打一头，不过距离上次来有相当一段时间了。

和往常不同，卢先生的神色有些不安。他说军政委员会周二的例会已经通报了要动员开展"五反"，也谈到有关人员对待"五反"应有的态度，希望大家理解运动的重大意义，正确对待。公司内部、工会代表和公方代表不止一次与他谈到同样的意思。不过工会代表已经考虑到职工对公司会有不少意见，有些事希望能向卢先生反映，等等。他谈到对中央号召开展这样大的运动的理解和衷心拥护，但能从他的神色上看出其不安和焦虑，想说点什么却又难说出来，我以前很少见到他这样的情绪。我深知国家对卢作孚先生一向器重和爱护，运动绝不会针对他个人。我直率地对他说："'五反'运动是当前的大事，它必然会触及许多方面。不过卢先生用不着有啥子顾虑，大家都晓得中央对您一向器重和关怀，人们要提些什么，不用管，也不要参与，事后让他们去处理吧！"

"话虽然这么说，但这么多年，民生的大小事都是我一手操办，在这个节骨眼咋撇得开呢？"

我们交谈没有拘束，他的心绪看来渐趋平静，还聊起了民生公司的近况，最后含笑别去。

可我怎么也没想到，几天后财委打来紧急电话，刘岱峰见面就说，卢作孚昨晚自杀了。

这太出人意料了！从上到下都不曾想到。明知此事一公布将在全国，甚至国际上都会引起大的震动。可事已发生，按下不公布是不可能的。刘岱峰说只发"卢作孚自杀"五个字的电文，不加任何原因、注解，或许会好些。

因不久前我在民生公司工作，与卢作孚先生有交往，此事发生后即向我通报。我在听通报时才了解到卢作孚自杀前一天，民生公司召开了揭发动员大会。据公方代表说，他和工会代表会前专门请卢作孚参加，为力保无事，还在台上摆了沙发，让卢作孚安坐。会上发言的人，开始比较和缓，但已经涉及卢先生。会开了一半，卢作孚从香港带回来的贴身随从，二十多岁的关槐突然跳到台上，揭发卢作孚的"罪行"。他把卢作孚的私人生活细节作为材料抛出来，言辞激烈，连骂带贬。卢作孚当时脸色就变了，硬着头皮听了相当长的时间。会后有人搀扶卢作孚离开，公方代表等人上前安慰礼别，但卢作孚的神色已极为沮丧，当晚即服安眠药自杀，没有留下任何遗言。事后，公安、政法部门逮捕了关槐，说他是"派遣特务"，又在民生公司内调查"敌特破坏"，并对民生公司实行军管。

当时在场的公方代表自以为他们会前会后做了很多工作，未曾想到会发生意外。但我认为这些人做事太鲁莽了。明知卢作孚是享誉国内外、国家重点保护人物，请他在这样的场合出面，听人们的揭发控诉，这本身就十分莽撞，一切礼貌安慰何济于事？卢作孚从来未经历过在大庭广众之下被人揭发受人讽骂，他怎能经得起这种羞辱？这件事固然与我无涉，但我正处在建筑业"五反"运动的指导位置上，如何掌握运动，不发生纰漏，给我敲了警钟。

已属隆冬，重庆气候犹似秋日，早晨整个城市笼罩在白茫茫的寒雾中，看不见路与行人，看不见江岸和江水。有时直到中午，雾才缓缓散去。阴沉的天气，伴随着日趋深入的"三反""五反"运动的紧张气氛，令人难以喘息。

建工局管理的事逐渐多起来，尽管百分之九十的力气还在抓运动。虽然明确了建工局的主管业务，但仍然上下不沾边，各干各的。综合科收集各地不多的文字资料；技术科只能对西南一级机关各部门的建筑工程，或是财委交办的具体工程做些审查管理、抽查图纸、了解质量造价等工作。刘岱峰说这些都是为下一步的工程管理做准备，是必须经历的过程，但还是感到零零碎碎看不到究竟有多大作用。而"三反""五反"运动中发生的事却不少，往往十万火急。这些事一般人插不上手，只有苏云能帮点忙，也不多。特别是在重庆市私营营造厂中开展"五反"，除了市里从军大学员中借调一部分人组织的工作组，无人可主持工作，幸好财委陆续派来的几位从军队转业的团营干部能派上用场。这些干部是财委根据我们的要求，拟任新建建筑公司的领导，正好参加私营营造厂的运动，了解人员技术及资产状况，准备在运动后，吸收其中技术人员参加拟建的华固工程公司，也考虑该公司在"五反"后与私营营造厂组成公私合营的工程公司，先后由唐某（名字记不清了）和曾任军队副团长的戴金山主政，崔传稳①为办公室主任。

重庆市营造业在抗战胜利时，已有一些厂商停业或迁回江浙，技术员被招聘去东北，或在本地参加国营建筑公司，实际存在的厂家规模不大，有些只在市场搞点零星的修缮，数量多人数也不少。为便于开展工作，经与重庆市建设局商定，西南建工局负责对营造厂商集中进行"五反"，重庆市建设局派遣工作组集中进行小营造厂作的"五反"，这两方面安排比国（公）营企业晚。有的厂家看见社会运动的紧张与热烈，沉不住气，自己找上门来，请求开展"五反"。营造业公会会长刘公度出面，请主管部门派人去领导他们的"五反"。在集中开展的情况下，揭发批判进行较快。这些营造厂作的老板大都认罪交代，承诺退赔，他们甚至自称"向人民无条件投降"。这些厂作开展"五反"，与建筑业的民主改革和建筑工人中的反把头斗争都搅在一起。在"五反"中挨批的一些小厂作老板和反把头斗争的把头，基本是一回事，没有特大的完全违法户和连绍华②式的大把头。不过运动后，这些企业除了人员（包括资方和劳动者）以外，几乎是一无所有，有的甚至应退赔而退赔不了，几乎无法承续下去。

与上述情况不同的国营西南建筑公司，经过前后达四五个月的民主改革和"三反"运动，洗了个大澡。"三反"开始时，西南建筑公司行动比

① 崔传稳（1926—2014）：山东郓城人。1941年加入中国共产党。新中国成立后，先后任西南军政委员会建筑第二公司党委书记，第八处、第六处党委书记，西南干部学校党委书记兼第一副校长，四川省工业设备安装公司经理，西南安装公司经理，国家建筑工程部第二工业设备安装公司经理，四川省建筑设计院党委书记、院长。
② 连绍华：重庆码头工人的总把头，后被镇压。

较缓慢，曾被视为西南工业系统的后进单位，不过很快就赶上了。在转入反贪污阶段时，揭发出一些贪污事件，其特点是金额不大（未超过千万元），但交代事实确凿可靠。例如一个工区主管工程师张永和，老实坦白交代曾贪污数百万元现金的事实，在可能受到严重处分时，仍能坚持完成自身工作，使该工程未受影响。和张永和情节相同的情况，被视作"小老虎"的人员都因贪污金额小，态度尚好，得以豁免处分。张永和以后还担任了工程处和公司一级的副总工程师。

但在反贪污继续深入，要挖大案抓"大老虎"的浪潮下，出现了外在逼供及造假乱供的现象，不断抓了一些真假难辨的"大老虎"，反而搅乱了"三反"运动的正常进行，出现了几起特大案件，其中之一是"郑廷栋特大贪污案"。

郑廷栋原系上海一家营造厂的工程师，也是厂里老板之一。上海解放后，他主动报名参加西南服务团技术大队（第二野战军进军西南前从南京上海招募的技术人员），1950年组建西南工业部建筑公司时，被任命为主管技术的副经理。他平时修饰整洁，饶有风度，实际并无本事，是一个家庭富有、生活阔绰、不干实事的耍耍先生。在公司职工特别是技术人员中，没有多少好影响。运动开始后，郑廷栋非常紧张，吞吞吐吐地讲了一些鸡毛蒜皮的事。加上他在公司职工中的言行表现，成为群众揭发批判的重点对象，并被宣布停职审查，怀疑其还有更重大的问题没有交代。他经不起别人一闹，便添油加醋地说自己曾经有过什么问题，有过贪污，并且数字越说越大，企图使自己侥幸过"关"。但随后立即翻案，再受批判后又再加码承认，如此循环往复，成为"三反"运动"打老虎"过程中的老油条。最后甚至交代，国民党某高官解放前夕曾将藏匿于重庆的数十万两黄金的去处和有关凭证交代给他，以备今后有机会偷运出去，等等。听者把此认作是特大的事，议论纷纷。有人真的相信挖出了特大特大的"大老虎"，很多人连同公司几个领导李延东、吴兴德①、刘贤等也是半信半疑，把他看作是"说不准，放不下"，宁可信其有，不可信其无。此事反映到我处，我断定其造假撒谎，荒唐透顶，直接问他本人，郑廷栋一口咬定不改。吴兴德说："那我们找辆车，和你一同去取回巨额黄金？"他还是拍着胸脯说，怎么不行，去就去！等车开出一段路后，他才对吴兴德说了实话，是他被逼急了编出来的。吴兴德问："那当着局长的面，你怎么不说？害得我们跑这一趟，浪费了多少汽油！"郑廷栋说："在局长面前，我怎么好意思说自己说了假话，再说我也没想到你们当了真。真的开小车去，不就露馅了吗？咱们一起共事这么久，我只能对你一个人说实话。"吴兴德狠狠训了他一顿，但还能对他怎么样呢？这事已经列上"大老虎"的专项统计名单，一时也注销不了，真个成了"说不清，放不下"的大案。

另一件是段之大等人"蓄意破坏国防军械仓库工程"的反革命破坏案，其性质的严重程度，远远超出"郑廷栋特大贪污案"。

段之大曾在大专学校土木学科执教，是西南建筑公司青果岭工区主任工程师。该工区承建军队后勤部门储藏弹药的碉库，因在施工过程中发生碉顶局部出现较大裂纹，在油毛毡接连部发生渗漏现象，被认定为对国防机密工程的反革命破坏大案。此案前后均在军方现场代表直接出面主持下，对段之大揭发批斗，甚至监禁待处，西南建筑公司参与了这一行动。由于隶属关系在地方，故最后由西南建筑公司处理。

由于涉及案件较多，核实处理过程拖延较久。据我所见所闻，一些较大的单位，也有类似状况。此时抓工作，抓生产，推动经济的热潮已经全面展开，前段时间一度出现的紧张气氛也大为转变，对运动后期需要处理的问题，已转入专项处理阶段。

---

① 吴兴德（1909—1974）：四川渠县人。1933年参加中国工农红军，1934年加入中国共产党。新中国成立后，先后任豫丰机器厂军事代表，西南建筑公司副经理，西南建筑工程管理局副处长、处长、办公室主任，四川省建设厅副厅长，西南建筑工程管理局副局长，建筑工程部第一工程局副局长，建筑工程部西南指挥部副指挥长，四川省建筑工程局革委会副主任。

"一五" 计划

晚春时节，忽接财委通知，让我去北京参加有关建筑行业的座谈会。这是建筑业的第一次全国会议，会议很低调，没有我之前参加的全国交通工作会议的规模气势。会议由中财委通知召开，大区财委派人参加，主持会议的是中财委下属的总建筑处。我第一次听说这个机构，几位负责人来头不小，处长宋裕和①我早已闻名，他曾是华东军区后勤部部长，从总后副部长调来。另两位副处长邓洁、范离，原先在工业部门和北京市担任重要职务。会议的第一主持人是中财委副秘书长周荣鑫②（好友陶琦青年时代的同学），这使我对这个会议一时有些云里雾里，摸不着头脑。

周荣鑫的主题讲话阐述国家正在制订的国民经济发展的第一个五年计划，一大批工业、交通业的重大项目，将要在不止一个而是长远发展的五年计划逐步实现。他透露了国家领导人正在和苏联谈判，"一五"期内将有若干项目由苏联援助建设。这些闻所未闻的事让我们欢欣鼓舞。尤其是他强调国家大规模经济建设对建筑工程的迫切需要，每一个重大项目中，建筑安装占到总投资额的一半以上，全国究竟需要多少建筑力量可想而知。因此必须建设强大的工程队伍，相应地也要建立建筑工程的领导机关，来统率强大的建筑队伍。事实上，建筑也和交通运输部门一样，是大规模建设中的先行力量，要从国家的繁荣富强来看新中国的建筑队伍，不能和过去同日而语。道理浅显，却简明易懂，一经道破，豁然开朗。干这种活路，自然地与国家革命和建设紧密联系在一起，有了政治和认识上的自觉性。恍惚感到，转到建筑行业半年多，观念还是模糊不清，现在才发

---

① 宋裕和（1902—1970）：又名友训，湖南汝城人。1927年加入中国共产党。新中国成立后，先后任中央财经委员会委员，食品工业部副部长，军委总后勤部副部长兼营房部部长，建筑工程部副部长。

② 周荣鑫（1917—1976）：原名周文华，山东蓬莱人。1933年加入中国共产党。新中国成立后，先后任中央人民政府财经委员会副秘书长，建筑工程部副部长，浙江大学党委书记兼校长，国务院秘书长，教育部部长，中科院核心领导小组副组长。

现段君毅、刘岱峰讲的许多意见是根据上边精神来的，有连贯性，但讲得很零碎，没有归拢在一起。看来他们对中央财委的指示，也没有全部理解，经周荣鑫这么综合分析，一下就有一目了然之感。周荣鑫讲这些并不是他自己的意见，是上边的精神和国家的长远计划。

座谈会上不只传达上面精神，也要了解各大区前一阶段的工作，摸一摸行业的现状和实力。这里面贯穿了一个意图，如何使建设行业的基础坚实牢固，话已经点明，要整顿管好现在分散、混乱的建筑企业。各省市逐步建立建筑工程的专业队伍，重点是各个大区要有一支适合经济建设发展需要的队伍。各大区经济基础不同，不能笼统要求，盲目发展，要根据自身条件，逐步开展。新建的企业，从一开始应明确政治思想、组织各方面要坚强有力，在生产技术上同样要求优良先进，质量上乘。座谈会没有提出具体要求，但一定要有紧迫感，因为第一个五年计划明年即将开始，时不我待。

我代表的西南大区最落后，管理机构成立不久，职责任务不清，基本没有自己的企业，刚在"三反"中接收过来一个工业建筑公司，应当说现在的情况还不如重庆市和一些省区。一些专业部门还掌握一定的设计、施工力量，以及社会上还存在的营造厂作，如何整顿、分工，那是下一步的事了。以各大区现状而论，别处比我们起步早。华东已经正式成立了军政委员会的建筑工程部，直接领导几个建筑公司。中央直属的情况则和我们差不多，总建筑处本身没有直属建筑队伍，华北大区也是如此，但北京市已经成立实力很强的建筑处，这和首都的地位、机关林立的需求大致适应。领导表示北京市的发展是正常的，中央暂时不会自己管多少队伍。国家安排的重大项目在各大区，当前重点是抓好大区的队伍建设。这次是第一次座谈会，根据情况，下半年或许还会再开一次规模更大的会议，全面部署建筑业工作。

带着座谈会明确的任务和要求回到工作岗位，感觉一下子许多事挤到一起。去年秋冬开始在建筑工地上的民主改革、反把头斗争、国营和私营营造业中持久开展的"三反""五反"运动，都没了结，现在又要在短时间里，建起一支建筑工程队伍，几头并进，就凭我这个"打杂"的功夫，能扛起来吗？段君毅、刘岱峰和财委副秘书长李斌①了解我的情况，他们说建工局的工作需要加强，要想办法，但眼下需要我自己撑下去，不能因此贻误了工作。我唯一的办法，是让几个方面的负责人把自己范围内的运动、生产一揽子事切实承担起来。在西南建筑公司几位副经理中，李延东管生产和物资供应，刘贤协管生产和思想政治工作，吴兴德管建材生产，下属有几个小建材厂经理。唐某和戴金山、崔传稳在华固工程公司筹建处，他们以工作组的名义，把私营营造厂作的"五反"运动的任务承担下来，并和筹组新的华臣工程公司的工作相结合。有关小型营造厂作的"五反"运动及其处理，由市局修缮工作组负责始终。苏云管理机关和行政业务工作，参加工程队伍建设的筹划运作，我自己则游刃其间，重点在哪里，就直接抓到哪里。

担任 "三反" 临时审判庭审判长

恰在此时，一件紧迫的活路压在头上，和我管理的行业密切相关：设立最高法院西南分院（"三反"）临时审判庭第五建筑分庭和重庆市高法（"五反"）临时审判庭第五（建筑）分庭，均由我担任审判长。起因是"三反"运动进入处理阶段，各单位均上报了大量的刑事案件，法院一时无法及时审理，而且定案草率，多凭一时口供，证据不确凿，判案本身难度就很大，为了迅速结案而采取了上述措施。建筑分庭的案件大小数百起，要在两月内处理结束。尽管其中许多案件在运动中已从有关单位汇报资料中了解（军队所属建筑单位的材料则是刚刚转来的，过去从未接触），现在统统重新清理，尽管法院已有量刑标准，对临时审判庭也有审理案件的指导性意见，但"三反""五反"当中的案件很难完全适用标准与规

---

① 李斌（1915—1967）：安徽合肥人，金陵大学肄业。1939 年加入中国共产党。新中国成立后，先后任西南财委副秘书长，国家计委城市建设计划局局长，国家建委、国家经委副主任，四川省副省长，西南协作区副主任，西南局经委主任。

定。按时按量按政策完成，结案难度很大，但这是党组织交给的硬任务，必须完成。不能作为例行公事一般对待，只要各单位送的材料大致不差，就可以结案。我细想一下这样不行，案件不实之处甚多，有好些"逼供信的成分"，"打虎队"的声势，我不止一次见识过。当时就有许多乱说乱供现象，现在到最后判决阶段，决不能马虎从事，以错就错，违背党的一贯政策精神和正确的作风，共产党人的良知不允许！做到这一点的前提是要认真了解案件的真实情况，才可能做出正确的判断和分析，做到判决的准确。即使有的重大案情，非个人所能判定，也要尽自己所能做到减少判决中的差错。为此，我把吴兴德、苏云拉来参加案情资料的查阅和定案的讨论，让机关新来的两个青年干部做文秘助手，下决心将每个案件全文审阅，寻找疑点，重做调查。经过反复斟酌，吸收众议，最后才做出判决。这样做当然需要时间，我们只能多熬一点夜，多费点力气。

这样做不能保证百分百正确，但可以看个大概，"三反"案件的规律，在揭发贪污案件的开始阶段，检举和交代的贪污一般都在千万元以下、百万元以上，按高法规定一般不判刑。立案待决的限于千万元到亿元之间，这些案情较简单，大多数是被检举以后交代，一般都即时认罪，尽量多退赃。报送材料中大都反映当事人态度比较老实，建议按从宽标准，从轻判决。有的是自己主动交代贪污数字，以后再无翻供，并能照旧工作，不受影响，我们结案就比较容易，多半按报批的意见，有的还照我们掌握的判刑依据，从宽处理。如张永和案件，原报意见是免于刑事处分，免除行政职务。审判庭研究判定免于刑事处分，而不免除行政职务。按此类案例，贪污在千万元以下，态度老实者，均按照这个原则处理，使大多数案卷得到及时处理，尽管这些案件中有一些造假等不实之处，没有完全核实，但不致遗留下什么重大问题。

"三反"案件中，列入"大老虎"的案例，大多出现在反贪污斗争中后阶段。此时"打老虎"的热情，正一股劲上涨，数字逐日攀升，金额一天比一天抬高，哄、逼、批、斗日趋猛烈，虚假不实现象也随之增多。像西南建筑公司郑廷栋贪污那样的天文数字不止一例。翻阅其交代材料，是多次招供、多次翻供，最后无赃可退。追查其因，则说是斗争会逼得紧，不说大数字过不了关，只好乱说，全部"否"了。报送材料单位附上的意见是：原交代的贪污数字中有证有据的少，多数不实，着重强调惩治其态度恶劣、狡诈，抗拒运动，以作为其判刑的根据。此类案件比起前一类案件虽然数量少得多，但定刑判决难度很大。几次打回重报，审判分庭和报送材料单位之间争论不断，最后只有少数人查有实据被判决，其不实部分均已芟除，判决均为几年的轻刑，且多为缓刑或监外执行。郑廷栋即未按贪污定性，未给刑事处分，但已由本单位免除行政职务，留做工程技术工作。处理此类案件费事、费时，虽尽量核实，但因证据难以搜集，或搜集不足，单凭运动中本人口供承认的事实，又未经公开审理，允许申辩，难免存在有不实不准确之处，直到"文革"以后，仍有人提出申诉始得到改正。

段之大青果岭国防工程的"反革命破坏案"包含贪污内容，但主要是对青果岭军事仓库的破坏，工程破坏造成的损失折算远远超出了"大老虎"的数字，作为反革命破坏的政治案件报请审判定刑。此案由军方代表直接参与，处理意见（相当于起诉书）经过军方议定转到刑事庭。依照反革命对国防军事工程破坏的罪行，主犯应判死刑，几名从犯也应从重处理。报送的材料量很多，有工程质量鉴定书、现场职工的揭发批判材料，以及本人的交代等。此案案情，我事先已从西南建筑公司汇报中了解到一部分情况。因为是军事工程，已经上报到大区领导机关，属于"三反"中情节严重的大案之一，其性质认定，已难轻易改变。但从建筑公司内部了解，特别是段之大家属的申诉和被列入同案重要从犯的技术员康大成的申诉中，觉察到"反革命元凶"破坏的依据不足。报送起诉书认为段之大等是"暗藏的反革命"并无根据，只是根据工程中的问题推测认定。问题的关键在工程破坏到何等程度。青果岭工程是相连的几个储藏弹药的硐库，对防水、防火、防潮、防渗漏等要求很高，在工程接近完工时，硐顶发现有较大裂纹，在油毛毡接头处发现几处渗漏，确属不允许发生的重大质量事故，但是否为蓄意破坏，还是人工操作不当、配料误差等造成？工程是否因此事故全部报废，不可修复，还是能够局部返工，修复使用？认定其为反革命蓄意破坏，是否准确？我对段之大本人历史政治情况了解不多，难以断定是否确有重大政治历史问题。只知其本人学土木工程，年纪较大，教过书，性格孤僻，被人背后称作"书呆子"。他只主管工区工程技术，施工及材料预算、工地人工操作他并未直接经手。将他及其助手康大成等认定为暗藏反革命一伙，尚无确证。据此，只能认定其在国防军事工程施工中发生重大质量事故，造成重大损失，负有主要责任。几经磋商，始取得有关各方面的一致认识。但在当时气氛下，不判重刑，将不会得到上级法院的批准。我的想法是，无论如何不能定为死刑，这样将来可能复查，争取减刑或至少获得监外执行的机会。段之大最后被判处无期徒刑，康大成等人也相应判处几年的徒刑。这也是"三反""五反"临时审判分庭量刑最重的案例，也是我自己费尽心思，但未做准确处理的一件事。事后忆及，最以为憾。段之大直到1980年才予以平反，而康大成被宣判不久，就由西南三公司保出，以后曾任三公司副总工程师。

相比于"三反"案件，建筑业"五反"案件的处理反倒简单多了。西南主要是重庆地区较大的私营营造商不多，抗战胜利后，几家较大的内迁营造厂家已迁回江浙。"三反""五反"运动开展前，有的又早经查处。建筑行业"五反"运动比其他行业行动晚，摄于"五反"运动的强大声势，一些中小营造厂作知道违法行为难以抗拒隐瞒，运动进行比较顺利，少有受刑事处分者。且这些中小厂作规模不大，一般承担不了较大的工程，违法金额自然也大不了，但多半不能完全退赔。"五反"以后，普遍难以继续经营。原准备纳入公私合营的华固工程公司，因基本无资产入股，最后都到公营公司做工程技术工作，私营营造厂从此绝迹。原由重庆市建设局负责集中进行"五反"的小营造厂作，小老板兼技工，打着营造作的招牌，有活就多雇几个散工，活少就自己单干。"五反"运动后，将其纳入集体性质的修缮公司及分在各区的修缮站，不再独立存在。

建筑业的"三反""五反"运动，前后经过三四个月，事后处理又用了两三个月才基本结束，算是洗了个大澡。无论是政治思想，还是组织体制、劳动制度都发生了较大变化，新型建筑企业正在这个基础上形成和发展。运动中存在的一些问题和不正常的现象，只能留待以后逐渐消化和处理。

建筑业民主改革

就在此时，我被通知参加西南局召开的第三次城市工作会议。前两次会议分别是接管后的清理整顿，建立新的秩序和城市工商企业的民主改革，我列席旁听了会议的主题报告和总结要求。这次是对城市三大流动行业（搬运码头、建筑、木船）开展民主改革。领导说这是西南解放以来城市工作的第三大战役，今后是否还有另外的大战役，目前还难以预料。选择这三个行业，是因为它们在城市流动行业中所占比重大，并与城市各方面的活动和人民生计息息相关，抓住这几个行业，有利于推广到城市的各个方面。

会议的规模不大，西南区几个省市和中心城市有关部门、大区主管部门负责人参加，邓小平与会，他就会议的目的、方式和要求说明以后，即分别由事先指定的三位同志作重点发言，介绍前段时期已在三个行业开展民主改革的试点情况和经验。重庆市工会尹楠如介绍了在重庆码头搬运工人中开展反封建把头斗争，建立搬运工会，并筹组新型搬运公司的经验；西南公安部三处于桑介绍了在木船行业中进行民主改革试点，进行民主改革，开展反把头斗争，建立工会，建立新的用工制度的情况；我则对建筑业的民主改革情况作了重点发言。几个发言的共同点都是从发动群众、开展反封建把头斗争入手，推动民主改革。重庆搬运工人的斗争开展最早，工会是在反把头斗争中建立起来的、卓有战斗性和权威性的工人组织，并组建了集体合作性质的搬运公司，目标是逐步向现代化、机械化的产业组织发展，最为引人注目。木船行业是从反对封建性的帮会行会和与有严重剥削的船老板的斗争入手，建立木船合作社。建筑业同样也从反把头斗争入手，建立工会，建立新的用工制度和企业民主管理制度。经过讨论，邓小平最后作了总结，他明确肯定了三个发言，要求在各地区对城市流动行业迅速展开民主改革和推广，完成下一阶段对城市工作的各项要求。

我能参加这次会议并被指定作建筑业民主改革的重点发言，且得到主要领导同志的肯定，使我的心里得到一些宽慰。我一直以执行组织交给的每一项工作任务为份内之责，只能做好，不应做坏。但前段时间，因民生公司工作上的问题，被调换出局，内心难免压抑，这次发言得到肯定，恢复和增强了自己的信心。建筑业是一个大摊子，又是一个旧摊子，整顿改造还需要更大的功夫，谋求事业的大发展，任重道远，来日方长。

令我没有想到的是，在这段时间前后忽然得知段君毅将调至新成立的国家第一机械工业部工作，即将离渝。从1949年到现在，我一直在他的领导下工作。段君毅为人随和，放手让部下工作，有事又主动承揽领导责任，为干部着想。乍闻离开，多少有些不舍，但领导干部间的人事调动，总是经常的，我自己也是在频繁调动之中，不足为奇。但西南解放迄今仅两年多，刚稳定下来不久，听到各地各部门时有领导干部调走，心中总觉得是不是快了一些。不久前就听西南局主要领导同志谈到，川北区党委书记胡耀邦要调中央，并催令速去，去后改到青年团中央工作。重庆市长陈锡联更是不到一年，即调回部队。这次又听到段君毅的调动，不过听他们交谈，却似很平常，并不突然。刘岱峰只说："君毅同志，你去的这个部门怕是任务重、头绪多，事情很繁杂的吧？"段君毅笑着说："我自己也没想到，原先觉得去搞交通运输，可能还适合一些，现在只能努力，逐步适应吧！"

成都休假

在段君毅调走前后，西南大区机关第一次实行部分领导干部夏季休假半个月的制度，休假地指定为成都。大概因为前几年工作一直很紧张，特别在持续时间较长的"三反""五反"运动后，身心俱疲，加之重庆的酷热天气，提前采取休假措施，同时又和成渝铁路通车相适应。此时即将举行成渝铁路通车的大庆活动，我获准去成都，回到离开十五年的故乡。

真是一个难得的机会。母亲提前几天自重庆回成都，住在她的老同学杨梦如、刘静之家中，他们刚从重庆搬到成都。我得以共享与长辈团聚的喜悦，还访问了阔别多年的中学故旧，并找到先到成都的刘岱峰等领导同志在川西区提供的休假住处，休息了十来天。

其间成渝铁路通车的庆祝大会已举行，大区领导人、西南军政机关部分部门领导人和川西区党委领导人一起参加了大会。

小平同志在庆祝大会后小住了几日即调离西南局。宋任穷同志将从云南调回西南局担任副书记，在贺龙同志主持下负责西南局的日常工作。这是一次更大的调动，事前已有风闻，刘伯承军政委员会主席的名义还在，但事实上已经离开，走上军事学院院长的岗位。现在主持党政军的一把手，又一声不响地离开，接受党的更重要的任务。大区机构是否会有重大的变动？不免有些惶惑。

"三反" 总结会

1952年初夏的重庆，酷热如火，我并不因为十几天的消暑休假后有不适，只是感到事务逐渐增多，应接不暇。机构、人事也在不断地变动调整之中，大区机构的调整渐渐浮出水面。大区中央局作为党中央的派出机关，继续发挥领导作用，党政委员会的机构会有较大的变化。军政委员会将改组为行政委员会，调整其职能任务，适度精简机构人员。原有的经济业务部门将会适当加强，并和国家主管部门建立上下联系，接受中央部和大区领导机关的双重领导。同时已公布原四川的四个行政区合并还原为统一的四川省建制，一大批干部、人员即将分流消化，变动幅度更大。

就在此时，大区直属机关"三反"运动的总结会在西南区直属机关党委召开。会议的主题报告人是孙志远①，他是军政委员会的秘书长兼机关党委书记，是机关"三反"运动的具体领导和主持人，熟悉运动的全过程。他着重阐述了中央开展"三反""五反"运动的重大意义，对社会主义思想改造的巨大深远的影响，这是革命历史发展过程中必然要经过的关键运动。运动不仅在经济上取得巨大的成绩，在政治思想和社会改造上的收获也是空前巨大的，并提出对运动中发生的错误甚至较大的偏差，需要认真吸取教训。

与会者对孙志远的报告普遍反映良好，但在讨论发言中，仍然提出了十分尖锐的意见，更多的是补充和强调了运动中的缺点和教训。主要集中在进入"打大老虎"的攻坚阶段：大哄大撮逼供信，虚假现象层出不穷，十天半月的斗争下来，四五个月无法结案处理，冲击了正常的工作生产，对政府的威信不利。较多的意见是这样短促的运动斗争，是否非一直这样搞下去不可？两天的讨论异常热烈和集中。我和财委在一个小组，想法和意见与大家都差不多。对"三反"运动的重大意义是肯定的，对运动方式、是否还要搞此种形式的运动，我有疑问。这样的运动方式能够从此终止吗？按照惯例，会议最后总结对这些问题总要明确表明态度，孙秘书长能明确答复这个问题吗？

孙志远最后的总结认真明确回答了这个问题，他说许多同志提出有关运动今后能否不这样搞。他表示，今后要注意改正，不要再发生这样的事件。

这个答复的确很痛快，但这样大的问题，孙志远能够这样表态吗？我猜想，他是请示了领导才这样说的，要真是这样那确实很好。不过我还是怀疑，将来别的事能否不搞运动？这次说的就一定算数吗？毕竟我们历史上的运动很多，以机关来说，一声号令，群众运动能说不会再发生吗？

---

① 孙志远（1911—1966）：河北定县人。1931年加入中国共产党。新中国成立后，先后任西南军政委员会秘书长，政务院副秘书长，中央财委第二、第三办公厅主任，国务院第三办公室副主任，国家建委、国家经委副主任、党组副书记兼物资管理总局局长，国防工业委员会党组第二书记，国防工业办公室副主任，第三机械工业部部长兼党组书记。

独立成局，初具规模

重庆持续炎热，与度假时相比，简直是两重天。周围环境正不断发生变化，经过一段时间酝酿准备，西南军政委员会宣布撤销，新的西南行政委员会成立。名义上的主席、几位副主席均无变动，增加了宋任穷、邓锡侯、卢汉几位副主席，明确表明从大区一级行政组织向中央派出的督查机关过渡。一个显著特点是有的部级机构不复存在，一般都改为局，机构趋于简化。工业部撤销，原属电、煤、纺等局及随后成立的西南地区工业局，都成为行政委员会属局，有的不久改为中央部属局，成为双重领导。财委所属建工局，也同样改成行政委员会下属局，实际工作仍在财委具体指导下进行。财委原有三位副主任，在陈希云、段君毅先后调走后，陆续增加了万里、王磊、刘星等几位副主任，大都任职时间不长，又陆续上调中央国家机关，只有刘岱峰一人，参与了从建立到结束的全过程。

在大区机构调整的同时，另有一件大事：川东、川南、川西、川北四个行政区，一同撤销合并，重新成立四川省。仅从合并后的干部安排来说，四个"川"有数千干部需重新分配。大部分干部集中到四川省，余下的部分骨干将向严重缺乏干部的云南省调剂，也向大区以上的中央企业补充力量。建工局分配来川南、川北行署一些厅、处和一般干部。原修建北碚川东机关房舍的川东行署工程处全部骨干调给建工局，建工局从二三十人膨胀到相当大的摊子。

发生在 1952 年的变化，令人感触至深。就个人而言，上半年几乎绝大部分精力都投在"三反""五反"运动及其后期处理，接着是大区机构设置变动和四川省的合并成立，这对建工局的机构、任务、人事有直接影响。建工局正是在这种情况下，得到了发展和加强。但是任务也一件一件地增加，特别是国家要进行大规模的经济建设，西南局和财委的有关领导，几次提到第一个五年计划明年即将开始，使人紧张兴奋，明显感受到压力日渐加重。

此时，我已及时调整了建工局的组织设置，具体体现在抓工程、抓企业的态势，组成三个工程公司。原西南建筑公司除其设计部作为工业部设计公司暂未移交外，其余均已移交到建工局，成立新的第一工程公司；在"三反""五反"运动中，吸纳私营营造厂的技术力量组成的华固公司，成为第二工程公司；原军区移交的建筑公司改为第三工程公司；将原西南建筑公司材料部管理的几个地方建材（砖瓦）企业，划入建工局设立的建筑管理处管理（在西南工业部撤销以后，又将所属设计公司及工业学校移交建工局，成为设计处，后改为西南建筑工业设计院和重庆建筑工程专科学校）。建工局已由原先单一的西南各地区行政业务规划管理职能（实际上成立以来并未担当起这个职责，只是收集局部统计资料而已，连来往文件也不多，因为上下都是新建机构，尚未形成制度化的系统联系）转为企业主管的职能。由于建筑企业均属新建，本身有很大的流动性和不稳定性，主管局和企业间具体事务的联系特别多，处理企业事务成了建工局的全部工作。局机关由此得到加强，设立计划、财务、人事、生产技术、供应等处室。

机构确立后，人事安排是我一时的突出工作，重点在三个公司。第一公司最早成立，是西南工业部移交给建工局的基础力量，应当首先配备好班子。当初移交时，原来兼任经理的宋望平留工业部，不再兼任此职，领导明确由我兼任此职。原有三个副经理李延东、刘贤、吴兴德，此次决定调吴兴德到局地方建材管理处，调李延东到局生产处，后按本人意见改任供应处长，留下刘贤继续任副经理，主管行政生产。配新来的蔡生金为副经理，公司党委书记。蔡生金是位老红军，从正师级岗位转业来做地方工作，年龄偏大，身体差一些，对地方工作不熟悉，但人品极好。这样配备是照顾两人的实际情况和出于工作需要，过一段时间再考虑调整安排，我也不能长久兼任。第二公司由原华固筹建的副经理唐某和新来的老红军戴金山两人任副经理，戴金山任党委书记，主持公司工作。原军大政治协理员转业在华固公司任人事科长的崔传稳任办公室主任，准备进领导班子。对这一配备唐某不接受，以病为由离去，实际是因为未让他任经理不满，认为我对他有看法，为难他（他身体不行，不能正常工作，我曾在工作中批评过他，也确实认为他做一把手不行），暂由崔传稳负责他那部分工作。第三公司是军区移交来的原班人马，陈东野①、朱凤山、熊彦生比较稳定，未做变动。在机关，除已有李延东、苏云、吴兴德外，负责财经系统组织工作的西南局财委工业部，已经告知我们，其他处室人员也将陆续抽调定位，但时间拖得较久，因为一些从撤销单位来的人，大都需要办完工作交接才能来此。倒是个别抽调来的，没有什么牵制，很快就位，其中包括从后勤调来的原运输部干部李明刚，从大竹专区抽调的宋涛，从川南财政厅副厅长任上调来做财务处处长的王子清，从川北交通厅副厅长任上调来任财务处副处长的高尚礼，从川东行署工程处调来任施工处副处长的江川，我这个光杆局长不再孤单了。

新搭档崔子明

一天，财经工业部谭申平②电话告知，调崔子明③同志担任建工局副局长，这可是一条好消息呀！半年前我列席某会议时听说西南局正通知各省区，从现职的地委书记中，抽出近一半的力量转到城市和工交战线工作，重点担任苏联援助的重大工交项目企业的领导，也适时补充一些主管部门的领导班子。重庆已经有一些干部到位，崔子明应该是在这个背景下调来的。

崔子明是抗战前入党的老同志，抗战中任鲁西五分区地委书记、军分

---

① 陈东野（1909—1968）：山东单城人。1939年加入中国共产党。新中国成立后，先后任西南军区后勤部秘书主任，云南工程处处长，四川省建设厅第六工程公司经理，国家建工部第三工程局副局长兼西南第二工程局副局长，西南第二建筑公司党委书记。"文化大革命"期间含冤去世。

② 谭申平（1913—1993）：四川广安人。1936年加入中国共产党。新中国成立后，先后任西南军政委员会工业部、财经工业部人事处处长，中央组织部工业干部处副处长，中央工业工作部重工业处处长、部务委员，西南局经委副主任、工业交通政治部主任，地质部副部长兼政治部主任。

③ 崔子明（1903—1986）：山东泰安人。1933年加入中国共产党。新中国成立后，先后任福建建瓯市军管会主任，贵阳地委书记，遵义地委书记兼军分区政委，西南建筑工程管理局副局长兼重庆市建设局党委书记，西南地质局局长兼党委书记，云南省地质局局长兼党委书记，云南省委组织部常务副部长兼省委直属机关党委书记，河南省政协副主席。

区政委，坚持游击战争，在当地颇有声望，恰好是我在冀鲁边二地委时的近邻。我们分别在津浦铁路的东西两侧，虽然分属两区，隔绝不通，但时常互有听闻，了解各自的斗争环境。我俩见面后谈起来竟是十分熟悉，一见如故。我本能地认为，有这样光荣历史和领导经验的老同志来建工局，无疑应当在主要位置上，我理应主动地向他汇报单位的组织状况和主要业务。不料一谈话他就打断我的开场白，主动说："咱们老同志不说二话，我知道这个单位将要担负什么任务，我来时组织已交代，咱们两人都是副局长，局长现在还空着，但你是主要负责人，我来是协助你工作，你不要把自己放在低的位置上，咱们还要互相学习，共同努力，搞好党交给我们的工作。"

话是这么说，但我感到不安，觉得不应把老同志摆在我后面。我到财经工业部，找到谭申平。老谭和我是老熟人，也算是我广安的老乡（我母亲祖籍四川广安），也是一位抗战前的老同志，1938 年在夏县时见过一面，入川以来一直担任西南工业部人事处处长。这次机构调整，刚到新设立的财经工业部。我向他提出，怎么能把老同志安排在我的后边？他说，我们有疏忽之处，他去前该向你先打个招呼。但这事很明确，建工局现在是你一人负责，根据工作的需要，恰逢中央组织部统一安排，从各地抽调一批在职的地、县委书记转到城市和工交战线，把建工局列入需要充实加强的单位名单。这次去了崔子明同志，我们还要尽量抽调合适的人选，充实你们的班子。至于谁来任这个局长，现在还说不准，但一直在注意这事。不管怎样，现在还得由你来顶这个岗位，其他人不可能很快熟悉情况。

在日常相处中，老崔和我很投机，谈得来。他良好的作风、随和的性格以及抗日游击战争时相似的经历，让我们聊起来颇感愉快。他年龄较大，对入城以来遇见的新问题新事物，适应得缓慢一点，却更显得老成持重一些。他一来，就卸了我的一个担子。经过组织上正式联系，重庆市委批准由他接替我担任重庆市建筑党委书记，使我能专心致力于建工局的行政生产工作。

我们有相同的嗜好，每天晚上总是到两路口街上转转看看，附近有一个山东的小饺子馆，所处位置真好，不过只能摆上七八个小凳子。我俩每晚都在那里喝上两杯冷酒，弄点花生米、豆腐干做下酒菜，完了再来一碗水饺，还真对味。日子久了，姓刘的掌柜一直把我们当成山东人。老崔笑着告诉他："你只说对了一半，他这人可是地道的四川人呀！"掌柜不信："他哪里来的山东腔呢？"老崔又笑了："你这个山东老侉，怎的听不出他带的南蛮子腔调？不过他在山东多年，话音里还真夹杂着好些山东腔哩！"

一天我们发现小铺里摆了几瓶土陶罐子装的郎酒，不知道是个啥味，比普通的烧酒贵不了多少，两人跃跃欲试，要了一小杯尝尝。老崔高兴地说，这酒还真不赖呢，比他在贵州喝过的茅台酒也不差呀，价格便宜得多，一小杯几分钱。从那以后，只要见到小酒铺里摆有郎酒，总想喝上两口，永不曾忘。

中财委总建筑处会议

已届金秋，又获通知，再次去京，参加中财委总建筑处会议。这次规模比上次稍大，气氛活跃很多。从总建筑处到各大区都有一些新的面孔，如华东建工部部长是久已闻名的李人俊，他是华东财委成员之一，这次已改为局。参会的是新任副局长汪胜文，中南区新来的局长高元贵原为冀鲁豫行署领导成员，后又任中南财委成员。华北区仍是上次的副局长任朴斋[1]，据他透露，不久将有更高层的干部来担任局长。西北区是新任的老红军干部杨林。东北区是上次来的副局长刘云鹤[2]。这次才知他是从鞍山

---

[1] 任朴斋（1918—2003）：山西平定人。1937年加入中国共产党。新中国成立后，先后任华北行政委员会建筑工程局副局长，建筑工程部华北工程管理总局局长、施工管理局局长、对外建筑技术联络局局长，中国建筑工程公司党委书记兼总经理，建筑工程部副部长、党组成员、国家建委副主任、党组成员，国家建筑材料工业部副部长、党组成员。

[2] 刘云鹤（1917—　）：辽宁辽阳人。1939年加入中国共产党。新中国成立后，先后任东北军区、东北政府修建委员会副主任，东北工程总局局长，建工部情报局局长兼秘书长，中国建筑学会秘书长，西南四公司副经理，2101公司副经理，西南工业建筑设计院副院长，中国建筑工程总公司副总经理。

市市长现职调来的，他学过土木工程。大区的阵容明显比上次充实，力量有所加强。对比之下，我这个建工局应是最差、最薄弱的。总建筑处本身也看得出有些变化和加强，会议主持人仍是中财委副秘书长周荣鑫，实际已表露出是总建筑处的主持者，看来他将专事建筑业的工作。总建筑处原有三位处长，只有宋裕和在，邓洁和范离据说已经调动。同时新增一位办公厅的负责人陈永清，也是一位很老的同志，他参与会议的组织领导和管理工作，但不是总建筑处的领导成员。

会议首先检查了解各大区在上一次总建筑处会议后的变化和发展。周荣鑫指出：根据经济建设发展形势的需要，中央已经批准，将很快成立国家建筑工程部。总建筑处在这段时间所进行的筹备工作即将结束，各大区建工部门，将要在建筑工程部的统一领导管理下，担负起国家重点基建工程的重任，因此首先要尽快健全组织，充实加强力量，进入角色。其次，国家经济建设的"一五"计划，明年即将开始，虽然具体方案目前还没有确定，但一些已经明确的重大建设项目可率先开动。它们占经济计划的比重很大，在这些基建项目中，土建与安装的工程量又要占四成左右。除了有些特殊性和专业性强的项目，需要部门自行组织专业工程力量完成，以及一些建安工程量很小的项目，不需要专门的建筑施工力量完成的以外，大部分将由新建的建筑工程部直属的施工力量（按周荣鑫所说即六个大区的现有建筑力量）担负。除开这些重大基建项目以外，还有大量的民用建筑及各省区地方的工程建设项目，则由各省、市、区的地方建筑工程队伍承担，估计这个数量也不小，尤以北京、上海等地最为集中，需要的力量也更大一些。他们现有建筑队伍较有基础，比各大区的建筑力量还要强些。但能否抽调一些支持重大建筑项目？设想北京市建可以承担在北京地区的重大项目（估计数量也不少），上海技术力量强，可能抽调出一部分力量，投入重大项目的建设，其他地方都还需要自行建设发展地方的建筑力量，来完成本地区的建筑任务。建筑工程部作为行业的主管部门，和省市建筑主管部门保持归口的业务指导关系。

周荣鑫说，这段时间，总建筑处根据国家总计划的要求，一直和有关部门联系商讨，制定建筑工程的总体规划，发现以我们的现有力量，距担当这个宏伟计划的重大任务还有很大差距。建筑业现有基础本来就很薄弱，除了北京、天津、上海及东北地区过去有一些基础而外，大多数都是分散零星的，只是将纯粹手工操作的泥木匠作组织起来而已，一旦承担大的建设项目，难度可以想见。在这种紧迫的形势之下，当然需要大家加强自身的培养、扩大和训练。据了解，有些建筑任务大的部门，已在采取措施发展自身力量，如军工某部门把本系统内个别小工厂改成工程处等，但总体上还不能适应。会议介绍了哈尔滨推行苏长有砌砖工作法①和施工组织设计的平行流水作业法等。参加会议的有一个特殊单位，即新建立的中国建筑工会，说明一个重大的工程部门即将形成和出现，与会的人们既兴奋热烈又诚惶诚恐，憧憬即将来临的繁荣、热烈的大场面。直到此时，我还不知道西南地区究竟会有哪些重大项目，究竟需要多大规模的队伍，只知道重庆地区几个军工厂纷纷增加了机械设备、进行厂房改造，我们的第一工程公司已经应接不暇。今年已有人几次来重庆勘察地貌，据说要建设一个大发电厂和化工厂等。这些是否就属于"一五"计划的重大项目？目前我手里这点力量，还可以对付，至于其他就说不上了。我向总建筑处询问了解，他们从中财委和有关部门了解的也只是全国性的大的轮廓设想，落实到地区、部门，究竟是哪些内容同样没底。不过透露了一点信息，总建筑处在和各经济部门协商，究竟是把国家工业建设项目的大头全部承担下来，还是以承担国防、机械工业为主，并兼顾其他基建项目，二者使用的力量规模不大一样，这在以后发展的事实中，得到充分证明。恍惚得知，最后定下来的是后者，而不是前者，看来是比较合乎实际的。

　　在这个议题讨论不下去时，周荣鑫向与会人员传达了一条重大讯息：为了解决建筑力量不能适应国家经济计划的问题，中央批准从人民解放军主力部队抽调八个师成建制转到建筑部门。

---

① 苏长有砌砖工作法：又称分段连续砌砖法，是我国建筑战线的劳动模范、东北建筑公司哈尔滨工程处瓦工班长苏长有创造的。1951年，苏长有瓦工班曾在两个月内完成七栋楼房的砌砖任务。

这真是喜出望外！八个师几乎等于一个野战兵团的规模，交给建筑工程部，将大幅提高建筑队伍的数量和质量，并提高建筑工程部门的形象和分量。我的印象中，能够管理这样大的队伍的国家机关，当然是一个大部。在建筑队伍严重落后和不足的情况下，这无疑是一项具有战略远见的重大部署。全国解放以后，已经有一部分野战部队改编为地方公安，或进入其他工矿企业。现在以八个师建制转入建筑工程，也是极为合理的。至于这八个师将分到哪些地区，大家都翘首以盼。

会议结束前，周荣鑫、宋裕和告知我们几个大区局的负责人：国家建筑工程部将在年前正式成立，各大区局要抓紧这段时间，做好要求做到的几项工作。关于八个师转到建筑部门的具体安排，正在联系中。你们回去后，可以向党委和财委领导汇报，做好接转的准备工作。这八个师转入建筑业，目前仍保持原建制，分别由大区局领导和管理。初步得知，八个师将从五个大军区抽调，即华东、中南、华北各两个师，西北、西南各一个师，主要是根据各地区承担重点建设规模的大小轻重来确定。东北建筑任务重，但它们本身较有基础，所以不再派部队。部队分别到达各地区以后，要抽调一部分老技工进去做老师傅，但不穿军装。军队番号分别冠以建筑一至八师。其中：华北为一师、二师；西北为三师；西南为四师；华东为五师、六师；中南为七师、八师。

回到重庆，汇报了总建筑处会议内容，大家倍感振奋，立即组织，积极行动，做好建筑业大发展的各项准备工作。刘岱峰特别指出：将八个师投入国家建设的意义重大，对于目前落后薄弱的建筑业来说，犹如大旱喜获甘霖，将能解决面临的重大问题，增强建筑业骨干力量，未来的事业必然有了巨大的保障，这是其他行业所不能企及的。你们真得好好准备，迎接这支队伍的到来，在生产、生活各方面妥当安置，做到一个好的开头。他提醒我们注意：国家计划虽未立即定下来，但是其轮廓设想和重点措施已在风吹各地，特别是苏联援助的重大建设项目，将来布局在何处，我们都不清楚，因此你们将来将担负多大的任务，现在还不好说。这批重点项目布局在何处，是一个重大的战略布局问题，放在沿海似乎不大可能，东北、华北看来是大势所趋。放在内地，西南位置较为偏远，原有基础又很差，恐怕计划开始阶段，建多少大项目的可能性不大，倒是修建铁路和公路干线，如同现在正在进行的宝成铁路和川藏公路那样，将在西南建设先行。建筑业需要多大的力量，还是要审慎为好。逐步发展，"一五"小规模，"二五"再赶上嘛。建筑业终究是大有希望的。首先还要强调用几年工夫，把根基扎好，而不是和其他地区攀比大小，这点很重要。他还提到：从咱们过去的经验看，搞好这项事业我们是可以胜任的。当然你们的班子需要充实和加强，特别是一个师放在你们那里，更需要加强领导，西南局领导已经注意到了。但最重要的在于有一个师的力量支持，你们的事业将得到很大的保障，搞得好与否，关键靠你们自己。

我和崔子明对此均有同感，现在是两件大事一同降临令人兴奋不已，不过放眼大局，宜谨慎从事，从小到大，岱峰同志对我们的提醒，的确值得重视。

不久，我有机会向宋任穷同志作汇报。他履新不久，初见面时他说：从淮海、南京一直到重庆是老熟人了吧！他是应我的要求，在一个大会上专听我汇报的。宋任穷说：你这项工作，我现在还摸不着头绪，岱峰同志一直管你们的工作，该讲的话他都讲了，我只提两点，建筑工程和工厂不一样，流动性大，到处修建，和周边群众的关系，特别是和农民群众的关系是一个大问题。不论哪一项建筑工程都要落实到地头上，和地方党委的关系非常重要，不论在何处、何地，都要教育干部尊重和接受地方党委的领导，搞好与周边群众的关系，做到模范的建群关系，尊重和接受地方党委的领导。针对我汇报中提到建筑业党组织上下之间没有直接的关系，有时会产生一些工作上的矛盾时，宋任穷特别强调，党组织是统一的整体，部门党组织和地方党组织都要按照党的统一原则和部署办事，不应该有条块之分，从原则上端正了我的认识，他讲这点，虽然很简单，但对我以后多年在建筑业和其他方面的工作，都有深刻的影响。

姚继鸣到任

向财委汇报后没有几天，一位同志突然来到建工局，一见面就说：上面已经批准他调到建工局，咱们以后又在一起。一看不是别人，是二野后勤部原副部长，现西南军区后勤部副部长姚继鸣①。

这使我喜出望外，他是我在二野后勤运输部时的顶头上司，淮海前线和我直接联系传达命令、布置任务的野战军首长的助手（作战处长），现在来一起工作，自是一件大好事！

"我很高兴，接到通知后和西南局有关领导同志谈了话，没等办手续，就先来告诉你。你晓得我已大半年时间没有工作了。"姚继鸣说。

他还没有把家搬过来，西南局财经工业部已转来经西南局批准的通知，我和崔子明一看都很惊愕，通知是"姚继鸣任西南建筑工程管理局副局长"。

"这怎么可以呢？怎么也该是局长嘛！"崔子明与我均有同感，难道通知写错了吗？明明不可能的，但这个决定令人难以接受。最后老崔说：你跑一趟财经工业部吧，明确反映我们的意见，当然组织决定要这样办，我们也得服从！我们商定，通知压住，暂不公布，等我去财经工业部谈后再说。

财经工业部刚成立不久，有两位副部长，分别是梁华、胡光。我先找具体管干部的谭申平处长，我问他："这个通知难道写错了，怕是不会吧？"

"当然不会，这是西南局办公会议批准的，原则事实都是没问题的。"谭申平坚持维护这个决定。

我坚持说："我不能说决定不对，姚继鸣在'三反'中因严重官僚主

---

① 姚继鸣（1901—1957）：北京人。1937年加入中国共产党。新中国成立后，先后任西南军区后勤部第一副部长兼军运部长，西南建筑工程管理局局长兼党组书记，中央建筑工程部安装工程总局局长。

义，铺张浪费，受到严重警告处分。但我们要考虑干部的历史状况，他不可能和我、崔子明同样担任副局长。以西南军区后勤主持工作的第一副部长而言，到建工局担任局长，即使受过处分也说得过去，我们认为这不违背使用干部的原则，毕竟建工局的规格职权和大军区后勤部不可比。我们坚持认为，姚继鸣来便应是局长，也不是先干一段主持工作的副局长。通知并未这样说，我们猜想或许是这样考虑。若一定让姚继鸣任副局长，那么我们两个副局长也可以挪一下，另作分配。而姚继鸣担任局长，我们保证能在他主持下团结协作，搞好工作。话说白了，就是我们欢迎姚继鸣来担任局长，不欢迎他来担任副局长。"

此事直接捅到两位副部长处，谈了许久，最后他们同意把我们的意见，立即向宋任穷、张际春两位副书记报告，原通知先不宣布。

我和崔子明估计，"通知"不可能事先没和姚继鸣打招呼，可能是因为处分的关系，目前只能先干一段时间副局长，主持工作。姚继鸣可能有看法，但不好不接受。他先来局里，并未提到"通知"之事，只说他先来看看，过几天再来。要他自己说来任副局长，真的也难以启齿。不过此事时间很短，又接到通知，姚继鸣任建工局局长，并口头告知收回原"通知"。

反映这个意见的过程，我和崔子明均未直接告知姚继鸣，真要告诉他，必定十分尴尬。不论他是否乐意担任副局长，他都将会反对我们去反映意见。反正我们反映了各自的观点，事后得到了满意的结果。

与此同时，西南局机关根据国家机关工作人员工资待遇标准，进行了一次普遍的评定级别。首先发表给个人，让自己填上自己认为合乎哪条规定。我认为这应该是上级机关对所属人员的评定，要自己定级根本不必要，也不真正准确。但硬要这样做，那自己得有个正确的态度，不能"矫枉"，也不能"过正"。因此自报称："应定于十级（当时规定的正地师级）。因为从自己过去的工作看，应该如此。如定我为十级以下，我是不同意的，如果高出十级，那我认为也是不应该的。"

最后批下，我们三人竟都是九级（准军级）。对此我只能向上级评定者表示感谢，因为它超越我对自己的评定。老崔定为九级，他是一位老同志，长期在地委负责人的岗位，坚持地区对敌斗争卓有贡献。而姚继鸣定为九级，和前一阶段受到处分不无关系，但并不影响他担任局长，这也是很合理的。

姚继鸣局长一上任，建工局就有一种焕然一新的感觉。在此之前的建工局，客观印象就是个小家小户，十来个人，几间借租房，此外别无长物。我是那样一点点、一步步往前走，代表了我个人过去长期打游击的经历。在晋南、鲁北、豫皖苏，我都是那样干的。尽管后来发展了，局面不一样，我也不觉得过去有什么寒碜。崔子明来了也没有改变这样的架势，两个伙计气味相投，或许是过去的游击习惯使然。姚继鸣大不一样，他一上来就以严肃的军人姿态，要求全局的干部要树立领导机关的权威，严格整顿制度纪律，真正树立严肃规范化的作风，充分体现了他在高级领导机关严谨的工作作风和作为部队高级首长的威严和气派，这对机关的制度作风建设，有很大的影响，有了这样的局长，真把建工局的形象树立起来了。

不仅在作风形象上，他对机关的物质条件也有独特的要求。他对建工局从几间租借房到财委给的一个小型办公室，甚感不妥。他说：现在人员还不太多已拥挤不堪，再来人就得又租房安置，有家属临时探访，临时接待也没地方。他以我们从不敢想象的魄力，直接向财委请求批准建工局造一栋四千平方米的建工大楼，这不免令人想到他在后勤部时，也曾修建一栋规模更大的大楼，成为他在"三反"运动中的一条重要错误，因而受到处分。但他自己坦承：建工大楼和后勤大厦是两回事，性质完全不同。后勤部原来就有接收的军产，地方很大，只是房子条件差些。我搞新的大的，并且是自己做主干的，导致受到批判处分，我接受。现在建工局是新机关，一点底子都没有，不说要到一个师，就是一般干部到此也难以安心下来，怎能适应今后的发展？我请求上级批准建设，是有实际情况和足够根据的嘛。即使办不到，甚至再受批评，我也问心无愧，而且还要不懈地坚持这个请求，直到办成为止。我和崔子明对他的这种态度深为佩服，表示支持。凭借他在领导机关原来的人气，也因为现在的实际情况，经过刘岱峰主持审查研究，同意修建。随即由徐尚志主持设计，在大河之畔、两路口下边，费时九个月建成一栋远眺犹如一艘巨轮的庞大建筑。这在西南行政委员会所属各局中、在少数完全新建的有家底的单位中间，可算得上首屈一指。姚局长办事的能力、毅力、魄力，在建工局上下干部之中，得到广泛认可。

建筑四师转业

这两件事是姚继鸣的头板斧，而他最为关注的是军队八个师投入建筑业，对于长期从事军队工作的他来说，那将是怎样的得心应手。他认为建工局从事工程生产，犹如军队执行战斗任务一样，所不同的是军队指挥员必须具备过硬的指挥才能，战斗时必须亲临前线，身先士卒，否则不易带好部队，保持常性。而在建筑业要完成任务，离不开必需的技术人员，建筑业的指挥者主要在谋划、部署、管理、培训上下功夫，他力所能及的是这些大方面的事。有一个转投建设的战斗师，必然会显示出其英勇善战的战斗力，他对于这支战斗师的到来，充满期待。崔子明和我也抱有同样的心态和信心。我们相信，姚继鸣这样的军队老指挥员，有领导这支部队的能力，我们乐意在他的主持下做好分管的工作，在整体事业上团结协同，把工作搞好。

建工局明确了几项不成文的任务，一是建筑四师的圆满交接和妥当安排；二是机关的组织人事安排及制度建设，包括进行机关用房的建设等；三是组织行政、生产，完成各项工程计划，思想政治工作则穿插于各项活动之中。这期间人员猛增、尽管条件较差，工作中问题不少，但大家情绪高涨，对未来的任务抱有无尽的憧憬和希望。建筑四师的投入和安排，在一段时间内成为头等大事。

姚继鸣来局里不久，八个师转入地方建筑部门的通知，由中央军委下达各大军区，财委也通知建工局立即向军区李达副司令员联系汇报，做好部队交接事宜。事关重要，姚继鸣要崔子明和我同往，李达副司令员和李夫克副参谋长接见了我们。李达副司令员首先了解建工局在西南行政委员会所承担的职责、任务及组织状况，然后表示坚决执行军委命令：经过两年来的整顿调整，调出一个师的兵力没有任何困难。目前即将有几支主力部队满员开赴抗美援朝前线，牵制了兵员的补充。时间很紧迫，这里有一个调度平衡的问题，听你们谈的情况以后，军区将立即提出方案，报中央军委批准，再通知你们执行。

谈话以后，我们反倒有点儿迷糊，中央军委命令，明确指出抽调八个建制师，哪还用得着再制定方案报中央军委批准以后才执行呢？姚继鸣在李达直接领导下工作多年，比较了解李达，他说李达执行任务向来谨慎老到，他是经过深思熟虑的，既要坚决执行命令，又要考虑周到，反正此事已经正式决定，方案批准将会很快，不用等待多久。

确实，很快李达副司令员又通知姚继鸣去，具体交代建筑四师转到建筑部门一事。军区拟订方案已由中央军委批准，将原川北军区所属公安师改编为建筑四师，所属三个团，原川北军区部队只编入一个团，从川南、贵州各调一个团，这是军队内部地区间分布平衡的需要。战时亦经常调度调整，对部队内部管理影响不大，重要的是保证抗美援朝部队的兵员充足，方案规定将这三个团的营连战士调往援朝部队，只在团直属部队保有少量战士，可以说是一个无兵之师，或者说是一个完整建制的"架子师"。干部调动也很多，据了解师领导只有老红军师长和副政委兼政治部主任，政委、副师长、参谋长均付阙如。李达副司令员指出参谋长空缺，其十一团团长即可提拔担任，只是尚未正式办理，可以在转建以后办理手续。姚继鸣当时就感到为难，一个空壳师怎么打仗、干活？李达指出，建工局已有几个公司，但规模不大，干部不健全，管理工作薄弱，现在部队去了，组织力量自然就加强了。建筑四师即使是满员参建，一下子也发挥不了多大作用，还得要渗入技术工人的技术力量，才能发挥作用。那么全员补足技术力量和全部工人，在部队严密有力的组织管理下，不是一样可以发挥大的作用吗？姚继鸣还担心军队中有战士有工人，穿两种颜色的衣服，能不能保持军队的纪律作风，大量的思想问题好不好解决。李达副司令员指出：军队保持建制，保持着军装，这是目前条件下的决定。长远来看，转入建设部门，终究是要转为地方体制，脱军装是时间早晚的问题，建筑四师如果需要早转地方体制，军区不会反对的，只要你们做好工作就行。他要姚继鸣和大家慎重研究，把这件事安排好。

我们几人讨论，感到此事颇为棘手。我们衷心希望一支解放军队伍的到来，但怎样安排，却很难找到妥善的方案。全师保持独立完整，但补充工人技术人员太少会头重脚轻，撑不住大厦。两种服装和不同待遇，保持不了军队的形象和力量。如果将一个甚至两个公司撤并入建筑四师，从建工局角度看，四师自然比较充实、健全，但保留一个公司（自然是基础较好的一公司）却得不到组织、干部力量的加强，与充实后的建筑四师比较，必然拉大了距离。并入建筑四师的公司负责人的安排（他们不可能重穿军装）也是难题，一时拿不定主意。

在讨论中，我以为从大局观点来认识军区对建筑四师组成和转调的处理是适时和正确的。在保持援朝部队满员和建筑四师转调之间，注重协调统一，照顾到了方方面面。相比之下，给地方（建工局）遗留下一点困难和矛盾，不能算什么问题。事实上即使不抽调大部分营连战士，全部转调建筑，问题也不会少。现在面临最主要的问题，一是只有骨架缺乏基层细胞的建筑师，转谞入一个新组成的力量薄弱、组织不健全的建工局和几个规模不大的公司，不从这些公司抽调技术力量，建筑四师将不能形成完整建制、成为承担重大任务的建筑力量。和这些公司糅合（即使只并入一两个公司），又会形成建工局领导下，建筑四师一家为主，显得体制重复、笨重，不利于灵活指挥作战。此时对李达副司令员谈到的"军装早晚要脱，需要的话可以早脱"的话忽有所悟。大家提出将建筑四师下的几个团和局属几个公司，拆散并重组为几个工程单位，提前使军队干部人员地方化。在一个单位内使双方形成一个整体，双方的干部中，都有老资格，谁强谁当头。新组成的单位，按照总建筑处的组织体制程序，各建工局所属各公司属于地专级单位，这之中独立的工程单位应可定为副地专级或正县级单位，个别可定地专级，以便安排现有领导，四师的领导干部也能提升领导职级。现有团级干部一般可担任单位正副处长职务，营级则担任科一级职务，个别人还可能担任副处长职务。我们虽然不强调照顾干部的职级，但妥当周到的安排是必要的。这个方案最关键的是建筑四师下属各团分别与地方公司合并重组后，师直机关怎么安排，按现在说是归建工局领导管理，现在下边都拆散重组，上边还有师，师上还有局，一个管一个，行吗？刘岱峰曾问及此事，他提过局和师之间有多少差别，军队和地方设置不同，组织机制要因地制宜，从实际考虑。

现在我们和总建筑处的联系更紧密了，不断得到一些通报，了解各大区建筑局有关活动的信息。华东不仅来了建筑五、六师，还来了一位野战部队的军长，以及率领的军部部分人员，军长贺敏学担任华东建工局局长。华北来了建筑一、二两师，同时调来了三十五军军部，本拟到华北建工局，后听说将到即将成立的建筑工程部生产局，该军军长被任命为生产局副局长。中南局是建筑七、八两个师，建工局长仍为原中南财委领导成员、战时冀鲁豫区行署领导成员高元贵，新调来四野后勤部原政治工作领导成员郑奕为副局长。看来三地局和师的界限是分明的，只有西北和我们处境相似，未听说有何大的动作。按照上述拆散重组的设想，四师师直也不再存在，即并入局机关，但不是局师合并，不牵扯到机构升降级的问题。四师师长王海东①是很老的红军，在部队中很有威信，虽然年纪偏大，听力衰退，转到新工作岗位困难不少，但本人能服从组织，作风严谨，到局里担任副局长无可非议；副政委兼政治部主任丁长河②到局里任政治部副主任、机关党委副书记，也很合适（政治部主任由崔子明兼）。师转来

---

① 王海东（1910—1980）：湖北黄陂人。1933 年加入中国共产党。新中国成立后，先后任川北军区剑阁军分区司令员、川北军区公安总队司令员、总队长、中国人民解放军建筑工程第四师师长兼党委书记，西南建筑工程管理局副局长，四川省农业厅副厅长兼机关党委书记。

② 丁长河（1922—2001）：河南郑州人。1938 年加入中国共产党。新中国成立后，先后任川北军区政治部保卫部副部长，川北公安总队副政委，西南军区建筑四师政治委员，西南军政委员会财政经济委员会建筑工业管理局党委书记、西南行政委员会建筑工程局政治部副主任、建筑工程局党委书记，重庆市委建设与交通部部长，重庆市总工会主席，重庆市委组织部部长，重庆市委第一书记，重庆市革委会主任，四川省副省长。

时，本已缺副师长、政委、参谋长、后勤处长、政治部副主任，多人没有补配，只有参谋处长可任局办公室副主任，科室领导可分别到局职能处或到工程处任职。

这样安排的好处是一次到位，领导干部、技术力量的配备尽量做到相对平衡。但一上来就直奏宣布转业，动作较大，尽管之前，已在部队中进行动员号召，指战员思想都有所准备。但现在提早实施，一时恐难转过弯来。对此，在局和师领寻人一起的会议上，经过充分讨论，取得一致意见，再次向李达副司令员报告得到批准，也得到西南财委领导的首肯，只需军区批准就可实行。在宣布执行时，只向总建筑处（建筑工程部尚未宣布成立，总建筑处实为其筹备组织）报告了情况，之后才得知建筑工程部曾经对此向上提出了意见，认为"建筑四师只系一部分干部的架子，且在转来时，随即宣布转业地方，军队建制不再存在，这样原决定的八个师转入建设战线，就只有七个师了"。故以后又从中南补调一个师，作为建筑四师，这无形中出现了新老四师的说法，实际上提早转业的老建筑四师，是被摒弃在八个师之外，属于西南建筑经大军区和西南财委批准同意的单独行动。

如同事先预计，在宣布四师提早转业和原建工局所属公司拆开分别组成九个工程处进行讨论之才，引起了一连串的思想问题，意见纷纷，一时形成顶牛。首先因为早脱军装来得太陡（成都话"太突然"），涉及部队的待遇、荣誉和老战士对部队的深厚感情，很多人一时难以割舍。有人说是违反军委命令的精神，提出质问，其中包括对转入建筑业的条件和环境不满。尽管大家明白，早晚终会转业，但一看建筑业这么简陋，建工局机关拥挤不堪，安不下家。所谓的公司工程处，就是干到哪走到哪，没个稳定的窝铺，比起转到城市工厂，或是县区地方，差得太多。有人听说脱下军装，取消了部队的待遇和标准，却又按照部队的职级套地方的工资，尽管军队的干部，工龄一般比地方现有人员高，但待遇远比他们低，甚至质疑起师领导干部在局里的职位来。

首次动员大会后，产生如此强烈的反应。崔子明、王海东、丁长河和我分别在师直三个团中参加讨论，大家直言不讳。姚继鸣作为动员大会的报告人、局主要领导人，当时没有下去听反应，意见虽不是直接冲他来的，但对报告说三道四，实际是把矛头对准他了。

我们对第一次动员会的反应有些意外，但并不奇怪。丁长河说：这么大的变动，冒出一些思想总是难免的。现在把这些意见集中起来，梳成辫子，领导上再针对它深入地分析解释，自然就解决了。毕竟都是军队的老同志嘛，上级的讲话，最后都会服从的。

隔了两天，姚继鸣作第二次讲话。作为建工局的一把手，他自觉承担责任。然而，他的讲话却引起更大的反应，认为他措辞严厉，对意见一味批评斥责，以军队的严格纪律，压制大家的发言。他已不在军队，还保留着旧军队的军阀主义作风。我们几人在分组讨论中听到了不少这样的话。十团一位营长在会上大声吼叫，大轰姚继鸣的讲话：姚继鸣不应该当这个局长。咱们师里王师长是老红军，比他强多了，为什么不能当局长？还有崔子明、郝炬，他们无非是小知识分子，当过几年兵，凭什么要排在王师长的前面？第二次讲话后，顶牛的调门越来越高。有人说姚继鸣讲这些话我们不同意，我们派代表上军区去告他，看他还能怎么胡说八道……

火力一直集中在姚继鸣身上，姚继鸣也憋了一肚子气。第一次讲话后的反应就动了他的肝火，他原以为军队干部一向纪律严格，服从命令，对反映的一些问题严肃批评，大家理应可以接受。姚继鸣没估计到，宣布提早转业让人们的心情有了变化，尽管讲话的内容没有错，却不能为大家接受。他生气地说：让他们去告吧！军区也得让我说话。

王海东对这些人的讲话很气愤，说太不像话了，拿他的名字做挡箭牌，还要去军区告状。我们也马上报告军区，对这几个闹的人要严肃处理。丁长河比较冷静，说：建筑四师已经交给地方，军区哪会直接过问此事，只能转回地方处理，还不是咱们的事。这是四师内部出现的问题，四师党委就可以处理。不过照大家的说法，提前转业，四师党委也不能发挥作用，还是该局里来处理。姚继鸣说：他们把我都告了，局里还能去处理么？但我和崔子明都倾向丁长河的看法。我发现分组讨论时，大多数人并未明确表示不能接受，唱反调的只是少数几个人，但其激烈的情绪确实也给大多数人带来一些影响。至于有人要上军区告状，也不过是一时的气话，他们心里已明白，告状不会得到他们希望的结果。我看还是耐心地和同志们交谈，做到心中有底，再开一次大会，做一正面的分析、解释和引导，达到思想统一，达到预定的目的。

我们的想法最终一致，赞成再到团、组中去深入交谈，做细致的思想工作后，再开一次大会直到结束。姚继鸣自称两次讲话效果都不好，不愿再讲。大家理解他的心情，也觉得不宜再由他讲。王海东表示他可上去讲，但考虑到他近来失聪加剧，难以与同志们交流，讲话很可能重复姚继鸣讲话的气氛，况且他以局、师二者的身份讲话，也难于兼顾两方，敞开说话。最后推到我的头上，认为虽然在分组会上对我和崔子明也有一些不中听的语言，但看来意见不大，我几次说的话，都还能听进去，如果讲话着重正面阐述，注意分寸，适当鼓励，问题的解决不会有太大的困难。

从最初与李达副司令员沟通建筑四师转业到宣布动员、分散重组，花了小半年时间，最后圆满解决。1953年3月至1954年初，建筑四师官兵一千二百四十七人大都愉快地接受分配，陆续走上了建筑业的工作岗位。原参谋处长从开始时意见很大，在动员讨论中有过激语言，对于分配他任办公室副主任不愿接受，坚持要求回部队另作他用。师卫生处长认为建工局卫生处规模小，无事可做。他了解到与他相似的军队卫生干部，不少人转业分配工作，均比在建工局条件好，坚决要求离开。最后和重庆市有关方面联系，经建工局同意，担任一所医院的院长。留在建筑机关的指战员不足两百人，在以后西南建筑业各工程单位，发挥了很好的骨干作用，有的同志调到其他地方也有较好的成就。事实证明，当年中央抽调八个师投入国家建设的措施是及时和正确的，对于促进国家建设事业的发展和建筑业的组织建设都有深远影响。

高某事件

　　四师动员转业时出现的问题，虽然只是少数人的意见所引起，并很快得到解决，但在之后一段时间，建工局机关不断出现大大小小的问题，究其原因，在于机关人员膨胀过大过快，人员来自四面八方，互不了解，对干部工作与生活的安排不仔细，思想工作力度不够。在纷乱、紧迫、简陋的情况下，大多数人以饱满的热情投入到这一陌生的事业。由于不熟悉不了解，难免忙中出错。即使在一些领导骨干当中，有做好工作的愿望，却未能达到好的效果，闹出一些笑话。例如人事处长宋涛，是从大竹县长的岗位调来的，他办事认真，就连一件小事的通知也要仔细阅读并签字。对任何一个工作人员的接待，都反复耐心，工作时常夜以继日。他的想法是，从农村来到新的机关、新的行业，要从头做起，不厌烦不怕劳累，但劳累过头，时常发生谈话不得要领，事倍功半，甚至每日在阅看文件报告表上的签字，竟从每月 1 号一直签到 36 号，成为大笑话。这样一个好同志，经过自我反省认识，认真改正，在以后的工作中一直有良好的表现。他的状态，代表了大批干部的工作状态。在机关后来的发展中，无论是新参加工作的青年学生，军队转业的新老干部，还是从旧机关行业留下来在建筑业的干部，多数人都保持了这种状态。但个别干部不满建筑业的工作，情绪不稳定。因个人名利、地位，对别人乱攻击，对党组织安排闹翻天、搅污水的高某十分突出。

　　高某是一位老红军战士，机构调整时，调来建工局任财务处副处长。此人平素不尚学习，组织纪律观念很差。来此不久，便与处长王子清闹别扭。王子清是资格更老的红军战士，战争后期已在军一级的后勤供给部门任职，为人老成忠厚，勤勤恳恳，只是年龄大，身体较差一些。论能力、水平乃至资历，都在高某之上。但高某十分不满，公开说：你是老红军，我也是！你是行署副厅长，我也是，凭什么你当处长，压在我的头上？遇到工作上一点事，总是冲撞顶牛。王子清开始还很宽容，友好对待，高某却一丝不让，越闹越凶，到了令人无法忍受的程度。王子清只得在党的组织生活会上，对他提出批评规劝。高某不但不接受，反而更加嚣张，不择场合地对王子清任意侮辱谩骂，影响到整个局机关，成为建工局的一大怪事。崔子明、丁长河几次找他谈话，进行批评教育，被他顶回去。姚继鸣在局办公会议上，对此也作了不指名的严厉批评，但他依然我行我素，更见嚣张，对局里几位领导同志极为不敬。此时我已按照分工把精力集中在行政生产业务方面，不再具体管机关的人和事。崔子明说只有我没和他翻脸，他也没对我说过什么，建议我抽出时间对高某做些工作，他毕竟是老同志，一时想不开，钻了牛角尖，组织上还是应当关心爱护他，不使他越陷越深，再犯错误。我认为高某的行为，是个人主义思想的严重膨胀，发展到公开闹待遇、闹地位，违反了共产党人的组织原则和品德标准，理应受到批判谴责。同时考虑到，他的表现明显表露出对任职的不满，但不敢直接向组织开炮，于是就向同样的老同志处长发难。此事涉及对干部的使用安排，像高某和王子清均是现职的副厅级干部，在这次大批干部调整安排中，分配到建工局任处长或副处长。王子清有较高的党性修养，从未计较于此，高某却大嚷大叫，到处发泄，一方面说明高某实在不够一个党员领导干部的品质和政治思想水平，但另一方面反过来也该考虑一下这样的调整安排是否有不周到之处。当然我们需明确坚持党组织对干部能上能下、德才兼备的严格要求，对高某的这种行为进行严肃的批判教育，使他回到正确的道路上来。对此，我和老崔做了一个不成文的分工，他代表建工局党政领导，坚持原则，坚持组织纪律，对高某尽量做到严肃认真、正面的批判教育。我则以局领导成员的个人身份表达对高某的关心爱护，耐心听取他的陈述，帮助他提高思想认识和组织觉悟，使他认识到自己的错误言行，自觉接受组织的批判教育。经过几次反复耐心的谈话，高某还算听得进去我的谈话，但却不表示接受。最后一次谈话，他总算冒出两句心里话，他说：我实在想不通，组织上对我们这些老家伙这样安排，难道当一个正处长都不行么？

真令人诧异，一个老同志，大吵大闹，就是为了一个正处长！可也没办法，他就是这样的觉悟水平，不论怎么谈，也不能使他有一点收敛。

崔子明和我从未见过这样毫无修养、蛮横无理的同志，我真有点怀疑，像他这样的水平，怎么能提到地厅级领导岗位？幸好还有王子清这样的老同志起表率作用，得到机关上下一致的认可。要是两人互相顶撞，那不真成了"一匹槽里塞不下两头叫驴"，会闹得没完没了。

崔子明告诉我，高某这件事，已经传遍了西南一级各个机关，直属机关党委已经几次来了解，最后提出歪风邪气已经到了不能容忍的程度。这种现象在直属机关一些单位也都有不同程度的存在，但高某却是一个最坏的典型。他们建议召开一次机关党组织的扩大会议，严肃处理此事。老崔随即向局党组织领导成员征求意见，大家全都认为早该开这样的会了。他要我在会上讲话，我们有分工。会议开始，在大家发言以后，高某必然会起来为自己辩解，甚至拿对他的体谅做挡箭牌，正好由我来对他进行一次严肃认真的批判，把他的气焰打下去，接着姚继鸣讲话，最后由我来总结并宣布对他的处理。

在直属党委和局党组成员的一致意见下，机关党组织扩大会议召开了，一切按照预先的议定进行，高某的错误言行受到与会党员干部的严肃批判，高某终于低下了头，承认自己的所作所为违反了党的组织纪律，请求党组织给他改正的机会。在崔子明严正宣布高某停职检查，听候处理后，他才意识到要动真格，连眼前这个副处长也保不住了。尽管他极力撑住没流眼泪，但看得出来，他两眼通红，伤心丧气。

对这样的老同志，还是本着批判从严、处理从宽的精神。在党内受到严重警告的处分，调到地方建材管理处，仍任副处长，以后随着建材公司下放到重庆市管理。

四师转业安排和处理高某事件，是建工局机关的两件大事，四师近两百人的干部团队，从动员转业到分配，前后花了一个多月。而高某的问题，从发生到党组织扩大会议的处理，前后竟达三四个月，相关同志还做了大量的工作，作为对一个老同志犯错误进行教育挽救，应该说组织和机关同志都费了大力。

小起大落

设计、施工的活路，一件件、一桩桩，纷至沓来，似乎预示着以建筑四师为主干基础的建工局，将会有一个良好的开局，在国家第一个五年计划期间一显身手。国家第一个五年计划正在反复酝酿，很快将付诸实施。看看国家"一五"计划中的一些重大的建设项目——就像我们已经开始建设的宝成铁路、川藏公路一样，有多少可能放在西南，放哪个部门，哪个行业，最后花落谁家。我不止一次在财委有关会议上听到西南化工局（后下放重庆）刘雅勤的发言，这是一位知识型的老地下党员，单位不大，只有他一个头儿，管下面几个规模不大的化学试剂、油漆染料之类的轻型小厂和重庆水泥厂，讲起话来却劲头十足，一心要在重庆地区拿下几个大的项目。他认为很有把握的有解放以后即属国营的永利铔厂，一直酝酿将抗战时迁川的小厂扩建为大厂（并一直在从乐山五通桥到江津黄碛寻觅厂址），以及国家建设急需又有条件扩建的如重庆水泥厂，还有生产建设急需的某些基本化工原料，应该要在"一五"计划期间进行建设。财委领导对大家表现的意愿，多半是鼓励有加，理解大家的心情，争取各自主管的行业，能够在"一五"中有所作为。但这些只能是希望和期待，一切均有待于国家大计划的确定。刘岱峰要大家脚踏实地做好本职工作，努力争取能够有所作为。至于究竟能干些什么，还只能是模糊的概念。按照历年的惯例，只能等待 1952 年年底安排下达。据财委了解，整个"一五"计划不可能在计划初期全部确定并下达，大家都只能先知道大的轮廓和第一年度的安排，据以安排下年度的工作。国家各部门均将分别召开行业系统会议，按照统一计划安排各自行业的具体工作。我从这里了解到，不仅各部门，中财委也将召开大区财委会议，就经济工作的方针、政策及一些具体措施做出部署。在这短暂的时间内，只能一面办好自己的事，一面等待上边的统一部署。

西南建工局不像其他部门，对计划那样关切。我们在这以前是财委交办或各有关部门联系交接工程，没有直接感受到是否已纳入国家的计划。从"建设单位承包"的老方式一直承袭下来，摊子也不大，自从转变成直接管企业的行业管理局，承接了一个成建制师的干部以来，摊子一下铺开了。原来的三个公司，扩大成为九个公司型的工程处，即九个小一点的公司，干的活的确比原先多了。不过仔细看看，这段时间增加的工程多半是西南机关的办公用房和部分宿舍（建工局本身就用了半个工程处的力量）。另外财委为解决就业不足和施工单位活路不足的情况，安排了一批修建社会街道工人宿舍的以工代赈的专项工程，其他还是按部就班的老样子，没有多少变化。目前有几个工程处任务饱和，预测明年也不错；另外几个工程处现在挺红火，可到来年这批机关建筑和宿舍民居建完，就不知道向何处去。

深秋时北京来了一个联合考察组，由电力工业部门、中财委计划局和建工部的人员组成，其中有几位来自苏联的工程技术人员，为在重庆建设一座新电厂实地勘察地质水文条件，以确定厂址。人们不禁猜想，这应该就是国家"一五"计划中属于苏联援建的重大项目吧？是否定在重庆，就在于这次考察的结果，毕竟还是一个未知数。西南财委特地提醒西南电力局、重庆市和西南建工局高度重视此事。刘岱峰指出，这是一个开始，以后将有更多项目落户西南，对于西南地区未来的经济发展，具有先行的示范意义，我们要全力配合，取得实际的效果，争取迅速定下来，并且全力以赴，又快又好地建成这个工程，在西南地区国家建设中打响第一炮。这太重要了，至于是不是列入"一五"计划中的苏联援助项目，这无须考虑，它总是排在第一位的项目。

考察组在重庆住了十多天，据说他们已经考察过几个地点，但在重庆用的时间最多。事实上考察之前，领导已向他们交了底，重庆是西南首府，你们可以考察几个点进行比较，在同样条件下，重庆应当是优先选择。考察基本是在重庆周围进行，因为别处尚无重庆现在的条件。经过对几个点的反复比选，特别是深入了解这些可选点并经过水文地质、岩层基础的比较后，最后确定将新厂建在长江北岸的九龙坡。

我由衷地钦佩外国技术专家在实地考察中的认真和细致，一次简单的对话给我留下深刻的印象。那是沿着九龙坡江畔往回的途中，考察组里一位苏联专家和我走在一起。这些日子每天在一起来来去去，彼此已经熟悉。他忽然指着江边的沙滩，高兴地通过翻译告诉我，他的意思是"多么好哟！有这么一片广袤的沙滩，取之不尽的河沙，多么适宜搞一些大型工程建筑呀！"

一看我没有反应过来，他对我说，他是在向我提问，意思是这里有这么好的大量的建筑河沙，为什么像电厂这样的大型工程用沙，要到几百公里以外的五凤溪去取？俗语说，长途不运粗，这难道不是很大的浪费？阁下是此地建筑业的领导者，自然也是工程专家，能说说这是为什么吗？

尽管是笑着说话，却是将了我一"军"，向我提出警示，干这一行就得扑下身钻研业务，甩手掌柜不论在哪里，终会被淘汰。

好在这以前，我了解和学习建筑业务时，已经接触到这个问题，并从西南建筑公司赵国昌工程师处得到答案，而现在赵国昌正和我在一起，准备回答考察组可能提出的问题。

我正好能够回答重庆的河沙是量大而质细，一般砂浆可用，但高标准的混凝土工程，在配比上要大大提高水泥的比例和实际用量。重庆目前的水泥产量无法满足工程要求，所以才有这种考虑。

这位苏联专家直言不讳：你算过账没有，长途运水泥比运沙要节省得多。再想一想不能把当地水泥产量提高吗？将来工程需要的水泥量一定是很大的！

最后我诚恳地谢谢他提出的宝贵意见：你的执着和认真的精神使人感动，电厂工程采用重庆河沙可以肯定下来，还要采取哪些措施，我们即将研究进行，一定不误电厂工程这件大事，尽可放心。

考察组回京以前，向西南财委及有关局、重庆市作了汇报，我们陪同考察的有关人员也都参加了。他们表明这个项目放在重庆早有定论，他们一行只是就具体地址的各方面条件考察比较，定在九龙坡别无他议，回去汇报后即可确定。考察组强调，上面已经交代，要我们向西南有关领导汇报，这是国家"一五"计划在西南的先行项目，要求尽早尽快开工建设，希望各方面现在就做好准备，一俟国家通知下达，不致贻误。与会各方面均表示期盼早日开工，各自都做好准备，等待计划下达。

会后，财委留下西南电力局、重庆市和西南建工局三家，梳理考察组提出或反映的问题。对他们提出的合理正确的意见，立即采纳办理。例如：采用重庆河沙，相应提高扩大水泥产量，要迅速采取措施；电力局迅速组成新厂班子，培训进厂员工和电力安装队组，建工局拿出精干力量，以一个完整坚强的工程处投入现场；重庆市要对土地征用有关现场施工的交通网络，地方材料生产供应以及生活物资供应等，预先安排，只待上边通知一到，就能迅速行动，保证打响西南区国家重点建设的第一炮。

这一项具体工程，使人们真切地感到即将开始的大规模经济建设离我们越来越近。尽管已经接触到这个工作领域，仍然感到非常陌生，不懂技术，不晓业务，如果不能迅速学习、迅速适应，能够长久干下去吗？

时近岁末，西南各有关部门陆续参加各中央主管部门的工作会议，对明年的工作和国家"一五"计划听到一些回声，大多数的信息反映出西南区在国家大计划中的比重都小于预期。而这些预期按西南财委的精神，本来就已经很低了。在化工系统的座谈会上发生了刘雅勤事件。刘雅勤因不满计划安排，自己企望的要求全部落空，情绪激动，发言受到批评后，竟攻击领导，攻击国家计划的重大决策，遭到严肃的批判，并通报西南地区，要求对其错误言行严肃处理。西南财委为此召集有关部门负责人与会，通报了这一事件。西南财委负责人传达了中财委对经济建设方针和国家计划安排的总精神，指出了"一五"期间，国家建设计划的重点在东北、华北和西北，华东、中南基本以改造提高现有企业的生产能力为主，新增的重大项目只能是必需的（例如水利、铁路等）。西南区目前交通落后，大型工程无法进入，今后几年改造交通，管好现在为数不多的中央企业。"一五"前期，力抓宝成铁路通车，然后视交通条件，逐步适时展开建设。他郑重地指出，国家计划的一大批苏联援助建设项目，是经过多方反复调研确定的，目的是在较快时间内，初步打造成我国现代化工业体系。这些项目主要在三北地区，是根据国家需要、国防需要和现实的基础条件，经过充分考虑定下来的，不能以一己之见或地区观念怀疑和干扰国家的战略全局。我们国家现在的经济基础还很薄弱，建设也和过去打仗一样，不能把有限的财力物力，分散消耗，最后造成浪费。集中力量打歼灭战，是消灭敌人有生力量的最好办法，掌握重点就是掌握了全局，最后获得全局的胜利。战争如此，难道建设就不能适用吗？像刘雅勤这样的态度，就是不晓全局，不顾全局，从"小局"出发，显然是狂妄无知，这种公然攻击国家的正确决策、诋毁上级领导的行为，在组织上是不允许的。西南各单位、各部门完全拥护中央有关部门对刘雅勤的严正批评和不宜于继续担任现任领导的意见，并向全局通报，严格按照国家计划要求，踏踏实实地做好本职工作，积极为西南区下一步展开的大规模建设创造好的条件。

围绕国家计划和地区经济发展的讨论到此停下来，其实这仅仅是少数人所暴露的思想，对大多数干部群众并无多少影响。以建工局来说，建设项目主管在甲方，没有直接的计划关系，感受不太明显，影响不大。各部门差不多都召开了系统的工作会议，议题多半是回首今年部署明年，展望五年规划，而建工部直到年终前几天，才通知召开第一次各省市建设厅（局）长会议。在这个空隙时间内，重庆电厂建设已经令下，相关各方已做好准备，即将开工建设。军工系统频频接触，有两个突出的项目，即将开始改建新建。原先在岩洞里生产的工厂（生产坦克），由于其重要性，要搬出岩洞建设一个完整的厂区和厂房，总计几万平方米；另一个因调整合并空出来的旧厂区，原先建筑也很简陋，现已由军工局接收，将在原厂址新建一个专用车厂，其规模也是几万平方米，不逊于前者，分别要求在1953、1954两年竣工。

这难道不是国家在"一五"期间的重点项目吗？

据了解，国家重点的一五六项建设项目，全部为苏联援助，上边这几项只是国家自建的重点项目，但从其规模、产品各方面来看，不在苏联援建项目以下。这应该说是列入部里"一五"计划的项目，而不是过去两年小打小闹，修、改、扩充的自建项目，而且要求还很急促，要跟上国防的需要，这也促使我们为之紧张起来。掂量一下，全局九个工程处，多数活路饱和，少数处差一点，至少也能保证上半年有活儿干。局领导们在一起讨论，对目前状况及未来的发展，都抱着乐观的态度。

建工部通知，旧历年前召开全国第一次省市区建设厅（局）长会议。国家宣布建工部成立较晚，比起其他部门的行动免不了要迟一点，但到会的都很整齐和振奋，云贵川三省城市建设厅厅长朱靖宇、刘哲民、马识途①都到了，全国六个大区局和部属一些大单位也都到了。建工部的陈正人部长（由江西省委书记任上调来）、周荣鑫、宋裕和副部长，办公厅主任陈永清和大家见面。部里还增加了一些新人，不乏原在各地担负重任的老干部。如从长沙市长任上调来的设计总局副局长，是我1938年在晋南工作时，即已闻名的原河东特委书记阎子祥②。城建总局的副局长是原川北行署副主任秦仲方③。刚到生产局的是一位熟人，是1938年担任夏县民主政府县长的刘裕民④。一大批领导骨干进入建工部门，显示着对这一新建部门的重视，是国家建设计划的主要承担者。在这一次会议上，还向人们宣布了一件重要的事，即已经聘请来了苏联专家顾问组，人数不多，但来得很快。部里为此设了专门的讲座，几位专家将向与会同志介绍苏联建造部的组织管理、内部体制、总承包和分包、甲方乙方各自的职责，以及施工的流水作业法等。按部里领导的提示，我们各级领导来自四面八方，

---

① 马识途（1915— ）：原名马千木，重庆忠县人。1938年加入中国共产党。新中国成立后，先后任川西区党委委员兼组织部副部长，四川省城市建设厅厅长，中国科学院四川分院党委书记、副院长，西南局宣传部副部长，科委副主任，四川省委宣传部副部长，四川省人大常委会副主任，四川省文联、作家协会主席。

② 阎子祥（1911—2000）：山西临猗人。1927年加入中国共产党。新中国成立后，先后任长沙市第一任市长，建筑工程部中央设计院院长，建筑工程部设计总局局长、党委委员，建筑工程总局党组副书记，国家建工总局副局长，中国建筑学会理事长。

③ 秦仲方（1911—2007）：原名覃良骥，四川达县人。1936年加入中国共产党。新中国成立后，先后任川北行署第一副主任，建筑工程部设计总局局长，地方建筑管理局局长，城市建设部部长助理，西北局经济委员会副主任，陕西省副省长，陕西省国防工业办公室副主任，陕西省政协副主席，国家城市建设总局副局长。

④ 刘裕民（1915—1970）：山西太原人。1934年加入中国共产党。新中国成立后，先后任福建省实业厅、工业厅厅长，省财委副书记，建筑工程部直属工程公司经理，建筑工程部部长兼党委书记，国家建委副主任。

但几乎无一例外都是从党政军各部门抽调来的，具有丰富的军事、政治斗争经验和领导能力，但都没干过建筑业，没有专业知识。现在国家正抽调干部到苏联学习，以造就专业的领导人才。但去的终究是少数，利用会议开设讲座、报告授课，是很好的培训方式，要求每个同志重视，主动认真听专家们的讲授。

参加会议的人对此十分认真，大家本来都缺乏这方面的基本知识，自然渴望有所收获。以后几年的年度会议曾扩大到大区局以下的公司一级，实际加大了培训面，帮助干部很快进入职务的角色，收到了好的效果。这种讲授其实也很简略、粗线条，如同我在交通部年度会议中听到的那样，强调本身职责权力的多，强调总分包、甲乙双方关系的多，强调经理负责制、总工程师（技术）负责制的多，也遗留下一些片面的影响。但这种启蒙式的培训，还是起到了促进建筑业快速成长的良好作用。

会议的另一收获是加深了对国家经济建设计划的认识深度，我们进行的设计施工等生产活动，都是在国家计划指引下进行的。西南区在国家"一五"重点建设计划中似乎没有沾到多少边，但并不影响西南区在国民经济整体发展计划中的位置。条件具备了，发展需要了，重点建设的比重自然会发生变化。即使这样，我们这支专事重点建设的力量也不会闲置。

会议期间建工部和第二机械工业部（简称"二机部"）召开了一个二机部所属工厂基本建设的建安部分由建工部所属企业承建的会议，二机部赵尔陆部长专门讲了话，国防工业基建摊子大，任务重，现在国家计划已明确，是两部共同的任务，虽然分工不同，但向国家承担的任务是共同的。二机部原有一些少量的建筑力量，今后将考虑交由建工系统一起管理，两部共同合作搞好建设。

这件事给几个大区局同志很大的鼓舞，同时了解到二机部系统的基本计划，虽然列入一五六项重点计划，也只是一部分新建项目，老厂改建、扩建占有很大比重。西南区就是突出的例子，我们接触的岩洞迁建和杨家坪旧厂改建新厂都在其中。照两部有关同志的说法，将会一直干下去，干多少年也不会减少。建工部还将和其他几个部门，如同和二机部一样，达成协议，使自己负责建设的范围逐渐明确起来。

建工部内部按周荣鑫以前说过的一样，部和大区局是共同一致的，目前是建工部和大区双重领导，但大区已改成行政委员会，性质已改变，代表国家对大区下各省市区检查督促，以此定义，大区的设计施工队伍也就是建工部直属队伍，今后国家重点建设和各部直属的基建工程，交由建工部承担的，也是各大区局所属工程单位分内之责。为什么要以八个师转建，并都在大区就是为了保重点建设的需要，会上还向我们露了底，国家对一五六项苏联援建项目，大体轮廓已经清楚，还在陆续敲定过程中，西南区目前的基础交通条件，难以摆下大的项目，初步考虑除已定的重庆九龙坡电厂外，可能在成都摆下几个轻型的电子工业的援建项目。国家已将宝成铁路列入"一五"的重点计划，下一步将考虑陆续建设一些新的重大项目。国家在西南区保持一支强大的建筑力量，绝对需要，并要我们现在集中抓好已确定的重要项目的建设，特别是重庆电厂，它是"一五"计划重点建设的先行项目，对今后的建设具有重大的示范意义，一定要抓好，同时要着手将列入一五六项援建计划的成都几个新厂建设，它开建时间可能在1955年后，但需要在1957年基本建成，时间晚一点，完成期限紧迫，但又必须完成，任务很重，不能有丝毫忽视。在各个年度的间隙时间，可能有不均衡现象，即有的单位忙，有的单位闲，有窝工甚至一段时间无活干的情况。眼前看在东北、华北工程可能很紧，人手不足，西北更是原有力量小，任务相差很大，华东与中南、西南任务明显要少一些，建工部正在综合考虑，如何平衡调度国家重点建设的主力部队，必要时可以大范围调剂、调动，使大家都能发挥作用。

这个会开了十几天，时间长了一点，但我对国家建工的机构、体制有了较多的了解，很有必要。我们已被纳入这个机制，年轻的部一成立，便请来了苏联专家顾问组，更证明了它在经济建设中的重要作用。最要紧的是了解了国家第一个五年计划的方针、轮廓及其对于整个经济建设的巨大作用，更使我们对于自身在国家的作用及未来的发展，心中有数，也真可说不虚此行了。只是时间拖得太长，会议结束时已届旧历除夕，没有办法，只能搭乘大年初一旳飞机赶回重庆。

我很不情愿搭飞机回重庆，来北京时是经武汉乘京汉特快到北京的，路上五六天，如不是时间那样急促，我会原路回去。那时飞机很小，客货两用，座位多是临时的，颠簸甚剧，缺乏安全感。前年一次在京搭机到武汉，再转回重庆，起飞后不久约一小时，忽然发现太阳竟位于机身右侧，心知有异，亦未敢询问乘务员。直到飞机降落停机坪时，乘务员兴奋地招呼大家："我们又回到这里了！"这才知道，我们回落在早晨起飞的南苑机场。原来飞机在飞近信阳上空时，发动机一侧出现故障，不敢升高，难以飞越前面山峰，只得返回。这次搭机飞渝，实在是因为时间太紧迫了。一方面出来前后二十来天了，自己分管的事有许多等着办的，另外好不容易有几天的假期，和家人团聚。我回到重庆已经四个年头了，能够和祖父、母亲见面相处的时间屈指可数。母亲一直在学校教书，过年过节来看一趟，也没个住处，就匆匆回去。祖父曾来我处小住了些日子，但因我平素上班，老人独自在家无人照顾，自回母亲住处，独自散步不慎摔倒，致脑溢血逝世。今年恰逢我迁会仙桥公寓，有一间房子，早已约好母亲携幼弟来过年，除夕已经耽误，争取初一下午到家，也是大家都高兴的一天！

红火的 1953 年

1953 年 2 月的重庆，已是熏风拂面，行人衣单。一日有暇，和崔子明步行过两路口街头，偶遇两个关东汉子，浑身上下皮衣、皮帽的严冬装束。自言头一回来此，还是在家时穿戴的这一身，没想到南北方的气候竟这样悬殊。他问我们，到了夏天，听说重庆就是个大火炉，受得了吗？我俩着实取笑了一阵子。

回到住处，曹景之、曹茂先、刘志杰、易鸿宾几人来访，原都是渤海一、二分区熟悉的老同志，奉中组部调遣，从山东转调云南，经过西南局转关系，顺道来探望。他们已有来西南地区工作的思想准备，带着必备的行李，逐步适应了南北相差的气候，不像两位关东汉子那样"狼狈"，但也认为重庆这座大火炉，名不虚传，这么早的时节，就已觉得炎热灼人，真到热天怕是很难适应。他们问我去过云南没有，听说云南四季如春，气候宜人，从言语中露出向往和乐于前往的口气，我为他们感到高兴。

九龙坡重庆五〇七电厂

西南建工局的几个工地，九龙坡和陈家湾两个现场已开始紧张地施工。在重庆从无这样大规模的工程，可谓一时之盛。九龙坡现场兴工更早，去年底已做了开工的筹划准备，春节一过，人员集中进入。遵照西南局的指示，建立统一领导的现场党委和现场指挥部，协调甲乙双方、设计施工以及地方有关工程的配合。现场党委由重庆市委直接领导，作为重庆当时最重要的工程来抓。行政上由西南财委领导下属电力、建工两个局具体负责。现场党委书记由新来的电力工业局局长高治国①担任，我作为建工局副局长被指定为副书记和指挥长。电厂的筹建处已经组成并进入现场，负责生产准备和员工培训。电力系统设备安装的专业工程队，也提前进入现场进行技术培训，等待插入施工。西南建工局指定第七工程处承担全部土建工程，并最早进入现场，平整场地、开挖基础等大量工作均已展开，整个现场一片繁忙。

按西南局要求，现场党委书记、指挥长必须专驻现场，全力履行现场的职责。但这一规定一开始就难以贯彻执行。高治国是电力局新来的一把手，电力局原有两位副局长，二人都强调局里的重要事务需要一把手主持决定，这个道理谁也不能说不对。如果两头兼顾，又违背了西南局的指示和规定，高治国两头作难。曾采取白天驻现场，晚上回局里办事，但试了几天，旁人和他自己全都受不了。后来又采取星期六下午回局，星期天处理局里的事务，同样无济于事。最后想到一个办法，把副局长吴金陆增补为现场党委副书记，和高治国两人分时轮换，才解决了矛盾。但我所处的位置却不一样，现场已有一个庞大的苏联专家组，直接插手施工，除生产准备及设备管理的专家外，土建安装的就有好几位，他们每天都"盯住"

---

① 高治国（1914—1998）：山西五台人。1937 年加入中国共产党。新中国成立后，先后任大竹地委书记，燃料工业部西南电力管理局局长，电力工业部部长助理，云南省水利电力厅厅长，云南大学校长，云南省委宣传部部长、省委副书记。

指挥长，他们说指挥长是第一负责人，必须随时随地在现场。专家们差不多每天找指挥长，提出各样的问题或建议，并都要求立刻解决。建工局局长姚继鸣早已明确他的身体和精力不能长驻现场，只有我来顶这个角色，全局有关生产业务也由我分工负责，加上局里有些较大的事务需要商讨时，我也要参与，因此姚继鸣也不同意我专驻一个现场。为此他跑到西南局、西南财委申诉他的意见。他摆出局里的现状，我不能不参与局里工作，只能两面兼顾。然而这又引起了现场专家组的不满，直接提出指挥长经常不在现场，有问题不能及时解决，明显没有履行自己的职责，已贻误了现场施工，如不能及时改进，建议更换指挥长，大大地将了我一军。重庆市和西南财委把问题交给建工局，要建工局慎重研究，对专家组意见作出令其满意的答复。最后还是我出面，诚恳接受专家组意见，同时也摆谈了建工局的实际状况，提出现在指挥长还是不变，在工作时间安排上注意不影响现场工作，并明确第七工程处主任万德舟和局生产处副主任工程师赵国昌两人为指挥长助手，授权他们在指挥长不在时，全权处理现场的各项问题。提出这一措施是因为我已了解到，万德舟、赵国昌在和苏联专家接触和处理工作当中，已经留下良好的印象。他们曾经流露，如更换指挥长可以由万德舟来充任，这个矛盾费了不少工夫才得到解决。我坚持每周几次来现场工作，苏联专家的要求能办到的都及时办到，他们自然满意了。

经过2月到5月的磨炼，建筑现场管理和建筑队伍战斗力明显提升。现场秩序井然，多工种的协作配合、作业管理、质量管理、现场材料管理等有条不紊，工程的每日进度，一目了然，不禁对苏联专家们的仔细认真、严格要求，萌生敬意。当初他们曾经要求更换指挥长，是因为对工作的执着和认真，不管对谁都不讲情面。正是这样，九龙坡在短短几个月中有了很好的进展。两台机组总装容量共五万千瓦，虽然只是中等偏下规模的火电项目，却是西南第一座机械化、自动化的火力发电厂，在全国也是排在前列的工程。修建这样的工程，使西南建工局的战斗力得到增强，使之提升到国家建设的主力地位。这也印证了国家为了适应大规模建设所需，做出的将八个野战师投入建筑行列的重大措施的必要性。尽管我们这里还是一个建制不全、力量薄弱的架子师，但他们严明的战斗作风、细致的组织管理和思想政治工作，把过去散漫杂乱的工地、营造厂，改造为战斗的基建队伍，令人兴奋。

陈家湾重庆建设机床厂

杨家坪陈家湾（由鹅公岩搬迁来此的生产步枪的机床厂）重庆建设机床厂现场，比九龙坡现场起步稍晚，施工组织也比较单一，建工局第四工程处作为主干队伍，承担了全部土建工程。第五工程处部分力量分包了水电安装。新厂的机电设备，由老厂工人自己组织安装。工厂只有一位管基建的副厂长代表甲方行使职责，整个现场是在第四工程处主任项本立①领导下进行的。它没有九龙坡现场的声势，也不引人注目，但开工以来一直表现出行动迅速、纪律严明、紧张有序、生气勃勃。项本立坦言："这个工地没有别处那样大的名气，没有外援专家，靠的就是我们自己。我们从没干过这一行，但是干上了就要承担这个责任，必须干好。鸭绿江那边等着用的战斗武器，不能拖延半步。我就是为了执行一项巨大的战斗任务来这里的，抓好工程，抓好质量，保证工厂生产出优良的武器，及时送到前方将士手中，绝不含糊。"

我对项本立的能力、魄力印象深刻，他是一年多以来最晚投身于建设事业的老红军。初次接触时，我感觉到他并不是很愿意转入这个岗位，但现在既然来了，他表现出不服输的劲头和勇气：过了这么多年的戎马生涯，我就不信干不好建筑工程这一行。

项本立在华北抗战中当过基层部队的指挥员、游击支队参谋长，更是一位深入敌人虎穴、猎取情报如探囊取物的高级情报官。很多人以为他是

① 项本立（1911—1964）：河南阌城（现划归灵宝市）人。新中国成立后，任西南军政委员会行政处处长，1953年调匡家建筑工程部。

活跃于敌人后方的武工队长，实在是低估他了。他的职责和姚继鸣大体相当，只因执行任务中出了纰漏，接受了组织审查，之后转业到地方。那正是建筑四师集体转业后不久，西南局财经工业部专门向建工局交代，项本立有较强的指挥组织能力，可以胜任大型建工企业的行政领导。由于他的资格老，建工局对其工作安排极为慎重。在建工局现有的机构中，几次征求他的意见，是在局机关主持部门工作，还是到基层工地工程处工作。项本立态度很明确，他不适宜坐机关，他了解工地如同战场，他愿意率领不管多大的建筑队伍，去完成交付的战斗任务，不管任务多么艰难，执行起来有多大难度，他都勇于承担。正好机床厂新建的整体工程已确定由第四工程处承担，这是当时除了九龙坡现场后又一项重要工程，项本立毫不犹豫地接受了工程处主任的任命。事后证明，他是担任这个职务的最适合人选。这个处在全局九个处中处于一般水平，除项本立担任行政主任外，还配备了原建四师十团副政委吴胜友任党委书记兼行政副主任以及一位主管技术的主任工程师，项本立很满意这一配置。他说吴胜友是派给我处的政治委员，对之极其尊重。吴胜友也极度支持项本立的行政指挥，工程处领导在工作上非常配合。而机床厂本身——甲方的领导人，也全都是从军队抽调转入工厂的，大家熟知项本立的经历和能力。分包安装的第五工程处主任王远志，原是在解放战争时期参加工作、南下入川的青年干部，对项本立也极其尊崇，整个工程开局良好。

作为全局工程的重点之一，我经常到现场了解检查，解决需要局里出面的具体问题，每来一次都发现现场的变化。到五六月间，这里已经差不多赶上九龙坡现场的进度。局里姚继鸣、崔子明、王海东、丁长河和我也都几次来此视察，这是建工局自主承担的较大型工程，从局里角度看，它比九龙坡现场更为直接。有了项本立一手撑住，大家都觉得放心。项本立对工程也是事无巨细，总是一抓到底，从不歇息。我每次来时，发现他经常在现场和工人、技术人员一起融洽相处。对一些老师傅和一些比较活泼的小伙子，他一下就能叫出他们的名字。他和职工犹如连队指挥员和战士们一样亲密无间。尽管时间很短，他已熟练地掌握了工程多方面的情况，包括工程上一些重要技术问题，他都了解得比较仔细，能说出个"究竟"来，成为工地的领导中心。

一次我和他谈起这里的工程抓得不错，真正做到了紧张有序、有条不紊，全凭大家主动摸索，一点点积累干起来的。另外九龙坡工地就在眼前，他们在苏联专家帮动下，做出了好的榜样，你们争取时间了解并学习他们的一些方法，会得到实际的帮助。

项本立坦率地说：你提示我们工程处向九龙坡现场学习，这很好。我没搞过建筑这一行，更没想到能接触机床厂这样大的工程，只能凭过去在部队工作时的一些经验，摸索着往前赶。摆在面前有九龙坡现场这么大的榜样，怎么能丢掉这个大好的学习机会！不瞒你说，我们这里上上下下，三个主任、技术人员、工人师傅和材料管理人员，有的已经去看过好几趟了，也就是偷偷摸摸去学点本事吧！他们的条件比我们好，各方面都很关注，你亲驻现场指挥，自然不一样。我们这里也比局管的有些工程条件好些，大家都可以相互比量比量，我想我们也不会落在大家的后面，我向局里表示，我有这样的信心。

工程处及人事调整

局里承担的工程，全都集中在重庆地区，大大小小，二三十个工地，我抓生产业务，但没时间能够一一跑到。现在各个工程处已经形成分散作战、集中管理的指挥中心。八个师转业带到建筑业的部队的严谨作风，已经随处可见。我只在蔡生金为主任的第一工程处和刘贤兼任主任的第二工程处各走了一两次。这两个工程处原属西南建筑公司，后来归属建工局一公司。几年来在建筑企业中开展民主改革、"三反"运动，在建筑工人队伍中开展反把头斗争等各项工作，都是从这里首先开展的。第一工程处近年来施工大渡口钢厂部分车间扩建工程，当前正在承担重钢五十吨平炉车间的新建工程，其规模要求不低于九龙坡五○七电厂、陈家湾重庆建设机床厂两处。工程处的生产能力、思想政治基础、承担工程的规模都在全局处于领先地位，也是局里关注的重点单位。

这时出现了新的变数，按照国家部署，冶金系统的基本建设将自营进行，冶金部门已在筹划组织自己的设计施工队伍，将重庆地区一些分散的建筑安装力量集中作为基础，组织一个大型的西南冶金建筑安装总公司。从今年开始，冶金部下达各厂的基建工程指标，均在冶金系统内安排。由西南建工局承担的重钢、二钢及三钢的工程，在现有工程结束后即陆续撤出。这些骨干工程队伍将转向何方？蔡生金的工作如何安排？蔡生金是一位资深的老红军干部，在全局范围内，除了几位局领导和财务处王子清外，他的职级最高（曾任副师长、政委）。目前他担任的工作也和王子清一样，我们都觉得委屈了他。但蔡生金有良好的党性修养，他态度谦虚，一直强调自己不懂业务，对担任一把手深感力所不及。在一、二处分设时，他就力主刘贤主持一处工作，他愿意积极协助刘贤做好思想政治工作。这样的老同志、好同志，受年龄、身体及文化所限，要很快熟悉建筑工程的新工作，确有困难，难以做到像项本立那样很快进入角色。我去一处谈工作时，照顾到他的实际困难有关生产技术事宜，都要求有关工程人员直接提供。但我对他谦虚谨慎、平易近人、团结同志的作风深为满意，下一步一处将转移新的场地，对他的工作安排应当慎重考虑。

第二工程处过去和第一工程处不相上下，现在和未来处境却不尽相同。在配备工程处领导班子时，确定由刘贤任工程处主任，基于如下考虑：刘贤是原西南建筑公司除宋望平外比较内行的领导干部。西南建筑公司分解以后，对刘贤的使用有过几番考虑，我和崔子明都以为，姚继鸣也赞成，让刘贤到局里担任生产总调度室主任，他所处地位比其他处室要高出半头，犹如军队的参谋长或地方行政单位的秘书长，简单说是局里的大处长。但这个机构要经过一段时间酝酿再行设立。这段时间，给刘贤一个机会，带领几名生产技术人员，到建工部部属及其他行业一些较好的单位学习掌握生产管理的经验，再回来组建。在此期间，要他协助处理完西南建筑公司和四师干部结合，分拆成一、二、九等工程处，并组成二工程处后再外出考察学习。二工程处的几位副主任杨宗清、张金镜以及办公室主任杨登等人，都是较老的转业干部。但当家的核心领导，较长时间缺位，当前只抓了几处大型的民用建筑（体育场、西南工会及杨家坪纺织机具厂等），有的工程已进度过半，逐渐收尾。但杨家坪纺织机具厂在西南工业部的规划安排下，已确定调整到市北与另一纺织厂合并，杨家坪旧址转交西南军工局，将新建一专用履带车辆厂（生产坦克），据称其规模与陈家湾机床厂相仿，产品威力抑或过之。此厂现已处在筹组、规划、勘察时期，即将进入设计阶段，预计将在1954年至1956年建设完成，这一重大工程将交给二二程处承担，将是继重钢、九龙坡电厂、陈家湾机床厂之外又一大中型建设项目。为此已将工程处设在杨家坪，是我关注的重点工程。

目前正是旧有工程扫尾、新工程的准备中，杨家坪气氛较为平静。干部们已经了解将要承担的新任务，和九龙坡电厂、陈家湾机床厂等工程相比，感到担子不轻，都有跃跃欲试、一展身手的愿望。该处干部金占堂说：我们现在搞了一些单项工程的施工，要接受这么大的工程任务都很兴奋，但也不能只高兴就忘记了会有多大的困难，我们已经在工程上摸爬滚打了好几年，早有克服困难的思想准备。又有陈家湾、九龙坡这些工地做出的样板，我们是能够干好这样的大工程的。金占堂和陈观云均是从上海参加西南服务团，到西南后分配到西南建筑公司的。他沉稳而积极的表示，令我印象深刻。我对工程处的同志说："我赞赏你们这样的态度，其实也是我对工程处的期望和要求，对现有的工程有一个完美的收尾，不拖泥带水，不留下一个烂尾巴的名声，对未来大的工程任务，要有充分的信心和细致的准备工作，以发挥我们工程处的力量和水平。"

这段时间内外变动时有发生，建工部两次向建工局通气，因成渝铁路通车，宝成铁路即将开工，沿此交通走廊已经有一些项目在酝酿之中。除了早已列为重点建设计划的电子工业四项目外，已经确定上马一个配套的电厂，其他项目也在多方考虑中。当然一段时间内不一定能定下来，但建工局应当及早考虑，以免措手不及，造成被动。可先派出一支小型施工队伍，进入川西地区，逐渐了解熟悉地区特点环境，考虑下一步如何进入施工，以便采取相应措施与之相适应。总之，铁路建设将推动西南建设的快步发展，建工局要为未来的发展做好思想准备。不久，云南向国家告急，云南工矿建设项目众多，但该省地方建筑力量非常薄弱，建议国家调拨一支建筑施工力量，支援云南建设。我们此时正忙活着当前的施工项目，上边提出派人去川西、云南了解、准备当然是好事，但现在还只是出了题目，成为现实尚很遥远，如早早派去队伍将发生窝工，特别是云南路途很远。我们决定等项目大体确定以后，再派队伍去也不迟。

上述意见汇报部里后不久，部里职能局再次来信，意为建工局现有计划任务不足，你们曾在不同场合提出队伍窝工问题，部里很重视，现在提供成都、云南两地讯息，希望你们能迅速派人前往。特别提到云南，不是口头上说说，已确定一个由捷克进口设备的大电站，由电力工业部门派人和捷克专家一起，即去云南考察选址，此项目虽不同于苏联专家援建的一五六项目，但其性质基本相同。部里要求建工局及早派出一支小型队伍前去，先向云南省基建管理部门报到。在电厂未进入施工前，可以承担当地其他项目，将来电厂完建以后继续在云南地区承担其他大中型建设工程。并提到电力部门意见，希望由现在九龙坡现场施工的工程处承担云南电站工程。部里考虑，可能现在办不到，亦可考虑先进去一支队伍，承接其他工程，将来可继续施工，九龙坡现有工程完工以后，可以考虑再派去云南电厂施工，至于川西地区来往本较方便，现在派去多少人，可根据情况确定，总之希望能够即派人去！

不能再犹豫了！局领导及有关业务主管人员商量，认为派出单位这次定了，将来就安营扎寨，必须慎重考虑，云南尤其如此。川西方面，暂定当前在重庆现有工程已逐渐收尾、新工程不明确的第八工程处派少数人前往，接揽一些一般工程。行前可联系西南军区后勤部，因为从今年起，建工部下达的重点（限额以上）项目计划，包括中央各部和总后勤部所属单位限额以下的一般工程，军队提出需要外包的，由各地建工部门和军队后勤联系办理，这样衔接较易。至于谁去云南，权衡结果，认为第六工程处最为合适。该处在全局九个处中处于上中位置，目前在重庆工程多在收尾，这些工程多为军队营建工程结转下来，和西南局机关在建工程牵制不大，长期迁驻云南较有条件。工程处成员是去年以来批准吸收的固定技工共万余人，多系重庆一带本地人，可能有一部分人不愿长期留在云南，将来云南本地劳动者成长起来后，可以逐渐抽调回川。工程处的领导力量也可以放心，主任陈东野是鲁西南老区的老革命，担任过几年县长，进军中原和西南时期，任过二野后勤运输部第三中站（一个中站相当于一个汽车团）站长，营管部建筑公司（后转为建工局第三工程公司）经理。副主任、党委书记崔传稳是二野军政大学政治协理员，调来为第二工程公司领导人员。主任工程师陈光华系原三公司总工程师。确定以后，由崔子明、丁长河和我分头与他们谈话后立即出发。至于电力部门希望由九龙坡七处为云南电站施工一事，我们几人意见一致，能够继续从事熟悉的工程自然对双方都有好处，但不能一概而论，经济建设的发展，离不开能源建设，将来大型电厂工程将遍布全国，而且都是重点工程，你一个工程处能分到多少地方？在建工局内部，承担多少重大行业的工程建设，要全面平衡调配。

这时一个意想不到的事发生了。崔子明突接电话通知，立即到财经工业部和财委刘岱峰副主任处谈话。本来这两处是我们常去的地方，但同时通知，而且很急，就有点奇怪了。虽说两处谈话，时间却很短，没一会儿崔子明回来了。他说："真想不到，咱们一起工作才一年，正干得有劲的时候又要分开了。"

催他去两处谈话是一件事，调他去西南地质局任副局长，马上到任。

我一下惊愕了，如他所说，我们一同工作，不过年余，但相处很融洽，在工作中常常意见一致，互相支持，谊属知己，怎的一下就要调走？再说财委属下就是一个地质调查所，怎的又冒出一个地质局，一定要他去？

崔子明转述了刘岱峰和他的谈话，成立西南地质局是一项紧迫的决定。国家开始大规模经济建设，地质工作是工业化建设的先行官和侦察兵，现在"一五"计划才开始，地质工作落后得太远。全国从事地质工作的单位很少，人数也不多，中国过去只有一个丁文江、翁文灏主持的地质调查所，是权威性的地质科研和勘探机构，它在抗战时期迁到西南，战后大部迁回原地，但留下了相当一部分人在西南，成为西南地质调查所，黄汲清①为所长。现在国家决定，要迅速组建强大的地质队伍体系，首先在各大区组建地质局，局下面要组成若干钻探大队，省和中央有关主管部门也要建立自己的钻探队伍。西南区因为有西南地质调查所，是基础最好的，因此率先成立地质局，这就决定调老崔。这是一个完全陌生的事业，刘岱峰也指出，地质和建工一样，都是大规模经济建设中不可或缺的重要行业，但任务不同，条件也不同。地质的勘探队伍常年都在高峡险谷、深山老林作业，远离城镇，比起建工条件要艰苦得多，而且地质的专业技术更难掌握。老崔说到此处表示："说实话，我还真有点留恋建筑这个事业，这一年经历了好些事，取得了一些成果，班子里几个人又合得来，相处很愉快。但现在组织上给了这样一项任务，我没有二话，坚决服从，尽我之力，做好工作。"

老崔和我一样，对于组织决定、调动是坚决接受和执行的。我以为这样一位富有斗争经验的老同志，到一个新建单位做主要领导，应该是顺理成章，怎么还是去担任副局长？谁担任局长扛大头？

"毋庸置疑是黄汲清。"老崔响亮地说，"黄汲清是中央地质调查所的所长，地质局是以地调所为基础来建立的。他从事地质工作多年，在地质界有很高的声誉，是全国少数几个地质权威之一，由他担任局长最合适不过。"

"为什么还要那么急促地调你去那里？咱们这里一样也需要你，而且你又是重庆建筑党委书记，还有许多事要你去管哩！"

老崔笑着说："组织上要你去干什么，不就是因为实际工作的需要吗？"财委领导向他交代，在地质局工作要尊重黄汲清的权威和领导，黄

---

① 黄汲清（1904—1995）：四川仁寿人。构造地质学、地层古生物学和石油地质学家。毕业于北京大学地质系，1935 年获瑞士浓霞台大学理学博士学位，1948 年当选为中央研究院院士，1955 年被选聘为中国科学院学部委员（院士），1988 年当选为苏联科学院外籍院士。

汲清是专家、科技界的权威，但他本人不善于行政管理和政治思想工作。地质局要建立党组，由老崔担任书记，党组要团结全局同志，搞好工作。老崔理解到执行这项任务的艰巨性和自己的责任，思想上不敢有一点点放松。他提醒我，他离开后原来分管的工作，势必将由我接手管理："以建工局目前的繁杂事务来看，你的担子可不轻呀！"

火炉重庆

难以想象，1953年竟是重庆最热的一个夏天。刚入夏，距离三伏天还早，却已感受到最热火炉的滋味。从清晨开始，身上汗水没有干过。晌午的太阳灼热炙人，晒得人发痛发晕。躲在屋里，在窄窄的单人竹凉席上躺上一小会，起来竟发现凉席上有了一个自己的侧卧身影，原来是汗水浸及竹席留下的痕迹。要是连续几天，那汗渍渗透进竹席里，席子的表面就会变得深黄透红，成像的人影很久不褪，给夏日留下长久的印记。

夏日各地往来的活动很少，报纸报道，苏联芭蕾皇后乌兰诺娃来渝做短暂访问并演出，一时轰动山城，演出火爆。事后听说，市中苏友协一位女工作人员，负责接待并照顾其生活。一天上午，她去乌兰诺娃所住的范庄招待所（当时接待外宾的招待所）看见房门紧闭，乌兰诺娃在屋里应声，待门开后，却把她吓了一跳，原来乌兰诺娃来不及着上衣就站在她面前，连声抱歉说："不好意思，这地方太热了！"而同在范庄招待所的还有九龙坡现场的一大批苏联专家，他们平素都是严格遵守职责，每天从范庄乘斯柯达大客车去工地上班。近期规定，下午不到现场，就在住地做一些室内的工作。一天下午，土建工地临时发生有关施工的技术问题，七处值班工程师专门乘吉普车来范庄找土建专家组组长。这里倒很方便，房门敞开，可以径直进去，可一进去却吓了一跳，那位专家坐在卫生间浴缸里，笑眯眯地望着他说："不好意思，见笑，这样亮丑了，这里实在太热了！"原来他弄了个小板凳，坐在浴缸里，只穿一条短裤，大半个身子全泡在浴缸的清水里，从午饭后一直泡到现在，已经有多半个时辰了。

"这有啥，这里是夏天无君子嘛，算得亮什么丑？"

"什么夏天无君子？"那位专家瞪眼望着七处这位工程师，他当然不明白这句话什么意思，但听见翻译讲了这句话的原意后，高兴地连声说：对！对！说得多么好哟！

这个季节，从早到晚，狭小的街巷路边，到处铺起竹席，大大小小，老老少少，男男女女，男的多半都赤着上身，穿条短裤，太婆、大娘也只着汗衫、短裤，躺在凉席上纳凉，没人大惊小怪。

按照上年的办法，西南和重庆各个机关实行暑天休假的办法——上午七时到十二时上班，下午休息。去年部分领导干部获准单独休假半个月，今年则是和机关一样休假半天。重庆没有休假场所，现在考虑新建避暑的疗养院，大约明年实现。工厂、矿山以及交通运输等需要连续作业的单位，则只能在其非直接生产的岗位上，实行上午七时至十二时上班，中午到下午五时，除保持有人当班以保障生产持续进行，多数职工实行下午与晚上（五至九时）调换时间上班，此办法当时甚得赞许。但也担心在职工中会有不同的思想反映，即生产单位职工，不论天气如何，都得坚守岗位，而二线以及一些未直接从事生产劳动的人员，都享受半天休假这样"不公平"的待遇。有感于此，我要求自己尽量做到晚间轮番到九龙坡、陈家湾或其他施工现场，和生产职工在一起，使自己的内心安定。这样的酷暑天，不得不适当调整工程的进度和要求，并大大增加现场对清凉饮料（多半是绿豆汤、大碗茶、白开水等）的供应。不过广大职工对国家建设的热情，并未因酷暑受到影响。电厂的主厂房已经竖起一大半，工程浩大的输煤栈桥、煤仓已经成型。陈家湾现场则干得更起劲，因开工晚而落后的进度，现在差不多都赶上了。其他一些工地，虽说情况不一，有喜有忧，但总的看，我们这支力量已经有了一个好的起步，局里几位领导碰头时都对未来充满信心。

接手西南军政委员会大会堂工程

忽接电话，段云①同志要亲来建工局和我交谈工作，殊感意外。

段云来西南，即担任军政委员会办公厅副主任，1952年军政委员会改为行政委员会，其职务一直未变动。他是主持军政委员会机关常务工作的孙志远秘书长的主要助手。平时常见到，但没有直接接触，最近听说他一直兼着西南财政部副部长和财经领导小组（西南财委）成员。不过他的另一份兼职——军政委员会大会堂工程处长却曾几次被提起过，这项工程是西南区最大的民用建筑工程，是重庆以及西南关注的焦点。我们只知道是刘、邓、贺三位首长亲自决定兴建的重大工程，并且指定办公厅的领导人兼任工程处长，直接主持工程，工程所需由军政委员会直接处理或解决，不需经过他人，段云突然来此访谈，始料不及。

段云为人和蔼、谦厚，平易可亲，不以高级领导人自居。他说："你来西南建工局也有两年多时间了吧？早就听人说起，就是没有直接联系的机会。我在办公厅工作时间更久，三位首长决定兴建大会堂，并点名我管理这项工程也有三年了。工程的架子已经搭起来了，现在正到关键时刻，面前摆着一大堆难题，如果处理稍有不当，就有可能前功尽弃，功败垂成。"这项工程从征集设计方案开始，他就奉命主持，费了很大的劲，耗去许多时间，才搞到这个样子，只要他继续主持这项事业，当然会尽心尽力，争取各方支持，使它能够圆满完成。没想到调令忽来，要他即去北京报到，他本想要求推迟一段时间，完成工程后再调，未得批准，丢下这半截子工程交给何人，让他煞费脑筋。按理说这是办公厅名下的自营工程，由办公厅接下来继续进行顺理成章，然而又是由首长确定，孙志远秘书长

---

① 段云（1912—1997）：又名段连荣，山西蒲县人，毕业于山西法学院政经科、日本明治大学经济系。1938年加入中国共产党。新中国成立后，先后任西南军政委员会办公厅副主任，西南财政部副部长，中财委第二、三办公室副主任，国务院总理办公室副主任，国务院财贸办公室副主任，国家计委副主任并兼任国务院物价小组组长，财政金融税制改革小组组长。

点名由段云负责，办公厅无人参与此事，到现在这个节骨眼上，谁也不能立刻接手。想来想去，他跑遍了领导机关，最后获得同意，将此项工程，从预算到建筑机构，从办公厅名下划到财委成为独立账户，直到工程完工后注销。由我以建工局副局长身份担任工程处长，俟工程结束后，这批人马移交建工局，可以独立存在，也可并入其他设计施工单位，他就是为此专门来与我谈这件事的。听他讲了这许多，我仍然如丈二金刚，摸不着头脑。大会堂工程是西南区的大项目，是大区领导亲自批准拨款，1951年动工，并已完成多半，即使尚有一点未解决的问题，报请领导解决绝不会有多少难处。用得着调整机构的从属关系，另从办公厅以外来人接替这个工作吗？

段云见我疑惑不解，便向我简述了这一工程从开始到现在的情况。大会堂是西南解放后不久，在谋划社会生产恢复和稳定发展的时刻，由刘伯承、邓小平、贺龙三位首长决定修建的，利用学田湾马鞍山和蒲草园的四十多亩荒地，新征地五十余亩作为建设地址，并向社会征集设计方案。军政委员会办公厅邀请在渝的知名建筑师、工程师及有关方面人士座谈，征集建筑设计方案，并经评议遴选向领导推荐。在征集到的设计方案中，张家德①建筑师设计的建筑方案，在评议时不被看好，几乎在推荐前被划掉。幸得段云最后发现，极为欣赏，得以列入推荐名单。方案采用中国传统建筑风格，主体部分为三重檐圆攒尖和重檐歇山屋顶（仿北京天安门及天坛造型），不同的是在角钢网壳外边附加木屋架覆盖琉璃瓦屋面。结构设计采用大跨度直径四十六米三三的钢结构穹顶，置于现浇钢筋混凝土楼柱上，高五十五米的大厅中间没有一根柱子，南北两翼配楼两对塔式八角亭，八角亭也采用钢筋混凝土结构及琉璃瓦屋面装饰，有些部位做的木结构，仿天坛的三十六根红柱及配楼走廊一部分红柱用板条包成，中心大厅入口处门楼上仿天安门造型，大会堂和南北两翼配楼招待所，建筑面积二

① 张家德（1913—1982）：四川威远人，毕业于国立中央大学建筑工程系。毕业后先后设计中央大戏院、沙利文舞楼、聚兴城银行等工程。系西南军政委员会大会堂的总设计师、总工程师，1954年后，先后任北京市建筑设计院副总工程师、中国建筑科学研究院副总工程师。

万五千平方米。南北两翼配以廊柱式长楼，利用山坡地形分层筑台阶。方案终以其富丽、典雅、大气的中国古典建筑的特点，得到领导高度评价和赞许，最终决定采用。

张家德设计方案

当时西南区技术条件极差，是否有具备条件的营造厂商来承包这项工程？工程所需资金及相应的设备材料的需求也很大，能否保障工程完成？这些困难使领导难于下最后决心。在征求意见时，张家德以其过去的经历与经验，认为资金、技术是工程建设不可或缺的要素，需要得到基本的保障，但不能把困难人为地夸大。他揭露过去一些设计施工行业中的人，在工程中内外串通，营私舞弊，使造价大肆膨胀，造成巨大损失的许多事例。他初步估算造价，认为二百万元大体可拿下来，但如果发包给营造厂商，费用必然相差甚远，绝对搞不起来。为此他建议，搞一个自营工程的临时机构，有领导人主持，把工程预算、设计、施工统管起来，按实际需要雇用必需的工人和管理人员。技术方面，他自告奋勇，担负全责，要求从重庆大学和西南工专选抽十名土木建筑专业的应届毕业大学生，跟他一起干就可以了。

段云说他当时感到张家德的谈话非常诚恳，完全是从搞好国家建设的愿望出发，出以公心，丝毫没带有个人成分或攸关个人利益的目的，令人感动。因而征求意见时，当即得到领导的肯定表扬，拍板兴工，并明确了以下几条：组建大会堂工程处，由孙志远秘书长指派段云兼任工程处长全面负责，直到建设完成。段云具体管事，不挂名、不甩手，工程搞得好坏，唯段是问。技术方面听张家德的，张家德是项目总工程师，段云的责任是全力支持张家德的权威。按张家德的意见，抽调十名土木建筑专业的应届大学毕业生在张家德的指导下工作。另外孙志远秘书长确定，从办公厅抽调一位能力比较强的同志担任副处长，协助段云和张家德处理工程的一切行政、财务、供应和运输等工作。段云说，这样配齐了三驾马车，整个工作运转起来。工程资金按张家德提出的二百万数额，财政上一次拨付。领导指出，这虽然是临时粗略估算，不可能完全准确，但现在就这样定了。段云和有关同志要按照精简节约精神，认真掌握，精打细算，力求节约，杜绝浪费。须知国家财政还很不宽裕，一下拿出二百万元，已是下了很大的决心，控制好工程预算是工程处的重大责任，将来如果超支、浪费，拿你们几位是问。

段云说，这几年他们按领导的要求做，一切还算顺利。技术问题由张家德率领那十名大学生组成的技术组解决，其中由蔡绍怀[①]、黄智民、李时灿、刘义勋组成结构组，谢守模[②]、李德循、王永瑶、张惠和组成建筑组，吴隆和、蒋廷伟等组成监造组。张家德原设计很重要，但只是草图，开工以后，他们往往是晚上赶制设计图纸，白天在现场和工人们一起施工，在施工过程中的技术问题也都解决了。比如大会堂穹顶数十片钢屋架，会集到正中交叉点，上边要盖一个大宝盖，将其封闭，由于钢屋架热胀冷缩的物理性能，此处极易产生渗漏现象，从开始设计就没找到解决方案。最近几个年轻人多方查资料、走访，有了一个切合的方案，并多次试验，目前已接近解决。段云以他自己念大学的经验，对几个年轻人极其赞

---

① 蔡少怀（1929—2015），重庆市南川人，毕业于重庆大学土木工程系。1955年赴苏联莫斯科建筑工程学院学习，获技术科学副博士学位。1959年回国参加核工业建设，历任二机部第二研究院土建设计室主任工程师、副主任和院技术委员会委员，中国建筑科学研究院研究员、博士生导师、研究室主任和院学术委员会委员。获1978年全国科学大会奖，1994年国家科技进步奖以及建设部、北京市和中国核工业总公司科技进步奖。

② 谢守模（1927—2013）：四川隆昌人，毕业于重庆大学建筑系。1959年加入中国共产党。先后任西南军政委员会大会堂工程处技术员，省建三公司副主任工程师、副经理兼总工程师，四川省建设厅（华西集团前身）副厅长、总工程师，四川省建筑工程总公司总经理、党委常委兼四川华西企业公司副董事长。

扬："好好干下去，将来都是干大工程的专家，了不起！"现在上上下下对保证工程质量有足够的信心，但对实有工程量、资金估算等问题就很难把握了。段云他们原先都认为，大会堂的框架起来，起码就大功过半了，现在看不是那么回事，好比外面一层皮成了形，可里边的瓤子还多着呢！有些事从来没想到过，可眼下一点点都冒出来了！这就得追加材料，也就是要追加资金呀！话说回来，二百万元本来就是估算数字，张家德按以前物价大致估算，现在价格变动很大，加上他双耳失聪，平常和人交谈几乎全靠笔写，对现状知之甚少，他本人虽是搞了多年建筑的专家，可没亲手干过这样大规模高标准的工程，想象不到究竟要花多少钱。段云也早发现这个数字和实际需要有很大的差距，施工中想了很多办法减少开支，如大会堂地址原先有一座小山头，设计要求铲平，挖出了一二十万土石方，全由西南军区工兵营两百多人义务劳动完成，连随身用具和干粮，全部自带，不用开支。还有一些单位通过动员，自愿参加力所能及的劳动。至于工程处自身开支，包括用工、用料、用电和供应运输，也都抠得很紧。但到他即将离开之际，已经支出大半，未完工程还有很大缺口。尤其是工程本身，原先就留有更大的缺口——原设计草图是以北京天坛外形作为主体建筑，前面城楼型平台为裙房，与广场两厢配楼组相配搭组合，目前正在进行大会堂主体框架和前面城楼平台的设计和施工，至于广场部分，除平基础石方外，其他包括配楼及大门，都还未进行设计，也没估算到所需的资金，而这都是大会堂工程的一部分。这样最后完工，所需资金，恐需增加大半才行。但当时领导批二百万元拨款，讲得可是斩钉截铁，没有一点余地，当时一些相关部门，如财政部、财委负责人多半都在场，现在提出钱不够，这话对谁说呢？可是工程到了这个份上，不解决这个问题，工程怎么能继续干下去，也无法向几位首长交代。段云表示：我这么丢下，让谁接手处理好这件大事呢？搞了几年，这么一个工程不能圆满完成，思想感情上也过不去。所以我找了相关领导，反映了我的意见，最后得到同意，把这个工程户头移到财委名下，因为财委职责是综合管理财经工作，它将原来那种机关自营的单项工程，纳入综合协调的范围，在大的经济建设环境下，能够平衡需要，以完成工程建设的任务。财委对领导批准大会堂建设一事也有了解，一定能想法促使工程圆满完成。至于要你接手此事，也缘于财委，财委接手此事，但不可能自己管理。大会堂是建筑工程，你们在这一方面已有一些经验和办法，由你接管此事，财委和我都可以放心。我是得到财委的首肯，来向你做交代和介绍情况的。

"我真没想到，早已由领导亲自批准的大会堂工程还面临这样大的难题，现在要我来接手管理，我能有什么办法处理好此事呢？"段云的介绍使我感到意外，几句话脱口而出。

"不要紧，"段云向我解释，"我已经向财委详细报告了工程面临的重大难题，财委完全掌握了情况，现在要你接手，自然需要你拿出一个解决问题的办法来，财委会支持处理的。不过，我也想到，财委接手直管，并非大会堂的所有问题都能完全解决。工程必然要紧缩，紧缩到什么程度尚不确定。还有我一直按照首长的指示，支持张家德的工作，发挥他的权威性作用，你接手后还得继续。他的许多意见哪些继续采纳，哪些目前办不到，也得你掌握个火候，能够处理这两条，大会堂工程的圆满完成指日可待。"

他还向我说："本来处理这两条意见都应该是我的事，但现在只能拜托给你。"

云南六处风波

又一件意想不到的事发生了。

派往云南的六工程处安顿下来不久，刚接手省里安排的几项工程，正在繁忙之际，工程处副主任、党总支书记崔传稳忽然跑回重庆。前几天他发来几个字的电报说有紧急情况汇报，事由不明，真不知去了才很短时间，紧急何来？老崔是建工局创建伊始从军队转到地方的几位政工干部之一，平素表现积极热情，组织观念很强，一心一意扑在工作上，从抗战初期入伍到现在已是十三四个年头的老革命了，他绝不会无缘无故地想来就来的。

现在，他站在我的办公桌前。

"电报才收到，你这么快就来了，有什么紧急情况，急匆匆地老远跑这趟？"

"这可是一个严重的问题。我们刚安顿下来，就有人来策动，要东野主任把咱六处拉出去。这样严重的非组织活动，简直和战争时代私自拉跑队伍一样，难道不是紧急的大事吗？"

"真有这样的事，是东野告诉的吗？"

自到云南独立工作之后，每个月都由陈东野按期向局里写简报，他最近的函报中提到云南有关领导希望六处能留在当地，成为云南专业建筑队伍的骨干。他当即表明，这种事由上级领导机关确定，六处不能表态，对方也再未提及此事，他在信中提到以后如再提及要如何应对，局里几位领导也没有再讨论此事。看崔传稳那样着急，难道又出现了新的情况吗？即使有了新的情况，东野也该直接向局里再报告才是，为此，我反问崔传稳。

"千真万确，是东野主任给我们几人一起讲的，我自己能瞎编乱说吗？"他打开了话匣子，一五一十摆起了经过。

他们到云南时，省里由建设局出面接待，极表欢迎，为六处安排临时住处，并按建工局转建工部的要求，开远电厂未施工之前，安排六处施工一些地方建设项目，以均衡施工力量，避免窝工损失。六处上下对此均感满意。在了解到六处人员建制、工作经历，特别是形成了以解放军建制营连为骨干的建工部直属企业时，朱局长表示："西南建工局是建工部直属的大单位，相比起来省建工只是小庙，和你们最多只是平起平坐。"云南省分管城市和工业综合机构的领导常直接联系六处，了解六处各方面的情况，六处也从那里了解到云南工业建设的一些信息。"一五"期间西南不是重点，但云南独有的丰富资源却有一些重大项目，产品在国内、国防以及外贸出口均有需要，没有"上"的条件，国家仍催促快上，云南工业基础又很薄弱，"一直希望建工部能派一支强大的施工力量，现在你们来了，当然很好，但现在看来，力量还是不足，不能完全解决当前的需要，同时

左一崔传稳、左二陈东野、左三费长厚

还有承担的部门行业的限制，现在面临着一个指定承担的重点工程任务还没有下达，还得省里帮助平衡施工，避免窝工。有些急迫的工程，六处又不能去承担，这和省里的要求相距甚远。国家要在云南建设工矿基地，包括一揽子重大项目，并建立中央部直属的管理机构，相应地要有一个强大的基建工程公司，这是云南工业建设的重心所在，现在管理机构正在建立中，可建设队伍却没有着落，靠云南就地生长，时间来不及，即使从外地支援，也不是一天两天就能赶过来，省里正为此事发愁。"

云南成立了由部省双重领导、以部为主的管理分局，一个从其他省调来的省一级领导担任局长，也能看出这个机构的分量。局长首先要抓的是迅速建立行业自营的基建工程公司，省里拨给的现有工程队伍，比较零散、弱小，距离他的要求甚远。有人向他讲到六处这支队伍，最符合他们的要求条件，成为他们的首选目标。省工业管理局领导亲自出面，和东野主任几次座谈，今日更直接提出向建工部商讨，把六处拨给他们，谈得很具体，如六处临时调来，缺乏稳定感，可以安排先建生活基地，使上下都能安心。六处现在是国家标准的二级公司，而他们要成立的公司是一级公司的规模，六处的领导骨干过去后，随着公司的发展，自然成为一级公司的领导骨干，并且按照国家要求、现代化建设的需要，承担重点工程建设的工程队伍首先得到重大机械装备，成为现代化的建筑企业，等等，这些极易诱发人们的欲望或期待的设想，在六处一些人中流传，引起人们的思想动荡，甚至以为这件事可能很快就会实行。

老崔说：东野主任同六处班子几位同志谈过省里流露过有这种想法，他说无论六处这个组织还是我们这些在六处工作的人，服从组织是我们的原则，这些闲言闲语在哪里都会发生，但我们要服从建工局的命令或决定，不受这个影响。最近这股风越刮越厉害，我找他谈这件事，告诉了这些传闻，但他一点不着急，还是那几句老话，没有把风言风语直截了当地顶回去，总是那么活甩甩的。什么隶属谁归谁领导是上级决定的，咱们是基层单位，上头咋说就咋办。对这股风不置可否。说这些话的人，可能以为他愿意这样做，我也感觉到他已被旁人说动心了，弄得队伍内部思想也乱了套。我作为六处党组织的领导成员，自觉不能让这种混乱现象继续下去，所以才来向局里报告这个紧急情况，希望得到局里明确的指示，制止这种严重的非组织活动。

"你这些意见在六处班子中，特别是和东野一起交谈过没有，就这样急匆匆来重庆？"我问他。

"当然谈过，"老崔颇为激动，"我在领导班子会上很严肃地提出这个问题，直接向东野主任开了炮，说他模棱两可，思想走偏，别人策动，他动了心，弄得队伍乱了套，他要负责任……"

"你这样说，他能接受吗？"

"大家都是老党员，有话敢开说，这没有错嘛！不过东野向来态度就较简单、生硬，他对别人的意见，常常一两句就打发了。这回他还真沉得住气，没有说我不该提这些意见，反过来做了好些解释，但还是坚持他原先那种认识和态度，倒是班子里其他几个人，有的人不作声，说了话的几个人也都说这样大的事，只能很快向局里报告，请求局里指示，六处不能明确表态，看来有的人思想确实有些混乱。"

"既然你们已经谈过，你还要回来向局里报告，东野他同意吗？"

"他同意。"老崔回答得很干脆，"我提出这个问题有分歧，我要向局里正式反映，他倒是立即表示赞成，说有分歧自然应该向上级反映，他还说，此事他上次向局里报告时已提到了，你这次去，我就不再写信，你把咱俩的意见一起反映，听局里指示吧！"

"那你回来就只为一件事，还有别的事要办吗？"

"我就是为了此事，当然既然回来一趟，就得和财务、人事处的同志讲讲有些具体的事。再说六处开往云南，在重庆的家属一时也去不了，我得挨家挨户去看看，了解一下他们生活上有什么具体困难，安慰安慰他们，这也是我的分内事！"

"我很赞赏你对事业的热情，对重大问题的执着和敢于斗争的精神，但我不赞成你这样简单粗暴，甚至不计后果的作风，你这次的言行，主观上固然是忠心耿耿，勇气可嘉，但问题却没有看准，确切地说，把问题看得过于严重，以致把大的组织原则搞错了！"

我开头这几句话，把老崔搞蒙了，他万万未想到，他自认为对组织绝对忠实的正确行动竟遭到我严肃的批评，一时感到迷茫不解，我只好耐心地向他解说。

"你首先把六处发生的风波，和战争时代从内部把队伍拉走相提并论，那时敌我的生死斗争，拉走队伍投靠敌军，自然是严重的叛变行为，即使没有投敌，把革命队伍拉散也是削弱了革命力量，做了有利于敌人的坏事，问题的严重性很清楚。现在呢，不论在哪个部门，都是党和国家领导下的人民建设事业，和那时的情况怎么能同等看待？当然，国家社会的职能分工有很多部门，很多行业，队伍的组成及调整，必须有组织管理，有组织地进行，不能由个人或单位自相串联，自由行动，这种非组织活动，也是绝不能允许的。伍和战争时代拉走队伍一事，原则的差异很明显，解决这类问题，有的要服从上级组织的全面考虑和决定，有的也可以由相关部门协商决定，现在也不会发生未经上级决定或部门的协商一致即自行把队伍拉走的事。从此事本身来说，提出这一问题、征求意见也绝非个人行为，而是所在地方的组织。作为六处这个基层单位来讲，也不应该对地方组织的征求意见，采取硬顶回去的态度，陈东野的意见，此类问题要由上级决定，六处本身只能按组织决定执行，这是很对的，不存在个人是否动心的问题，即使心有所动，上级决定不调整，你自然去不成，心不为所动，上级决定要调整，不想去也得去。你提出有的人动了心，这是各人思想认识不同，只要不违反组织原则，不涉及组织，就不应当追究。这场风波，东野同志向局里报告时已经提出，局里已把这个意见向部里反映了。我们的意见是建工局本身力量并不大，六处更是如此，云南需要增加力量，支援建设，希望国家有关部门商讨处理，建工局将根据建工部的答复意见，通知六处，问题自然解决，你担心的事不可能发生。"

谈话花费了一些时间。老崔逐渐冷静下来，思考良久，毕竟是久经锻炼和经过组织多年教育的老同志，秉性爽直，敢说敢做，不固执己见，能够接受批评，改正自己的缺点。最后他诚恳地表示，他的想法错了，造成的后果，他应承担责任，请求组织处理。

"这能做什么处理呢？你的主观愿望还是好的嘛！话讲明白了，事情就过去了嘛。而且你是带着六处一、二把手的不同意见来局里客观反映的。你回去在六处领导者之间传达清楚，不就好了吗？当然，我也有点担心，你和东野同志之间是否有了隔阂和疙瘩，这对将来的工作不利。不过，听你讲的，东野同志对此很平静沉着，主动同意你来反映两人意见的分歧，并不把发生的事提得多高，这个态度令人感动，都是老同志嘛，什么事情没有经历过，又有什么好计较的？事情说清楚了，对你们两人继续在一起工作，局里也放心，等他年终回来时，我再和他谈谈好了！"

"不会有什么问题，"老崔说，"我回去定向东野同志认真检讨自己的错误想法和对他说的冲动顶撞的话，不管他怎么批评，我都真心诚意地接受，我相信往后会在一起好好工作下去的，请组织放心！"

专题汇报西南军政委员会大会堂工程解决方案

忽接通知，要我向中共中央西南局专题汇报大会堂工程。

我从接手大会堂工程处后，一直考虑调整方案，争取在已经批准的投资额度内基本完成大会堂工程，并报请领导批准执行，这是与段云临行前交谈后的一致意见。工程存在问题较多，我花了很多时间，理出一个力保大会堂主体建筑完成，调整原定配套工程规模、节约投资、减低造价的意见，已口头向财委汇报，并按此执行，正式报告尚未得到批示。就在这时，《人民日报》登载了《豪华的大会堂，浪费的无底洞》长篇报道，对重庆军政委员会大会堂工程作了严肃批判。报道不仅在西南地区引起震动，在全国也有重大影响，这类事项在党报上披露，其错误即已被肯定。此类具体工程项目，原先并未在党的领导机关讨论，现在中央党报披露，西南局理应向有关部门检查过问，弄清究竟，并责成处理纠正，财委刘岱峰主任认为这个过问很必要，也是将工程建设好的一次机会，展开问题，提请领导审查解决措施，这比财委个案审查更有力量，建议举行专题会议，并指定我汇报。

会议参加人数不多，严肃慎重，西南局部委负责人、行政委员会秘书长康乃尔和四委负责人均到会参加，会议由宋任穷、张际春两位西南局副书记主持，可见对大会堂工程状况的关注。

我汇报时首先承认党报的揭露、批判基本属实，发人深省。报道集中在两个问题，即大会堂的建筑形式风格和相应带来的高造价、大浪费。这也是两年来很多人私下议论的话题。我并不知道这篇报道出自何人，文中多半指向工程设计和施工总工程师张家德。他的设计方案完全秉承了中国古典殿堂设计的建筑风格——庄严、凝重、富丽辉煌，业界有很大争论，认为他的设计一味追求复古，"大屋顶，宫殿式"的建筑不实用，造价高，浪费大，此点在"三反"运动后更广为人所诟病。张家德在开始时轻率认定二百万元资金可建成，促使领导下决心修建，更被认为是骗取工程上马，最后成为耗资巨大的无底洞，也成为他遭受人身攻击的把柄。建造过程中证实了要按原设计项目完成，资金确有很大缺口。在段云同志主持工程的两年中，边设计，边施工，问题陆续发现，陆续采取措施解决，想了许多办法，减少支出，节约资金，现在主体建筑框架已经立起，大功告成在望，但要继续做到全面完成，资金缺口还很大。

到了这样的境地，人们易于把问题集中到张家德身上，确实一些事情和他本人的作为难以分开。但张家德只是因提供设计方案得到批准，从当时批准和现在修建的情况看，选定这一设计是对的，不能以其中的缺陷否定主要成就，整个工程从头到尾是在军政委员会办公厅直接主持下进行的，张家德是工程处的总工程师，只负责技术。据段云同志较长时间的了解，张家德从未干过大会堂这样大的项目，这次他一个人把它干下来，需要很大的勇气、毅力和技术功力。如何施工是他主动建议搞一个工程单位，他只要求有几位青年助手，共同承担所有技术工作，这是很不容易的。从个人方面看，他曾经主动揭露设计界、营造厂商之间一些见不得人的、黑暗腐朽的东西，赢得了尊重。他并未在大会堂工程谋取个人私利，除了规定的工资待遇外，别无其他。大会堂工程处的开支，他从不沾手，从不过问具体的经济活动。"工程投资二百万元足矣"的话，成为骗取工程上马，为自己谋取私利的说法，事实上不能成立。最大的问题是他近年来两耳近乎全聋，与人不能对话，只凭以往的经验知识对待现实事物，对工程造价的轻率认定是明显的例证。当前工程遇到许多困难，他听不到实际反映，坚持原先的设计规模标准，不认为应当作必要的调整，使工程行动维艰，必须由工程处出手，调整原有设计方案，但这不等于把责任都归于他一人。对如何调整部署以完成大会堂工程，我汇报了几点意见：

（一）确保大会堂主体建筑如质如期完成，保持设计的风格形象，现在工程剩下的资金，主要放在这里，但要注意简化装修，减少费用。

（二）大会堂前两侧配楼系原设计三大板块之一，采取缩小规模，未动工者不再动工，总建筑面积从两万五千平方米减到一万九千平方米，已动工的降低室内外装修标准，不列内部陈设家具，使投资大大压缩。

（三）大会堂前庭下广场包含大门、道路及一系列附属建筑，是原设计三大板块中花费仅次于主体建筑的一大部分，因工程技术力量不足，有些都还未动手设计，除保留大门（但要求设计尽量简化）和入口的一小段道路而外，其他均予取消，理由是它并不影响大会堂的使用，将来也可以根据需要，修建一些建筑，但与大会堂本身无关，这部分项目的调整，对控制超支起到关键的作用。

（四）由于大会堂原系办公厅内部自营工程，原本不属于修建范围的内部陈设也引入工程投资中，而且有的金额较大，如大会堂内几千把钢座椅，加在一起是一笔不小的数字。这次调整也一并删除，由使用单位在其本身经费中列支购置，这属于区分和外划预算，并未真正减少开支，但由使用单位自己控制，更能精打细算，也能节约开支。

（五）调整方案确定后，由于未开工的不再开工，也无须进行单体建筑设计和装修，用工量减少，工程处可以把力量集中在主体建筑上，这样可控制工期，争取提早完成，设想到1953年底，最晚到1954年初全部完工，这对于工程处本身和多数人来说都是很大的激励，毕竟大会堂工程开建已经两年多，做到及时完工和投入使用，人们传说的马拉松工程，浪费的"无底洞"也就自行消失了。

（六）采取这样几项措施，大会堂拨付的工程资金已超过三百万元，再有几十万元基本得以控制，即使还会发生一些不可预见的支出，如用工用料在结算时可能会有少量超支，但不会太多，基本能够控制在四百万元左右。

我汇报后，张际春、张子意、于江震等领导同志先后发言，他们未直接接触大会堂工程，但都早有所闻，对党报揭露大会堂工程的问题也很关注，对工程设计、预算中的浪费，给予严肃批评，对张家德的批评尤甚。因为他和被批判的一些事实连到一起，但都指出是工作问题，没有涉及是否应该作组织处理。对汇报采取的措施多未发表具体意见，但均指出应立即采取明确措施，扭转现有局面，回复党报的报道。我感受到大会堂工程造成的不良影响相当广泛，进行一次专题汇报仍很必要。刘岱峰从财委主管的角度对要采取的措施表示肯定的意见，康乃尔指出区分资金开支范围，只是账面转移，并不等于减少开支，但在大会堂工程中做这样处理是必要的，办公厅应当把责任分担下来。宋任穷最后指出，大会堂主体建筑已经立起，说明已取得初步的成绩，但问题不少，教训很多，党报报道批评是正确的、及时的，应当引起我们高度的重视。现在更重要的是总结经验，决心调整，使大会堂主体建筑尽快建成，投入使用。他强调，我们如实地反映工程的概况，采取积极的态度，及时调整，如时如质完成工程建设，挽回社会舆论造成的不好影响，正是对党报报道批评的诚恳接受和正确的态度。他基本同意我提出的调整意见及相应的措施，相信通过有关方面的共同努力，取得全面完工的圆满结果。

确如指示所言，通过这次汇报，摆出诸多问题的前因后果，在工程调整上得到领导机关的肯定和公众的统一认识，也鼓起我和工程处同志们的信心和积极性，工作得以有效进行。

黄以仁的工作安排

"你不觉得我来得突然吗？"一天，万里①突然出现在我的办公室。

"真没想到，你是财委领导，有事打个电话，叫一声我就去了，用得着亲自来吗？"

"难道只许你们到财委来，就不允许我到你们这里？说实在的，以前在工业部，我们没有直接的工作关系。这一年多到财委来工作，论分工我

---

① 万里（1916—2015）：山东东平人。1936 年加入中国共产党。新中国成立后，先后任西南局工业部副部长、财委副主任，建筑工程部副部长，城市建设总局局长，城市建设部部长、党组书记，北京市委书记处书记，北京市副市长，北京市委书记，铁道部部长、轻工业部第一副部长，安徽省委第一书记兼安徽省军区第一政治委员，安徽省革委会主任，中共第十一届、十二届中央书记处书记，第十二届、十三届中央政治局委员，国务院副总理，第七届全国人民代表大会常务委员会委员长。

和建工沾上些边，可我却黏在工业几个局上，你是岱峰同志直接在管，联系不多，不过咱们以后会直接打交道了。"

我一下没明白是什么意思。万里一到西南即担任工业部副部长，段君毅是财委副主任和工业部长，去年军政委员会改为行政委员会，所属几个工业局和财委建工局都改成行政委员会所属局，其他各部也改成了局，陈希云、段君毅两位财委副主任先后调走，王磊、李斌、万里到财委任副主任。前些日子，李斌调去北京，最近刚补了刘星到财委任副主任，听万里这口气，难道又有什么变动？

万里看见我有些疑惑，笑了笑说："你大概还不晓得，我得到通知调北京，将去建工部工作，今后的联系不是会更多了吗？"

"那太好了！"我对他的新任命由衷的高兴。

"建工部也在电话上和我联系，希望我在去京之前对建工局做些了解，看看有什么问题，需要带回部里研究解决。不需要专门汇报，我之前知道一些，谈谈就行了。今天来得不巧，姚继鸣去北京开会，和你谈一样，你可能具体了解比他还多。另外部里希望在西南物色技术骨干，充实部属科研技术院所，条件是不影响建工局的工作。我已考虑让设计公司技术负责人杜拱辰随我一同去，你可能对他不大熟悉，他是参加西南服务团技术大队来西南的，人有点本事，但在技术人员中人缘较差，他早想调离，他调走不会对设计公司有多大影响，在人事处理上还可能有好处，我先告诉你，就这样办了。"

万里说的是实情，设计公司划归建工局较晚，工业部撤销以后并过来。公司原兼经理宋望平在划来前调走，杜拱辰撑不起，建工局几番考虑，最近才决定由局里人事处长宋涛担任改名的西南设计处处长，杜拱辰调走对设计处工作影响不大，算是对他希望调动的圆满答复。万里顺便提到张家德，说他也是设计公司的高级建筑师，因建设大会堂临时抽调，他的情况如回到设计处应当担任技术领导的高级职务，但他听力很差，实际上恐也困难，万里建议工程完成后，可上调中央设计院或科研院所，给以高级专家待遇，参与重大设计的审核工作，以他的学术水平和贡献看，也是应该的。但这是以后的事，可以将这个安排意见带到北京，在工程结束后再行办理。

"我今天来，还有另外一件事，有一位同志主动提出要到你们这里工作，我这也是受其委托向你们直接提出，希望你们能够接受。"

"这有什么问题，组织上通知来我们这里，我们当然欢迎嘛。"

"其实这人我们大家都很熟悉，大名鼎鼎的黄以仁[①]同志。"万里说。

"他没事了？这可是一条大消息！"我为之一震。

黄以仁在"三反"运动中在军区被打成"大老虎"，在斗争大会上，姚继鸣被宣布停职并向大会检查，黄以仁则当场被宣布逮捕关押，戴着手铐押出会场，两年前那一幕，至今留有深刻印象。不过那时人们就打着问号：老红军，当过分区参谋处长、副师长，现职西南军区军械部部长，平素作风粗放一点，怎么一下变成"大老虎"？可是领导在大会严正宣布，怎能容人置疑？"三反"运动已过去年余，大部分案件都已得到处理，唯独这一特大案件不见下文，看声势不被判重刑也得给严重处分，人们心中存在的这个谜，放不下来。

"军区内部已发通知，前几日他找我说，军区组织部门已找他谈话，告诉他问题已经查清，宣布释放，不给处分，分配工作。"

万里告诉我上次大会揭发的问题，现在查明了，还他一身清白。应该说他自身还是有错误，阻碍了运动的发展，不然怎能整到那步田地。"事出有因，查清为准"，黄以仁这个脾气火爆的老同志，对组织的关怀挽救表示十分感谢，愿意抱着往前看的胸怀，鼓起革命精神，跌倒了爬起来。他的精神状态很好，只是因为审查时间长，离开工作已久，他渴望走上新的工作岗位。已经征求他的意见，是否去军史部门工作，因为他本人是老红军中的秀才。但他表示，不愿留在军队，想转到地方工作。组织已同意，准许他自己和地方联系，确定工作去向，最后他选择建工局，理由是

---

① 黄以仁（1922—1994）　四川阆中人。1933 年参加红军，同年加入中国共产党。新中国成立后，先后任中国人民解放军西南军区军械部部长，建工部西南工程管理总局副局长，云南省建工厅厅长，国家建材部地质总公司经理。

其他行业他都未接触过。入城以后，他抓过军械部一些场库的修建工程，对此有些了解，他体会带建筑工人搞工程，有如带兵打仗，尽管两者差异很大，但带兵的经验很多都可用在带建筑队伍上，而且建工局的领导是过去熟悉的老同志，对他的性格作风都很了解，能够在一起共事。

黄以仁说的建工局的老同志是姚继鸣和我，这不禁使我回想起五年前在后勤工作的短暂时光，与一同在后勤工作的邓存伦、肖鹏、黄以仁、李静宜、杨寿山、宋政和、杨白冰、谭申平等同志相处都很友好。在我眼里，他们大都是我的前辈和兄长，我在他们眼中也只能算是年轻小伙子。黄以仁在当中显得性格粗犷，说话随便，甚至对人信口奚落，不大在乎。我对他的印象开始并不太好，一次他对我说点什么，惹动我的肝火，竟至对他斥责，但他并不生气，一笑置之。事后有同志告诉我，他的话从无恶意，只是口气粗野、随便，不熟的人易起误解。从此以后，他的态度反而更显友好，我才体会到他的为人，当他挨整遭难之时，我心存怀疑。现在，他提到愿意和我们相处，使我无限感慨。

"他的选择，组织同意，你又为此专找我谈了这些情况，没啥说的，我相信像他这样的老同志，来到我们这里当一名副职，一定会比我们干得更好。"

"不，至少目前他还不能担任局一级的职务，他的组织关系转来时，将会交代清楚，他本人也知道。正因为如此，他才让我来找你们商谈，能否接纳他。"

这就使我想到姚继鸣来时，因为刚受了处分，所以通知到建工局任副职，我和崔子明曾为此力争，但因为建工局是财委下属局，与后勤部比，大体要低一个阶梯，所以同意改为正职。黄以仁原先的职务，与建工局同一个阶梯，要改动就困难了。怪不得黄以仁还要找万里来谈这件事，他也明白这事难办。这真使我们为难，不能任局级职务，那安到哪里呢？

万里说："这没关系，他希望带一支工程队干活，干什么都行，他不会有什么意见。他原先打算直接找你们谈谈，后来一想，还是请我转个弯子，这样问题会说得更清楚一些。我看，干脆我打电话告诉他明天就来面谈，我的任务完成，剩下的事你们面商确定吧!"

次日，黄以仁早早来我处，他长期闲处急于重新工作，和许多老同志一样，是一种职业性的心态反应。从 1949 年入城以来，我们已五年多没有见过面，当中又经过"三反"运动，谈起往事不可能痛快自在，感到他对自己受到的批判打击有不少委屈，不愿多谈及此事。老黄直言不想在机关部门工作，愿意到基层带一支工程队直接搞修建，他有信心干好。他知道云南有西南建工局一个施工单位，正是一个好机会，一个机动的工程单位，到任何地方都离不开地方党政军领导的支持和领导，云南省里党政军的现有主要领导，他都很熟悉，领导也都很了解他，有什么事，什么问题，可以直接解决，对工作很有利。

我这才知道，云南省委书记、军区司令员兼政委谢富治在太行山时，黄以仁是他的部下，秦基伟、鲁瑞林是他在军队中的直接领导，秦基伟和黄镇都在太行一军分区任过司令员、政委，黄以仁则是分区参谋主任，长时间在一起工作与战斗。从这点说，黄以仁如能到云南去，对建工六处真是太合适了。

我毫不掩饰地向黄以仁说明我的难题："我相信你去六处，对建工局在云南开展工作确有好处。但六处现已有处长陈东野，任职一年多了，也是一位老同志。最近六处发生的外转风波，他能冷静对待，处理有度，使产生的矛盾很快平静下来，我们几次对他表示肯定。现在如你去，只能调他回局。如果你主持六处工作，他为副职，很容易被误解，我两面为难。"

黄以仁很坦然："没关系，他还是处长，我当副处长。"

"那哪能呀! 陈东野本人也不会同意你这样的老领导去做他的副手。"

谈了相当时间，我肯定他去云南工作有利，但不能去做副处长。老黄仍然坚持去云南干副处长，没什么不行的。最后我考虑陈东野在云南已半年，上次风波以后，只是崔传稳回去向六处表明局里的态度，没有直接和他交谈。局里原准备年底前开一次各工程处负责人参加的工作会议，总结当年工作，讨论部署明年工作。现在要他提前回来，对先前的事和他仔细交谈，计议一下六处接下来如何开展工作，然后和他探讨黄以仁去六处一事，看陈东野的想法再做定夺。

黄以仁对我基本支持他的意愿表示满意，望快点明确，他回去就办转建工的组织手续和做搬家去云南的准备。看来他很高兴，来建工，去云南，一个已经定死，一个只待落实。

陈东野急急赶回重庆，他得到通知时多少有些诧异。本来定好在年终前回重庆参加会议，为什么还要提前回来一趟？心里也有点嘀咕。是不是上次那场风波，虽然已经过去了，但局里是否还不放心？关键是六处主要领导人之间的隔阂是否真正化开了？见面我首先问他，这段时间六处安定下来没有，当前工作还有哪些困难？领导之间是否都很融洽？他说，现在六处真的安定下来了，上一场风波在工程处内部影响不大，确有少数人有外向的思想，在得到部、局的明确答复以后自然消除了。省里有的同志对此多少有点遗憾，但也没再提了。其实他们的要求已经得到解决，主管部门从北方矿山基建中抽调了技术骨干，还从南方城市建筑队伍中抽调一些施工力量支援，虽然费了点时间，但增强的力量远比六处这个比较单薄的工程处要强得多。倒是六处本身，明确承担的开远电厂工程要到1954年下半年才能开工，由省里临时安排的几处工程，一项还未最后落实，另一项虽已正式定案，但还要一段时间才能进场，目前只有两个很小的工程开动，看来今年到明年，肯定困难不少，窝工费用可能还要增加很多。

在谈到六处领导干部的团结问题上，陈东野当即表示，他明了领导对此事的关切，请领导放心，他和崔传稳两人之间，绝对没有什么过不去的地方，也都不会把那一次的分歧和争执，当作一个不能忘却的疙瘩。老崔是个直肠子，心里有话就要捅出来，就是太粗心大意，这回捅的不是地方，领导指出以后，他很认真、主动地检查了自己的毛病，接受了大家对他的批评，而且仍然干劲十足，他们之间几次推心置腹无所不谈，这样的好同志还有什么不能团结合作下去的呢？他感谢领导的赞许勉励，其实他和老崔都有类似的毛病，不过老崔是话多，有啥都说，他陈东野却是说话简单、生硬，遇事几句话就顶回去了，毛病老是改不了，惹来一些人犯忧。其实他内心里并不是对谁有什么过不去，话说过就完了。我们两人不碰不熟，碰过这一次，还真觉得是好搭档呢！

我这才对陈东野说，除了谈谈上面这些事，还有一件事，想和他探讨探讨，即如何处理黄以仁要到这里来工作的问题。

一说起黄以仁，陈东野即显诧异和兴奋之色："这好嘛！他在'三反'运动中受到那样大的指责，我们下边都是惊异置疑。过去都知道，黄部长是个能文能武，能征善战的大首长！怎么也不会犯那么大的错误嘛，现在弄清了要到建工来工作，这可是件大事呀！"

"你讲得对，可我们却碰到了个大难题，他选择来建工局，并要求到基层工程单位，而且还具体提出到云南，这就使我更加为难。我向他解释，建工局在云南只有一个六处，你已经担任一年多处长，同样也是战争时期的老同志，各方面都证明是胜任的，我们不能因老黄去那里而调换你的工作。黄以仁说，当然不应该，陈东野还是处长，他新来乍到，担任副处长不是很合适吗？他再三说明，他之所以要到云南工作，是因为有利的工作条件，省委、军区几位领导都是他过去的直接上司，有什么事他可以直接找他们，这对于一个异地工作的单位，取得地方领导的支持、指导和帮助是非常重要的，不能放过这个机会呀！碰上这个难题，我只好和你来商讨了。我提三个选择：一是你调走，黄以仁任六处处长；二是你不动，黄以仁任副处长；三是黄以仁任处长，你任副处长。"

我敞开来说是为了让陈东野明白黄以仁来建工局是好事，但他的工作安排却成了大难题。我征询陈东野的意见，实际表明第三个选择绝不可能，只能在第一、第二两点考虑。陈东野理解我的难处，他毫不迟疑地说："一、二两个都不可取，唯一的只能是第三个选择，黄以仁来任处长，我自愿做他的助手，这于工作于个人都是最合理的安排，无论怎样，绝对不能让这样有威望的老领导来六处当个副职，事实和舆论都不允许。从工作上说，六处正需要他这样有威信、有领导能力的干部打开在云南地区的工作局面，使它发展壮大，发挥更大的作用。"陈东野又讲他自己，这几年从运输部三中站到后勤所属建筑公司，再到现在的六工程处，一直是在上级直接具体的领导下，做一个基层单位的具体工作，现在六处虽说是基层施工单位，但却派去云南独立工作，情况与其他工程处不一样，和省市、军区及建设单位的主管部门的联系十分广泛，承担工程的范围也将扩大，它极有可能扩大成为一个区域性的大工程公司，而他缺乏这种应对能力，需要像黄以仁这样的领导主持、出面、决策，他正好在他主持下承担内部的具体管理工作，这对于六处来说可是大好事，更是六处的福音。至于将他调走，无非是照顾他的情绪和某些舆论的影响而已，就以现实情况而论，他在六处时间已久，比较熟悉，黄以仁来了熟悉工作也需要时间，把他匆匆调走，合适吗？他强调说，他是一个老党员，明白为党的事业工作是不论职务高低的，需要他任正职应是出于实际工作的需要，做副处级也是缘于实际工作所需，这不是个人斤斤计较的问题，领导考虑问题慎重，他可以理解，但是不应太低估一个干部的党性和觉悟程度。

他干脆明确地表示，使我深受感动。我感谢他对我的直率批评，为我们解决难题，提供了唯一正确的处理方案。我表示即向局党组报告，尽快确定下来，正好让黄以仁同志和他面谈，做好去云南的准备。

红火的建筑工地

气温总算缓慢地降下来了，已到中秋时节。

照老重庆人的说法，1953年算得是多年来持续高温时间最久的一年。特别在"七"下"八"上那些日子，气象台发布当天气温到了三十八摄氏度时便稳住不动，天天如此，人们身上的汗水却有增无减，都觉得气温还在上升，怀疑气象台的预报是否出问题了。事后方知，因为顾虑报道气温到四十摄氏度以上容易造成恐慌，干脆再高的气温也只报三十八摄氏度。殊不知这"虽是好意"，结果适得其反，它并未起到缓解人们对高温的怵惧、紧张的心情，反而给气象台的声誉抹黑，说气象台故意造假。

建筑工地上，最滚烫的日子也是生产施工最繁忙的日子！多数工地，开年以后一般都需要有一定的准备时间，到冬季又将面临收尾阶段，夏秋两季是最繁忙的季节。一些重点工程在高温时节，正是关键工程需要突击施工之时。九龙坡电厂、陈家湾机床厂两个工地，成了盛夏大突击工地。几十天来，干部、工人和领导都毫无例外地沐浴在火热的蒸笼之中。值得高兴的是建工局所属工地，除了少数地方因开工条件不足，还在准备过程中，或者任务安排不足，没有一展身手的条件，热不起来，大多数工地都红红火火，劲头十足，硬是在这酷暑高温时刻，打下一场又一场的硬仗，赢得了质量高标准、工期超计划的赞誉。电厂、建设机床厂以及已经施工两年的重钢五十吨平炉等几大重点工程，主体结构已在几个月里抢下来了。承建的一批较大的民用建筑——西南工会大楼、大田湾体育场、两个新建剧院，姚继鸣局长亲手抓的建工局大楼和设计大楼，都在这段时间竖立起来，就连半路移交的特大型建筑——西南军政委员会大会堂也赶在这时露出了庄严雄伟的形象，全局上下松了一口气。建局以来，又逢第一个五年计划开始的一年，取得了一个好开头，令人十分庆幸。

根据国家二机部、建工部关于国防工业基建体制的分工，二机部所属八局四处划归建工部管理。该处在西南，是服务军工企业的专业建筑工程公司，是二机部从军工企业内部抽调组建。八局四处成立较晚，能集中的人不多，二机部在生产企业调整中，将原在重庆白沙沱的综合机修工厂，全部转给八局四处，土建力量稍逊，但组织完整，机械技术力量强，对于新建现代化和机械化的大型建工企业很有利。工程处处长、党委书记张肇瑞是从华北老区调来的地委书记，第一副处长徐东年是一位老的团职干部，这个工程处大体相当于建工局原第一、第三公司，他们将执行二机部下达的各项任务到年底，明年即正式移交西南建工局管理。据介绍，八局是二机部部属基建管理局，此次将所属几个处分别移交建工各区局后，八局亦将转为部内基建综合职能司局，不再直接管理企业。

这次调整移交，是西南建工局于1952年调整集中管理企业和四师转业到建工局以后又一次大动作，除八局四处外，大会堂工程处是独立单位，已明确工程结束后移交西南建工局，人数不多，却是技术含量很高的设计施工单位。这些单位的陆续归入，使得西南建工局日益扩展，现在已有大大小小十几个单位，组织管理上如不做再一次调整，将难以应付。而明年活路如何，从年初五年计划预示，明年和今年对比，可能处于低潮，组织膨胀庞大，任务却趋于减少不足，这么一个大摊子该怎么办？

缙云山疗养所

连朝阴雨，残暑尽消，秋意萧瑟。

难得久雨初晴，云淡风轻，秋高气爽。忽得刘岱峰主任通知同往北碚，看看准备修建的缙云山疗养所地址，这是拟议已久的项目。1953年夏天持久的高温酷暑，苦于重庆附近没有避暑休假的去处，去年去的峨眉山相距太远，领导同志如有急事，不能及时赶回，因此拟议在重庆附近，选址修建疗养所，争取今年开工，赶上明年或后年夏季使用。前些日子，已选定在北碚温泉附近的缙云山修建。历史气象资料显示，夏季气温北碚较重庆市区低两三度，缙云山则比重庆市区低八到十度，条件很好。在北碚和温泉之间的江岸，早已有工人、教工和军队等几处疗养所，前已规划大区和市分别修建独立式平房若干栋，各自组织设计施工。工程前期的三通工程，由重庆市建设部门负责，大区部分已交西南建工局施工，设计处设计。筹备工作早已在进行中，近日上山公路通车，正好约集相关部委领导及设计施工技术人员一同去现场察看。贺老总也要一道前往，可能和大家一起商讨一些重要问题。刘岱峰特别说，前段时间忙于其他事务，对此事少有顾及，现在秋冬将临，需要及时抓紧进行，估计今年全年预算有些结余，可以解决工程所用部分资金。按说这批房子，不过是一般宿舍的建筑标准，预算费用不高，贺老总要亲自来看看，说明对此事的重视。

我们沿着新通车的小道上山，公路按三级路面标准修筑，实际并未完工，未达到路宽标准，只能说是弯弯拐拐勉强能行车。目的地是缙云山古刹，此处早是川东名刹，现仍香火兴旺。它坐落在一望无际的丛林之中，四面群峰环绕，清风徐徐，置身于此，顿觉静幽深邃，心旷神怡。此时已届深秋，稍有凉意，难以设想夏日气温如何。但凭其高出云表，林木深茂，绿海风生，与重庆乃至北碚等地处深谷、河底，上有高山屏蔽的闷热不退的城市相比,自必相差甚大。我们拟建的疗养所位于缙云寺上端,丛林周边,禅林为荫,青山做伴,确实是暑期休假的好去处。上山的半路上,经过一个面积数亩的池塘,早有民国名人题写"黛湖"两个大字,说明缙云山早著声名,战时暑期来山进香、纳凉等大有人在。据说,去年一些领导同志,曾到峨眉山休息,提到峨眉胜景,从山下至金顶,星点般的寺庙丛林,环境清幽,气温凉爽,使人神往。我没有去过峨眉山,不过1949年南下途中,曾去过河南信阳鸡公山,那边是万山丛中硬开出一个休假地来,我们现在来开辟缙云山,是否有点类似?峨眉山的寺庙,早已成为朝山者的圣地,鸡公山是一味的洋派建筑,而在这里,我们理应以中国建筑的风格作为建筑标准。

按照原先安排,大家一起到温泉听涛楼休息,随后开座谈会。我们几人来得稍晚,办公厅在缙云山寺庙留人告知,先来的已参观结束陆续下山,请我们几人参观后即速赶去。贺老总比我们到得早些,他不但看了两处疗养所的环境、地形设计图,还对正在修建的公路线路提出了严正批评。缘由是在公路线路设计中,为使线路尽量直,减轻上坡弯度,要将拟经线路上一棵古老的银杏树砍掉,已经在树根周围画了灰线,只等动手。恰巧被贺老总看见,立即下车责问为何要砍这棵百年古树,当即对设计者狠狠批评——无论有多少理由,对古树古物都要爱惜保护,这棵上百年的名贵古树,岂容我们随意摧毁?他要求立刻停止,修正设计。

我们到达听涛楼时,座谈会开始不久,重庆市管建设的程占彪局长正在汇报前段时间疗养所园区修建的准备工作——划定园区位置,分头平整场地,统一进行水电路三通。目前公路已经修通,正按设计要求拓宽取直,达到设计标准,其他方面的人手正在陆续进入,预计一个月可全面开工。按领导提示,在明年夏季开始前完工使用,时间比较宽裕。贺老总亲自来察看,刚才又对我们的工作提出了批评,我们一定即刻检查纠正。

在场有几个人发言比较简短,最后贺老总讲了一段话,他并不像前面说到砍树时那样严厉,更多的是勉励大家。他从对那棵树的保护谈到我们国家民族的历史文物需要大家重视、爱惜、保护,联系到房屋建筑,现在多半是从外国学来的西洋建筑，中国传统建筑的形式受到排斥。当然以我们原先那种土墙、土坯来搞现代建筑，肯定是不行的，建筑要适应现代工业的发展，但应保持中国优秀的建筑风格。疗养所虽然不是重大建筑，但采用的建筑形式会对将来产生重大影响，是设计采取连片的洋房，还是按苏联那种庭园式或峨眉山那样围绕古刹、散在丛林中的设计就很有讲究，当然我们不要求在这类建筑中采用庙宇宫殿的形式，而是一般的民居的建筑形式。

谈到此，他忽然讲起重庆大会堂：现在可以肯定那是继承中国传统的宏伟建筑，直到现在我仍然十分佩服张家德工程师，高超的建筑技术水平和手法以及驾驭大型建筑的魄力。当然不可能十全十美，但不能否认那是当今一项宏大的艺术、技术的成果。可是他招致了一些人的反对和攻击，偏偏我们有一位郝炬副局长也成了反对和攻击他的带头人，不过大会堂已经立起来了，事情也过去了……

贺老总把目光直对着我，他的口气虽不很重，似乎是不经意的几句话，但在人不多的小会上，顿时感到异常沉重，人们的脸色一瞬间变得严峻起来。我感到突如其来的冲撞，贺老总所指应该是在那次专题汇报上我的发言，我自认为汇报是客观的，并未对张家德有什么反对攻击之处，而且为保障大会堂主体建筑得以建成采取了必要的措施，怎能把这个批评置于我的身上？我不假思索地插了一句话："我只是如实反映工程上的意见和要采取的措施，没有其他的意思。"我并没有意识到，在那样的情况下反驳或顶撞会有什么后果。

还好，贺老总只是听我说话，看了我一下，并未再说什么。小会结束后，各自都按预定计划进行工作，因为要按照贺老总谈话的精神，对设计进行修改，设计单位着实忙碌了一阵子。不过不是根本性的改变，只是在具体地段和具体院落布置上下了些功夫。西南建工局负责的部分，由设计处徐尚志负责项目设计。他亲自动手，设计最后得到了肯定。关于施工力量，刘岱峰指出，你们的少数工地活路不足，正好可以找队伍干好这项工程。对建工局确有好处，接受任务的工程处表现积极，人们知道这是领导机关眼皮下的工程，绝不可马虎。后来未听到贺老总还有什么批评，这事再没放到心上。

多年以后提及此事，无意中想到，那天在缙云山现场的人，包括重庆市设计公司、公路设计所、西南设计处的工程技术人员，大多对大会堂宫殿式建筑风格持批评态度，贺老总没有指责他们，而是以批评我的形式将他的意思表达出来。

第二章

起起落落的 1954 年

麾分九路势奔腾，满眼风光映日青，

新事新军新战场，花开建业第一春。

事有高低潮起落，一时兴旺竟渺无，

莫伤阵痛当坚挺，低谷尽头见归途。

1953 年是建工局打出招牌、摆开战场、甩开胳膊大干的一年；也是令人欢欣鼓舞、旗开得胜的一年。年终总结会上，大家摆摆这一年流了多少汗，用了多少力，收获了多少工程的成果，立下了经济建设第一年中的多少功绩。无论是九龙坡、陈家湾还是大渡口、杨家坪，或是沙坪坝、大田湾……都交出了令人满意的答卷。国家建筑工程部向西南建工局全体职工发来了嘉奖信。九龙坡现场的专家组长向西南财委领导人当场表示，对九龙坡现场基本建设职工取得的成就表示祝贺和感谢。

"我们这支建设新军首战告捷！"姚继鸣在总结会上高兴地对大家说，"现在看来以野战军指战员为骨干的建筑大军，无愧于'威武之师，胜利之师'，已得到各方面实实在在的评价。"他的声音很响亮，这是对建筑职工特别是四师全体转业干部以及几年来由组织分配转入建筑部门的干部的热情鼓励。建工局得到了西南军区领导、西南局财委等领导机关的肯定，更重要的是包含着对姚继鸣个人的肯定和鼓励。因在西南军区后勤部工作上的失误受到处分，对姚继鸣的影响太大，转入建工局以来，特别是军地干部共同出席的场合，他通常不会参加。除了老上级李达副司令员外，与其他人少有来往。他对受到的批判和处分，背有沉重的思想包袱。事实证明，他是能打硬仗并能打胜仗的人，这一年的战绩正是对他的肯定和正名。

看到这一年颇有成效的工作，按时完成交给我的任务，可以向组织交代了，我自然也很高兴。不过平心而论，这本身是自己分内事，没有什么可沾沾自喜的。作为这个大摊子的当家人之一，不能因成绩掩盖问题和隐患，别看一年过得红红火火，但进入1954年却高兴不起来。原先担心这一年没活或少活干的问题一直没有缓解，到这时仍然摸不着底。虽说国家建设的前景毋庸置疑，但面对我们这个摊子即将发生严重的困难，该怎么办？一支建筑队伍和军队不一样，军队完成一次战斗任务，一时没有下一次任务，正好抓住间歇整训提高，为下次执行任务做好准备。建筑队伍干活不仅是执行国家的建设任务，也是每个人的实际生活经济来源，人心士气均会大受影响。虽说建工部已经有了规定，窝工整训在窝工费项下解决，但和正常的薪酬相比必然相差很多，窝工时间多久？开支多少？心中没底。现在局里管了十一个工程单位，另有设计、中技校、医院，固定职工几大千人，这么一个大摊子，怎么应对，可真是一个大难题！

开年面临的困难

在建工部1954年度工作会议上，与其他大局和有关单位相比，西南建工局的困难显得异常突出。建工部所属单位范围形势大好，西南建工局却是例外。国家"一五"计划方向、重点均已明确，西南建工局计划表上，只有在建工程收尾和国防工业继续施工的项目，其他大中型建设项目均属空白；不属于国家计划而由建工局承建的西南一级机关及西南军区在重庆地区的工程，按规定将并入西南建工局承建的计划中，但也只是一些零星收尾项目，预期今后新建项目不会很多。西南各省市地方所属工程，已明确由省市分工承担，只有云南力量不足需要支援。看来今后两三年，这种窘迫的局面暂时不会改变。

建工部有关领导指出：着眼未来，西南建工局目前只是暂时的困难，随着成渝铁路通车，宝成铁路的兴建，重大项目将会入川。"一五"计划准备在成都上马一套电子工业项目，现在已着手准备。你们为眼前遇到的困难发愁，可以理解，但不要对自己失掉信心，建工部也会想一切办法，帮助你们克服困难。比如可以多方联系，开辟一些工程途径，甚至可以考虑抽调一部分力量到西南之外、工程多力量不足的地区去干上一段时间，西南工程要上的时候再回来。即使这样做不到，停工窝工时间的开支，已有规定报请国家补助解决。当然这些需要付出加倍的努力，也需要时间，但总可以办到。

领导特别指出西南建工局现有的组织机构、形式很庞大，头绪很多，十一家单位大的大、小的小，参差不齐，假若要立刻抽调一部分力量到外区机动作战，大的任务担负不了，小的任务也不需要远地调动，而且摊子分多了，局里人手少了又忙不过来。1953年四师转业时，施工队伍打乱重组可能有此需要，局里机构庞大，并不等于减少了层次，公司虽然划小了，但单位多了，加起来职工人数也未减少，反而会增加，希望你们慎重研究。

你们和其他大区局情况不同，比如西北大区过去力量很小，"一五"期间任务骤然猛增很多，光靠西北建工局怎样也搞不下来。部里正想法集中力量，保证西北计划的实施。现在初步拟定华东建工局（原华东建工部）将机关大部分搬去西北，与西北建工局合并，并带去建筑六师和相应几个建筑公司，合并建立的新的西北建工局，相当于抽调华东建工局大半施工力量。现在还考虑，从中南大区甚至东北大区抽出部分力量充实西北。随后华东建筑五师和一个建筑公司调归建工部直属，成立与大区局同等待遇的部直属工程公司。华东建工局机构仍然存在，但工作范围大大缩小，机构相应精简。中南建工局（原中南建工部改制）原有两个大的工程公司和建筑七师、八师，后增加建筑新四师，现在把一个公司拨给武汉冶金，八师调往西北，他们计划重组为五个工程公司，有点像西南原先的组织形式，但情况不同。几个省市都有重点建设任务，建立几个大的区域型工程公司比较均衡。西南建工局通过几年来的努力，已经打下了一定的基础，有利于西南地区下一步大规模建设。建工部希望西南建工局保持队伍稳定，以适应将来的发展。当前加强整顿提高，形成一支集中精悍、便于机动作战的队伍。

在随后局工作会议上，集中讨论了如何应对面临的困难，长远前景与现实忧虑交织，什么是建工局的当务之急，重点抓什么。

首先落实 1954 年的生产任务，落实全局的生产计划。生产落实了，一切工作才能围绕它转动起来。对建工局来说，此点极为迫切，一段时间没活干，对现实工作威胁甚大。国家计划出现空档几成定局，需要自己争取西南地区和军区所属单位的一般工程补充。这些工程多半分散零星，甚或翻修旧房，均是短期暂设工程。我们要放下建筑野战军的架子，主动承揽，来者不拒，即使这样可能还填不满空档，但多少减轻一些压力。另外更重要的是抓好原有工程的收尾交工，保持全胜，这对西南建工局的声誉和未来发展至关重要。尽管是收尾，工程量小，按原先要求上半年均可完成，包括重要的工业建筑、西南局的机关大厦、大中型学校以及体育馆、剧场等有影响的公共建筑，其中有的工程量较大且要求甚高。1953 年的工作进度合理、质量完成较好，赢得了各方赞许。如果零星收尾中稍有松懈，已有声誉可能毁于一旦，对以后造成坏的影响。在目前困难大，思想情绪不稳等情况下，更需特别警惕，全局上下对此均应认真对待。

机构调整

另一件大事是调整组织机构，以适应下一步生产任务需要。将现管理的十一个工程单位，除第五工程处外调整为五个，分别为第一、第二工程公司，重庆、云南两个大型工程处（暂名，相当于区域性工程公司）及另一个机动的独立工程处（准备承担拟议中成都、重庆以外的国防工程和重点工业建设项目，目前在重庆继续施工，待任务确定后再转移到新阵地，将来可能定名为绵阳或宜宾工程处）。

第五工程处定性为专业安装工程处，准备移交建工部新成立的安装工程总局，配属西南建工局承担安装分包任务。

另成立机械管理站，作为将来建立机械化施工公司的基础。

两个工程公司是调整重点，按建工部规定，相当于二级公司标准，即局属按地专级配置的公司，比相当于三级公司标准的云南、重庆工程处高一级。

一公司包括一、二、九工程处及原大会堂工程处，目前除大渡口等工程收尾外，正准备进入新建杨家坪履带车辆厂工程现场，另已派先遣施工队进入成都，着手准备苏联援助的一五六项目中的电子工业项目。一公司是原西南建筑公司的大部分家底，实力配备较强，未来任务也较重。

二公司由在1953年打响的四（陈家湾）、七（九龙坡）工程处及原八局四处的大部分力量合并而成，被认为是建工局的硬拳头，他们除继续完成两大重点工程的收尾外，下一步准备进入拟议建在黄磏的化工厂和在川西建设的大电厂（重庆电厂拟于近期进行二期建设，也提出希望由原七处继续承建）。这些项目虽然不久会开建，但并未最终落实时间，这是该公司的困难所在，同时该公司也是建工部准备临时抽调外出施工的目标单位。

重庆工程处为原三工程处及八工程处的一部分，加上二机部八局四处的部分工地合并组成，固定承担重庆地区国防工业续建、扩建任务和一部分中央企业在重庆的工程，其中国防工业几大工厂扩建项目时间长、工程量大，可以容纳相当的施工力量，该处成为西南建工局在重庆的区域型公司。云南工程处（简称"云处"）由六处改制而来，并从原七处及一、二处陆续抽调技术力量，为明年建设开远电厂做准备。该处正处于稳定上升的态势，黄以仁多次表示对该处发展有充分信心。

设置的机动工程处以原八、九两处力量作基础，由于长远任务尚未落实，人员配备尽量短小精悍，以减轻负担。

这样一来，十一个大施工单位，调并为两大、两中、一小，加上准备外调的第五工程处及一个小的机械管理站，实际减少了四个，变化很大。根据生产现状需要，企业职工必然有很大的压缩，其中工人调整不大，全局系统目前固定工人比例本就不大，基本是老一点的技术工人，生产正需要他们。临时合同工本身不固定，根据生产需要时有增减，各企业负担较轻。但干部（职员）不一样，他们中既有从党政军中调派来企业的领导及一般工作人员，特别是建四师集中转入建筑业的一批骨干，还有相当数量的原来几个工程公司的旧有从业人员，其中技术人员无论现在和未来都是不可或缺的，更多的一般行政人员成为精减对象，如处理不当，影响会很大，而且困难一过，又需要召回这些人。这成为调并机构中的大难题。这批干部来自多方面，有些人缺乏经济技术管理经验和知识，我们参照其他部门的做法，建立一所具有轮训性质的干部学校，时间长短不定，给干部一次脱产深造的机会，学习后逐步陆续返回工作岗位，使干校起到干部储备的作用。入学干部待遇不变，经费纳入事业费预算，报建工部拨财政专款解决。此事已征得建工部同意，总算搁平这一最棘手的事。

调并变动较大，局里决定先规划再分别实施。云南工程处不减少人员，可以个别办理；重庆工程处以原三工程处为主体，可以先稳定下来；一、二公司先抽少数人，把公司架子搭起来，再陆续接手下属单位。力求稳中调整，不搞大声势，分头推进。

在拟议企业调并重组时，领导班子的配备至关重要，做起来甚感棘手。特别是第一、第二两个工程公司的等级标准，与其他几个工程处有差别，安排不慎可能形成矛盾，产生不利影响。按照建工部规定的公司等级标准以及西南局财经工业部审查的意见，应按地专级配备干部，使公司经理、党委书记、副经理形成一个完整有力的班子。

初步意见是第一公司刘贤任经理，蔡生金任党委书记，赵世新、张一粟任副经理。刘贤原先资历不高，但转入工业部门时间最早，表现不俗，在原西南建筑公司中人望最高。1953 年机构调整时，局里派他到外地考察学习管理经验，借以提高能力与水平，现在让他出任经理是合适的。关于一公司谁来挑大梁一事事先个别征求过蔡生金的意见。蔡生金原在军中任过正师职务，品德威信俱佳。但他以年龄大、文化低、业务生疏等原因，赞成刘贤任经理，他甘愿协助。按此配备，在和项本立、张一粟、蔡生金几人比较中，仍感颇不平衡。

二公司项本立为经理应是不二人选，他是老红军，资历高，能力出众。张肇瑞任党委书记也是最佳人选，他是解放前老区地委负责人，能力、水平、品德反映均好。副经理徐东年、万德舟，实际已提到地专级标准，按在建工的工作及年限也是合适的。

这一事先讨论好的方案，却因后来的几件事，相继出现问题。首先是蔡生金原先所在的区党委、军区向西南局报告，要求调蔡生金回其家乡所在地区任专员，这也是蔡生金本人的愿望，得到西南局财经工业部同意。这样一来一公司的党委书记暂时空缺，曾设想原西南建筑公司的副经理吴兴德去，但吴兴德已调局机关任劳动工资处长，并协助管理办公室，其工作得到局机关上下的赞许。最终一公司党委书记暂由刘贤兼任。

另外，西南局财经工业部在审查项本立历史情况后，正式提出意见，认为项本立虽是公认的很有能力的一位老同志，过去担任过师级领导职务，但本人历史上曾有过重大错误，已有明确结论，目前不宜担任正师级职务，只能按副职分配工作，这使得二公司人事问题上一时不能很好平衡。局里几位领导反复讨论，觉得不如采取临时措施，两个二级公司的经理均由局里主要领导兼任，以解决目前干部间存在的不平衡现象，实际工作由指定的第一副经理和党委书记主持，这样两个公司和其他工程处除局里领导兼职外，均未配备正地专级干部。这有利于对大家解释，做到一时平衡。此事征求相关同志意见，有人未必真正同意这样的人事安排，但也不反对，故最后敲定并在全局宣布：

第一工程公司经理郝炬（兼），副经理、党委书记蔡生金（临宣布时即奉令调出，职务空缺），副经理刘贤（指定为第一副经理，主持工作）、张一粟（原大会堂工程处专职副处长，不久上调国家体委机关）、赵世新

（老红军、老团长，军区转业）、何尚（老红军，原建四师十团团长，后调局供应处）。

第二工程公司经理姚继鸣（兼），党委书记张肇瑞（原八局四处处长、党委书记），副经理项本立（指定为第一副经理）、徐东年（原八局四处副处长，宣布时已调国防工业部门）、万德舟（原四师十二团副政委，七工程处主任），党委副书记彭斌①（建四师团政治处主任）。

云南工程处主任黄以仁，副主任陈东野，副主任、党委书记崔传稳（宣布后即奉令调出，后派新调来建工局的原川东县级领导米兆伦②接任副主任并代理党委书记）。

重庆工程处主任赵良（原建四师十一团团长，拟任四师参谋长，因全师宣布转业未公布），党委书记朱凤山（老红军，曾任特种团政委，内定按小师待遇，转业时为军区所属建筑公司，改称西南第三公司后任副经理），副主任饶化成（原四师十二团团长，资深老红军，本拟分配任工程处主任或局供应处领导，他因身体原因要求担任副职）、张振林（转业来的军区某部老团长），政治处主任饶金生（原四师团政治处主任）。

机动工程处主任杨屺山（和崔传稳等先后抽调来建工的干部，原任工程处副主任）。

最后一个配备人选的是新成立的干部学校，这是一个重要机构。大家知道这是一项很吃力的工作，学员来自四面八方，带有临时性、不确定性，思想状况复杂。学校的思想工作、组织工作繁重，局内一些有能力的干部都不愿尝试，能去的人现有工作又不能离开。最后确定，由我兼任校长，设立专职教育长主持工作，大家认为调崔传稳最合适。老崔为人热情

---

① 彭斌（1925—1993）：原名彭仔文，湖北石首人。1943年加入中国共产党。新中国成立后，先后任建筑工程第四师十一团政治处副主任，西南行政委员会建筑工业管理局第一、第四工程处副主任兼政治处主任，西南第二建筑公司党委副书记，西南第四建筑公司党委书记，建工部一局政治部副主任，四川省建工局革委会主任、党委副书记，四川省建筑工程局党委书记、局长，四川省建设厅党委书记、厅长，四川省建筑工程总公司党委书记，四川华西企业公司董事长。
② 米兆伦（1926—　）：山东费县人。1943年加入中国共产党。新中国成立后，先后任四川省璧山县三区区长、区委书记、组织部部长，西南局组织部干事，建工部西南三公司党委书记，云南省经委交通处处长，云南省交通厅厅长，云南省计委、省建委副主任，云南省工程咨询总公司总经理。

直爽，敢说敢管，说话如有差错也不回避，主动承担责任，能够取得人们的谅解。他接触面广，不怕麻烦，和人谈话也不怕费时间，使人们乐于亲近他。更重要的是他乐于接受，认为教育长这项工作对他很合适，并不认为没有担任校一级职务，就不好抓全校工作。他曾在二野军大工作两年，军大是教育长在校长领导下主持学校全面工作，虽然他在军大担任协理员，职位不高，但自觉有信心担负这项工作。崔传稳主持干校工作三年有余，由教育长成为常务副校长、代校长，直到1958年干校撤销结束，可谓耐得住歌乐山深处的寂寞。干校接收一大批离职学习的干部，这些人经过学习回到新的工作岗位，对崔传稳的评价甚好。

从酝酿筹划到组织实施、人员机构到位，到最后一批干部集中到歌乐山干校学习，前后近两个月时间。1954年全局分量最重的一项工作告一段落，可以长长吐一口气了。

列席一次重要的会议

我们进场时，会议室已经来了一些人，都是西南地区机关局以上干部，平素本就很熟，互相看了一眼，都没作声，气氛很肃静。我习惯在后面几排坐下，恰好与工业局的熟人崔子明、刘晓、高治国、杨寿山坐在一起。

"我昨晚从自贡赶回来，突然通知参加会议，到底啥事这么急，你听说了吗？"杨寿山低声问，回答的人只晃晃脑袋："就是通知列席参加重要会议，不许缺席，没告诉啥事，谁还能去打听？"

最后入场的有西南五省市区的书记、党员主席（或市长）、西南局各部委，行政委员会下属政法、财经、文教、监察各委的负责人、秘书长，整整齐齐在前排就座。随后西南局、大军区几位主要领导人和贺老总一起来到主席台。贺老总很少主持这类会议，大家立刻意识到会议的重要性。

贺老总严肃地说此次会议是传达刚闭幕的党的七届四中全会精神，由于内容十分重要，目前只在党的高级干部会议上传达，所有参加会议的同志都是西南局指定的，需严格保密，严禁向会外人员泄露。几句简短的开场白使得气氛更为肃静、庄重。

"党内揭露出高岗、饶漱石的反党联盟，他们向党中央发起了猖狂的进攻，在党的四中全会上，以毛主席为首的党中央，对其反党活动进行了坚决的斗争和揭发批判，彻底粉碎了他们的反党阴谋……"

这真是意料不到！第一次感到两个反党头目似乎离我们很近。他们一直担负重任，是中央国家领导中枢的重要成员，分别是原东北局、华东局书记，在干部群众中一直有很高的声誉。高岗是中央人民政府副主席之一，是最近新任的有很高权责的国家计划委员会主任。他的著名报告《荣誉是属于谁的》，是人们心中一位老共产党人的经典力作，有很大的思想政治影响。这样一位党的高级干部，怎么能干出这种卑鄙恶劣、罪不容诛的坏事来呢？我自觉党龄短、经历浅，过去只在延安听过张国焘叛党逃亡的报告；去年传达某财经领导人在工作中出现错误，免去其部长职务，但时间很短，很快重新担任领导职务，与高岗、饶漱石的问题相比，其性质相差甚远，我怎么也想不到在革命胜利之后的今天，党的高级干部中竟会出现这样的败类！

宋任穷等领导同志分别传达了刘（少奇）陈（云）邓（小平）关于高岗反党叛党的批判报告，和邓（小平）陈（毅）谭（震林）关于饶漱石反党罪行的批判报告，要求参加会议的全体成员就报告内容进行一天的分组讨论，着重讨论增强党性，反对非组织活动，加强党内团结和组织纪律问题。各省市区负责人编为一组，大区部委和各局列席人员编成两个小组进行讨论。有了中央两个专题报告的文件，有利于与会同志的学习，大家认识到不管过去有过多么光荣的革命历史，如不自觉摒弃和破除极端个人主义和个人英雄主义，把党的组织纪律置若罔闻，就可能出现危害全党全国的重大政治事件。高岗、饶漱石还利用其尚保留的大区主要领导职务，干预地方工作，进行反组织活动，影响甚坏，给全党提供了触目惊心的反面教材，值得全党高度警惕。增强党性，遵守党的组织纪律，保持党的团结，向每个党员都提出了严格的要求。文件揭露出他们在党内生活中打击异己、抬高自己、破坏团结的严重事例。经过讨论，引领大家从这一事件中，吸取教训，联系自身思想，提高认识，改进工作。

会议严肃认真，巨细不苟，给与会同志留下深刻的印象。

宋任穷带头发言，讲到参加四中全会的学习体会，并对个人作了自我检查。我在南京工作时，时任南京市委领导的宋任穷公开检讨在报纸上公布南京军管会接见了当时尚在南京的外国使馆人员，虽不涉及接谈内容，但外事纪律明确规定，只有中央国家领导机关才能公布此类信息，没有中央授权，地方机关包括军管会是不允许公布的，属严重的无组织无纪律行为，对此他提到原则的高度作了深刻的检查。这次他检讨了未经全国总工会正式批准通知，大区即在报纸上自行公布成立全总西南办事处，引起中央领导部门（当时全总主席团主席为陈云）的追查，是不尊重中央、违反组织原则的错误。

某省委书记检查过去在兵团工作时，与司令员闹不团结，形成隔阂，造成不利影响的错误。重庆市领导检讨重庆解放时，西南局曾指出市委、市政府及军管会应进驻渝舍（原国民党市政府驻地），但市委以渝舍狭小，住不下为由，搬去王园（重庆枇杷山公园被王陵基长期占用，故名王园）至今，违背西南局的指示，犯了组织原则的错误。其他省市领导和大区部委领导同志也陆续表态发言。

上面几件事虽然只是个别的具体事例，但领导同志严肃认真地检查，无疑起到很好的示范作用。全体会议只开了半天，没有让列席同志发言，只是要求在分组会上认真搜寻检查自身问题。

我也联系自己近年来的几件事：（一）在民生公司工作时，西南局领导当面指示我，未经卢作孚同意的事不能办。但在具体工作中没做好，中央交通部曾对我进行严厉的批评，并调离民生公司。我始终认为自己是按照指示去工作的，西南财委也没认定我未按指示办事，但事后追思，尽管主观意图按指示执行，但方式方法不对，造成不良后果，是我的错误。（二）向宋任穷同志汇报工作时，我谈到西南建工局所属单位，党的关系分散各地于工作不利的想法。宋任穷同志含蓄地批评我，他说中国共产党的组织是统一的，不应有部门垂直的想法，给了我一次深刻的教育。尽管只是思想上的错误苗头，仍值得我今后警惕。（三）八个师转入建设部门，是中央和军委的重大决定，西南建工局作为接受和执行单位，我们应及时向建工部报告建筑四师转入建工部门的执行状况，但四师一到，立即转业，虽经西南军区批准，我们却未及时向建工部报告，此事后曾被查问，建工部反映到中央军委，以致发生补调新四师转入建工之事，对此我们亦有责任。这三件事已过去，但在学习四中全会精神以后，我认为应吸取教训，在今后工作上应增强党性，严守党的组织纪律和党的团结，不犯重大的错误。

姚继鸣亦对四师转业一事进行检讨，他认为此事整个过程是在西南军区首长指示下进行的，西南财委和财经工业部均过问过此事，但未及时报告国家建工部，即自行实施，没有尊重国家主管领导部门，应该检查。他着重谈到在西南军区后勤部工作时思想组织上所犯的错误，并对此作了深刻检查，表示接受党的处分，接受沉痛的教训。这番发言打破了他两年来的沉默，令人感到党的四中全会精神的深刻影响。

这次会议与工作无直接关系，但对每一个党员干部都是一次及时的教育。会上反映出大区一级的组织层次，在全国解放后一定时期里，其重大作用不言而喻。然而时至今日，客观环境与大区的性质、职能都发生了变化，大区行政委员会的工作职能已明确为督促检查，但目前机关仍很庞大，如何把握工作尺度，平衡各方面的关系，颇值得研讨。以建工局为例，成立之初，曾明确与各省市区建工部门建立业务联系，但事实上从未起到这样的作用，形成的是单一的直管工程企事业的庞大机构，名义和实际完全是两回事了，往后是否还应保持这种状态？

失去母亲

刚从重要会议归来，接着进入连续的重大工程竣工的庆祝活动，一度沉寂的施工现场活跃起来。就在这短促的时间里，在我三十二年的人生中，亲情失却的剧烈悲楚，落到我的头上，母亲走了！

天大的意外，使人一时茫然，思想上无从接受。从孩提之时始，凝聚在我心目中的亲情之结，一个衰老的家的形象，恍然完全消失了。

在长远的记忆中，家永远是艰难困苦而又亲情似水的。我走上革命征途，忍痛割舍了家，却又时刻惦记着家。多年以后回到故家倍感亲切，犹如当初并不感到它衰老，因为我还能见到年迈的外祖父和母亲，母亲的存在使家的形象完美，母亲正是这完美形象的化身！

我的故家，是两家凑合、生活清苦的家。由外祖父、外祖母、母亲和我，还有两位姨妈组成。我离家前不久，最关心我的外祖母溘然长逝，两位姨妈或他迁或病故。我的父亲长期旅居省外，不问家事，与我素少接触，他在解放前不久始病归逝于母处。这个家一直靠母亲当中小学教师的微薄薪资，供养老人与我及幼弟，生活倍感贫苦。母亲在外县教书，除"六腊"① 外，很少回家。我一直在外祖父、外祖母照料下生活，而母亲总是在我成长的关键时刻开导我，教我学习，教我勤奋努力，不因家庭困难不能就读小学而耽误自己。当我执意抛弃已读两年的初中学业，重读名校初中时，她本不同意，但终因理解我的初衷转而支持我。我离家远行，事前未告家人，她和外祖父一样焦灼万分，但逐渐从理解变为同情、支持。她在信中说："蜀中多昏暗，汝行理应当，勉禾多自爱，起居自主张。"我阅后捧书欲泣，深为有这样崇高思想的母亲而欣幸。十二年后我远游归来，全家无比高兴，母亲了解儿的革命生涯后，明确表示，仍一如既往，教书自给，奉养老人，抚育幼子，不以家事为儿累，让我倍受感动。两年前，祖父以八十一岁高龄病逝于母处，两代人悲痛难已。其后小弟中职未毕业即被留校做青年团工作，母殊感不怿。她说我一个儿子交给了革命，小的现在步其后尘失去上进的机会，天公何以如此对我？但经我们说明道理，便一笑作罢，只身留复旦中学任教数年，仅在节假日来儿处看望，平生无他好，杯酒以自解。我的故家，至此已分拆数处，但在心中，家依然存在，因为有一位崇高的母亲，母亲是家的化身。

我从未想到，有着崇高思想境界、精力充沛的老人会突然倒下！6月

---

① 六腊：民国时期，每年六月和腊月是教师谋职受聘的时间。

8日，母亲从化龙桥进城，晚间，在培生舅爷家与五外婆小酌，突感胃痛，当时说是心口痛。她说曾数次发生类似情况，这次痛感剧烈。我将母亲送至医院，病状稍有减轻，留院继续治疗，查清病情。母嘱我晚上回家，次日前往，胃痛已止，需继续治疗后再出院。我陪她摆谈稍久，她即促我早回，不要影响工作，她自认没什么事，一两天即可出院。谁料6月10日晨，医院通知去院，告知夜来胃痛又发甚剧，值班医生注射盐针，疑引起虚脱，抢救无效去世。

"天哪，这怎么可能？"我一下蒙了，前晚发病住院，昨天已觉正常，稍再观察即可出院，怎的一下就走了呢？一瞬间似乎天塌了，我的家还在吗？失去了母亲这个顶梁柱，这个家已经毁了！

重庆的亲友很少，只有祖父的二弟，多年前曾与祖父和母亲同住，共度贫困，是母亲及我们兄弟敬重的尊长。他们亲临致奠，深表哀惜之情。小弟闻讯从学校赶来，一直和我一起守灵，接待前来致奠的祖父和母亲在渝的熟人朋友及我的同事。难以想象，他小小年纪，突然遭到又一次严重打击，失掉了长期关照呵护他的亲人，其内心的痛苦无法形容，他茫然无措地站在灵前。在这短促的时光，我一直处在哀毁悔恨、难以自拔的状态中。我永远不能原谅自己，离别长辈多年，老人们时刻都在挂念远出的游子，在我终于回来后，却没有拿出时间侍奉、陪伴他们。他们贫苦了多年，老病缠身仍坚持自食其力，现在想弥补也不可能了。每念及此，哀思难眠。我平素很少流泪，即使在很多困难时刻，也从不露出哀戚的面容，可这一次，却怎么也控制不了，每念起过去的点滴往事，总是潸然泪下。我知道自己的情绪已经超过了可控的、理智的范围，但却难以控制。

姚继鸣、崔子明、谭申平等平时有过从的老同志，来看望时发现我哀毁之情，深表关切和劝慰。他们说遭此巨大伤痛，悲情自属难免，也盼我节哀自重，面向未来。大道理我亦明白，但心情沉重，一时转不过来。经过几个日日夜夜，带着失去亲人的悲楚，和小弟一同送母亲灵柩葬于狮子山。归来情桓，深夜难眠，辗转反复，此恨难填，不禁腹思泉涌，次日书就《哀母》一辞，不计文字工拙，直叙往事，以表哀感之情。

哀母（1954年6月）

前日就医去，隔夕病渐痊。朝来忽传信，老母竟终天。送祖无多日，而今失慈颜。昨犹对儿语，今朝已无言。一棺隔尘世，咫尺再见难。滔滔长江水，难洗心上酸。

母早入女学，自幼识文史。从容任劳怨，终生无休止。卅载长岁月，守贫如一日。谁谓女逊男，重担孰与拟。

少时遵礼教，远适心自安。时乱遭兵燹①，夫走十二年。爱子返文昌，女殇怵心弦②。难拭眼中泪，勉承堂上欢。幼儿与逆子③，高堂有椿萱④。两家诸丁口，只手独承担。叔侄尝相助，贫困苦熬煎⑤。

朝夕教学童，粉笔常相伴。回家弄柴米，灯下改书卷。辗转蜀中地，桃李满三川。敢问先生行，生平无依偏。且将子女爱，善视诸少年。

儿年渐已长，离家之远方。行前未告母，念子情怏怏。回首思家国，殷殷寄慈肠。蜀中多昏暗，汝行理应当⑥。勉尔多自爱，起居自主张。

子行千里外，家书情意深。戒儿勿懈怠，正义须认真。满纸爱儿意，一片忧国心。捧书喜欲泣，有母堪自矜。

自尽人子份，多年侍严尊。含恨埋夫骨⑦，携儿傍青灯。石门种蔬菜，虎岩遇故人⑧。生计益贫愁，物价日飞腾。思子心切切，守贫待时清。一朝庆解放，举家皆欢欣。

儿归母心喜，俭朴如素行。教书伴长者，为成孺子名⑨。有力当自食，公私自分明。愿将此暮年，尽力为人群。祖父年迈故，弱弟今长成。方谓得暂息，遽尔赴幽冥。

母侍父母孝，母对子女爱。正义明至理，自身置度外。阿弟未卒

---

① 杨森陈洪范之战。
② 兄恕聪颖过人，早夭，母哭之恸，以为文昌宫中神童子。
③ 父不归，诸兄多忤逆，不听继母教。浪荡如洗，又归母处养活。
④ 母携儿归外祖父母家。
⑤ 祖父年迈无子，母奉养终生，赖祖弟相助二十年。
⑥ 母信谓如无汝弟牵掣，我亦愿奔赴战场也。
⑦ 父晚年荡游数载，病危，徒手归逝母处。
⑧ 母与蓉生叔祖父举家寄居石门静之孟以伯父母处。
⑨ 母年渐衰多病，仍教书，以所入养祖父、供幼弟读书。不以家累贻儿，不求助于公。

读，老母添愁怀。反复再思维，愉悦笑颜开。

平生无他好，杯酒自宽裁。何期致宿疾，撒手归泉台。儿今恨何及，未尽人子份。贫苦已多年，母身本多病。早劝母休憩，哪有今朝恨。公事感傍午，起居少过问。平素疏奉养，病来却无情。母常关切子，儿心少思亲。悔恨今太迟，回首泪沾襟。

长者今已往，儿辈泪不干。送母涉江水，归葬狮子山。亡祖墓旁穴，父子相依眠。寒鸦绕白杨，流水声潺潺。他日来扫墓，青草满坟前。归来情何极，招魂梦不还。深夜自徘徊，人子恨难填。

多年党教养，家国事为先。奈何心中恨，悲切痛欲穿。谨记慈母爱，弟兄齐勉旃。致力为公众，勤劳赎罪愆。

此时，我申请将自己的名字郝炬改为何郝炬，"何"为母姓。

在个人情感失控、缺乏理智的情况下，有两件相关的事，后来追思，殊有不妥之处。

母亲归葬已数日，复旦中学负责人向我提出一个要求，因母亲突然逝世，她负责的初中两班学生十分伤感，这些天来一直稳定不下来。学校专来请求我参加学校为这两班同学专开的何韵樵老师追思会并讲话，帮助稳定学生们的情绪，恢复正常的课业活动。他们说这是学生们对何老师深厚的敬爱之情，此时此刻我作为老师的家人，又是受到敬重的革命干部，我的讲话会使他们易于接受。我对此请，情不可却，遂应约前往，但我的悲伤比学生们还沉重，我的讲话实际是"哀母"一诗的"白话"，有几次都控制不住而哀泣。学生们也跟着号啕大哭，上下一片悲泣之声。学校希望以追思会引导学生转入正常稳定的生活的想法以失败告终，我深感内疚。建工局机关的同事对此不以为然，他们说：你对你母亲的悲伤，是人之常情，学校却要你去帮助他们做稳定工作，自然办不到，这不是你的错，学校这个做法违背情理。我仔细想想，学校确实不应该寄希望于我去稳定学生的情绪，可我也不应该接受这个请求去做这个不可能办好的事，但为什么自己贸然就去了呢？说明对自己缺乏正确的估计。

1954年6月10日晨母亲去世，医院已向我说明前后经过，我并未感到需向医院追究。后来前来探望的好心同志对此提出疑问：入院时病情并不严重，何以遽尔恶化？主治医师对病人未及时关注了解，也未对夜晚值班医生交代病情，待病情严重时又未赶到现场，足见其未当回事。夜晚值班医生对发生情况处理不力，盲目注射导致因过敏病情恶化。凡此种种，均说明医院对普通病人不重视，不关注，致使小病终于不治，理应向医院质疑追究。他们批评我太过软弱，竟不发声。当时我情绪极不稳定，感到医院对普通教师的病情重视不够，以致发生事故。在同志们的提醒和催促下，我向医院正式发文，提出追究医院及经办医师的事故责任。医院对此事作了检查，承认对病人关注重视不够，并向主管部门报请对经办医务人员予以处分。二十余年后，1980年，我收到当时的主治医师来信，申诉她为此受到记大过和降低技术职称的处分。二十多年，待遇一直得不到提高，虽然具备高级医师的水平，并担负相应的工作，但不能给予实际的职称。在申诉中她说因每日诊治的病人很多，对病人的关注了解不够。当晚她未值班，当时条件也无法临时通知来院，等等。她说，现在医院复查当时的处分，认为应当改正，也不应影响她的职称待遇，但因处分是因我提请追究而作出的，希望我能体谅此事，答复她的请求。为此，我通过了解，证明她反映的如实，并得知本人受处分以后一直表现良好，忠于职守，是一位优秀的医务工作者。按当时情况，不应给予严重处分，并且一拖二十多年，这是我一时情绪失控、缺乏理智所造成的不良后果。

一个接一个的盛会

4月中，一个遍及全国、轰动山城的国际主义慰问盛会，在刚刚落成的雄伟壮丽的西南行政委员会大礼堂①隆重举行。二者的巧妙结合，使得

---

① 1954年4月全面竣工投入使用时，"西南军政委员会大会堂"更名"西南行政委员会大礼堂"。1954年9月1日，西南大区撤销，年底又更名为"重庆市人民大礼堂"。

这一盛会更具有历史和现实的意义。

大礼堂从策划到 1953 年底基本建成，历时近四年。当时为了增产节约，未举行竣工纪念活动，只在试运转的短暂时间中，组织市民代表免费参观，以此作为历史的见证。凑巧的是，为纪念抗美援朝的伟大胜利，弘扬中朝人民的无私友谊，正在恢复重建祖国大好河山的朝鲜人民，首次派出盛大的访华慰问团，赴中国各大区感谢慰问，意义非凡。所到之处，盛况空前。在重庆，恰好将它和大礼堂第一次开幕连在一起，朝鲜人民慰问情重，人民礼堂首会迎宾，可谓水乳交融，浑然一体。它不是庆典，却胜似庆典，意义更为深远。大礼堂以这种形式公开露面，立即得到广泛赞誉。多年以后仍被誉为解放后最早建成的地标建筑，是传统的中国古典建筑形式和现代工艺完美结合的经典之作，人们不再批评它是"豪华大会堂，浪费无底洞"。前几年工期长，经费超，确为不少人诟病，是因为人们并不了解大会堂的建设难度。大会堂落成后，眼见为实，其高大雄伟的形象引来如潮好评。

公众对大礼堂的赞誉，亦是对主持工程的领导机关的肯定。军政委员会的三位首长，慧眼识珠，果断决策，对工程起到重要的决定性的作用，

大礼堂建成后全景

军政委员会办公厅孙志远、段云，自始至终起到了具体领导的重要作用。

大礼堂的成功离不开高超的建筑设计、高质量的工程水平，主创者张家德是能获此桂冠的唯一人物。他不仅独创完成设计图纸，而且集建筑设计、施工技术于一身，带领十个初出校园的大学生独立承担从未干过的大型工程，硬是把这座礼堂立了起来，十分了不起。施工过程中暴露出不少问题以及意想不到的困难，包括张家德的被人误解，随着工程的落成一扫而光，广大的工程建设参与者到此时才算是皆大欢喜。

大礼堂是军（行）政委员会办公厅秉承首长决定直接管理的自营工程，尽管工程技术人员多由西南建工局借调，完工后机构移交西南建工局管理，技术人员也在西南建工局分配工作，我因段云的推荐，经财委同意，兼任工程后期的大会堂工程处处长，基于前期已完成的大部分工作，我作了精简项目、保障主体、控制预算、尽早完工的决定，如果说我有什么贡献的话，也仅仅是协助完成收尾。

九龙坡电厂竣工投产

6月，苏联援建的重庆九龙坡五○七电厂一期工程竣工投产，庆祝活动在九龙坡现场举行，是第一次名副其实的竣工大会。这是苏联援建的首个完工项目，也是新中国成立后西南地区首次完工的大型工业建设项目，具有双重意义，格外引起重视。与会者不仅有现场全体职工，还有电、建两部门所属单位的职工代表，其他相关部门也派代表参加。整个会场人山人海，车水马龙，极一时之盛。大会开始前，与会代表参观现场，一观建筑物的壮丽宏伟。西南和重庆的两级领导发表了热情洋溢的讲话，西南电力局局长高治国代表现场的建设者作了从工程建设到完工的汇报，并感谢苏联专家的热情援助。苏联专家组负责人在会上祝贺工厂的胜利建成，赞扬中国同行的精湛表现，保证了建筑高效提前建成。他们在建设过程中和中国同行的合作，圆满愉快，友谊长存。整个会场沉浸在兴奋、热情、欢快的气氛中。

1975 年的九龙坡五〇七电厂

这一工程不过是两万四千千瓦的小项目，多年后，已属于拆除淘汰范围，但在当时却真是了不起的大项目。西南各省会城市在解放前夕，电厂最大的负荷不过一两千千瓦，甚至是几百千瓦。小城市、农村多数没有发电厂。现在不过几年，建成了这个电厂，使重庆一下增加了几倍于往昔的负荷能量，难怪人们毫不吝惜地翘起大拇指。特别是报告人指出，两万四千千瓦仅仅是开始，随后十个甚至更多更大规模的电厂将布满各地。即以九龙坡电厂而论，一期工程两万四千千瓦，刚刚完工投产，就已经准备好安装第二套同样的机组，几年内发电量即可再翻番。从长远看，九龙坡将会发展成为十万、二十万千瓦甚至更大规模的电厂。庆祝会彰显了国家现代化建设的瑰丽远景，更重要的是我们在实践中得到充实和提高。尽管我还只是徘徊于工程业务边缘的外行领导人，但毕竟在这几年的实践中，得到了锻炼，增长了知识，给自己的未来打下一些基础，也增强了自己对干好工作的信心。

不仅是这两个盛会，还有几个已经或即将建成的工程项目，也同样起到鼓舞人们的热情、增强信心的作用，也缓解了我失恃的忧伤。几乎在相同时间里完工的陈家湾机床厂工程，没有条件举行这样规模的庆祝活动，但它的建设规模及建设速度同样使人振奋。一些小的工程项目，最后建成并从建设者手中移交给使用单位时，也使人们兴奋难忘，这是建设者辛勤劳动的成果！

就在这时，得知1954年年初开工的缙云山疗养所，已按期完工进行调试，即将投入使用。工程不大，却是西南和重庆领导人关注的项目。接到通知将在第三季度开放，接待第一批疗养人员，我亦名列其中。就在一连串的兴奋与活动中，另一件关系重大的机构变动，即将成为事实。

西南局撤销

西南财委一间小会议室，是财委联系各局开会和研究工作的场所，人数不多时尚觉宽松。今天每个局、所都有一至二名领导与会，一时坐满了人。

会议主持者刘岱峰、刘星等，神色严肃地传达中央最新决定，撤销大区党政领导机关。大区一级领导机关是在解放战争的战略需要下逐步形成的，到新中国成立时形成东北、华北、华东、中南、西南、西北六个大区，几年来发挥了巨大作用，其间也顺应形势发展，调整行政职能，具有对所属各省市区的督察、指导作用。现在根据国家建设的统一要求，减少中间领导层次，大区一级已经完成了历史使命，中央经过审慎的考虑作出撤销决定。西南局指出，大区撤销的有关工作是眼下的重要任务，要保证各项工作的妥善衔接，保持全面政通和稳定，妥善安置好几万党政工作人员。这些工作如果没有做好，即行宣布撤销，将会发生不利影响。为此强调在宣布撤销之前，把一切工作处理就绪，在宣布之前必须保密。这次不采用大范围的会议传达方式，而是由西南各部委、行政委员会各委分头传达，采取一级抓一级，层层抓领导，逐级进行工作，再由中央统一公布。

与会的人们骤闻此事，都感到紧张。涉及多少部门、单位的几万人的大事，怎样安排，怎样处理，会有什么样的情况发生，都觉得心中无数。虽然事先有预感，但没想到来得这么快，这么陡！这个小会是以边传达边讨论的形式进行，在和财委领导的谈论和提问中弄清了这次撤销处理的几条原则：

西南局机关办公厅及各部委，包括全国总工会西南办事处，西南妇联，共青团西南工委，最高法院西南分院，行政委员会办公厅及各委、局均在撤销范围之内。它们经管的中央下达各省市区的工作任务，有的交回中央有关部门，已经下达各省市区的要落实下去，以后由各省市区和中央有关部门直接联系沟通。自公布之日起，大区各单位停止工作。

党政领导机关的领导骨干和工作人员，一部分将抽调到中央机关，充实中央各部门，一部分将充实到各省市区，由西南局组织部、财经工业部综合办理，分别执行。

大区领导机关的党刊、行政期刊，自宣布之时起停刊。大区党校将调整分设几个中级党校，由中央直接管理。邮电管理局不久前已撤销，各省市区由中央邮电部直接管理。刘岱峰交代西南建工局抓紧与建工部衔接处理有关事宜。

西南建筑工程管理局更名为建工部西南工程管理总局

建工部早已说过，大区局直属的企事业单位也是建工部的直属企事业单位，一律同样看待。今年以来西南建工局所属企业的计划安排、力量和机构调整，由部里直接指示，在全国范围机动调整施工力量的工作正在进行。目前华东建工局的主力长期驻守西北，正在抽调华东建工局部分力量到建工部直属工程公司承担重大任务。西南建工局后续任务不足，正考虑借调部分力量到华北地区临时施工等，只是还未涉及西南建工局本身的变动调整。部里已考虑调出华东建工局机关大部人员，与西北建工局合并。前段时间部里透露筹组机械施工总局，考虑以西南建工局机关抽调人员为基础建立安装总局。全国六个大区局中，华东、华北及西南班底较为雄厚，华东建工局已抽调大批人员充实西北建工局，华北建工局抽调一部分充实建工部直属机关单位，从西南建工局抽调到安装总局较有条件，此事虽未正式提出，但一直在讨论中。这次一经联系，部里随即通知姚继鸣去京面谈具体事宜。我和王浍东、丁长河等同志也在机关内有意识地进行思想方面的工作，下一步如何变动，只能等待上面的决定和安排。

消息传播开来，在原建筑职工与四师转业干部中引起的波动并不很大，对于已安心工作的人们并无多大影响，倒是这两年陆续从各方面来到建工的一些领导干部，有程度不同的各种问题。

王海东是资深老红军，顾全大局，团结同志，以身作则，在全局口碑很好。他认为自己年事已高，文化水平又低，加以身体不好，听力严重衰退，不适合在建工部门工作。但他作为四师师长，又不能以个人原因给下面的同志造成影响，对此一直抑制自己，不做反映，这次大的机构变动给他提供了机会。他原来的单位早已向组织部门反映了意见，要求重新考虑其工作安排，或调回原部队所在地区恢复其职级待遇。财经工业部已明确，这次机构变动中考虑合理解决这些问题。

又如丁长河，年富力强，工作积极，但他担任政治部主任，在建工局却难以发挥。建工企业党的组织分属各地区党委领导，政治工作难以与企业党政工作结合，局政治部对企业的工作多限于一般宣传号召，成为只管直属机关政治工作的机构，本人感到工作关系不顺，萌生转做行政业务的意愿。前段时间由于局属企业大多集中在重庆地区，领导决定在重庆市委直接领导下，成立重庆市建筑党委，领导西南及重庆市属建筑企业党的工作，局政治部肩负市建筑党委的工作，丁长河兼任党委副书记，其工作重心放在市建筑党委方面，矛盾得以解决。这次大区撤销，机构将重新调整，他担心和重庆的工作脱钩，政治部的工作又将无形挂空，思想上有些波动。

局里只有我们几人，已反映出不同的思想情绪，于此可见一斑。

局一级领导中，只有我和姚继鸣没有什么思想波动。姚继鸣从军队的高级干部转到建工局，虽然本人一时思想负担颇重，但两年来得心应手，工作得到肯定。他明白建工将是他长期落脚之地，不会向组织提出其他的要求。至于我，十几年来早已认定，一生由组织安排，没有个人选择，且无论做什么工作，都得从头开始，努力使自己适应。我在建工局工作已将近四年，是除山东以外时间最久的了，目前看如果调整离开，换一个新手接替，可能性不大，对我而言，就是安心工作，等待组织安排决定。

时间很快，姚继鸣在京几天，得到建工部明确意见，即速返渝。一切如原先预料，肯定了以下几条：

（一）原西南建工局所属企事业单位，均为建工部的直属单位，西南建筑工程管理局更名为建工部西南工程管理局（1955 年，再次更名为建工部西南工程管理总局，简称"西南工程总局"），机构原则不变，作为建工部驻西南地区的直属管理机构。

（二）对部直属企事业单位的管理领导，按建工部内部机构序列，西南工程总局直接管理施工企业及干部学校，其他设计、安装、中技校等分别由部城建、设计、安装等总局和教育局管理领导，同时接受西南工程总局的双重领导。西南工程总局负责处理协调在西南有关地区或现场的事宜。

（三）改组后的西南工程总局内部机构设置进行适当调整，以适应今后工作需要，部里抽调局机关部分人员，以此为基础在北京组建建工部安装总局，姚继鸣任安装总局局长，人员如何抽调，由姚继鸣和西南工程总局领导协商决定。

（四）西南建工局现有局及中层领导干部，包括科技干部，因工作需要调整外调者，由新的西南工程总局代建工部向西南局财经工业部商讨决定，原由西南局财经工业部主持，从西南建工局抽调一批干部到铁路新建工程机构等单位一事，仍按财经工业部安排意见进行和完成。

据称上述四条意见已经和西南局电商，取得一致，建工部不再派专人来西南处理交接有关事宜，均交由新的西南工程总局，请示西南局财委和财经工业部直接处理。由于姚继鸣调京工作，西南工程总局由我主持工作，此点建工部与西南有关领导均已沟通。这就是说，此次机构变动，具体问题均已明确，要求很快实施完成。

一霎时我被摆在变动交接、处理协调各方面关系的中心位置上。西南建工局要渡过目前的困难以及谋求未来的发展，我已不可避免地承担主要责任。虽然事先有预感，但仍然感到此事突然，对自己有相当大的压力。

引领这支队伍渡过当前困难，谋求未来发展，固然是大事，但眼前最紧要的是迅速处理与安装总局的分家。一部分领导干部和技术骨干外调，如何处理得当，难题不小；下一步如何搭建新的西南工程总局精悍的小班子；如何处理好建工部几个总局所属在西南地区的企事业单位，对西南工程总局的双重领导关系；如何处理好部属企业所在地区的双重党政关系，都需经过实践的考验，分量真不轻呢！

我渐渐沉静下来，任务交给我是组织对我的肯定，对压力感到恼火有什么用？这几年从一个单位调到另一个新建单位，一切从零开始，一点点添砖加瓦，搭起架子，形成一个大摊子。一起搭伙干的同志，因为工作需要调走。机构大变动的时刻，不抓住最熟悉情况的人留下来守住摊子，还能找到更合适的人吗？干革命，干工作十几年，自己遇见这种陌生而又困难的事，难道还少吗？虽然时间不同，事情的性质各异，但也只能愉快接受，想办法干，唉声叹气没用。我定下心来，抱着正常的心态，接受现实。

机构变动无论多么复杂，要解决的主要问题是人事安排。

建工部和西南局有关部委，商讨衔接的首要问题是，保留西南建工局作为部里在西南地区直属企事业单位的管理领导机构，更名为西南工程管理总局。双方商定，由西南局财经工业部考察西南建工局及中层领导干部，了解新的工程总局的任务职责的要求，衔接各方面的需要。在完成交接前，很快提出几位领导干部外调意见：原建筑四师师长、现建工局副局长王海东调任四川省农业厅副厅长；原四师副政治委员、现建工局政治部主任兼重庆市建筑党委副书记丁长河专任重庆市建筑党委书记（新的西南工程总局不设政治部，将政治部机关全部划入重庆市建筑党委）；现建工局财务处处长、资深老红军王子清调任云南省财政厅副厅长，落实其原有职级待遇。另有个别中层领导干部职务偏低、建工局无相应职位安排者，财经工业部同意调整到其他部门工作。之前确定从建工局抽调一批干部到铁路新建单位，仍按原议继续执行完成。另由财经工业部抽调少数技术和专业干部到个别地区和单位工作，亦不作改变，西南工程总局应继续贯彻执行。

这几件事，看似简单，但对西南建工局以及改组后的西南工程总局都很重要。建工局的领导班子应首先稳定，在调整改组中，继续发挥其中心作用，并且合理调整干部的职级安排，适当满足一些同志的合理要求。王海东、王子清、丁长河都愉快地接受组织安排，其他调整的同志亦表示满意，全局上下平稳沉静。

接下来与安装总局的分家成了重头戏。此事属西南工程总局划归建工部管理领导后，内部调整分流，西南财经工业部不再过问，由原局领导的一、二把手，现分别主持两个单位的姚继鸣和我自行协商决定。人们预计为搭配一套好班子，谁都会志在必得，人人必争。姚继鸣回渝后曾表示，他代表安装总局与西南工程总局分家，事情好商量。安装要搭架子，挑选干部自然要求较高，西南建工局又是大家一同搞起来的，不能使它严重削弱，两方都要过得去嘛。

话虽这么说，但实际上他已不管其他事，只在家里准备材料，约人谈话，仔细了解拟周走的每一个人。他的想法是一定要把新班子搭建得十分完美，从处长到每一个科室成员，都应是最理想的。机关里一位处长，是从原二野后勤运输部来的，与我比较熟悉，在局里现在几位处长中，被认为是最精明强悍的。他曾对我说：姚局长当然要认真掂量掂量，一个班子搭得好或差，对领导的关系太大了。哪怕是平素关系极融洽的领导同志，在这件事上也会争得面红耳赤，没有商量的余地！他毫不隐讳自己已决定随姚继鸣到安装总局去，但他也担心，处在我这个角度上是否通得过。

最后按约定时间面对面交谈，除姚继鸣和我，另有办公室主任苏云、劳动工资处长吴兴德、人事处长刘涌三个人参加。刘涌是姚继鸣最先提出带到安装总局的几个处长之一，吴兴德一开始就在西南建筑公司任副经理，后又在局里先后任地方材料工业处长、劳动工资处长。最近蔡生金同志调去贵州，曾考虑吴兴德接任一公司党委书记，但尚未确定，因他对局机关干部比较熟悉，故请他一起参加。

果如预计，姚继鸣要刘涌先拿出一个名单。局里原政治部已调重庆市建筑党委不计入，还有办公室等八大处室，除苏云、吴兴德二人外，其他六个处负责人全部抽调，再加上二公司副经理项本立和安装工程处处长王远志。办公室、劳资处名额由安装总局自行调整，相关科室人员也很整齐，可谓集中了全局精华。由于这个名单是刘涌提供的，也明确表示出他的意见。苏云、吴兴德二人事先不了解来龙去脉，他们一看名单就有意见。

出乎大家意料，我此刻却十分淡定，只是说："姚局长，看来你对这次会商已做了充分准备，名单提得这么完美整齐，怕是费了不少工夫吧？"

"当然！这个名单对于安装总局和我本人都太重要了。我清楚地记得，我来西南建工局工作，从开始到现在都得到你的支持，这次我也希望得到你的再一次支持。当然，我也考虑到你的困难，过去我们共同致力的事业，今后将由你来主持，两方面都得兼顾到呀！"

"我不这样认为，我们来到建工行业，是组织上交给我们的共同任务，要说支持嘛，那是相互的。现在咱们商谈此事，也是组织交代我们的共同任务和分工。建工局是个老摊子，摊子大，问题多，但毕竟有相当深厚的家底，安装总局却是从零开始，将来发展大，任务重。从大的方面来看，应当支持安装总局抽调干部的要求。现在提出这个名单，在正常情况下可能对每一个人的认定，都会有各种不同的意见，但我只能从大方面来看待这一问题，就是说确定一条杠，需要抽谁，安装总局说了算，其中有个别人因工作需要，事先已经商量，如苏云、吴兴德两位，考虑项本立、王远志两位替补，这是因为项本立工作表现突出，本人也有调京或到其他单位谋新发展的要求。王远志的工作本已决定移交安装总局管理，但考虑他年富力强，将来发展可能更好，而他现在的单位，摊子较小，且有人接替他的工作，可以将他列入抽调名单。我看这样吧，如果没有其他意见，处以上干部就按这个名单定了。科室人员名单，原则也定了，留一个尾巴，请刘涌和有关业务主管同志再斟酌，有没有因个人原因或业务需要再调整的，最后交给姚局长和我签字。"

原先估计会有一场激烈争论的会商，就这样相当轻松地结束了。苏云、吴兴德下来说：你怎么能这样简单就认可了名单？对西南工程总局工作的影响该有多大？苏云说：你和姚局长是老搭档，是不是碍于情面不好争辩？吴兴德则认为这段时间我因长者丧故，影响很大，加上建工局一时的困难，使我一时情绪消沉，总之这不是对工作负责的态度。

已被列入名单去安装总局的那位原运输部同志坦陈，完全没想到我这么好说话，竟然都答应了。他说姚继鸣和刘涌事先并没想到能全部达到目的，以为会商以后会打相当的折扣，可谓喜出望外。至于我提出留下一个小尾巴，姚继鸣让刘涌对该调减的要做一些调减，可以换掉的尽量换掉，要体谅何局长对安装总局的照顾和西南工程总局的需要。尽管如此，这位同志再三对我今后的工作处境表示同情和关注。

我对同志们的批评、质疑并不意外。我承认前段时间因祖父和母亲先后逝去，对我的情绪有相当影响，对西南工程总局当前面临的困难处境也时有忧虑，但这些并不影响我对工作的态度。我自认为是抱着审慎和全面的观点来应对机构大变动中所遇到的问题。安装总局的需要是客观事实，又是建工部给建工局的抽调任务，而建工局确有一批干部的家底，近几年也都容纳不下这些能干事的人，他们之中有机会到更能发挥自己能力的工作岗位，我没有理由拖住不放。至于会商中没有出现什么分歧和矛盾，那只是我的工作方式和行事作风。

只有最终确定谁来主持并解决与安装总局的分家问题以后，才有条件确定新的西南工程总局的机构问题，而这是大变动最后落实的关键一步，也是今后几年的工作基础。我和它的关系正如姚继鸣所说的，安装总局和他个人的不可分开是相似的。

客观对待此事，我以为目前保留并明确改建为部属西南工程管理总局是必要的，不可能将几个分散的二、三级公司及其他单位都由部里直管。从大区的规划发展、机动调度等来看，也需要有分驻各区的隶属管理，领导机构协调管理。不能因为一时一地的情况，轻易决定机构的废弃，以后需要又另起炉灶。但也不能像原来那样的大摊子。它的职责范围已经有了很大变化，注定是一个小而精干的机构，人多了，活路少，反而是更大的浪费。我设想，政治部整体调出，八大处室也不需要，设一个处级办公室，另设计划财务、人事几个科，有十几二十人足矣。这种想法曾被一些好心的同志认为可能是我这段时间情绪低沉、劲头不足的表现。但我认为是从实际出发的正常态度。最后建工部认可我的意见，主动核准包括科室、工勤人员为三十名的局编制名额，我很满足。

机构初定，对建工部在西南的企事业机构人选也做了个别调整，应部里要求，局办公室主任苏云调重庆中专校任校长；局技术处实际负责人徐尚志是著名建筑师，则应西南工业建筑设计院（原局管西南设计处）要求，调该院任主任建筑师；局属第一、第二工程公司原由姚继鸣和我兼任经理，今后不再兼任，分别由刘贤、张肇瑞代替；局机关尚有处级领导干部张传祥等人，因年龄偏大，体弱多病，已不能担任实际工作，无法留在三十名的局编制中，经请示财经工业部同意，保持职务待遇不变，在局内离职安置休养。这样新的西南工程总局的组成，除我主持外，吴兴德任办公室主任，从工程处调来吴胜发（原四师十团副政委，现在工程处任副主任、党总支书记）协助工作。在新编制的计划、人事、劳动工资几个科中配备了科长。财务科由一副主任会计师主管业务，另配有副科长。从一公司调来赵国昌任副主任工程师，配一助手，直接主持技术方面的工作，不设技术科。这样仍有一些人调干校不定期轮训（实待分配，但按照现职待遇），我兼任干校校长，崔传稳改任副校长并主持工作。

这样一来，刚完工才进驻办公几个月、总面积四千九百平方米的建工大楼，一下子空旷静寂了。新的西南工程总局加上新成立的试验研究所、夜大学也达不到原建工局办事机构的三分之一，得想法保住这栋建筑在建工手中。在原西南大区各部门和企事业中，建工部门一无所有，这两年经批准新建或购置了一些房舍勉强栖身，仍有部分单位长驻施工现场及附近，不时随工地搬迁流动。经姚继鸣奔走努力，财委批准修建了这栋大楼及西南设计处办公楼，得到全局上下的赞许拥护，来之不易。现在西南工程总局虽然人减少了，但西南二公司和拟议的机动工程处均没有自己的基地，一公司和重庆工程处也缺房很多，我们有充分的理由保有这栋建筑。

就在此时，财委刘岱峰主任告知，财委机关工作即将结束，工作人员将分别到地区和业务部门工作，其中杜恒产①将分配到我处。杜恒产原系西南工专土建系学生，解放前参加进步学生运动，解放后经推荐到财委工作。此人有丰富的专业知识，革命热情高，工作好，是一个有希望的专业人才，刘岱峰主任希望我们好好培养，他的未来发展未可限量。我对杜恒产早有所闻，欢迎其来我处。但局里已无编制，我和杜恒产谈话，为他的发展着想，建议他到基层单位工作，将自己锻炼成为事业有成的干部。他欣然接受，毫不犹豫地去了一公司工地。我对他的印象很深，一直关注他在基层的工作表现，他不负众望，在他担任主任近十年的一公司二工程处，一直是全局战斗力最强的单位之一。

安排停当之后，一些同志即将离去，苏云走前，我与他单独交谈。他和我同时调来，也是建工局最早的干部，他本人是抗战初期参加革命的老同志，抗战时期在八路军重庆办事处领导下做秘密工作。凭着是本地人、关系多，常以生意人的面孔进行广泛活动。在建工局这段时间，我一直希望他承担更多的责任，参与更多的重要的工作。随着共事日久，我逐渐发现他的毛病不少，旧习气很重，对"土改"及"镇反"运动，说过许多不适当的言论。这多半是他过去结交的一些人向他反映的意见，其中有些是对党的政策的诋毁甚至仇视。但他不分场合，口无遮拦，给人印象很不好。我曾不止一次对他当面指出和个别批评，他也承认自己不对，但总是改不了。这次调整机构和人事安排，建工部要求建工局为重庆中专校配备一位职级较高的校长，考虑到他过去的革命经历、能力及文化水平，均符合部里要求的条件，局里提名，很快得到部里同意。我向他说明，部里建设的几所中专校，以重庆中专校规模最大，很重要，对领导的要求较高，现在决定把这个担子交给他，希望他不负期望，做好这件事。苏云坦然接受这一任务，虽然他并不想离开办公室这个岗位。我着重和他谈的是他的

---

① 杜恒产（1929—2001）：重庆忠县人，大学文化。1952 年加入中国共产党。先后任西南军政委员会财经委员会计划处、工业处、基建交通处科员、副科长，西南行政委员会直属机关留渝党委科长、组长，西南建筑工程管理总局技术处科长、工程师，建工部西南一公司二处主任，建工部西南一公司经理，省建筑二程局（后更名为省建设厅）副局长、厅长、党组书记、高级工程师，四川省城乡建设环境保护厅厅长，四川省建设委员会主任、党组书记。

思想工作作风问题，不能不负责任地信口开河，只要我在场，总要对他进行批评，甚至打断他说话。他每次都嘴上说改正，却并未认真改正。我说：现在有局里老同志的注意和帮助，不至于惹出乱子，可你今后是一个有上千师生员工的大单位的一把手，一言一行众所注目，要是出一点事就会成为单位的大问题，我对此真不放心呀！苏云感谢我的关心和帮助，他说会牢记我的嘱咐，小心谨慎，勤勉工作，力求不出毛病。

最后一件事，新的工程总局领导班子和我刚来建工局时一样，只有我和吴兴德两人是党员，无法成立局的党组，对西南工程总局来说，简直不可想象。考虑再三，还有一个西南工业建筑设计院，虽是设计总局直属单位，但和西南工程总局有双重领导关系，党的组织关系同属一个党总支，关系极为紧密，将该院副院长宋涛（主持工作）加入，可以组成一个人数最少的党组，由我主持，俟后派来正局长再正式接任，使党组得以建立。但还有一个问题，原建工局党组是西南局财经工业部批准的，现在西南局财经工业部已不再接受这些事务，如何及时解决问题？

正在此时，有关大区撤销事宜得到最后一个通知，原大区撤销后，一些有关全西南的中央部属机构以及相应的工作，已明确由四川省委接手管理。为此，前些日子四川省委负责人率领有关机构负责人来渝衔接。发现省级机关如迁渝，原西南一级机关房舍不能完全容纳，势必添建机关房舍，花费投资巨大，经考虑，四川省级机关不迁来重庆，西南一级机关的办公房舍移交重庆市。鉴于西南大区撤销后尚有一部分中央部门直属管理机构（包括建工局在内）以及尚有未完事宜，需继续进行一段时间工作的单位，确定成立西南一级机关留渝党委，由四川省委直接领导这些单位的党务工作。原西南局委员廖苏华①任留渝党委书记，四川省委派金石来任副书记，以利今后的工作衔接。

---

① 廖苏华（1904—1984）：四川内江人。1926 年转为中国共产党党员，妇女运动的先驱者之一。新中国成立后，先后任西南局委员、妇委书记，西南军政委员会委员，全国妇联一至四届执委，西南妇联主任，四川省委委员、省监察厅厅长，中央监察委员会候补委员，西南局监察组副组长，重庆市委书记兼监察委员会书记，重庆市副市长，重庆市政协副主席。

在西南大区最后的日子

1954 年 8 月的重庆，炉火正盛。这些日子上下都在忙活机构大变动的事务，我去基层工地的时间很少，体验不到生产一线在高温状态下劳动的艰辛，感觉没有去年同期那样火爆。不过上了缙云山却真正感到与重庆市区的凉热两重天，据说山上的气温比市区至少低十度，比北碚低三四度，这才明白为什么选择缙云山修建疗养所。这里气温适宜，到市区和北碚的交通很便利，是最理想的疗养休假的去处。去年冬季来此，雨水偏多，道路泥泞，空气潮湿，寒气袭人，与现在的感觉完全两样。经过大半年的努力，大区和重庆市两级的疗养所内的十几栋砖木结构的小楼均已完工，坐落在半山的丘陵小平台之中，星点分布，红绿相间，环境、道路焕然一新。从市区这个火炉走出来，顿感尘埃尽消，神清气爽。在重庆工作几年，首次也是最后一次享受清凉舒爽的休假生活，心情一下放松，很高兴有机会来此休养。

新近完工的盘山公路，路面整洁，弯道平缓。曾被贺老总要求不能滥毁的那棵银杏大树，依然在路中屹立，绿叶成荫，上下车辆从树两侧缓缓驶过，成为一道景观，与路边名人题名为"黛湖"的小水塘相映成趣，点缀着缙云山山水的清阴幽趣。

西南一级机关局以上干部定期来缙云山休养，是上半年确定的，因收尾工程推后，具体时间定不下来，随后又忙于处理大区机构变动的大事，休养一事几乎不再为人所提起。近日得通知，8 月中旬按原定计划休养。这是一次告别的休养，也是大区最后一次的干部集会，大家兴致很高。撤销工作即将完成，一些同志因新的工作需要已提前离开，仍在的同志均按通知携家属前来。姚继鸣本拟和组建的安装总局工作班子一同去京，也临时决定，让其他司志先行，他和家人来参加这次休假，王海东也同样要在休假后再赴新的工作岗位。

大区几位负责同志原准备与大家一起在此休养，到后始知，只有宋任穷和几位部长、秘书长来此。贺老总曾说过建成以后定要来此度假。这次才知，前些日子他已来此小住，并且嘱咐已经预定的干部休假要坚持举办，他本人不再参加了。

由于总人数不多，一个公共餐厅即可容纳大家就餐，也好见面摆谈，交流思想。宋任穷同志头两天和同志们一起就餐，他见到我和肖林、女儿及小弟，特意问：这是你的弟弟吧？你俩长得太像了。宋任穷和肖林更是熟识，他说：从金陵支队、南京市委、云南支队到西南局，算是老熟人了。我还帮过你们的忙呢，还记得吗？一阵欢笑而罢。小弟是我要他随我来此的。他已在电力学校（原重庆高工）做青年团工作。母亲去世后他孑然一身，住在学校，他能够经常走动的只有兄长我处了。

我与小弟愚超（右）

因为是疗养休假，除了带的几本小书和每天下午送来的《新华日报》可供我们阅读而外，没有其他事可做，晚饭时常和同志们聊天、交流。在这里，具体领导我们的刘岱峰、梁华、胡光等同志，现在也没了工作关系，只有个人的接触和交流。每天清晨，我们几乎不约而同地漫步山间，在清风的吹拂下，眺望远山的云影，呼吸清新的空气，这是休养中最好的活动。我们几乎走遍了眼前的几座山头，回味着缙云寺老和尚们讲述的故事。形象巍峨、高出其他山峰的山头，据说是从天竺飞来的飞来峰，它下边至今还能看见相传是达摩老祖留下的大脚印；山高处还有几处砖砌的哨台，是林业站的瞭望哨台，曾经有人在此巡逻守望，防止山火和野兽。据说有人夜晚巡逻，忽遇三只老虎，吓得躲在哨台上，老虎则在哨台底，欲上无径，人虎对峙了半夜，快到天明时，老虎始退去。去年以来，山上来人日多，已不再见老虎踪影。缙云山山高林深，过去是藏蛇卧虎之地，现在人多了，野生动物也都远遁，但对安全问题仍不可掉以轻心。毒蛇、猛兽都畏惧火光灯影，据说那次人虎对峙时，巡逻人员因携带有较大的照明灯，老虎不敢靠近，乃至畏惧逃离。疗养所已知此事，考虑到休假住处之间均有距离，为安全起见，每栋住房楼外及过道中均安装电灯，夜间均不熄灯，以保安全，同时建议黄昏以后，不要在野外散步。

"灯光有这样的威力？"我们虽有点半信半疑，但还是按此执行。这时有人联想起去年年末重庆广为流传的一件事，从北山奔来三只老虎（一大二小）直冲到大坪浮图关附近，在部队驻地被发现后被围攻击毙，战士亦有负重伤者。老虎能直到大坪一带，路途相当远，沿途竟未被发现，至今未知来自何处。现在联想起来，一只母虎带有两只虎崽可能藏居缙云山。此事之后，山上再无老虎踪影，其他城乡也未见其他线索，或许山上大小三只虎受到建设者的惊扰，仓皇出逃，竟撞入人烟稠密的城市中心，被围困至死。

休假到8月底，大家都有责任在身，上山不过数日，总有原机关来人商讨这样那样的问题。吴兴德两次找我谈及各工程单位近况，有些问题需要西南工程总局表态。建工部拟借调二公司去山西太原参加重点建设，已基本确定，部里提出公司负责人即去太原，与太原工程局联系相关事宜，预计完成定点的建设约需两三年时间，需要做好行动和思想动员及组织工作，责任重大。我想该公司一把手张肇瑞亲自前去，他原系山西地区一级领导，前年抽调来城市和工业部门工作，与当地领导熟悉，办事无疑方便一些。另外部里通知，准备在西南工程总局选调一名熟悉土木结构的技术人员赴国外学习，条件是大学以上学历、专业学术能力强、年轻的工程技术人员，政治业务均拔尖。部里不指名，但要西南工程总局以对革命事业高度负责的精神，认真遴选，为国家培养高端技术的领军人才。经磋商，一致认为现在一公司的蔡绍怀最合适，但是否要输出这样优秀的青年干部，意见不一，要由我来决定。蔡绍怀是修建大会堂时从重大土木工程系应届毕业生中挑选出来的，他完成了大会堂工程的结构设计，现在已具备了主持大的工程结构设计与施工的总工程师的能力水平，不论哪个单位，都不愿放走他。对这样一件重要的事，我表示坚决抛弃局部和本位思想，优秀的人才属于国家和人民，不折不扣地执行上级的决定，是对我们党性原则的考验，就按此上报建工部。

8月下旬，早晚气温渐渐转凉，休假的人们陆续下山。宋任穷本来事情甚多，他没住几天即离去。刘岱峰告诉我，他被分派到云南工作，云南已来电催促，准备即日离开。宋任穷说，你们确定留在西南工作的可以到休假结束时再回去也不晚，他希望来年在云南接待我们。我告诉刘岱峰，我也准备提前下山，下个月去云南，据说黄以仁率领的工程处在云南搞得不错，我以前未到过云南，今明两年我大概要多去云南几趟。

1954 年 8 月我们夫妇与两个女儿

我说的是实话，过去，建工局的主要力量在重庆，并未在西南撒开，今后几年，重庆地区没有重大项目，成都方面还在准备期，只有云南局面已初步展开。捷克援建的电站项目，明年即可大干。

从个人来说，这次在缙云山休假后，也是我和妻子肖林的一次暂别。

肖林原在西南局党刊编辑室工作，西南局撤销后，她参加全国统考，被清华大学建筑系录取，通知她 9 月初去北京报到。她可能是年龄最大的大学生。当年她高中毕业曾报考建筑系未被录取，后考进金陵女大外文系，进入大学后从事地下党活动，未卒业即渡江，后返回南京，在南京市委工作。这次大区撤销，她重新燃起攻读建筑的愿望，准备重过六年多的校园生活。与此同时，肖林所在的党刊编辑室的同事孔繁考入北大哲学系，董志伟考入中国人民大学，编辑室主任黄觉民调四川大学任副校长。

我唯一的小弟——愚超，中职未卒业即抽调到校青年团工作已经数年，电力工业部为使年轻干部得到深造，已通知他去北京电力干部学校学习，专攻科学社会主义及政治经济学等，时间为一年至一年半，也要在 8 月底报到。我和他们两人一道下山，分别送其乘船东下转赴北京。此情此景，我感到与十七年前依稀相似，那时我只身离家奔赴延安，丢下祖父、母亲和小弟，不知何时能团聚。现在倒过来，我送亲人远去，而只身处山城，但我并不孤独，因为我已经有了两个可爱的女儿，我将承担呵护她们的责任。同样是只身，但位置、时间全不一样。当年只身在外，是以身赴国难，在革命的熔炉中毁炼成长。现在只身留此，正好是全身心投入人民的事业，尽自己的责任。前者是向往前途的光明，但生死难卜，徒增怅惘。如今则是大好的社会环境，短暂的别离，时务萦思，是为了迎接更加灿烂的明天。缙云山的短暂聚首，留下一段温馨的记忆，时铭心中。

列车夜话

傍晚时分，成渝列车缓慢地从菜园坝车站驶出，天明即可到达终点成都。从软卧车厢向外望，前面十来节普客车厢门口，人们正拼命地挤上车，有的一家人牵着或抱着小孩用力向前挤，有的人背着空空的箩筐争着上车。这条通往成都的近四百公里的铁路，短途旅客占大头。车开过金沙溪站没多远，沿途小站上下的旅客一直没有间断，几乎站站都停，到达终点站一般都晚点较多。成渝铁路 1950 年开建，1952 年 7 月 1 日正式通车，并从原来的西南铁路工程局临时运管处移交新成立的重庆铁路局管辖。铁路工程局已改为铁道部第二工程局，转入宝成铁路的施工。

这几年，人们亲眼看到成渝铁路从兴建到完工，西南人民艺术剧院为庆祝成渝铁路通车创作的话剧《四十年的愿望》，反映了当时热烈的情景，那是四川人民的大事！成渝铁路修建过程中，我只来往过两三次。第一次是1951年椑木镇沱江大桥架桥时，军政委员会和西南财委组织少数同志乘卡车，从重庆到内江参观，那时从未见过那样壮观的场景，高大的桥墩，一架电动架桥机将在工厂预制好的巨大的桥梁缓慢、沉稳地向河对面的桥墩推移，使两端合拢。参观后即刻返回重庆。整个过程和铁路、火车没有一点接触。1952年成渝铁路全线通车，7月1日在成都举行庆祝通车典礼的大会，组织西南一级机关及重庆市的干部、群众代表搭乘火车专列前往参加，我因有事未赶上专列，随后单独搭火车前往。黄昏上车，早上到成都。那次坐的是普通客车，全是硬座，有的车厢还是由货运车改装的敞篷车厢，沿途经过各站全部停靠上下，到终点站晚点近两小时。我由于不了解成都火车北站的具体位置，不知其距北门有多远，只好找辆黄包车带路。拉车工人当我是外来人，竟谎称距离城里还远，索要高价。殊不知没走多远已到北门跟前，我不禁嘲笑自己，地道的成都人返乡，却被当作下江人敲了个竹杠。那拉车人见我这样嘲笑自己，也在旁边说，哪个晓得你这怪头怪脑的口音，竟还是本乡本土的人哩！

今天这趟火车，相比之下好多了。车站上人流虽然更多更拥挤，但管理有序，软卧车厢的服务周到，我们一行数人都在同一车厢。西南留渝党委的几位成员，第一次到成都参加省委工作会议，带队的是留渝党委书记廖苏华和西南纺织、电力、煤炭、地质、建工几个管理局的负责人——刘瞻[①]、高治国、崔子明、我以及四川省委派来留渝党委协助廖苏华工作的金石等人。大家在一起摆龙门阵，殊不寂寞。

---

① 刘瞻（1911—1992）：四川大足人。1929年加入中国共产党。新中国成立后，先后任豫丰纺织公司军代表，西南纺管局党组书记兼副局长，四川省轻工业厅厅长兼党组书记，纺织工业部办公厅主任、党组成员，轻工部生产三组组长、纺织局局长，纺织工业部生产司司长。

过去很少接触廖苏华大姐，只知道她曾在苏联学习和工作，是大革命时期的老同志。这次在列车上铺位靠近，天色尚早，她便主动和我交谈。内容多半是询问我的家庭历史，谈得很仔细，花了不少时间。我发现她对我的事已有了解，虽说以往在熟悉的同志中，也常摆谈过，但廖苏华同志能够知道许多，一定下了很大工夫，而且她对同志态度亲切友善，平易近人，乐于交谈。但稍后细想：一些事情我从未对她谈过，她如何了解得那么清楚？仔细思量，不禁恍然有悟。留渝党委承担了所管辖范围内各大单位的干部审查工作，廖苏华正是对我进行考查了解。她事先已经查阅了有关资料，所以才能谈得那样仔细。说明中央组织工作会议提出近期进行一次大规模的全面审干工作已经开始了。

"审查干部"不是秘密，西南局撤销前，曾召开了一次规模较大的组织工作会议。西南局组织部长于江震详细传达了中央组织工作会议内容，其中的重要任务是在近期进行全国解放以后第一次全面审查干部工作。报告指出，虽然在过去整风运动前后，已经进行过审干工作，但在战争环境下，不可能作详尽的调查了解取证，更多的是依靠本人检查反省，一些问题得不到核实。更由于环境条件的差异，整风审干的深度也很不一致。现在才具备了认真审查干部的条件，这将是党的建设方面的一项重大任务，要从上而下逐级进行。整个工作过程分下列几个阶段：

（一）思想动员，明确认识审干对于党的建设的重大意义，党的领导干部要自觉接受组织的审查了解，又要承担在自己领导范围内的审干工作，做到逐级进行，全面覆盖。

（二）本人自我陈述个人政治历史情况，组织同时搜集有关干部的历史资料。

（三）调查核实，需要组织力量，抽调符合条件的干部在组织部门安排下进行工作，做到关键的历史问题得到确证。为此要费很多时间，下大功夫去完成。

（四）经过审查后，作出组织结论。传达以后，领导机关要立即动手，逐级布置审干工作。

由于这段时间大区撤销，我们都尚未接到具体的工作部署。但从廖苏华和我在列车上的谈话看，留渝党委已接手这一重大任务，并已开始工作。我正好成为她亲自考查了解的对象，组织上已阐述清楚，这是事关党的建设的大事，必须正确对待组织对个人的审查，又要积极负责地承担在自己工作范围内需要进行的审干工作，二者是统一的。对大多数干部来说，一般历史清楚，无须经过详细调查或取证，但如果在一些关键问题上需要详细审查或取证，就要自觉地提供情况供组织了解清楚，对在自己工作范围内需要承担的审干工作亦应如此。

不久我亦得到对自己的工作范围进行审干工作的通知，其间由于工作范围的划分以及资料的衔接，费了一些时间。按照党的组织关系，西南工程总局所属分在各地的几个大企业和中技校，由云南、重庆等地方党委的组织部门负责；西南工程总局只管局直属机关、干校和设计单位的审干工作，工作量较小。按照规定，我直接负责机关中层以上干部的审查，这就需要先查阅这些干部的全部历史档案，从中找出需要专门进行审查的重点对象，组织专人进行调查取证，这样虽然审查的人数不多，却费力费时。这个工作从1954年末到1956年上半年，前后经历一年多时间。一般职工的思想教育审查管理和在机关内部进行的"清理中层"的工作，由办公室主任兼机关党总支书记吴兴德具体主持。

第四章

难忘的 1955 年

重组后的西南工程总局干什么？"稳住阵脚，渡过困难，储备潜能，迎接未来"，是我对当时工作和建工未来行动的简单概括，也是出自内心的认识和要求。上两年的辉煌不再，新的工程热点一时不会形成，必须面对现实，以正常的心态，实事求是地稳定现有的生产和工作，抓好自身建设，储备力量，准备未来的建设高潮。

通过自身精简紧缩和建工部的照顾平衡，几支队伍的生产任务已安排落实。代管的设计和中技校，均由其主管司局安排，西南工程总局协助和督促检查，自可放心。几个施工单位中，获得较好声誉的第二公司已由建工部借调华北建工，到山西承担重点工程，这是建工部对全国建工力量的平衡协调。二公司党委书记、经理张肇瑞奉命先赴山西汇报和衔接，最后确定安排在太原，承担几项中型重点工程。山西省向建工部索要张肇瑞回山西省做地方工业部部长，队伍临时更名为太原工程局第五工程处，由副处长万德舟、党委副书记彭斌代理主持工作，他们将要接手的工程数量多，要求高。头年只能做主厂区的施工准备，搭建辅助工程和厂前区、生活区，主体工程 1956 年开工，全部完工至少需三年以上。1955 年不会有多少工程，靠国家拨发的工程调迁和窝工专项经费维持，同时这些工程对施工装备的要求甚高，西南工程总局无力满足，提请建工部部分解决。因此了解到借调并非山西的要求，企业本身的困难和问题，仍需总局和企业自己解决。

困难不少，思想问题亦较多，准备下一步向成都转移的第一公司，现尚有履带车辆厂工程和重庆地区一些未完的收尾项目，仍感任务不足。重庆工程处已确定为以军工扩建为主的区域型工程企业，其所担负项目多为一般性工业建筑，且分散各厂，规模不大，军工建筑比一般行业工程要求高，多数是"重要项目"。每个单位当年的工程数量不大，但年年有，连续时间长，合起来也具备了一定规模。施工企业难以在一定时间内有突出的成就，但至少能保持稳定，不致大起大落。局里尚有一个机动工程处，一时未能明确其去向，只能在重庆地区担负小型工程，勉强维持。我设想全局现时稳住阵脚，渡过困难。云南工程处在黄以仁担任处长半年多以来，一直处于上升的态势，是1955年及以后一段时间中全局的显著亮点。在一年多的时间内，我曾三赴云南，每次时间都不短，亲眼看到云南工程处的不断变化。

三赴云南工程处

1954年稍后，我随留渝党委的同志首次到成都参加四川省委召开的工作会议，之后开着老旧的美式吉普车，用了足足三天时间经过贵阳、安顺、沾益到昆明。我回到西南六年后，头一次行走在川滇黔道上。在贵州境内，我发现平坝地方多以汉族为主，间有少数民族杂居的村镇；两侧高山深谷则多为少数民族聚居之地，不由得意识到历史遗留下的巨大鸿沟，也体会到中央强调民族工作、民族团结的重大意义。

黄以仁去云南不久，几次告知云南工程处（简称"云处"）的工作有新的开展，需要局里从人力、物力上给予支持照顾。他特别提到开远电厂是云南工程处承担的唯一重点工程，开工建设定在1955年，时间紧迫，需要西南工程总局领导亲自来部署安排，这也使我下决心，抽出时间提前来昆明。

昆明是有名的春城、花城，四季如春，与重庆相比较，气候特别宜人。云南工程处的处境也和昆明的天气一样，正是当春时节。市郊的几个工地，主体作业已经展开，繁忙紧张，工程处几位负责人面带喜悦，上下都很忙碌。陈东野说："这段时间发展很快，得力于前些日子做了很多施工准备，现在到了出活路的时候，人们有了正常的生产和工作，思想逐渐稳定，更多的是得益于黄以仁同志到来后，各方面联系奔走，得到云南省领导的重视，抓紧解决了工程上遇到的难题，使工程能够顺利进行。凭着他的影响力，省里又交给工程处几个项目，下一步的工程不用发愁。现在全处上下思想稳定，情绪高涨，人人摩拳擦掌，要在这个地方大显身手哩！老黄还等着向你汇报，再要一些技术干部、技术工人，现在已经感到技术力量不足。开远电厂是国家重点工程，要着手准备，对云南可是一件大事，我们一定得抓紧抓好，像前年七处那样干出个名堂来！"陈东野说黄以仁来云处担任一把手，把工程处一下子搞活了，令其短短几个月变了个样，得到全处上下的一致佩服。更重要的是提高了云处在此地的影响力，军区领导不仅把几项军队的工程交给了他们，昆明军区参谋长鲁瑞林还直接到工地和黄以仁同志的住处看望，给人们很大的鼓舞。黄以仁也是一刻不闲，每天不是上工地，便是各地奔走，争取各方的重视和支持。陈东野还特别提起局里在确定黄以仁同志来云处工作时，曾再三征求他的意见，现在证明他的表态是真诚的，局里的决定也是对的。经过那次调整，云处的工作得到大大的加强，对此他和其他同志都充满了信心。

建工部划定的工程范围包括国防工程，云处新增的几个工程项目来自军区后勤。云南地处边疆，军事设施的工程远比成渝等地多。军队有关负责人说，军区的活路就够你们干的。据黄以仁了解，云南军区仅有二三百人的小工程队，最近改为工程处，列为相当于团级的非军事组织机构，工程多得忙不过来。头些年军区的工程只能发包给一些私营营造厂，"三反""五反"后已经芟除殆尽，正苦于缺乏施工力量，听说黄以仁来云南正高兴呢。黄以仁率领的工程企业力量雄厚，可担大任，不断地有人找上门。黄以仁说，我们按照建工部的规定范围接受工程，避免产生不应有的矛盾，以照顾与地方以及一些专业部门的关系。我表示赞同，特别嘱咐活路多了，更要加强质量和控制造价，接受前几年的经验教训，避免发生重大的恶性事故，造成被动。我还强调，西南工程总局所属企业，总的来说是新组建的队伍，管理上缺少经验，制度也很不健全。这两年加强现场管理是要抓的大事，迎接国家建设的高潮得先把自身的底子打好，使自己立于不败之地。黄以仁笑言：你对此事的关注很重要，我们早已注意到，绝不能干砸自己牌子的蠢事，如果这点都做不到，我们能长期在云南立足吗？

　　我也与云处其他领导和中层骨干谈话，了解他们的意见，得到的印象和与黄以仁、陈东野的谈话大致相仿。米兆伦调来接替崔传稳任副主任、党支部书记，他来自川东地区，是山东南下干部，一直是县级领导，虽然对工作尚不熟悉，不能反映更多意见，但就他所见，证实黄以仁、陈东野所言非虚。云处几位中层干部是四师转业的，刘玉龙是原十二团参谋主任，李晋杰是后勤主任，吉福昌是营教导员，李万福是十一团一营营长。按黄以仁的看法，刘及二李能力都很强，工作很得力。他们也很满意云处当前的几位领导，对黄以仁的魄力和作风，极表佩服。

前排从左至右：张世荣、黄以仁夫妇，捷克专家夫妇，后排左三米兆伦、左四陈光华

我看了几处已经开工或即将开工的工地，规模不大，暂设工程和材料堆放均井然有序，干净整洁，和西南工程总局在重庆的几处重要的大型工程相比毫不逊色。陈东野说：这一年来因为搬迁转移，活路不多，便组织施工技术管理人员在重庆几个大型工地了解学习，现在正好派上用场，用了大半年理顺了内部管理秩序。黄以仁和我成天在工地奔走，随时改进工作，我们的想法是，云处的工作不能比全局其他兄弟单位的工作落后太多吧！为此他们几人共同向我提出，开远电厂是云处1955年最重要的建设任务，现在电厂的初步设计已经批准，要求云处立即进入现场，做好施工准备，当年完成主体工程施工。他们的意见是，这项工程不仅是云处的主要工程，也是建工1955年的重点工程。1953年九龙坡工程按西南局指示成立由电力、建工两个大区局主要领导亲自挂帅的现场党委和现场指挥部，开远电厂虽然没有九龙坡电厂的规模，但也是云南省的第一个国外援建的重大工程。省里希望依照九龙坡的经验成立双方领导参加的现场党委和指挥部。黄以仁建议，局里也应有领导参加，以示重视，他和陈东野承担实际责任，特别是现场技术领导，云处的主任工程师陈光华缺乏经验，他本人表示希望局副主任工程师赵国昌下到现场，主持技术工作。另外还需要充实技术力量，他特别希望电厂开工后，我能到现场一段时间支持云处工作。黄以仁最后说：我来到云处，工作开展顺利，离不开局里在各方面的支持，也得到云南省领导的支持，现在面临国家的重要工程建设，局里对我们的进一步支持，显得更重要了。

我说，开远电厂工程对云处的重要性是明确的。前一段时间已经做了一些准备工作，在局属工程处、公司的组织调整时，从原七处抽调了曾担任过主厂房施工的技术人员过来，包括最得力的工程师张谦。现在开远工程开工在即，你提出现场指挥部的组成和补充一些技术和管理人员的问题都很重要，应当及时研究解决。局里现在人手不多，实际困难不少，但会尽力解决云处的困难。最后明确了以下几点：

按照省里的要求，尽快组成开远工程现场指挥部，局里指定黄以仁代表西南工程总局主持指挥部有关事宜，并专派局副主任工程师赵国昌率工作组常驻现场。赵国昌在黄以仁指挥长领导下，担任现场总工程师的职责，直到工程竣工投产。云处现有三个工区建制，第一工区承担开远电厂主厂区施工，工区主任为李万福、主任工程师为张谦，是云处管理技术力量最强的工区。从一工区和云处再抽调人员，成立一个新工区，负责开远厂前区、煤炭运输栈桥等其他配套工程。第二、三工区留在昆明继续施工，云处日常工作和生产由陈东野、主任工程师陈光华、生产调度室主任刘玉龙等主持，米兆伦则来往昆明开远两地，抓思想政治工作，协助黄以仁、陈东野的工作。需要补充的工程技术和管理人员，分别在原西南工业学校（已在其基础上改为建工中技校）最后一批毕业生中和局干部学校待分配的培训干部中抽调解决。我同意在开远主厂区工程开工时，来现场蹲点一段时间，以满足黄以仁、陈东野提出的要求。返回重庆前去了开远，了解当地的一般情况，离开昆明前，我专门向云南省有关领导汇报我来云南了解的情况。时任云南省委第一副书记马继孔和我是1948年在豫皖苏、南京一起工作的老熟人，这次得到他的热情款待。刘岱峰刚任云南省副省长，主管财经，正是他力促我来云南一行，他对云处调来云南以及黄以仁到云处工作早有了解，对西南工程总局在云南的工作均表示勉励和支持。

我第二次来云南是按上次约定，到开远现场蹲点，先到昆明再转去开远。这次去昆明没有乘老吉普车，一颠一簸辗转千里，而是搭乘渝昆航班，两个多小时直达昆明，陈东野笑着说："你这可算得是鸟枪换炮，不再是地道的土包子了。"他这是笑话我年初去京参加全国建工会议，放着飞机轮船不坐，开了一辆破"道奇"，从重庆到宝鸡再转西安到北京的火车。其实我这么走是有理由的，飞机或轮船到武汉再转京汉火车，需要五六天，一行十几人加起来票价不菲。而一辆大车出川，转乘火车用的时间并不多，费用却低了不少。这次到云南只有两人，不仅时间快了许多，实际费用不比长途汽车贵。但渝昆航班不大好受，虽说是客运，但常常是货机临时改装搭客，左右各一排座位，途中时有剧烈颠簸，人会从座位上跌落，甚感不适。

我到了昆明马不停蹄，拂晓赶乘窄轨火车去开远，路程不到二百公里，到达时已是黄昏灯火，前后十三四个小时。车上煤烟熏人，令人头晕脑胀，同行几人都只能双手抱头，紧贴椅背，以防眩晕呕吐。经过扬中海那段山路时，列车几番爬坡，在转弯时速度特慢，恍如欲停，以至有人下车漫步转至上一转弯处，等列车经过时再缓步登车，不会耽误。我上次来听说云南有十八怪，其中一怪是"火车没有走路快"，指的就是扬中海这一段路。人们不禁疑问：滇越铁路用的是法国技术和线路设计，为什么在当初没有选择附近丘陵和平川之间较低的线路，而要选择通过弥勒山区，费力费时，极不讨好的这条线呢？经当地同行者指点，才明白并不是工程设计人员选择这条线路，而是当时富甲一方、权势很大的地方强霸，通过官府禁止线路经过其控制的地域，只得转向弥勒山区少数民族聚居之地，造成痼疾缠身的火车路段，遗憾至今。

赶到现场，其时已晚，甚感疲累。黄以仁、赵国昌在此等候已久，经过李万福、张谦率领一批先遣人员的辛勤劳动、充分准备，一个整洁、有序的施工现场，已经呈现在开远的郊野之中，令人兴奋。

开远电厂第一期工程是装机一万两千千瓦的火电站，仅为九龙坡电厂首建规模的一半，但在云南算很大的工程，加之引进捷克的设备和技术，更为众所瞩目。省领导常来检查督促，黄以仁和赵国昌已提前进入现场。主厂区工程提前准备就绪，混凝土施工已完成大部，主厂房地面建筑已开始分段施工。赵国昌在现场解决了两大问题：先是抓了施工组织设计，保障主厂区井然有序地施工，同时解决了地域性工程时有发生的技术问题，最突出的是解决了钢筋混凝土中以山沙代替河沙的问题。云南地区大范围缺少河沙，一般工程以山沙替代，这是我们在重大工业建筑中第一次碰到此事。经过多次试验，调整水泥与沙石的比例，得出令人放心的配比，可以大范围采用。赵国昌是一位很好的老头儿，他不善言辞，遇事低调，生活朴素得像老农民，但技术能力过硬，经验丰富，作风踏实，令人敬佩。黄以仁说电厂主厂区工程已经全面展开，就等你来后，召开一个电厂工程全面开工的动员大会，在工地上掀起大干的热潮，保证工程如期或提前完成。

一看黄以仁热情澎湃、成竹在胸的神气，我问赵国昌：这算不算已经开工大干了？我们的把握有多大？他还是那张"棉花"嘴，慢吞吞地说：我看可以……

事情就这样办了，动员大会参加人数不多，省里来人不少，主管工业的领导和省电业局领导、捷克技术专家组和黄以仁在会上作了热情洋溢的讲话。黄以仁把时间和精力放在主厂房工地，在混凝土施工之际，不分昼夜，连续生产，全身心地与工人和技管人员在一起。他不多说话，施工中如发现问题，虽只是一两句话的批评，却令当事者感到敬畏和沉重。在休息的间歇里，他与大伙儿有说有笑，使大家开心。现场划分的两个工区，一是由李万福、张谦主持的主厂房工区，二是包括厂前区、煤炭运输栈桥和煤仓在内的辅助建筑——二工区，兄弟工区之间，你追我赶，形成热烈的竞赛场面。

这里和九龙坡电厂一开始完全不同，那时建工局初次接触苏联援建的大型工业项目，许多事情缺乏经验，电厂的主管部门也一样，苏联的项目专家组在技术施工等方面是实际领导。时隔几年，情况已有很大变化，有了九龙坡积累的弥足珍贵的经验，事先做了充分准备，对可能发生的问题做了预案，加上项目较小，由电力主管部门吸收设备供应方共同设计，实际以设备供应方为主。捷方仅两人参与现场工作，且不久离去，现场施工完全由建工运营。黄以仁以负责的态度，全力推动工程的进行，得到各方赞扬和支持。云南电力局负责人曾参与九龙坡电厂的建设，他对工程进展极为满意，对工程提前建成和运行很有把握。负责人透露，各方面对电力需求增长很快，开远电厂只是开了一个小头，已决定明年开建昆明马街子电站，其设计容量初期为开远电厂的一倍，以后还要继续扩建，另外还要新建几个大型电厂，希望开远的建设队伍，能够一直承担云南电力建筑工程。这真是好消息，西南工程总局在云南的工程有了好开端，一定会顺利发展的。

我在此蹲点二十多天，看着主厂房即将封顶，煤炭运输栈桥及煤仓大量的混凝土工程接近尾声，下一步是设备安装，土建方面配合，搞好内外

1975 年的开远电厂

收尾和其他辅助工程，工程量不比主体工程少，但已不会影响到工厂投产，我也该返回重庆了。

黄以仁陪我回到昆明，开远现场指挥部马上安排了赵国昌和李万福主持工作。不久老黄返回开远，善始善终地完成开远电厂的建设并作出总结，赵国昌则在竣工交接后回到局里。

在昆明我用了几天时间走马灯似的跑了十几处工地。云处设有三个工区，一工区移师开远，其他两个工区安排在昆明及附近地区施工。今年以来，按照局里要求，两工区均积极向外主动揽活，多干工程，加强管理，降低成本，提高质量。现在发展到十几处工地，工程质量、成本管理的水平获得了有关方面的认可。陈东野、米兆伦、刘玉龙、李晋杰等常下去工地蹲点、指导，并且抓住开远电厂施工的热潮，提出工程质量、进度学赶开远，管理成本力创新低，在同省同城同行业中屡获好评，上下情绪高涨。我十分高兴，重庆、成都地区工程一时接不上，各方面工作都很被动，云南工程处的表现给局里分担了困难，可谓东方不亮西方亮。陈东野说，云处由局里直接领寻，有困难需要局里帮助解决，在全局工作出现困难时，云处发挥力所能及的能动性，为局里分忧，是分内事。

离去前夕，黄以仁来到我的住处。云处在昆明临时租用民房办公，我的住处很偏狭，好处是和云处的同志在一起，沟通方便。我问他是否还有问题需要回去想办法，黄以仁说："问题是有，我晓得局里现在也不可能解决好多，我是向你报告好消息，你听了一定很高兴。"

军区一位老领导，在讨论军队基建和自营队伍时说，军队营房建设每年规模都不小，却找不到好的施工队伍，到年终钱总是花不了退回去。军区老郭海的自营工程队，二三百人，大事干不了，小事不够干，这怎么行？现在黄以仁带队来云南搞工业建设，名声一炮打响，摊子还将陆续扩大，我们不如把自营小队伍交给他，和他签个协议，以后军队的营房建设让他包了。我们都了解老黄，相信他有这个实力，更相信他敢于担当。对上边来说，全国建工的任务单上包括军队工程，我们这样干，完全合理合法……黄以仁说："军队后勤主管已经来具体商谈此事，是不是大好事？"

"当然是好事！"我听后很兴奋。这对云处今后的稳定发展有好处，不过按照建工部和有关部门的协商意见，接收自营队伍势必得花力气整顿，与建工一体化，纳入建工的生产生活基地，相应会增加技术装备，建工的负担会增加。就西南工程总局的现状来说，能否一下就担当起来，必须考虑周全。

黄以仁说："很高兴你赞成，是有必要考虑周全。我清楚军区提出这件事，首先是对我们的信任，比军队搞自营的好处多，我们承担施工，也可以稳定下来，利于未来发展，对双方都有利。至于交给我们的工程队，数量不大，绝不是包袱。我听说过老郭海，他是南下部队的老营长，到了云南后至今一直是副团级待遇，比云处几位当家干将刘玉龙、李万福、李晋杰等人老练得多，因为年龄偏大，向上发展的机会不多，但绝不是不能干活的'包袱'，他一直管理这支工程队，从'三反''五反'前到现在，人事上没出现过大的纰漏，受过几次表彰，唯一的缺憾是技术力量太弱，限制了他的发展。转到建工部门，给他充实技术力量，很快就会发展成为一支有实力的工程队伍。至于增加装备和生活后方，不用说，从军队派来的十几位干部，早在后勤系统宿舍安顿下来，近年来用工程提成修建了几栋宿舍，虽然标准低些，但一些困难户也得到了安置，比起云处靠租民房安置家属强不少哩！至于装备，大的自然不行，像风钻、搅拌机等，在施工过程中陆续添置，后勤批准了十来辆卡车和一台旧吉普车，比云处也差不到哪里去，至少可以维持几年。云处现在发展的态势，已经形成建工部规定的区域性建筑公司的标准，总得有自己的生产生活基地，让职工安心在云南搞建设，做长期打算。现在省里有关部门给了一小块地建生产、生活基地，利用施工间隙、各处多余的材料及今年工程节余下的费用提成，先建成办公用房和简易宿舍，只要局里批准并补助几万元，就把这事办起来。这样可以吧？"

　　面对云处欣欣向上的大好局面，黄以仁提出的要求水到渠成，应该立刻解决，也触动了我的一点新想法。云处这个牌子只挂了一年，已经不适应现状了，但要改变为区域型公司，还得报经建工部批准，需要一定的时间，老黄提出要解决的问题，作为区域型公司就容易多了。我每个季度都要到部里参加六个局和直属公司的生产工作会议，我要力争这个问题获得解决，眼下他要点钱，在我能处理的条件下可以优先解决。

抓管理，学技术

　　1955 年开始，我给西南工程总局也给自己明确了全年工作计划，从两个方面进行：首先是企业生产，号召各单位增产节约，尽量多找活干，以补年度计划的不足，减少财务亏损。明确两个重点工程和一个重点企业，即履带车辆厂、开远电厂和云南工程处。为此我拟全年三下云南，推进开远电厂工程和云南工程处的工作。现在我已两去云南，只需年终在开远电厂工程竣工收尾和云处完成全年生产任务之时，再去一趟即算善始善终。其次，加强全局各企业内部建设，提出企业抓管理，干部学技术，组织上进行审查干部的工作。

　　我认识到，企业要上水平得抓管理，在建设高潮尚未来临之时，正好利用这段时间补好这一课。我投身建工已三年，打了若干大小仗，但心知肚明，和全国比、和先进单位比，还差一大截。翻开全国的平均水平和各项纪录，自个儿就得认账。在建工部六个大区局和直属企业中，无疑是倒数第一。过去就这么个基础，一下子赶不上去，但这不是理由。军队作风融入企业已经这么久了，不能说没有进步和变化。企业不是军队，虽然管好的目的是相同的，但企业的面貌改变不大，建工部发下来的学习苏联建筑业的经验不算少，但只是听听课，照抄照讲，远不等于已经做到。现在有这么好的机会，我们这些似懂非懂的干部应该直接下到现场，蹲到工地，把有关几项重要指标，一一落实。我首先该带头，俯下身子，一点一滴地摸索，搞出点名堂来。这个想法与局副主任会计师吴载章、工资科长陈彦、一公司计划科长陈观云等一拍即合，他们愿意与我一起下去实实在在地干。我组织他们和自身业务结合分别连续去大小不同的现场，实地了解从哪里下手搞好企业管理。

见得最多的是材料管理、堆放，这里面大有文章。堆放位置是否合理，不同材料、不同规格是否划分清楚，堆码整齐，保持现场整洁有序事关现场形象。管理得好，便于施工取用，减少中间抛撒，节省来回搬动的劳力；管理不好会造成不必要的浪费。吴载章把它和成本管理联系起来，认为是一个重要的发现。平素他在室内做会计核算，没到过现场，这次才了解到从数字反映不出来的现象，包含成本管理的实际状况。虽然这不是成本核实的全部，但这种现象多了势必对成本核算产生影响，无形中发生了浪费。吴载章戴着深度近视眼镜，在现场来来去去，对几个堆料和施工目标建筑物之间的距离，用脚一步一步丈量并记录下来，方法很原始很笨，他乐在其中，取得了企业成本和材料管理的第一手资料，对以后工作大有裨益。

我们把这样的事例，推广到其他地方。如砌砖现场，地上乱扔的半截砖头的数量令人惊讶，砌砖在转弯交叉处需要砍砖，是工艺需要，但抛撒的半截砖比例很高就不正常了。仔细了解后发现，不按操作规程，随意乱砍砖，或在抛传砖时不慎掉到地上破损，自然成为废砖。即使未破损，只要砖坠落到地上，也无人再管。因为砖头价格很低，大家不在乎，使得废砖数量增大，清理现场时还需人力搬走，必然增加成本支出，也不利于整洁文明的现场施工。至于现场来回搬腾物件、来回开挖土石方等现象，都冲击正常的企业管理秩序，"企业抓管理"得从具体事例入手，建立必要的管理制度。建筑现场和工商企业的不同特点，是它的流动性，随工程搬动，每个现场无不率先搞暂设工程，人多一点还得有临时食堂、浴室等。工地上不仅要有正常的成本、材料、劳动等管理制度，还必须有暂设工程、食堂等管理制度。我们在实地调查中逐步加深了认识，这些只是企业管理的一部分（当然也是重要的一部分），生产技术上先进的管理方法和水平，才是企业生产力的决定性因素。通过同陈观云等人在现场了解，觉察到施工现场头一件大事，是得建立严格认真学习图纸（包括工程预算）的制度。这件事似乎人人皆知，形成制度却很难。一般都习惯认为掌握设计图纸、指挥施工是技术主管的事，其他人员只需按领导部署干活；也有人认为施工和设计是对等的，了解图纸是为了施工，学习是为了搞好工程，使人们都能掌握设计的技术要求，不排除在学习过程中对设计提出反馈，不存在双方之间不对等的问题。现场人员都参加学习，可以避免疏漏，明确设计要求，做好自身工作，也是把设计目标交给群众，共同努力完成施工任务，充分体现了"干部学技术"的重要意义。工地的现状是主要领导多数不是技术干部，学习图纸首先从他们开始，也是给他们学技术最好的机会，成了他们必须干的硬任务。和职工一起学，学了领着大家去干。我亲眼看见，当年转业的军队年轻干部，有的通过基层实践锻炼，成为优秀的工程指挥员，充分说明建立这一制度的重要性。陈观云、杜恒产等人在实践中进一步明确，只有从编制现场施工组织设计和平行流水作业方案，形成现场生产遵行纲要和质量监督、安全生产制度等几个方面着手，才能全面提高企业的管理水平。

通过现场实地了解，我更体会到搞好企业管理，不光是嘴上讲讲说说，见诸文字就办到了。许多具体事例不到现场发现不了，没有职工的积极参与也实现不了。"抓管理，学技术"，处处离不开做人的工作，思想政治工作无时不在，无地不在，作为一个领导者，很多时间是在抓思想政治工作，实际上和整个工作都融为一体了。

西南工程总局所属企业中，小型工程数量不小，企业管理需要进行多方面的工作。大的现场有相应的人员配备，有条不紊地进行。小型工程却无法办到，二三十名职工，工期较短的小型工地，一般只有一个技术员担任工长，另有助手一人。管理工程中的人、钱、物以及所有活路很不容易。能够应对这些事务，完成工程任务就是好工长，管理得好不好就难说了。这个工长只能由技术人员承担，一般事务，他只能捎带管一管，说一说，很难对他提出更高要求。培养一个高水平的全能工长，成了抓企业管理的重要一环。我们下工地也很难去这些地方，实际了解太少，有的地方、有的工长做得比较好，但占比不大，只能要求工程处、工区在自己范围内，继续抓好此事。

这一年中，我虽然和机关同志到过几个现场蹲点调查，研讨改进企业管理，但几个点的接触面小，没有长时间跟踪了解，能起多大作用还是一个未知数。相信在几级组织共同努力下，终会取得一些效果，企业的管理水平会逐步提高。

在"干部学技术"的题目下，有一件令我不能忘却的事——兴办夜大学。

1953年初，建筑四师转业、西南建工局扩大之时，投入了大量军队及地方干部，他们中大多数人缺乏文化技术知识，局里组织了短期业余建工技术学习班，将基层初级技术员培养成有一定理论知识的技术人员，未来回到工作岗位时可以成为骨干。短期技术班的效果很好，让我们尝到了甜头。1955年底西南工程总局从重庆迁到成都，为适应大规模工程建设的需要，决定办夜大（后来提升为成都业余建工学院），吸收基层初级技术员和党政基层工作人员，白天工作，晚上学习，提高他们的理论水平，解决人才匮乏的问题。

为了办好夜大，成立了专门的班子，人才配备精干。马识途夫人王放任教务长；重庆建校鲁若愚有丰富的办学经验，将他调来成都任副教务长；重庆建校毕业于同济大学的老师刘天民以及刘国美、郝志肃调来，组成夜大教学班子，我任夜大校长（成都业余建工学院院长）。夜大的课程参照大学本科工民建专业课程设置，高等数学、普通物理、化学等基础课程请成都工学院教师任教，专业课程由西南工程总局和西南工业建筑设计院的一些既有理论基础又有丰富实践经验的高级工程师担任教师。

开办夜大的消息一经公布，从局到公司、工程处，从领导到科室干部，都积极报名参加，我也是积极分子。除了西南工程总局各单位的热烈响应外，四川省建工局、成都市建工局、铁道部第二设计院、西南工业建筑设计院、中央二机部所属工厂的基建人员亦希望到夜大学习提高。学习班授课时间每周不过一两个晚上，但得力于名师启蒙讲授，学员听课的积极性很高。一直延续到西南工程总局变动调整时，学习人数减少且逐渐分散几地，但大家仍认为有效，确定继续办下去。按照教育部门的规章，申请登记为建工业余工程大学（因均在晚上上课，故称"夜大学"，夜大学只设大专班），建立学员登记管理考核制度，教学课程安排逐步走向正规化。

1955 年是学习班兴办的第三年，也是正式登记改称业余建工学院的第一年，与上两年相比，学员中领导干部比例减少，参加工作的新人增多，尤以分配来的中职毕业生最为积极，他们渴望通过夜大学继续学习，将自己提高到大专水平。这个变化虽符合培养企业专业技术人才的要求，然而却有悖于最初组织领导干部学习专业技术的初衷。客观原因是有些同志年龄已大，文化基础差无法继续学习。多数人则因工作原因未能坚持学习，退而以在工作中提高为主。

以我为例，在学习技术一事上几年来思想有几次变化，开初积极性很高，信心颇足，虽年过三十，通过几年的业余学习，能在勘测制图、结构计算等方面有所收获，粗晓技术知识，不再是十足的门外汉。两年来，因工作繁忙，难以集中精力学习，但仍希望利用间隙时间，补上学习的空缺。

在坚持把夜大办下去、办好这件事上，我是积极倡导的领导者之一，也作为夜大普通学员之一参与其中。一年来，办学方面固然有进步，有效果，而从自身情况看，却是失败者。作为建工唯一的局长，经常到外地出差，各种会议占了相当比例（一年一度的全国建工工作会议；一季度一次的建工部部长亲自主持各大区局和直属局一级企业的生产工作汇报会议；作为留渝党委的成员，每年至少要列席两次四川省委工作会议），加上下去蹲点（1955 年三下云南），至少占了三分之一时间。会后还要组织传达贯彻、事后检查等。夜大每周一两次课程，常常缺席，失去连续性，前后不能衔接，更失去复习消化的机会，已学的也巩固不了，学习流于碎片化，到头来所得无几，鲜有成效。经历了思想上的几番变化，我已安于自己是学技术的失败者，放弃了自我要求，把希望寄托于在实际工作中增长知识，提高工作水平。

夜大在 1956 年、1957 年开办了两期总学制四年的学习班，每期参加学习人员在五十人左右，其中一年为全脱产集中学习。办学正规，要求严格，每学期考试合格才能继续学习，毕业前经过严格考试，成绩合格者由成都业余建工学院发给毕业证书，证书得到高教部认可。

夜大的学员原有一定的实际经验，经过几年系统的理论学习，掌握了较全面的理论知识，很快成为各单位骨干，不少人成为单位领导或技术负责人——余鸿来任中铁二院党委副书记；陈学海任四川省建筑科研院党委书记；张德增任成都市建筑总公司总经理；韩欲潮任成都市建筑总公司总工程师；周念辉任四川省建筑设计院结构总工程师；刘守明任华西集团海外部总经理，20 世纪八九十年代活跃于国际建筑市场；何先智在改革开放之初，任深圳国际机场建设领导小组办公室副主任；谭兴弟任四川省建材研究院总工程师；夏庆育任自贡市建筑设计院负责人……

大区工程管理总局局长例会

1955 年 10 月最后一次建工部属大区工程管理总局局长每季例会提前召开。我刚从昆明返渝，是三下云南的最后一次。云南工程处一年来工作表现突出，不仅提前完成开远电厂项目，而且超额完成全年生产计划，成本、劳动等各项指标也比上年多有提高，在部属中型及以下企业中算是佼佼者。今年建工部在一次局以上干部会议上，曾指定江苏南通建筑公司汇报他们这个中小型建筑公司如何抓各项管理工作，厉行增产节约，促进生产，工作全面发展的经验。拟在全国地方建筑企业树立榜样，在明年全国建筑工作会议上表彰推广。最近才发现云南工程处进步也很快，打算在部直属中型及以下企业表彰推广，要求相关部门特别是建工侧重总结他们的经验。这可能是要我提前来京，准备汇报的原因之一。

飞机从渝飞京，我中途在武汉机场停留并用午餐，到京时已日落西山，到招待所时夜幕已临。每次到京参加大区局长会议，和西北、中南、长春直属公司几家不大一样，他们摊子大，事情多，来京开会的人相对多些：生产、财务、材料、计划等专业人员常一起来，和部里业务司、局业务上的联系也多。我和华东、东北相似，总是一人前来，最多加上一个秘书或计划科室人员，以减少行政开支，即使现在参加会议的单位不断增加，但一般会议仍以直属公司的汇报发言为中心，讨论布置各阶段工作。

会务组通知：正式会议第三天开始。我纳闷：为何通知提前来京，却又推迟开会？想不到刘秀峰①部长要我次日下午去他处汇报。刘部长来建工部已近两年，我听过他几次大报告，参加过他主持的几次会议，今天是第一次向他单独汇报。这是一位平和质朴的领导，平素讲话中显露出务实详尽、仔细的性格，我以为他是要我详尽汇报西南工程总局的现状与工作，我准备的资料不多，凭自己所知来谈。不过他并未要我那样汇报，说一般情况会上还要交流，也有资料可查。他只是想增加一些对西南地区的了解，包括西南工程总局的机构、实力以及个人的情况都可以谈，随便聊聊。

他提问我回答。首先是历史、地理上的概念，大区兴起变化的演变过程，西南工程总局形成的历史过程。在谈话中，他常常插话提问，特别是重庆、成都的城市面貌，表述了他了解四川人民对修建成渝铁路多年来的

---

① 刘秀峰（1908—1971）：原名刘法常，河北完县人。1926年加入中国共产党。新中国成立后，先后任华北局副书记兼组织部长，华北行政委员会第一副主席兼工业局局长、财经委员会主任，建工部部长兼部党组书记。

愿望。成渝铁路两年建成通车是新中国了不起的成就，不过它还是一条断头路。经过三年的努力，宝成铁路施工进展也很快，有可能提前在明年达成通车条件，这样就有可能提前在四川进行大规模的建设。我们要有思想和各方面的准备，迎接西南地区大发展的高潮。我插话说，成渝铁路两年通车，确确实实实现了四川人民四十年的愿望，人心大振。中央果断决定，接着开始宝成铁路的建设，尽管比成渝铁路路线长，而且沿途山高谷深，险象丛生，施工难度极大，但进度很快。秀峰同志接过话头说，他听到不少信息，不光宝成铁路，"一五"计划以来，各方面发展都很快，今春农业合作化的高潮，促进和推动了手工业合作化，资本主义工商业的社会主义改造，也更加鼓舞和推动工业建设各方面的发展。我们面临这样的大好形势，部里直接掌握的长春汽车厂主体工程提前封顶，已在准备下一个重点建设项目。王焕宇同志（洛阳工程局代局长）主持的洛阳工程局承担的拖拉机厂等三大项目也处于同样情况，西安工程建设的进展也很大，因为块头太大，至少还得干好几年。长春、洛阳都是重大项目，但只有一个或三个，下一步就得考虑投放位置，这是计划衔接的重大问题。说到此，他突然转过身去，翻那张四川的地图，指着几个点问："四川丘陵山地多，宝成铁路沿线有几块大一点的平原，未来在哪些地方可以摆下大项目？"此时我才明白谈话的深意，作为建工部的负责人，他要考虑下一阶段的工程建设，布置施工力量。他说，成都与西安类似，与全国铁路网联通后，成都将成为和西安一样的建设中心。现在要考虑成都是按照长春、洛阳的模式，分设几个大的现场工程（公司），西南工程总局是否成为和西安那样的现场型工程局之一放在成都，还是保留现在工程总局的形式，管几个现场公司，局是否还驻重庆，摆在哪里合适。这是部里近来慎重考虑的问题。需要广泛听取各方意见，而我则是他征求意见的重要一员。

几近两小时的谈话，未触及多少具体事例，却传递了一些重要信息，从新中国成立初期的三大斗争（抗美援朝、"镇反"和土地改革）转入第一个五年计划，经济建设持续发展到 1955 年农业合作化的高潮，是一次重大突破，生产关系上三大社会主义改造的完成，将极大推动社会主义经济的大发展，基建战线将蓬勃发展，它促使我们不断改变行动规划。建工部正在筹划西南地区基本建设机构的布局，正是我们朝夕所盼。秀峰同志肯定这几年西南工程总局的贡献，特别是云南工程处在建工处于低潮时异军突起，打开局面。他表示明后年将抽时间到成都、重庆、昆明走一走，看一看，调查学习建工的经验。

第三天会议开始进行。与会同志多数是老面孔，少数发生了变化。原来的三位副部长少了万里（已调新设立的国家城建总局），只有周荣鑫、宋裕和两位，新增杨春茂、潘纪文、许世平、焦善民几位部长助理，任朴斋接掌华北工程管理总局，刘裕民是直属公司一把手，部生产局局长的名义还保留，西北工程管理总局副局长杨林不知何故调离，原华东的贺敏学军长调西北工程管理总局，但他实际全力管西安工程总局工作。从华东调西北任副局长的汪胜文又调部设计总局副局长，这次新来一位副局长王力，东北的郭林军、刘云鹤，华东的张文韬①，中南的高元贵等人未动，中南新增副局长郑奕②到会。洛阳工程局局长王焕宇已见到两次，他是原中南行政委员会办公厅主任，和高元贵（原中南行政委员会秘书长）一起调建工系统。后经建工部和地方党委洽商，为便于地方党委加强对重点建设的领导，使重点建设能够顺利进行和更好发展，在西安、洛阳两地，采取临时性的特殊组织形式，由西安市委领导成员冯直兼西安工程局局长，华东老局长（军长）贺敏学专任第一副局长，洛阳市委第二书记里力兼洛阳工程局局长，王焕宇专任第一副局长，并特别说明，贺、王正局长身份不变，只是为了有利加强重点工程领导的特殊措施。原东北一公司经理卞敬调兰州总公司，任总经理。

会议先由直属公司汇报发言，洛阳、西安、华北及中南大区局和贵州

---

① 张文韬（1915—2009）：山东博兴人。1935年加入中国共产党。新中国成立后，先后任建筑工程第五师政委，华东建筑工程管理总局党委书记兼局长，上海市建筑工程局党委书记，中国科学院上海分院党委书记，上海科学院党委书记，上海市基本建设委员会副主任，上海农业科学院党委书记、院长。

② 郑奕（1916—1976）：四川南江人。1936年加入中国共产党。新中国成立后，先后任人民解放军二十一兵团政治干校党委书记、校长，二十一兵团后勤部政委，中南工程管理局副局长，建工部西南工程管理局副局长，建工部第一工程局党委书记、局长。

相继发言；东北、华东、西南几家大区局最后发言，都比较简略。发言均按部里事先要求，有备而来，着重讲各重点工程，工地上热情澎湃、热火朝天的喜人局面。汇报当中，除个别独立企业下属个别基层单位发生过质量安全等问题，且已迅速得到纠正外，各重点现场大多是速度加快，质量上乘，凯歌频传。有的单位职工已提出"工程提前完，将要移师何方"，期盼在未来干得更加出色。直属公司讲到现场特别重大要紧的几万立方混凝土浇灌，几千吨金属结构制品，高层吊装都已提前完成，预示着新中国第一个大型汽车工厂即将诞生。多数汇报者介绍了推广先进技术和施工方法的情况，虽然比较概略，但也感受到广大职工热情高涨的气氛，似乎是对1955年工作的总结。在汇报中都表露了在党的正确路线指引下，农业合作化高潮，三大社会主义改造完成的巨大影响，各领域广大群众都已发动起来，掀起了增产节约的新高潮。建筑行业特别反映：中央批准八个野战师集体转入建设事业，短短两三年时间，已在实战中发挥了巨大的作用和威力，如直属公司的原建筑五师和西安总局的原建筑六师的突出表现。旧中国营造业集中在少数几个城市和地区，全国各地基础都很薄弱，有的省区甚至是空白。短短几年时间建筑业迅速崛起，形成一支巨大力量，能打大仗，打硬仗，怎样估价都不过分。

刘秀峰部长的讲话做了充分准备，从新中国成立以来国际国内形势说起，抗美援朝、镇压反革命和土地改革几大战役取得决定性胜利，到"一五"计划，以苏联援助的一五六项重点工程为中心，大规模经济建设的顺利展开，在党的正确路线指引下，生产建设年年有进步、有发展，今年更是发生了突破性的大变化。符合五亿农民心愿的农业合作化高潮到来，"小脚女人"的步子再也维持不下去了，它直接推动了手工业合作化和资本主义工商业的社会主义改造的高潮。过去认为要漫长时间才能完成的事，在热火朝天的群众运动面前一下就实现了。这是社会主义革命和社会主义建设的伟大胜利，更影响和推动了国民经济各条战线，破除思想阻碍，阔步前进。在群众性的增产节约运动推动下，我们各个建设现场，今年变化很大，计划普遍被提前，先进经验、先进施工技术不断涌现和大步推广，说明了工业建设固然有自身的发展规律，但在国家计划指导下，群众中蕴藏着极大的主观能动性，仍可发挥出巨大的潜力。

刘秀峰部长这一大段讲话，给我的印象绝不仅是个人讲话，而是以个人口吻传达中央领导同志讲话的精神，使我们的思想认识得到提高。目前我们所处的波澜壮阔的大好形势，正是因党的正确路线指引和启示，得到广大干部和群众的热烈响应并付诸实践。各级领导要自觉适应形势，和群众在一起，主动想办法克服困难。刘部长提到明年的国家计划还在准备，没有最终确定，但肯定比原先的规划有较大的改变。因为原来的计划指标已经提前了许多，有的地方和部门已经向建工部提出今年追加计划，并将拟建的大型项目列入，准备提前大干。我们积极予以支持，提前部署，准备迎接高涨的建设新局面，并对部属单位提出具体要求。

直属公司着手富拉尔基重型机械厂新工程上马的准备工作，加快"一汽"工程的完工进度。中南现有格局依旧，着手准备广东茂名的工程，继续保持局属中心位置，部分力量逐步南移。西北工程局明年筹建张掖总公司，今后可能成为继西安、兰州之后西北第三个建设基地。对西南工程总局更特予关注，成渝铁路通车已近四年，宝成铁路可能提前于1956年建成，实现和全国铁路联通，西南的重大建设将提前开动。近日已有一些重大项目，如"二汽"、航空、化工……计划落户西南，要在成都设立筹建机构，抓紧铁路连通的时机，提前开工。估计一上来规模就不小，建工施工力量的调配及组织设置，部里将视情况发展再做具体安排。无论如何，现在要准备在成都建立基地。部里已定，西南工程总局今年底前迁往成都，任务不变，仍统管重庆、云南及成都地区的部属施工企业，重点将放在成都，如同西北工程局重点在西安并兼西安工程总局（公司）大体相似。暂不考虑另设新的组织机构，搬迁的具体问题，即与部里职能司商讨落实……

因刘秀峰部长的讲话内容重要，会议破例延长两天，以便讨论、消化，提高思想认识，也留下联系具体问题的时间。在这两三天内，我与好几位同志进行了交流。

老朋友张文韬，在渤海区地委工作，后调华东局组织部，和我多有接触。我俩战时有相同爱好，见面有机会总要对弈几局，深宵不歇。张文韬是原建五师政委转任华东建筑工程管理总局局长，因该局所属两个师及建筑公司陆续外调，他成了一位"留守"局长，代管一些部属企业、事业单位，事情较少。这次应华东地区建工的反映，要求部里拨回一些力量，承担华东地区重要建设项目，发挥华东工程总局的作用与潜力。他数次征求我的看法，我非常赞成，但认为荒疏时间较久，机构经多次抽调，已不健全，队伍以短小精悍、战斗力强、便于管理为宜，他很赞成我的意见。

高元贵是位老同志，平素接触颇多，经历丰富、健谈，然而这次所谈不多。事后闻知，他对建工工作的看法较多，并在等待请调到某高校。

部生产调度局是负责和各大区局、公司联系的中心单位。他们主动和我联系搬迁需要解决的具体问题，主要是新修办公用房及生活设施，解决局及一公司搬迁成都以及购置机械设备的费用，实际上也解决了留重庆单位的住房、办公问题，前几年新建的局办公楼给了人员较多的设计院。设计院腾出的设计楼给了重庆工程处，可谓皆大欢喜。工程总局迁成都后，新建用房虽然简朴，却比在渝时有一些改善。批准购置机械设备，使机具总站得到充实，实验室得以正式形成科研所，以胜任成都地区质量检验，特别是构件的检测工作，改善技术条件，提高自身的研究和技术水平。

与人事司副司长韩友真摆谈较久，主要是两件事。我们不久前报部里，拟将所属的两个公司、三个工程处统一改为五个公司的报告，经部里生产调度局和人事司等多次研究讨论，部里已批准同意。调整为西南一、二公司（二级），领导人员暂不作变动；云南工程处改为西南三公司（定为二级），经理黄以仁，副经理陈东野、米兆伦；重庆工程处改为西南四公司（二级），经理赵良，副经理饶仕成；拟新设的新建工程处，改为西南五公司（三级），经理人选由局里提请部里人事司批准任命。

另外关于局的领导班子。前一段时间，对六个大区局的领导人员，来不及了解研究，基本维持各大区配备现状，以至华东、西南两局长期一个人单挑，负担很重。部里领导很重视此事，韩友真奉命征求我的意见，拟增设两至三位副局长，看是内部发掘遴选还是调合适人选。我说内部遴选的话，黄以仁是不二人选，但他不可能回局，仍须留云南较长时间。我迫切希望派局长主持工作，增加副局长，早晚都好商量，谁担任局长是上边的决定，我个人没有意见。

韩友真说：你很谦虚，我们已听到刘部长以及春茂同志讲过你的意见，这是部党组领导考虑的问题，我们不必讨论此事。最后是排副局长座次，依次是何郝炬、黄以仁，如再从内部考虑一人，应排在最后。我补充意见，现在有两个可供选拔的对象，为干部安排的平衡，目前暂不提升，我们将来报告地方党委，选拔他们为党组成员。韩友真也赞成我的意见，此事不着急，俟部里选定后再通知公布。

我向劳资司一位副司长提出一个具体问题。西南地区营造行业在抗战时转移在川的技工，战后大多返回江南，目前泥木瓦工，本地人一般可以承担，唯欠缺装修工，以致新修建筑的装修外观和老建筑相差甚远，希望部里从京津沪等地，抽调高级装修技工一至二万人来西南，由局里分配到几个公司弥补装修这个短板。劳资司负责人表示，他们和生产调度局共同商讨，高级装修工全国范围人数也不多，拟从洛阳工程局抽调一百人，按班组抽调。高级工可能达不到此数，可以选调一些优秀的青年人或学工，并提出因为是长期调出，允许这批老技工（青工学工不算）携带家属前往，企业为他们解决住房，其家属子女可按条件吸收在企业就业。这些条件如能够满足，可以动员他们自愿前往，否则抽调难度很大。我同意这些措施，西南这几个企业确实需要高级技工来改善装修质量，一百人分散到几家公司，安排难度不大。劳资司表示，西南工程总局这一要求，虽是一件具体事务，但部里有关领导很重视，把它视为提高工程质量、迎接西南地区建设高潮提前来临的一个具体措施，一俟确定，部里将指定洛阳工程局副局长，亲自动员并率领这些工人前往，使这一抽调得到认认真真的落实，不放空炮。我对部里如此认真地安排表示衷心感谢。

此行收获颇丰。回到重庆，各现场不断传来好信息，不仅现有工程进度提前，还时有要求追加计划。局里几位同志兴高采烈地说：今年真好，过了 10 月赶上一个小阳春，往年哪里会这样。

我提醒大家，小阳春是好日子，我们更得过好它。追加工程计划是大好事，但接下来按时完成才是更重要的。最要紧的是部里照顾我局，紧急下拨基地设施的基建投资，主要是成都，云南也带上了。数量虽不大，但已够我们抢干的了。时间太短，如不能完成，年终还得退回，那就等于白费功夫了。

吴兴德说：那不要紧，成都基地大头在明年，今年只是一小部分，可以先采购一点旧建筑，我们自己的用房，动员一下，怎么地也抢上去了。老黄那里胃口还真不小，追加一点算不了什么。

刘贤更是兴奋非常，基地抢在成都完成，是局里和一公司的事，这点事还抢不下来，对得起自己吗？

我向留渝党委报告北京会议情况，廖苏华大姐说留渝党委不参与经济生产，只抓党建，听你讲全国形势这样好，你们的工作也好，我们由衷地高兴。我提到将要离开重庆转驻成都，这一年多来在留渝党委领导下相处甚好，不禁依依不舍。廖苏华微笑着说："这有什么呢，奉命转向新的地方，任务加大，力量摆在更适宜的地方是适应形势发展的需要。再说留渝党委本是临时机构，是在西南局撤销而四川省委不能迁渝的情况下建立的，党务工作的衔接问题，所联系的机构只出不进。前段时间，西南煤炭局组织已经改变，全国按照煤炭资源和集中产地，设立十大国营矿区，以前的管理机构已不存在，设置了国营重庆区煤矿管理局，党的关系放在重庆市，留渝党委联系的几个局又减少了一个。现在你们迁出，党的关系自然归四川省委。留渝党委接受西南局组织部交下来的联系单位审干以及清理中层干部等工作。经过一年多的努力，各单位审干工作已近收尾，其他工作也都进行顺利，伴随着各单位组织的变化更迭，留渝党委存在时间也不会太久，我的任务是按照上级党委组织决定，善始善终地做好应做的工作。"

廖苏华提到的审干工作，留渝党委将向列入审干范围的党组织召集一同开会，确认审干结果，对受到审查的领导干部，留渝党委也将向本人直接宣布审查结论，这是正常的组织活动，应该向本人说清楚。

第五章

繁忙的 1956 年

元宵成都会议

1956 年 1 月，建工部西南工程管理总局从重庆迁至成都，新建的办公楼和宿舍位于锣锅巷。

成都的冬天雾沉沉的，难得看见太阳。除夕前气温零度，不管白天黑夜，屋子内外都十分寒冷。和住了近六年的重庆大不一样。说起城市和气候，"雾都重庆"早已声闻海内外。每到冬季，浓雾阴霾隐没了大江两岸。中午时分，雾气渐渐散去，阳光露脸，辉映至黄昏。不像成都，整日阴沉冷漠。

寒冷阻碍不了人们迎接建设高潮的热情和信心。建工部指令迅速西进，我们紧张鏖战了几十个日夜，完成了成都布点。组建施工指挥中心，部分主干力量在成都安营扎寨。动作不大，却不断在城东、城北几处开花。恰巧万里（时任政务院直属城建总局局长）到成都，有一段精彩的讲话："成都要建成现代化大都会，我看很容易，都是些穿斗瓦片房，矮小凌乱、简陋至极，拆掉也不可惜。比不得老北京，虽说很老旧，但规模庞大，名建筑成群，改造很难。成都好办得多。"

元宵前一天，古老的民居小院聚集着十多个南腔北调的人，结束了一整天的会议，开始丰盛的晚餐——四味鸡、鱼香肉丝、口袋豆腐、开水白菜，在顺城街老字号饭铺订的四菜一汤，是少见的川味名菜，元宵节加上新春第一次会议，算打牙祭了。

1956年新年伊始，西南工程总局在成都新址召开所属企业及建工部代管单位的负责人会议。类似会议过去在重庆召开，机构调整后单位分散，已停了年余。与会同志分别从昆明、重庆、太原等地前来，成都仅有局本部和一公司机关二三十人。1954年下半年，两个工程处的先遣队，分别进入拟建电厂和电子工厂现场搭建暂设工程，在玉沙街小院勉强安顿下来，准备再等半个月，移居到正在装修收尾的锣锅巷联合楼办公和住宿。

会议开了一天，简单总结1955年工作，着重讨论1956年怎样前进。去年年初，除了履带车辆厂和开远电厂两个项目外，大部分项目上半年完工，窝工严重，下半年慢慢有一些小项目。进入四季度，两个重要项目赢得了声誉，外部环境有所改善，不断追加项目；内部广泛开展增产节约，职工热情愈来愈高涨，1955年全年取得较好成绩。

今年更是令人兴奋，虽然年度计划3月才能正式下达，但大家清楚今年将是大有作为的一年。赵良特别激动："我们没有参与农业合作化、三大改造，不了解具体情况，但党的路线发挥了巨大威力，鼓舞了各条战线，去年下半年以来的大变化，说明国家经济形势大好，趁着这大好形势，我们一定会再创佳绩！"

根据得到的信息，新项目纷至沓来。现有力量能否适应？是否向部里请求增加力量和装备？黄以仁不反对呼吁支援，但他认为这一年云南工程处从开远到昆明，四个工区显示出同时作战的能力，从军队传承下来的老八路战斗作风，已和企业浑然一体，几个工区行政领导刘玉龙、李晋杰、李万福和郭海均能独当一面。陈光华、张谦等人也都是称职的工程师。"我对这支队伍很有信心。我要求每个工区既能集中打大仗，又能分散几处打硬仗。干起活来，一个顶仨，指挥者有能力，技术人员有本事，老工人有硬功。"刘贤与黄以仁、赵良看法相似，去年他考察了部属几大重点现场，长了不少见识，很想在大工程一展身手，恨不得将传言中的重点项目一口吞下。吴兴德则稳当得多，他认为首先应做好准备，需要增加多少劳动力，心里有数；工种技术要求高的得抓好培训，否则会出大乱子。现在提到的项目并未全部落实，部里如何安排，需要早做了解。一旦落实，需要明确局里和部里的责任划分。落实一项准备一项，工程上马需要的事现在就要抓起来。"你向部里要装修工一事很及时，得到部里支持，据说很快会调来。现在缺口逐渐暴露了，建筑行业一直是手工业操作，会机械技术的人基本阙如，未来哪个工程都少不了机电安装、机械吊装、机械开挖、小型机械制造，这些工种从外边要的可能性不大。我们有自己的拳头，总机械师包其国从二机部八局四处调来，同济大学高才生，很有本事。包其国跟我谈过，各行业都离不开机电工种，有真功夫的全部留下，哪能轻易给你。他建议办为期三个月的机械培训班，选几十个有中等文化的年轻人，课程和实际操作他一人全包，掌握了初步技术后，由他带领到现场实习，培养未来的工程师、技师，时间来得及。"

二公司现临时改名太原工程五处，只来了党委书记彭斌一人。彭斌简单介绍了近况，刚去时人生地不熟，与太原工程局互不了解，困难较多。下半年以来变化很快，太原局了解了他们的实力，对他们的支持力度加大，他们也很努力。厂前区工程基本完成，得到又快又好的评价。现在厂区主体工程设计已开始分批交到建设单位，今年全面开工。工厂规模较大，暂定分两批施工，计划1958年竣工投入使用。根据二公司在重庆的施工经验，他们和太原局领导乐观估计将提前一年完成。太原局表示该项目完工后，如有可能，太原局愿继续安排工程，但一定尊重西南工程总局的意见。彭斌向太原局领导表示，局里可能准备让他们回川，还有两年时间，可晚些日子再明确。我当场表示，总的仍按原先约定执行，如提前完成，当中空档时间到时再商量。

我做了总结发言，全局上下已有了充分的思想准备，在1956年大展身手，西南工程总局将突破历史纪录，再创佳绩。现在重要的是看到自己的不足，不可粗心大意。我认为吴兴德提的问题很重要，他和包其国的主张很及时。我们对机电工种不够重视，缺少远见，也不了解队伍的潜力。此事迫在眉睫，应立刻按包总的建议，利用干部学校，选拔几十人参加机械培训班，请包总专抓此事。其他一些问题，局里和公司一起动手解决。

抹灰工调来西南

真是解渴的春雨，洛阳工程局陈去非副局长亲自率领一百多人的抹灰工队伍来到西南工程总局。困难得到一次性解决，让我们深感部里的重视和兄弟局的情谊。

陈去非谈到，洛阳局和西安、长春一样是华东外调的三支劲旅之一，洛阳局老工人最多，任务较西安、长春少，因而把此事交给洛阳局。洛阳局接受任务后，经慎重摸底，深入了解，由几位局长最后敲定，不折不扣、圆满完成任务。部里指定由陈去非负责送到西南工程总局，另专函通知他，对西南工程总局目前状况做些了解，提供建议，不只限于送抹灰工。

陈去非说抽调百名抹灰工不是小事，华东工程总局几家大企业，每家不过三百多抹灰工，其中包括青工及学工，老技工带头，青工学工更有朝气。这次选调了五个班组，不是水平最高的，但平均水平较好。老工人多为中年，占百分之五十到六十，青工学工多是党团小组或支部成员，是未来的骨干。他们最大的顾虑是家属能否同往，得到西南工程总局的承诺后，动员工作比较顺利。此次一同来的一百六十多人，其中在编名额一百，老工人六十，青工学工四十，随来的家属子女，多数可吸收参加工作。陈去非介绍得相当仔细，从抽调动员组织的过程也看出他本人做事认真，作风细致。

根据各单位状况，将这批工人重新组合为几个小组，两公司、两个工程处各配备两个小组。二公司的两组，先留在公司，五公司的小组暂交一公司管理，俟五公司需要时再调往，各单位皆大欢喜。

繁忙的丙戌之春

搬到新地方，事情没料理停当，登门造访者已络绎不绝。

最早上门的是国内自行设计或改建扩建的工程项目，如西南纺管局。刘瞻是西南留渝的纺管局局长，重庆几个纺织厂的改扩建都是由西南工程总局承建，两家过往甚密。去年离渝前，刘瞻谈及国家将提前安排原先拟在"二五"计划的项目，要我们留下施工力量。开春后他告诉我，部里拟在绵阳建设几万平方米的大型棉纺厂，平地起家。按照基建体制，纺织系统的大中型建设项目由建工部统一承建，他们一支很小的工程队也移交建工。今年建设几千平方米的简易职工宿舍，供先行建设的纺织技校使用。厂区工程将在 1957 年开工，建设周期三至四年，建议建工部署施工力量，长期进驻。我们斟酌由现暂驻重庆的五公司担负，他们交来的工程队并入西南工程总局一、四公司。

另一个是西南造纸工业公司，前身是杨寿山任局长的西南地方工业局，大区撤销后改归轻工系统，并变更为西南造纸工业公司，其所属的重庆造纸厂也是由建工局承担的改扩建。该公司经理张凯和刘瞻同来我局，谈到年前提及的宜宾造纸厂改、扩建项目，当时考虑五公司调往。现纺织和造纸两家的计划已明确，绵阳地区长远任务较重，以五公司调往为宜。宜宾任务也不小。但长远任务尚不明确，由重庆工程处派设分点，由该处第一副主任张振水率领一个工区长驻宜宾施工。这两个都是"一五"计划后期并衔接"二五"计划的新增项目。

更重要的是国防工业部门派来的航空业筹建处主任于辉[1]，一位资深老红军，抗战以来一直在军工战线。他正在进行选址工作，包括发动机及

---

[1] 于辉（1915—1998）：原名刁焘宾，曾用名刁辉，江西上犹人。1929 年参加中国工农红军，1932 年加入中国共产党。新中国成立后，先后任中国民用航空局华北办事处副政委，太原机械总厂政委，成都峨眉机械厂（一三二二）厂长兼党委书记，株洲湘江机器厂厂长兼党委书记，湖南省国防工业办公室副主任，第三机械工业部副部长。

总装两个大厂、一个仪表厂及航空技校、研究所，总装厂附带一个试飞机场，选址范围虽窄，却较易确定。发动机厂的选址与其他项目重叠，最后须国家定夺，其规模可能大于长春汽车厂，当时是绝密工程，不能公诸报端。基建部分，两部明确规定并经国家计划确认由西南工程总局承担，部里指示和西南工程总局直接联系。今年计划选址定点，国家重大工程需要反复考察论证，做到万无一失；争取在成都搞一些联合办事处的少量建筑，仪表厂、技校等先开工；主厂区工程待总体设计完成后，分批开工。按照设想，这将是贯穿"一五"到"三五"的特大工程，工厂现在即将进行生产准备、职工培训等多方面工作，边设计边施工，采取分车间、分批投入生产，"三五"后达到批量生产。他们已在成都锣锅巷购置了民居旧院，与西南工程总局为邻，便于工作联系。听完于辉主任介绍后，我们深感责任重大。我们已经承担的几个部门的工程，都不能和航空工业这一巨无霸相比，怎样才能担负起如此繁重的任务？

我们现有力量是由建筑四师集体转业和几个建筑公司交叉混编而成的，经过几年磨炼，犹如部队建制那样形成的类似于四个建筑师、一个独立旅的建筑兵团，下属相当于十六个工程团和几个小营的工区，并且分散在几地。即便全部集中在成都地区，也不过八至十个团的实力。于辉希望这个项目由西南工程总局全力承担，但他也知道西南工程总局不可能只管他一家不顾其他家。

就在这个时间，从省里主管部门得到消息，"一汽"修了上"二汽"。据说已成立了"二汽"的筹建机构，如同于辉在航空筹建处那样。刘西尧、张超已经来川两次做初步选址工作，恰巧与航空发动机项目位置重叠，正在协调平衡之中。像"二汽"这样举足轻重的大项目，部里会提前告知，而我们却一无所知。部里考虑承担项目的很可能是长春直属公司或洛阳工程局，不过我知道，直属公司将要进入黑龙江，建设富拉尔基重型机械厂，或者由直属公司分出力量尚未可知，看来此事与我们没有关联。

一日突接到省委通知，参加一个由北京来人主持的国防工业部门的座谈会。领头的是早已熟悉的蒋崇璟①同志，抗战中他一直在晋绥抓军工生产，是我军武器装备的资深专业人才，还是刘伯承元帅的侄女婿。他是前西南工业部的副部长，分管军工工厂的基建和生产事宜，后兼任重庆军工工委负责人，大区撤销时与万里、李文彩几位副部长调至国家主管部门。其他几位是一五六项目成都地区四个电子厂的领导干部，去年赴苏联实习后，和蒋崇璟一起从北京来的。蒋崇璟说成都地区是电子工业的第二个基地，项目众多。此次是部里委托他联系协调众多项目的基建生产事宜，同时他还担任成都电讯工程学院（今电子科技大学）的党委书记，这是高校院系调整后新建的一所国防科技的重点大学，性质非常重要。这次是他提出与我专门联系而召开的会议。

　　会议中途休息时，一位与会者走到我跟前说："多年的老朋友就不认识了么？"我愣住了。他笑着说："你怎的还认不出来，我是协乐呀！"我吃惊地说："你真是……咋头都秃了，一下子没认出来。""你还不是一样，头倒没秃，可也白了许多。我也没认出你，听你说话的口音，一下就明白了。"他是抗战初期，我在山西夏县中心县委一起的小伙伴蔺协乐，"十二月事变"后留在芮城、平陆做秘密工作，分别已有十五年。协乐告诉我："我一直在平陆工作至解放，1949年南下到四川，前年调七一九厂任厂长，随即赴苏联学习，刚回来，现在改名'白锋'②。听到何郝炬这个名字觉得很陌生，可一听口音，就断定是你了。"久别重逢，我俩倍感高兴。

　　蒋崇璟颇为健谈，他作为二机部领导成员之一，此次来川肩负两项任务，一是电讯工程学院的开创和建设，二是成都作为电子工业重点发展地区，成都、绵阳两地将上马十个以上的新建项目，需要部里有一个协调管理机构，名称和性质尚在讨论中，他将担负此项工作，目前利用学院作为

---

① 蒋崇璟（1916—2019）：河北高阳人。1938年加入中国共产党。新中国成立后，先后任成都市军管会财委会副主任、西南军政委员会工业部副部长、第二机械工业部质量检查司司长、第十局局长、分党组副书记、成都电讯工程学院党委书记、四川省委第二工业部部长、西南局国防工办主任、第四机械工业部副部长、党组成员。

② 白锋（1921—1997）：原名蔺协乐，山西闻喜人。1938年加入中国共产党。新中国成立后，先后担任七一九厂厂长、航天工业部贵州管理局（〇六一基地）党委书记。

临时办公之处。

东郊几个项目属国家"一五"计划，已陆续开工，根据目前经济形势有可能提速。电讯工程学院过去从未被提及，今年才确定，它的性质重要，定位也高，规模又大，甚至超过现有几个工厂。教学楼要几年才能完全建成，今年必须在暑期前抢建两栋，保证新生入学。设计还在进行，必然是边设计边施工。要求这样急，如何保证工期和质量？蒋崇璟看见我犯难，这是他事先估计到了，他一再强调地说："老郝，我了解西南工程总局，1953年多少项目抢着上，块头也不小，几个月下来，完成得不是挺好吗？电讯工程学院说起来分量重，但比电厂、建设机床厂来，困难还小一些，你抓一下绝对没问题，拜托拜托！"

事情固然有些难办，但困难也不是不可克服，还不到向部里呼救的程度。我召集局和一公司商量，觉得有信心安排这些工程。

按照原先安排，一公司一、三两处主攻东郊四个厂的工程。目前三个已经开工，另一个较大的厂因技术原因推迟设计，将接手新增两个技校和两个较小工厂，给了我们安排的空间。东郊工程的主体施工力量，放在陈观云的三处，一处抽调一半力量，由工程处率队到电讯工程学院现场突击。一处下一步是航空发动机厂，预计明年下半年开工，可以陆续将主力调往，不影响东郊电子工业各厂的建设。东郊新增两个小厂，由二处、三处完成。蒋崇璟提到的绵阳新增三厂两校由五公司承担，弥补纺织部门主体工程未上的空白。这样使当前工程得到了平衡。

热潮持续

1956年二季度的成都地区可算是多点迸发。这还只是早已确定的东郊电子工业工厂群和成都热电厂；一批高等院校都要求在秋季开学前拿下一批教学楼，弄得气氛很紧张；重大工业项目大多在准备中；另有一批工业项目，由其主管部门派遣他们自己的专业建设队伍进入成都及宝成铁路沿线，抢先动手上马，这是我先前没有了解到的。无形中三股力量搅和在一起——中央、西南工程总局、地方省市建工和中央部属专业施工队伍，突出问题是建筑材料紧张，主要是砖、瓦、沙、石、石灰、楠竹、小五金、钢丝索……各家狮子大开口，向地方开出大单子，处处告急。副省长阎红彦[①]不得不专门召集会议，要求地方解决难题。我和省工交办公室张载、马识途参加会议。有关市县都叫苦不迭，多数材料是因运输原因，不能保障供货，但可以采取措施。唯有砖瓦一项需要量大，又不能长途转运。有人建议拆除城墙取砖，解决一时所需。阎红彦十分激动："四川这样一个大省，砖瓦都不能解决，像话吗？"他下决心用几个月，在成都郊区抢建几座砖厂，限期完成。这个简易工业项目一时成为地方抢建的重点。

西南工程总局的工地繁忙紧张，重点工程电子三厂和成都热电厂的工作正有条不紊地展开。在这样热烈的气氛下，抓增产节约、抓质量、抓进度成为局和公司的工作重点。

在高等院校集中的大城市，1956 年是高校基建工程的重点年份。除了蒋崇璟不断催进度的电讯工程学院，成都几大高等院校工程，几乎同时要求在秋季前抢下。这批工程是院系调整后列上计划，又必须在 1956 年秋季开学前完工的。当时成都先后建设的十多所高等院校分为三类：一类是国家对高等学校进行大规模院系调整后重新设置的新的重点高校，如电讯、地质学院完全新建，建设规模大，时间长，部分利用旧校舍改建；也有因原地不适应调整后发展，实际等于新建，如重庆建筑工程学院、成都的四川师范学院等；一类是原有大型高校，院系调整后在原址上扩建，如四川大学、华西大学（调整后为四川医学院），原先有基础，但由于发展需要，改扩建规模扩大，建设周期很长；一类是原有的职校、中专依靠原有校舍基础改造升级成为高等院校，规模不大，在基本建设中份额亦不大。电讯、地质学院、中医学院在其主管部门支持下列入西南工程总局施

---

① 阎红彦（1909—1967）：原名阎候雁，曾用名周济、陈一川，陕西安定（今子长）瓦窑堡人。1925 年加入中国共产党。新中国成立后，先后任四川省人民政府副主席、省委副书记、书记，四川省副省长兼中共重庆市委第一书记，中共中央西南局书记处书记，云南省委第一书记，昆明军区第一政治委员等职，1955 年被授予上将军衔，获一级八一勋章、一级独立自由勋章和一级解放勋章。中共第八届中央候补委员，第一至第三届国防委员会委员。

工范围，四川大学、四川农学院、华西大学、气象学院等纳入地方（省市建工）施工范围，他们的建设规模在二、三季度蔚为壮观。就在此时，几个中央专业部门的自营施工力量，在新增项目名下来到成都与川西地区，这是各方未曾想到的。

其中冶金部将在成都建设大型无缝钢管厂，规模将不亚于重钢，投资更远远高出。部里已追列入今明两年计划，并定于下半年动工，眼下等待选址得到批准。他们拟选在成都东郊和牛市口一带，与航空发动机厂和"二汽"有部分重叠，需国家主管部门协商。因原未列入计划，故没有专业施工力量，考虑从东北的五冶抽调力量，组成新的专业建设公司，本年度一小部分力量先进入成都做施工准备。由于时间紧迫，在他们的自营队伍未全部进入之前，希望得到西南工程总局的帮助。据称此事曾与一公司联系过，因涉及建筑工程分工，我方未明确表态。此次，只是从建筑同业出发未予拒绝。因为该项目地址未定，我们抱着到时再看的态度。

化工部将在成都附近建设大型合成氨厂，此事1953年已提出，原先拟在江津黄碛，后计划推迟，但选址工作未停。该厂原筹建负责人李鸣鹏专程来成都，联系省里主管部门，准备开工事宜。他说各方面准备已大体就绪，但有一事变动：筹备时一直和西南工程总局联系，项目定下后即请总局施工，但部里确定由部属化工部第一建设工程公司承担施工，该公司所属一个工程处已赶来成都，下半年先建暂设工程，明年上马大干，希望西南工程总局谅解并予以帮助。这个项目由于筹备时间久，各方联系广泛，部里定下来后，行动也较快，其工程处二季度已进入成都现场。比重庆水泥厂规模大一倍以上的成都水泥厂，三季度也可能开工。

以上几个大型项目，我们事先不了解，因不属西南工程总局分工范围也未予以重视。川西这片沃土，多个大型项目云集至此，大规模的建设高潮指日可待。正在此时，国家正式宣布成立国家建设委员会①（简称国家

---

① 国家建设委员会：1954年成立、1958年2月撤销。1958年11月23日第一届全国人大常委会第102次会议决定在原国家建设委员会的基础上设立国家基本建设委员会，实际上同年10月已成立。1961年曾撤销。1965年4月再次成立。1982年5月撤销。

建委），据称与国家计委相似，是国家主管建设计划实施的领导部门。成立同时即召开全国基本建设工作的第一次会议，中央各部主要是工业、交通部门，其他部门亦派员参加，所属大型设计施工企业或管理机构、各省市区基本建设的主管部门，即地区建委（多数由计划或工业分开设立）均被通知参加，是基本建设的盛会。建工部特通知主要负责人参加，不得缺席。

会议并不涉及建设计划安排，因为计划是由国家计委主管，国家建委的职责是执行国家计划中有关基本建设的各项工作，促使完成或超额完成计划，二者关系十分密切。国家建委主任薄一波在会上说，整个国民经济发展投资计划中，用于基本建设的比例将达到百分之三十，说明极为关键，他指示，"一五"计划实施以来已取得了重大成就，1955年"三大改造"顺利完成，生产关系的改变必将促进生产力的进一步发展，我们已提出赶英超美的规划设想，在当前及今后持续的经济建设高潮中，要求基本建设更快更好地发展前进。要求总结基本建设工作的成功经验，借以推动当前和今后的工作。接着中央各主管部门的负责人先后发言，他们多从本部门规划开始，提出各自的基建工作方针及完成措施。其中石油部计划司唐克发言，给人深刻印象。石油部门规模不大，在经济建设中所处地位尚不明显，但已表露出积极前进开拓的气势。会上有关单位介绍了"一汽"开工两年多来取得决定性胜利的经验，以及正在进行的武钢、西安工业城工厂群的大规模建设。从成渝铁路的成功建成到宝成铁路超前发展，鼓舞了人们，增强了信心。会议开阔了眼界，凸显建设多方面的特色、措施、经验，值得认真学习领会，启发推动自己的工作。深感不虚此行。

会议期间，建工部忽然召集我们几人开会，交代一项紧要任务：向毛主席写一份工作报告。周荣鑫副部长说毛主席亲自抓了农业，促进了农业合作化的高潮，实现了"三大改造"，生产关系的变革极大地推动了生产力发展。主席讲，这两年一直关注农业，对工业少有过问，现在有了时间，想了解一下工业方面的情况。为此，中央书记处专门召开了工业部门领导人会议，布置了一百个企业向党中央毛主席写一份专门报告的任务，并和各部逐个核定名单，建工部提了几个工程局、中央设计院以及直属公司。

周荣鑫说给领袖写报告是一项重大的政治任务，要求很高，绝不能仅仅列几个数字、几点成绩、几点缺点就交卷，一定要有血有肉，有个性。生产关系和生产力的矛盾如何解决、如何前进，党的领导和群众运动的结合，如何在党的领导下有力加强企业管理，都需要明确的观点。必须组织力量写好报告。他特别指出主笔必须是单位主要领导人，不能交给别人代劳。重大问题写清楚，文章不要太长，二千字左右，不能啰唆、言之无物，年底前交卷，时间异常紧迫，因此专门开座谈会，落实此事。

与会者一致拥护，能够向毛主席直接送交自己的报告是一件大事，大家难以抑制内心的激动与兴奋，却又担心：这么短的时间，拿得出手吗？周荣鑫为大家打气："你们都是会写文章、会作报告的人嘛！这次要求虽然特别高，只要认真对待，凭着几年来对情况的熟悉和了解，有条件写出有内容有观点的文章。"他答复了同志们的疑问："这么多份报告，是否一篇不漏地送到主席手里？主席每篇都看吗？果真这样，岂不让老人家累坏了？"周荣鑫说，这个决定是中央办公厅根据主席要求发出的通知，要求十分严格。主席办公室里秀才有的是，他们一定认真过目，对每份报告摘出重要内容、观点，作出评估供领导重点审阅。这点大家尽可放心。

会后我匆忙赶回成都，向全局传达全国基建工作会议的精神和内容，要求更好地掀起增产节约的热潮，推动工程建设的进一步发展，并把写专题报告一事通报给大家，引起大家重视和关心。局里立即组织写作班子，我是起草小组主持人、报告主笔，同时指定以写作闻名的邹予明①做第二主持人，为此他被授予办公室副主任（主任吴兴德）的职务，并抽出秘书科长郑国栋及陈学海为专职工作人员，定出计划，一个月收集资料，两个

---

① 邹予明（1921—1970）：重庆璧山人。1938年加入中国共产党。新中国成立后，先后任（北京）中央团校班主任，西南团工委委员兼办公室副主任，西南团校副教育长，建工职工学校校长，总局技术处处长，西南建筑科学研究所所长兼《西南建筑通讯》《四川建筑报》主编，建工部三局党委副书记兼政治部副主任。

月提出初稿，准备多次反复修改，三季度末争取完稿。这件事成了我下半年的主要工作，自我掂量：以我粗放的工作作风，对专业工作的认识和经验都不足，加上自身水平的限制，这么短的时间能写好报告吗？只能尽力而为了。

风向渐变

今年部分地区持续春旱，初夏时还发生过短暂夏旱，实现合作化后第一个年头并不顺利。人们一直在为抗灾害、夺丰收奋力向前。工业和城市在生产建设的新高潮中继续前进。近半年，西南工程总局各建设现场热情高涨，入春至今，已是战果累累。

我回顾几个月的发展，冷静地分析现状，这段时间呈现几个特点：

列入"一五"计划的重点建设项目（电子、电力工业），均按照计划在1956年进行主体工程施工。开工以来，按正常计划和施工组织设计，设备、材料准备充分，超前完成计划；一些新增且需要抢时间完成的项目（高校工程），虽然上马仓促，选址、设计、施工短时间搅到一起，物资准备不足，现场一时有些混乱，但由于得到各方支持，取得了工程上的突破，完成了秋季开学前抢建部分教学楼的任务，这在今年完工总量中占了相当比重。这是整个项目的部分工程，剩下部分将在未来两年完成，遗留不少问题；还有一些准备提前立项、早上的项目，虽然大家积极性很高，但有许多准备工作，甚至选址也定不下来，一些事尚在计议论证，随时可能发生变化。

我们承担的工程与上一年度相比有大幅增长，西南工程总局的实力和设备大大加强。建工部批准了增加机械设备购置的投资，使局属机械化总站实力增强；调入一个完整的安装公司，配合土建施工；充实试验研究所的技术力量，使之成为强有力的独立的科研所。部属的土建设计、市政工程设计、综合勘测机构纷纷迁往成都。局里建立职业学校培训后续力量，吸收复退军人充实工人队伍，人员规模迅速增加。1954年精简收缩的局面发生如此大的变化，是原先根本未想到的。同时西南工程总局在成都的几个生产生活基地提前完工，锣锅巷、曹家巷新建的几个宿舍已先后入住。我入住锣锅巷宿舍，被告发为违规的豪华住宅，说一户有七个之多的房间，省里派人调查，最后认定为一般的二级职工住宅，建筑面积四十八平方米，包括几平方米的起居室和平均十二平方米的三间卧室。所谈七间，系将卫生间、厨房、储藏室包括在内，并未违规违纪，但这在当时的成都人看来，已是完善的高大洋房。

就在这时，刘瞻告知，绵阳的大纺织厂项目突然发生变化。近期纺织工业建设的重点在陕西西安、河南以及华北等棉花主产区，一般省区只搞原有企业的改扩建。他认为四川这样的大省，国家肯定要上大的项目，但近一年内已不可能列入计划，而且地点也得重新考虑，反正不管在哪里，所需材料都得靠外边调进，现在各方意见都倾向于放在成都，绵阳已经建好的简易住房，得想法处理掉。

骤变令我措手不及，第五公司部分施工力量进入绵阳，上半年已完成一批简易建筑，并已入住。这是计划未定即轻率上马的恶果，所花费的资金何处开销？我们花的钱额度还小，绵阳地区还承担其他项目，资金有周转的余地，但纺管局只能处理或报损，没有活动余地。他们提出将这批房屋以最低的成本价格给西南工程总局，将来可做总局在绵阳的生活基地，并可纳入承建工程的暂设工程费用。大家通过友好协商，按此办法，解决了纺管局一时困难。

航空工业部于辉告诉我，"二汽"项目缓上，以后也不一定再放在四川。这事比纺织厂的项目影响大多了，肯定早已列在国家下一个计划之内，各地皆知，并且筹建机构已在"一汽"现场实习。"一汽"建成"二汽"上马几乎是十分肯定的事。不过这与我们关系不大，建工部没有向我们提及，肯定不由西南工程总局承担建设。

"怎么没有关系？关系还大着呢！"于辉兴奋地说。原来"二汽"原先选的厂址和航空发动机的选址重叠，等待领导机关定夺，现在好了，腾出牛市口这块土地，将分属发动机厂和无缝钢管厂，这样发动机厂可以进场搞暂设工程，明年正式施工。请建工早日明确施工队伍，准备大干吧！

"所谓关联重大，原来如此！"它和纺织厂一事不同，那是缓上并变更地点，这是落实厂址，准备动手。可谓有得有失。

"反对冒进" 影响全局

七八月间全国各地陆续进入汛期，不知不觉，从旱到涝，从夏到秋，报纸上时常见到频繁的水患报道，多发生在远处，似乎对生活影响不大。但宝成铁路沿线不断发生泥石流塌方等惊险事故，使提前建成的预想成了问题。

秋末，《人民日报》发表重要评论员文章《反对冒进》，为大家敲响了警钟。文章措辞严谨，指出近来在经济建设中出现了盲目冒进的严重倾向，对当前的经济建设过于轻率，对建设工程的客观条件缺乏实际可靠的估量，作出超越实际的进度要求，致使事故频发，质量低劣，欲速不达，造成严重后果。以宝成铁路工程为例指明了问题的严重性，目前超越计划、仓促上项目之风已滋长蔓延，必须迅速冷静，严肃对待，保持国家计划正常、健康运行和胜利完成。

评论文章的语气十分严肃，点明了当前已露出的冒进苗头。从接触到的项目变更中看出明后年的一些端倪，我们需要反省今年对西南工程总局采取的扩大措施是否有过头之处。

临近年终，完成的工程计划有较大增长，各项工作总体不错，是几年来最好的一年。但明年的计划难以落实，除了几个国家重点项目以外，一些在建项目的年度投资比今年的投资还少，有的暂停，准备新上的项目多已推迟，刚扩建的队伍一时过剩，但比 1954 年情况好。我认为是前进途中一段小插曲，怎么也能顶过去。

成都地区一公司所属几个工程处比较稳定。二处承担的电厂和五机部在成都的光学厂，工程规模不小，正处在施工高峰。今年两处高校的未完工程，虽然投资少于上年，任务仍比较饱和；一处原拟承担电子系统的两个大工厂，一个开工，另一个因设计有变推迟建设；航空发动机厂虽是前期工程，量并不小；无缝钢管厂还有临时性支援工程；电讯工程学院后续工程也不少；四处承担军营、高校及局建设工程比较零散，拟建的成都大型纺织厂，几年后才能开工。好在建工部在成都西北郊洞子口建金属结构厂，已经开工，施工力量得以平衡。

在太原的二公司原打算明年返回成都，进入航空总装厂，但太原工程预计1958年才能全部竣工，返回成都时间不能提前。五公司进驻绵阳筹建三个电子工厂，主体工程推迟到1958年施工，明年只能开工两个技校，人数少，较易安排。重庆四公司的甲方比较稳定，一般说年年有投资，但年度之间伸缩较大，明年是任务最少的一年，好在还有重庆、宜宾两个纸厂工程可以接续。近期建工部通知四公司派一个相当于分公司的独立工程处到贵州遵义，承担机械工业部的几个中型工厂，减轻了四公司工程不足的压力。云南的三公司受到影响最小，但和今年相比，工程量增长不大。

一个意想不到的问题是外来的，在"反冒进"、工程处于低谷之时，建工部通知有两家建筑企业划给西南工程总局，相对应的任务不足，需要我们自行解决。金堂化工厂是当时西南最大的化工企业，从1953年开始，在四川黄磏、乐山等地选址，拟由西南工程总局承建。今年选定在金堂，化工部指定吉林化建一公司承建，同时派先遣工程处进行前期工作，为此，该厂筹建负责人专门来建工说明情由（表示遗憾，请求协助）。不意突然发生变化，化工部主动提出将该工程处划转西南工程总局，该厂建设交给总局。化工部与建工部早有协商，化工部的工程实行部分自营，部分外包（给建工部门）的办法。化工部先根据自身力量确定自营项目，外包项目选择的主动权在化工部一方，如同冶金钢管厂请西南工程总局临时支援一样（重庆十八冶刚刚组建，无力承担。之后冶金部确定由其五冶承建，建工主动撤回力量）。这次突变是因为投资不足，项目推迟，已入川的队伍将长期窝工，不能列入年度计划，经费无着落，再调出或返回原地费用太大，才出此一策，与西南纺管局处理绵阳简易工程的办法相同。我们颇有意见，建工部指出该项目是重要的大型化工工程，位于大成都地区，目前虽给西南工程总局增加了一些困难，但从长期着眼是合理的。

另一个是建材部一建筑工程公司。建材部是由原重工业部建材总局分设，设立时间较晚，管理范围小。国家计划在宝成铁路通车前建设的江油水泥厂（为支持西南即将开始的大规模基本建设而建）由其施工，而土建工程所需大型设备，仍俟宝成铁路通车后运来安装始能投产。今年已完成主体工程框架。因质量问题耽误了工期，明年投资不足，全年将处于半停工状态，工程完工将拖至 1958 年后。他们划转的理由与前一项不同，但和当前经济建设形势有关。

国家正酝酿整合新增的经济建设部门——国家建设委员会不再单独设立，城市服务部回并商业部，撤销地方工业部，成立第三机械工业部，国家城建总局回并建工部，建材部与建工部合并。合并后的建工部代行建委的部分职权，成为继铁道、冶金、商业、财政之后的一个工业大部。在此情况下，建材部原本不强的建筑力量，顺理成章地划给各大区建筑工程局。

西南工程总局在 1956 年下半年到 1957 年春，除了用几个月时间完成了专题报告外，余下以较大精力应对"反冒进"以后的工程稳定，而组织的调整安排成为 1957 年初的要事。首先了解这两家公司情况，他们分属不同系统，一个是部属公司，一个是公司下属工程处，规模迥异。按惯例，独立公司与我们原有公司同样对待，但一经了解，发现他们的实际规模与预先估计差别很大，处理起来矛盾很多。

已进驻金堂的化建一公司一处，员工不足三百人，管理有序，积极进取。专职兼代主任的党总支书记王经志，不是专业出身，但勤奋学习，用心钻研技术；金永年等几位专业技术人员从沪、广等地招聘，有一定的技术水平，能独立承担任务。目前只搞了一些临时的暂设工程。

建材公司则大不一样，来川时已有数百人，有一个公司型的机构和几个工区，组织分散，管理制度多不健全，缺乏积极向上的气氛。公司代经理胡瑾兼做党务工作，另一个老红军副经理已确定调回湖南。他们建设江油二郎庙大型水泥厂已大半年，大型原料塔是生产的主体工程，虽然已经竖起，但发生重大质量事故。这是一个高出半山的钢筋混凝土筒体工程，施工中发生模板受压变形，裂缝大量漏浆，未及时发现。拆模后筒体变形扭曲，远看奇形怪状，不得不停工处理，此时遇上投资不足，只能维持几百人施工最低所需，导致事故处理的时间拖了很久。我们到现场看到职工情绪低落，领导束手无策。上面派人检查，最后给予严肃批评，结论是该建筑物虽外在质量特差，但内在质量无太大影响，可在表面蜂窝地方修补完成，无须太多返工。我们对此均感诧异，由赵国昌和有关人员几次座谈，并查阅相关技术资料，最后肯定了上面的处理意见，但遗留下来的畸形外表，负面影响太大，对公司的评价自然大打折扣。

这支队伍的前身是华北某非金属矿山的部分修建和维修人员，建材部将其装备为独立的土建及安装企业，吸收社会土建维修工人，发展成为专业建筑公司。由于原来单位规模的限制，技术基础薄弱，一下承担修建年产七十万吨的大型水泥工厂的任务，实力不足，出现问题可以理解。但作为部属建筑公司，远未达到国家要求。以后如承担大型工程很难为各方面所接受。现在划归西南工程总局，希望我们加强企业管理，迅速提升水平。水泥厂是国家批准的大中型项目，总投资是有保证的。关键是下一步如何调整、整顿。首先一定要调整好组织，以适应今后需要。从现状看，建材公司名实不符，比西南公司的工程处差，但已正式成为公司，不能因为划交西南工程总局就降格对待，处理必须谨慎。

化建一处是大型公司下属的工程处，现在只能划给一局所属公司，要考虑未来如何恰当使用，同时又要考虑当前经济负担，它和建材公司不同，划转以后必须承担新的工程，否则没有经费来源。从西南工程总局本身考虑，摊子也不宜铺得太大。

最后确定将建材公司并入西南五公司，以绵阳生活基地为公司驻地。江油水泥厂与公司保持合同关系，二郎庙地区主厂房工区和矿山工区均不变，原公司仍留少数人驻工地处理甲乙方业务关系，其余均去绵阳五公司驻地工作。化建一处准备到航空总装厂进行前期工程，下年度太原的二公司返回后，总装厂由二公司承包施工。金堂化工厂如复工，也由二公司承包。化建一处成为二公司所属工程处，也有可能再回金堂。在二公司返川前，由局暂时直接代管。这样两家职工均表满意，未引发思想问题。

接收两公司合并后，领导班子如何调配是关键。现有两公司的负责人，以谁为主，搞不好两方都有意见，难以胜任。幸好这时建工部在成都建金属结构工厂，除已建立筹建机构并配好领导外，还从直属公司抽调新转业的老红军庞帜云[①]率领筹建机构来成都。部里建议建成后由西南工程安排其做思想政治方面的工作。我和庞帜云谈话始知，他在1945年后调渤海军区政治部组织部，职级较高，有思想政治工作的经验，作风、观念、工作态度均良好，对组织分配的工作不讲价钱，是新单位的合适人选。他本人对建筑业尚不熟悉，愿意以政治工作为主，最后确定由局办公室主任吴兴德兼五公司经理，庞帜云任党委书记，胡瑾、杨岐山任副经理。吴兴德是局党组成员，合并之初起到平衡协调的作用。他熟悉业务工作，利于掌握公司全面工作，但不可能以公司工作为主。吴兴德不在时，庞帜云全面抓公司工作，这样安排，胡、杨两人也很赞成，总算把这两家新交接的企业安排好。

吴兴德（左三）与苏联专家和同事

---

① 庞帜云（1915—2003）：四川万源人。1934年加入中国共产党。新中国成立后，先后任西北金属结构厂党委书记，建工部重庆干部学校党委书记，建工局二公司党委书记，建工部第一工程局党委副书记。

两年审干和人事问题

一日，部里人事司电话通知王森①调任西南工程管理总局副局长，三天后报到，出乎意料。王森与我年龄、经历相仿，抗战初期参加革命。他一直在胶东分区做青委和青抗先武装工作，解放后在青年团中央任青农工作部副部长，1953年调建工部东北一公司任经理。建工部催他迅速报到，他的夫人李淑玉暂留原地，俟处理家里杂务后携子女来蓉。王森对我说："部里介绍情况时说，建工机构精干，最近生产任务突然暴涨，你一个人难以支撑，部里决定抽调干部，增加西南工程总局的领导力量。几经遴选，决定仓促，我感到力有未逮。好在有你的领导，我有了学习的机会。"

我说："你太谦虚了，你来对我们帮助太大了。你有长期基层工作实践，又在高级领导机关任职，肯定是工作上的强手。我有个想法，西南工程总局正处在迅猛发展的时期，迫切需要强有力的第一主持人，如果部里提名你来承担，那才高兴呢！"

王森说："你这话太重了，我以前不了解你。部里谈话时，肯定了你的历史和工作。听说西南建工局组建时，你和另外一位同志曾拒绝一位同志任副局长，希望他担任局长。如果一定要来任副局长，那只能把你俩调走。最后组织上同意你们的意见，那位同志真的当了局长，这几年你们合作得很好。"

我说："哦，别把我们抬得太高，我们几人互相了解，知道他当一把手肯定比我们强。参加革命多少年了，总有点自知之明。组织上决定，你明知力有未逮，但是不能观望等待，只能尽全力去干好，但希望有更强的领导者担任主将，我一直以这样的态度对待工作。"

---

① 王森（1923—2011）：原名孙相林，山东蓬莱人。1938年加入中国共产党。新中国成立后，先后任团中央青农部副部长，建工部工业建筑公司副经理，直属公司技术处处长、工区主任，东北二公司代经理，西南工程管理局副局长，四川省建设厅副厅长，建工部西南工程管理总局党委副书记兼政治部主任，第四工程局党委书记兼局长，贵州省工交办公室党组副书记，基建工程兵办公室副主任，基建工程兵副主任兼工程部部长。

王森说："我毫不怀疑你的真诚和执着，但你谈话的对象错了。部里明确交代，我来建工是作为你的助手。"

我和王森一起工作近十年，始终意气相投，亲密无间，互相体谅，弥补各自的不足，是经得起考验的知交。

1955 年底离开重庆前，留渝党委曾为我举行一次专题座谈会，似为告别，实际是宣布我的审干结论，同时征求我本人意见。廖苏华通报一年多以来的审查情况，按照中组部要求，留渝党委主要负责人是专门审查小组组长，廖苏华详细阅读了我提交的自传、历次组织档案及鉴定资料，了解我多年来的综合表现和经历。她列出审查要点，确定各个时期需要查访的证明人，派出几批外调人员。她提到解放区开展整风学习运动，进行过审干工作，取得很大成绩。但当时由于条件所限，只是凭个人交代，小组审查，在可能范围内外调，缺漏较大。这次审干更深入彻底，外调的范围扩大，过去无法盲查的地方都做到深入查访了解，得到令人放心的真实情况。从各历史阶段的历史证明人，特别是从入党介绍人中获知我个人思想品德、作风能力等多方面的综合表现，最后形成了"立场坚定，忠诚为党，多次在困难环境中坚持斗争，政治表现良好，历史清楚"的结论。

座谈中，我提出：自己年少入党，一直在党的领导下战斗，结论是否应是历史清白，而不是历史清楚？经过反复探讨，我认识到"历史清楚"的结论是准确的，清楚和清白在概念上确有区别，"清白"指个人历史单纯，如工农出身，少年即参加革命，个人从未经历重大的风险或困难；"清楚"则指生活在什么样的历史环境，遇见哪些重大问题以及复杂的社会关系等。在审干中通过组织的全面考查、查证，作出"清楚"的结论，是很高的评价。在复杂的斗争中的问题，经查证，证明了共产党人政治立场的坚定，这是难能可贵的。

座谈会宣布了对我的审查结论，并上报中央组织部。完成对单位主要领导的审查，仅是审干工作的一部分。按照规定，各大单位领导是审干小组的领导成员，完成本单位一般干部审查和指定名单的干部审查后，才能报请上级验收定案，宣布结束。审干工作结束的时间将影响对干部的任命使用，客观上要求尽快结束审干工作。

我、吴兴德和人事科长组成西南工程总局内部审干领导小组。首先人事排查，列出一般被审查名单和需单独审查的干部名单，前者由吴兴德和人事科长负责，后者由三人小组负责，设计院、干校分别由宋涛、崔传稳负责。赵世新、崔传稳和孙文岐由三人小组重点审查，1956年3月完成审干的所有程序。经过自我总结后，上报留渝党委验收并宣布结束。

审查用时最短的是赵世新，他的党龄最长，被列入单独审查名单源于其历史上一次重大错误。赵世新是1931年宁都起义的"红小鬼"，以勇武闻名。抗战中任冀鲁豫军区警卫部队副营长，在反"扫荡"中单独活动时不幸失联，陷入伪军。伪军见其军装褴褛不堪，他结结巴巴说自己是伙夫，伪军信以为真，扣下他并发给他一支破套筒枪。日军认为这些汉奸欺瞒日军，吃空饷，因而抓人当兵是常事。赵世新在伪军中待了两天，一日随队出发，到乡村滋扰"清乡"。伪军对其疏于监视，他看准地形，突然发力逃跑，伪军发现欲追，被他回击两枪，他迅速钻入庄稼地，甩掉伪军，携枪跑回。他找到了自己的队伍，却受到严厉的处分，被首长下令关押，机关和他原所在的警卫营举行全体大会，部队首长亲自与会，对他进行了严厉的批判。身为部队指挥员之一，竟公开向敌伪汉奸投降，穿上皇协军军衣，随伪军在各村扰乱，有辱国格，玷我军魂。虽趁机逃回，但其重大错误不可原谅，决定撤销其军中职务，开除党籍，带着处分下班排以观后效。

赵世新接受了处分，在随后多年的战争中，凭自己的勇武和胆识，从战士、班排长升到团长并重新入党，1953年转业到西南建工局。审查资料包括随本人转地方的军中个人档案、历年战功及工作上的优异表现以及对其重大错误作出的审查结论。

审干结论按照军中档案所示以及与本人谈话并征求本人意见：早年参加革命的红军老战士，一贯勇武善战，屡建战功，亦犯有重大错误，受到开除党籍、撤销军职的重处。后虽重新入党，并提升到团职，但历史事实不能撤销。今后工作应当稳定，不能担任党委职务。最后征求意见时，他本人承认事实，接受组织审查的结论，绝无二话，给审查小组留下深刻印象。我们对他的不幸遭遇颇感愧惜，更感到共产党人的严格要求不容践踏。

崔传稳十三岁参加抗日军队，曾担任县游击大队的副政委等职务。在战争中总体表现坚决勇敢，长时间坚持敌后斗争，但也犯有畏葸动摇的严重错误。战争最艰苦时，他率领一支几十人的游击队，遭遇日军对根据地大范围"扫荡"，和上级军分区失掉联系，部队人心动荡，他本人亦仓皇失措。在拿不定主意的情况下，大胆作出插枪分散回家暂避的决定。他本人只身找到分区领导，意欲报告战士分散情况，被分区领导痛斥——插枪散人是在斗争面前放下武器、自毁武装、妥协逃跑的重大错误。首长命令他回到原地，逐个找回战士，取出武器，投入斗争。事后他受到处分，指出这种行为是严重的政治动摇，几乎毁掉所率部队。若不是自己主动寻找分区，后又动员战士重新武装起来，将受到最严厉的处分。经历这一重大事件后，崔传稳坚决改正错误，一直到抗战胜利后转到地方。

审查小组与崔传稳谈话时，问及他当时的思想，他说："说实话我那时不过十八九岁，哪里见过那么大阵仗，和上级失掉联系，脑袋一下都蒙了，不知怎么办好。我那支小队伍都是本乡本土的年轻人，平常听我的，我一蒙他们也蒙了。插枪散伙的事过去听人们说过，有人提起，我就那样办了。我并不想逃跑隐藏，我着急找分区领导汇报，队伍只是暂时隐藏，请示下一步怎么办。或者我在司令部待着，一样抗日打鬼子嘛。可让领导一阵严厉斥责，泼了一瓢凉水，真没想到错误这么严重，也无法为自己辩解，只能接受处分。"

我问："现在你怎样看待这个错误？"

崔传稳说："那还用说，多亏领导斥责这是自毁革命武装的行为，我才如梦初醒，关键时刻领导命令我自己解决这个难题，唤回战士，起枪重干，心里一下亮堂了。若不是领导像惊雷一样的死命令，赶紧重新集合队伍起来战斗，就无法挽回损失。受到斥责甚至处分是应该的。"

审干结论是：崔传稳少年即参加人民军队，总体表现良好，对中国人民解放斗争的胜利做出了贡献，但在历史上也犯有重大错误：在严重的斗争面前，擅自将率领的游击队插枪散人，逃避隐藏。这是在斗争的严重关头畏葸妥协、政治上不坚定、行动上动摇逃跑、丧失斗志的重大事件，所幸他事后主动寻找分区领导，报告了事件经过，在分区领导严厉斥责和坚决要求下，返回原地，重集队伍，继续战斗，挽回损失。根据崔传稳同志的历史表现、贡献和所犯错误，今后应当继续发挥革命的主动性和积极进取的革命精神，努力学习，提高思想政治觉悟，克服思想上不刻苦、决定问题轻率的思想作风，今后不宜担任所在单位第一主持人的职责。崔传稳接受组织的审查意见。

费力最多，出审干结论最晚的是孙文岐。建筑四师集体转业时，他任团干部管理处长（相当于政治处副主任），后改组九个局属工程处时，曾担任工程处政治处副主任。孙文岐入伍历史稍短于崔传稳，是抗战前期的共产党员。历史问题是在地方的区抗日武装中被伪军抓获，后经区委某负责人同意，参加了伪军，俟后借机逃出，回到抗日阵营，直到全国解放。其"自传"里详细记述事情经过，成为审查的重点。审干小组派出外调人员到原地了解，却发生意想不到的困难。事情已过了十二三年，当地许多人只知道他被抓当了伪军，以后又回到抗日阵营，并不知底细。孙文岐提供的证明人只说孙文岐干伪军是组织同意，但这是孙文岐告诉的，没有其他来源证实。外调最后集中在该区委当时负责人、孙文岐的直接领导（孙文岐提供的主要证明人），孙文岐参加伪军是经他同意。外调人员找到已在另一地方担任领导的这位主要证明人，期待他能证明，然而他和其他几位说法一致，他能证明孙文岐平时的表现、工作一贯还好，唯独在伪军问题上含糊不清，不记得孙文岐是经他同意当伪军一事，说孙文岐当了伪军之后，他才知道并通过旁人告诉孙文岐为我方工作，直到孙文岐逃出。外调人员再三希望他提供清楚的线索，却始终不得结果。

返回汇报时，我们都非常意外，真实情况只有他俩清楚，审干小组将外调情况向孙文岐通报，希望他认真对待并考虑。孙文岐听后十分激动，认为那位当时的负责人有意回避：本来是铁的事实，为什么含糊其辞？对得起革命老同志吗？他要求派人陪同前去当场对质，澄清事实。审查小组告诉他不允许与证明人对质，有意见可以提，由审查小组派专职人员再去了解，希望他冷静。我们认识到问题可能比较严重，抽出办公室秘书陈学海再去外调。陈学海和那位同志交谈多次，希望他明确表态，但他坚持说事前不知，并未事前同意，只是事后对孙文岐做了工作，促其返回抗日阵营，并在证明意见上签字。

至此审干小组作出结论，孙文岐被捕后向敌伪屈膝，以经当时区党政负责人同意为由，推卸其投降失节行为，事后逃返抗日阵营。虽做了一些对人民有利的工作，但其政治历史严重错误，又长期隐瞒不向组织从实交代，给予开除党籍、撤销职务的处分，调做一般工作。

向孙文岐宣布结论时，他十分激动，称那位同志怕受连累，死不承认事实。他绝不承认本人对自己历史作假，不同意组织结论，但又提不出其他理由，最后勉强同意在审干结论上签字，接受处分，同时注明保留对结论的不同意见，等待未来澄清事实，还本人清白。审干小组认为在孙文岐问题查证上是认真负责的，与本人多次交谈慎重作出结论，必须按照党的组织纪律，坚持原则，允许孙文岐本人有保留意见，但结论必须坚决执行。

由于孙文岐问题的往来反复，致使西南工程总局机关的审干工作滞后。最后留渝党委派人参加，对一年多来的工作作出总结，宣告结束。

1956 年 3 月下旬，部里发出西南工程总局任命通知，任命我为建工部西南工程管理总局局长（由周恩来总理签署的国务院"任何郝炬为建筑工程部西南工程管理总局局长"的人事任命书第二年才由建工部转发），黄以仁、王森为副局长，并另函通知，在黄以仁兼任局属第三公司经理期间，由王森协助我处理常务工作，同时批准了局属四个二级以上工程公司的任命：

第一工程公司经理刘贤，第二工程公司经理万德舟，第三工程公司经理黄以仁（兼），第四工程公司经理赵良，副经理饶仕成（党务工作人员），由所在地区地方党委通知。

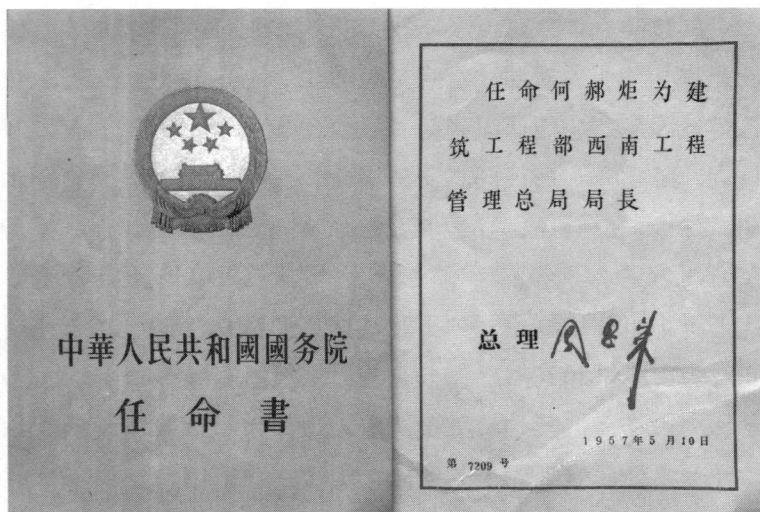

任命何郝炬为建筑工程部西南工程管理总局局长

总理 周恩来

1957年5月10日

第 7209 号

中華人民共和國國務院

任命書

周恩来总理签发的任命书

局机关因事务扩大，原有三十人的编制名额和一办六科，扩大为一办一室（监察室）六处（计划、财务、人事、劳动、材料供应、技术），名额另定。各处室主任、处长由局报请部里批准任命，副职及正副总工程师、总机械动力工程师、总会计师由局批准报部里备案。

办公室主任吴兴德，副主任邹予明（兼科研所长），监察室主任朱风山（原重庆工程处党委书记），计划处副处长丁煜华（原科长），人事处副处长丁德民（原人事科长），劳动工资处处长吴胜发（原四师十一团副政委），副处长陈彦（原劳资科长），材料供应处处长赵世新（原八工程处处长，后任一公司副经理）。

这时我才意识到人事任命与审查干部紧密相关，审干结论定案前，干部任命维持不动，审干结论后，始能办理。即使需立刻调配的也暂以代理形式处理，出审干结论后再行办理。西南工程总局早需要配齐领导班子，改变一人唱独角戏的局面。部里也早有考虑，因主要领导不能正式任命，推迟至今，始得落实。我的态度一直明朗，在大区变动、机构分设之际，接手西南工程总局的全面工作是我必然之责，今后由谁来是组织确定，我对此没有其他想法。要我接手，不能推托，另行指派一把手，我继续协助或调动都是正常的。我对自己的能力有数，经过组织多年的培养，绝不可能在这个问题上有什么私念。

事后追忆还有一件大事与此有关。通知我参加1956年7月四川省第一次党代表大会，大会产生的中共八大代表将在9月出席党的第八次全国代表大会。同时建工部通知上半年召开第一次全国基本建设工作大会，大会将由新成立的国家基本建设委员会主任薄一波主持，是全国基建战线的重要会议。中央和国家领导非常重视，除有关基本建设主管部门的领导以外，指定上百大型基建企事业及管理单位参加，建工名列其中。这是1956年的重大事项，八大将是我党历史上具有里程碑意义的盛会。而省的党代表大会是有史以来首次召开，重要意义不言而喻。

我参加了省里的党代表大会，主要议程讨论批准省委工作报告，形成决议，选举八大四川代表以及省的委员会组成人员（由新选出的省委委员会再选常委、书记）。两项选举提名数十人之多，审读相关资料需费很大工夫。八大代表包括省内各地区和省以上机关及重要单位代表、省领导主要成员及重要部门领导成员、来自各市地州党组织代表、中央在省单位的代表等，令人感到四川地域范围大，重要单位众多。由于名额限制，省委领导候选人中，地区党的负责人除重庆、成都、自贡几个市和阿坝、甘孜、凉山三个自治州，主要少数民族代表均有提名候选人，重庆、成都占比较大，十几个地区约三分之二有候选人被提名。中央在省单位以重庆范围为多，全部提名只有四个单位，在重庆的中央中级党校、原西南局党校校长龚逢春（原川西区党委副书记）、刘西尧（新建"二汽"负责人，原湖北省委副书记）和我被提名为省委委员候选人，于辉（四川航空工厂负责人）被提名为候补委员候选人。

第六章

不寻常的 1957 年

1957 年开春，局势正常稳定，生产建设和社会各方面平稳发展，与 1956 年轰轰烈烈一股劲往前赶的势头不太一样。这段时间西南工程总局有一些问题和困难，不过并不影响工程的正常进行。我隐隐感觉社会问题较多，不时有消极甚至负面的奇谈怪论，甚至谣言流传。1956 年前后，农村遭受严重的自然灾害，国之基础在农业，农安则国安。严重的自然灾害对农业生产造成巨大影响，影响到社会经济的多方面，同时国际上反共反苏的逆流，对社会产生严重冲击。

其他方面的事不过是道听途说，难明究竟。而一向平静安定的建筑工地，出现了哄闹、请愿甚至冲击机关、谩骂单位负责人等现象，主要原因是去年新增的劳动力因今年计划削减不能续约；还有一些新招的学徒和技工，今年即被精减回家；少数转业退伍人员，抱怨转错门槛，待遇低，没转成干部，上当受骗，鼓动同伙请愿、哄闹，逼迫领导拿话说，等等。有一次这些人冲入机关，找到我哄闹谩骂，纠缠不放。王森紧急动员机关干部一齐劝说，勉强散去，隔日又来。所幸都是个别事件，经过解释说明，均已平息，未酿成恶果。除了远在太原的二处外，其他公司现场或多或少发生类似事件，影响各单位集中精力抓工程生产。当然去年新招工今年就精减回家，确实也是头脑发热、盲目扩大队伍导致，教训深刻。

1957年春末，刘秀峰部长在成都、昆明、重庆，对西南工程总局各工程公司、设计单位及重庆建工学院考察了解半个月，兑现他前年冬天的承诺。我陪同他走访各地，听他讲全国情况，大的现场由于领导力量强、思想稳定，干劲十足，生产持续高涨，这些单位均未出现意外干扰。而一些分散的中小型企业不时发生问题，但都得到及时处理。目前总体情况还好，他肯定了西南工程总局的工作，特别表扬昆明的西南三公司。

按惯例，初夏到北京参加部里每季的部属各大区工程局及直属公司的局长经理会议，了解其他各局、公司的工作，听取部里的指示。我计划返回时绕道同蒲线去太原，了解西南第二工程公司（现为太原工程局第五工程处）的近况。他们借调太原两年多，原定今年返川，因计划调整而推迟，职工有一些思想波动，公司希望局领导到太原慰问职工，帮助做思想工作。另外我于1940年秋离开山西，至今已十七年，当年的战友经历了许多重大事件，都希望能见见面。成都七一九厂厂长白锋，正在京参加电子系统干部会议，我俩相约同去山西，再一同返川，一举两得。

在京见闻

这次例行会议，系统内的工作交流时间不多，反而花了相当多的时间传达、学习、讨论全国问题。首先内部传达了毛主席巨作《论十大关系》，文中提出有关经济建设的重大方针和原则，使我想到去年花了很大精力写的两千字工作报告。年初开会时有人问是否每份报告都会送达主席，部里答复：是，不过不是每份报告都会批复。这些报告是参考资料，供领导了解经济领域的全面情况，以利于作出决策。《论十大关系》的发表似已揭开了如何把握和解决经济建设重大问题的原则方针、方法，总揽全局，高屋建瓴。我们的报告仅是数字堆积，说明所处环境的局限性，整日埋首于完成任务项目的数字中，满脑子是业主的要求，遑顾其他。建设项目是否合乎经济建设中总的方针、原则的要求，似乎与我们不相干。最近建设部颁布居住建筑规范，违反规范的要求，设计单位应拒绝执行，这个规范正在执行中。

至于"十大关系"所提出的问题，现在只是原则，如农轻重，沿海内地，中央地方……不是说变就能一下转变，也不是一个单位一个项目说变就能变的，还需要体现在具体的计划安排和工作部署中。究竟要花多少时间才能得到贯彻执行，这些都不是我们能预测的。我们只能是"态度拥护，行动等待"。

另外一个工作会议与现实密切相关。部工作会议同时，我获准参加国务院召开的干部大会，参加会议的包括有关企业主管部门司局长以上干部、苏联专家组成员，会议由总理主持。我仅在交通和建工部门少数会议上，看到部属机构的专家组成员，顿时意识到议题的重要性。这种会议一般是专题报告或传达重要文件、指示的大型报告会。这次是国务院专门讲如何贯彻执行党委领导下的行政生产责任制，这一重大问题已在党的八大报告中明确提出，广大干部应深刻理解它对于生产企业的重要性，现在是如何认真深入贯彻执行的问题。报告指出这一重要决策已经下达近半年，各地贯彻执行的情况差别很大，现在重申，必须深入解决思想认识，统一到中央决定的精神上来。总理特别强调，党的领导在企业生产及各种活动中具体落实的重大意义，是中国革命取得胜利的宝贵经验和优良传统。建立党委领导下的行政负责制，将使制度更加深入，党组织领导的力量更有力，更有成效，对此不应有任何怀疑和动摇。我发现总理讲话时不时将脸偏向苏联专家那一侧，总理讲话结束后，全场热烈鼓掌，而苏联专家那边，响应并不热烈。苏联对企业管理强调的是"一长制"，他们对中国共产党实行的责任制，大概不能接受。

我的思想常有些迟钝，但仍然觉察到对这个问题的分歧，对此我深感意外。我从不怀疑中央强调党领导下的行政责任制，相反，对实行一长制感到别扭。虽然一段时间内强调学习苏联，但思想上不大能接受。我一直认为，党政军学工农商，党领导一切，没有党的领导就没有社会主义的中国，在领导体制上明确强调党委领导，只会使责任制更有依靠，更有基础。西南工程总局在组织领导上按照军队体制运作，一个公司或一个工程处是一个师或团的缩影。军队只在战时军事行动上强调司令员的决定，军队同时实行政治委员制度，司令员、政委为军政一把手，服从党委集体领导的决定。现在我们几个公司、工程处均按照这个原则进行工作，从未感觉到党委领导下的厂长负责制有什么不好。我想到战争时期县长和县委的领导与被领导关系，县长是县武装部队的部队长，在坚持抗战时负有重大的责任和指挥领导的作用。我曾几次经历由原县委书记调做县长后，由副职接任县委书记的情况，至今还能忆及李广文的讲话：这样安排干部是出于战争情况下的需要，县委书记改任县长是形势和工作需要，反过来县长应适应接受新提任县委书记的县委领导，因为一切重大问题和工作都是在县委领导下进行的，县长是行政和武装斗争的执行者，县委书记集中代表县委全面领导的意图，这是十分合理的。

部里会议最后两天，各地区局向部里汇报请示问题，问题不大，都有了结。领导强调今年是"一五"计划的最后一年，全面完成重大建设任务，不要再次出现去年下半年的困难。建筑企业又快又好、保质保量完成任务，对国家重点建设做出应有贡献，向全国人民交出满意的答卷，现在看条件完全具备。事实上今年各方面工作，都有充分的把握，争取超额完成计划，杜绝意外。部里号召大家，用胜利迎接下一个蓬勃发展、超前发展的五年。

就在此时，部里忽然通知下午紧急召开局以上干部大会，刘秀峰部长要向大家传达重要报告，准时参加，不得贻误。

刘部长说他头晚熬夜准备报告，一早接通知，旁听最高国务会议，早餐都来不及吃，即匆忙赶去。这是一个非同寻常的会议，中央各大机关、政府、人大、政协、军队的高级领导人列席，包括国防委员会及各民主党派、群众团体的负责人，经济界、文化界、新闻界的著名人士，看来都是匆匆忙忙赶到会场。主持人简要宣布开会，然后就请毛主席作《关于正确处理人民内部矛盾问题》的报告。

刘秀峰过去传达上级重要报告或指示时，习惯夹带一些自己的体会认识，这次他态度严肃，捧着自己的笔录和会上发的打印稿，一字不添，一字不漏，原原本本地照稿子读，读了将近一个小时。然后他总结，国家和社会各方面近来思想非常活跃，在民主生活和新闻报道中提出许多重大问题，这次最高国务会议，中央领导作有针对性地正确区分敌我矛盾和人民内部矛盾的报告，足见问题的重要程度，预计中央将通知专门学习讨论，抓紧将报告逐级传达下去，为进一步深入学习做好准备。最后对我们几人强调，根据目前情况，中央将对机关整风和发扬民主作出新部署。你们几个局是部里派驻外地的主管机关，很可能涉及，赶紧回去，做好思想组织上的准备。

我事先计划会后经晋陕回川，已向部里口头报告过，现在行程不拟改变，但尽量缩短时间，尽快赶回成都。

京晋陕川途中

从北京出发，需经平汉、正太、同蒲、陇海铁路，再搭乘宝成线的临时客运，才能回到成都。如果搭乘京晋陕川或京汉渝蓉的班机，最多只停留一宿即可回成都。我需要到太原看望西南二公司的职工，探访山西的老战友，还可以顺路看看去年因发生重大灾害影响国家计划完成、引发《人民日报》提出"反冒进"的宝成铁路，多花几天是值得的。白锋的想法不同，山西是他的老家，他乐意一同去太原探望席荆山和一些老同志，但离开太原换几段车次才能回到成都，他没这个兴趣。白锋十分惦记他的工厂，部局也要求他尽早回去，他决定结束太原之行后，搭乘北京经太原、西安的航班回成都。

北京到太原的普通列车，上午上车，第二天一早到达。我在迎泽宾馆住下后，立刻前往西南二公司。首先与彭斌、万德舟、王步文、高乾等几人座谈，听取汇报，出乎意料，工地安定，生产施工正常。彭斌说前段时间确实有明显的思想波动，大家知道四川工程要大上，可以提前返川，没想到年终说一时间回不去，打破了人们的希望，有人担心将长期留在太原，情绪不安。这批职工包括建四师转业的骨干以及几年来经选择留下的固定工，平素思想政治方面表现比较好，公司领导已经针对这一思想动向进行工作，但有些事他们也不清楚，解释起来力度不够。原来听说下一个五年计划，宝成线通车后西南的工程要大上，后来发生了问题是不是会推迟，我们这支队伍是不是还要这样流浪？一些老工人担心过去没有稳定的住处，走到哪里家属跟到哪里。这回出来远，组织上动员家属不要跟来，已经两三年了，现在又说回不去了，怎么办？组织上答应要安置好，能兑现吗？将来就算回去了，没个落脚的地方，那就惨了。这些事，局领导亲自来解释，讲清楚使大家安心，再把川内的真实情况告诉大家，以打消思想上的疑虑。

我当天看望几个干部和老工人，次日上午召集职工代表座谈，工地是连续作业，多数人在上班，没办法开大会。我着重介绍这两年四川的发展情况，以成都为中心，已经拉开了大规模工程建设的序幕。一公司承担的工程和你们现在承担的几处重点工程一样，都是国家的一五六项重点工程，现在进展良好，还有更大的类似长春汽车厂、西安纺织厂那样规模宏大的工厂，要干好几年，它们没有受到去年调整计划的影响，今年如期进行前期工程，明年开始主体工程建设，这些大工程要由两个公司分别承担，各干一半。你们这边抓紧按计划完成任务，明年下半年还得赶回去承担主要任务呢！这几年，你们在太原干得好。李局长曾经说过欢迎你们留在太原，但他也表示，建工部明确你们是借调来的，到时候要返回原建制，太原不能阻碍建工部命令。这句话说得再明确不过，你们得到太原局领导的嘉许，又明确了能如期返回西南工程总局，是不是既高兴又放心？留在四川的家属的住处，局里早在绵阳建了几千平方米的宿舍，条件不算很好，但比到处打游击当然好很多，而且那个地方将来是建设的重要地带，离成都近，很方便的。现在你们需要抓紧时间，保证重点工程如期建成，让太原工程局和各个甲方单位从你们手里接下这一大批建设工程，满意地分手。

会后彭斌、万德舟说我的讲话反响可好了，有的老工人高兴得流泪，说局里没有忘记远出干活的人们，话讲得明白，事想得周到，家里怎么安置都准备好了，我们没话说，把太原的活扎扎实实地干好，圆满地收尾交工，让人们知道西南二公司是一支能打仗的队伍！我告诉他们，做好职工队伍的思想工作，是局里不能推卸的责任，我讲的都是实话，没有夸大，为的是广大职工了解真实情况，可能还不够，大家还得继续努力，把各自应该承担的工作做好。不到三个整天，解决了这件事。

其他时间忙着与老朋友见面，白锋事先已带信，凡是该看望的老同志，差不多都见了。我一直关注席荆山①，头一个见了他，还见了在韩家岭一起工作的任笃信。席荆山把当时一起工作、如今都在太原的同志们约到他所在的小机关吃饭。全长庚、张德仁到齐后，有人问老席：你约了这么多人来，这顿饭大伙儿摊了吧？老席笑说不用你们操心，老汉我全包了，不就是找机关食堂准备一顿家常饭嘛。老汉我现在工资可高哩，这点小事算什么！郝炬专门来看大伙儿，十几年了，可得在一起好好聊聊。

其实能见到的也不多，大都分散在四面八方，细细数数，当年的领导人只有全长庚一人，他是跟嘉康杰②一起闹革命的老共产党人，是嘉康杰那支八路军游击大队的副大队长，抗战后期和解放战争时期曾担任地区行政专员，不久前任山西省检察长，听说我来看望，他一早就来了。任笃信现任太原市委宣传部副部长，张德仁在干部学校当教员，干他的老本行。聊天中说到柴泽民、周逸、高宗智、王唐文和李禧现都在北京，李禧与霍中秀结了婚，这可是想不到的新闻。张呼晨、干玉梅和白锋在成都，薛涛、孙雨亭、韩文永在云南，高一清、董奥林据说在东北。苏兰花与杨蔚屏结了婚，现在河南，真是意想不到的大新闻。还有一些同志平素少有联系，翼城的李雨辰、李永生，平陆的王辛波现在不知下落，可能已不在世

① 席荆山（1899—1974）：山东闻喜人。1933 年加入中国共产党。新中国成立后，先后任山西省监委秘书主任，监察厅副厅长，监委副书记，省委委员。
② 嘉康杰（1890—1939）：又名寄尘，山西运城人。1927 年加入中国共产党，曾两次留学日本。曾任河东特委组织部长，河东中心县委书记，晋豫特委、中条地委委员、军事部长，晋豫边区八路军抗日游击支队后勤供给部部长兼第六大队政治部主任、第七大队大队长等职。1939 年 11 月 18 日，嘉康杰遭到国民党特务暗杀，不幸牺牲。

了。大家聊起了最令人敬仰的老党员韩鸿盛和他的妻子，"十二月事变"牺牲的李一安、侯维屏等同志，回忆得具体、仔细，使人心情凝重。老席说我离开翼城、曲沃中心县委后不久，在曲沃农村坚持斗争的共产党员常全福英勇牺牲。全福一家可谓家破人亡，令人悲痛不已。只有一个人，老席谈起他来，脸色一下阴沉起来，"可惜闫家德堕落到如此地步！"

"闫家德怎么了？"我诧异地问。闫家德是闻喜出来的老党员老干部，比老席年轻得多，那时他已经是闻喜县委的组织委员，几次和我配合做农村党支部的工作，解放以后在一个大厂里担任副厂长。他在"三反"运动中倒下去，咎由自取。想不到进城短短几年，他竟堕落成蜕化变质分子，不知下到哪里劳改去了。

老席是省委监委副书记，他清楚此事，但不能泄露党的机密，只能按公开的内容告诉大家，表示他心中的痛恨。我们也深为叹息，当年那个坚强勇敢的青年汉子竟然经不起糖衣炮弹的轰击而堕落了。

短短两三天的几次会见，简单而匆忙，聊聊革命往事，憧憬灿烂的未来，大家十分开心。第四天中午，我们同行三人一同搭上同蒲路南行的列车向风陵渡方向去，老席、笃信和白锋一同到车站相送，老席担心我路不熟，还找到运城地区到太原出差的同志，送我到风陵渡，白锋则于次日乘机返川。他承诺，到家后通知西南工程总局，告诉我返回的大概时间，让大家放心。

从太原乘车经陕西回川，路途殊为不易。乘同蒲路车到风陵渡，从连接船排的浮桥步行过黄河，再换乘陇海路郑州至西安的慢车，到站已是午夜。在站上等待西安至宝鸡的慢车，清晨到达，在站台买了几个烧饼油条充饥。约在九时赶上铁一局临时客运处（原西北铁路工程局）往返于宝鸡、凤县之间的闷罐货车，下午三时许到凤县。这是我1937年末曾经过的双石铺小镇，当时听人讲此地是《三国演义》中蜀将马谡镇守的街亭，未知确否。此番修建铁路后，原凤县迁移至此，新建很多店铺，成为秦岭山中一座不小的县城，只是处处仍似农村集镇，只能在车站临时站房内枯候，不敢离站他去。直到夜尽更深之时，才等来铁二局临时客运处（原西南铁路工程局）往返于凤县、阳平关之间的敞篷货车，到阳平关后再换乘往来于阳平关、广元之间的临时客运货车，到广元时已是渡黄河后第三天拂晓。广元车站由重庆铁路局接管营运，是正规车站。但因为其地点孤立于嘉陵江边，与现有城镇不挨边，无可休息之地，只好找到空场边的篮球架，三人分别屈体躺在架子的几根木腿上到天明，买了几个火烧充饥。九时许，搭乘往来于成都、广元之间的简易客车回到成都。

屈指算来，从太原出发回到成都，前后用了五昼夜，加上在北京和太原两地十多天，这次往返达到半月以上，真够长的了。换了六次火车，加上临时搭建的河上渡桥，风餐露宿，上顿不接下顿，比起白锋从太原直飞成都不知多了多少辛苦，但与战争年代一夜奔走几十上百里路相比，又不知好了多少。沿途增加了许多见闻，是一次深有收获的行程。太原到风陵渡，走过了同蒲路的大半截，这是多年的老路。我曾在同蒲路南端附近县乡，多次来往走动，直到今天第一次坐火车经过这里，车速很慢。大家知道这是阎锡山费尽心机在山西修建的一条窄轨火车路，以防备老蒋或其他军阀肆意进入三晋，搞成与外省隔绝的局面。现在国家正在改造，完工还需要一定的时间。慢速火车的好处是听了一天半的列车广播——战时山西革命歌曲和民歌，不禁回忆起战时的情景。特别是过了临汾以后，反复播送黄河船夫曲，"张老三""追兵来了"……苍凉悲壮的歌声令人无比激动；渡黄河时，河水尚浅，一些木船串联成渡桥，人们步行跨船而过。这是解放后形成的临时渡河设施，据知已有拟议在此修建黄河铁桥，预计尚需时日；车过运城时，只短暂停留，没能下车。在太原闻知，原在河东民先一起工作的李铨，在运城当盐池管理局长，可惜没能相见，只得托从太原送我西去的那位运城同志代为致候；永济河边旧有鹳雀楼，因王之涣闻名千古。遗址早已湮圮多年，近闻当地拟择址重建，不知何日能够再现；河底所埋铁牛，浅水期正好露出河面，我们步经渡桥时，依稀可见；在潼关停留时，因为车站紧挨县城，等候郑州来车时间颇久，得以在城里小饭铺用餐，并作短暂游览，一观曹操大败于马超，割须弃袍于潼关传说中的遗址。曹马二人环绕一棵大槐树追逐，马超一槊刺入树中未及拔出，曹操得以逃脱。此处香火极旺，并在被刺处覆盖连片红布，供人凭吊，彰显了人们对马超的赞誉和对曹操的否定，给人的印象颇深。

转入秦岭山区后，临时客车无广播，长时如处闷罐。这一段路程是我关注所在。去年秋天严重的泥石流、大塌方使工程受阻，未能实现提前建成通车。《人民日报》发表了"反对冒进"的重大评论，使全国经济建设的形势一时发生陡然变化，宝成路似乎成了"冒进"的典型事例或始作俑者。我们这些局外者以为建成通车不知会推迟多久。但在今年早些时候，忽又得知铁路施工南北两方早已连通，虽行旅艰难，但已有成百上千的临时客运来往于陕川之间。这岂不是又通又不通的奇怪现象吗？据说当时路已接近连通，突遭洪水、泥石流的严重冲击，前后经月，多处工程被毁，一时全国震惊。修建铁路的人民子弟兵，以艰苦顽强的毅力与作风，日夜奋战，迅速恢复被毁工程，全年计划终于圆满完成。须知这是工程建设原先的计划，并不包括沿线站房、信号、通信等辅助配套工程，只有这些工程完成后，才能移交铁路运营单位，正式通车。前段时间因工程进度顺利，在乐观情绪的笼罩下，提出了提前建成通车的口号。由于自然灾害的原因，修复已毁工程，追加提前完工的所需投资，一时得不到满足，提前建成的目标未能实现，客观反映出主观冒进的偏向，但不能说未能完成原有的计划，更不能扣上"冒进"的帽子。相反，他们的艰苦顽强的作风和战斗力，应该受到表扬和鼓励。同为建设者，我很同情他们。

"大鸣""大放"——仓促应对

回到成都半个月后，局党组成员吴兴德暂兼新组成的西南五公司经理，与党委书记庞帜云一同到职。几方面凑合组成的新摊子，事多而杂乱，一时不能抽身回来，黄以仁、刘贤、宋涛则都在各自单位主持运动与生产工作，西南工程总局机关只有党组二把手王森和赵世新、邹予明、何尚和吴胜发几位处长。王森是思想政治行政生产大小事一把抓，他说："生产方面按年初安排正常进行，问题不大，突出的是当前社会思想比较混乱，报纸上时有报道，一些似是而非的奇谈怪论在各地颇有影响，总局及所属单位对此议论不少。好在及时公布关于正确区分两类不同性质的矛盾的报告，澄清了思想上的迷失和混乱，对大家关心的百花齐放、百家争鸣问题，有了明确的态度，预计更大范围的大鸣大放、大辩论将持续开展。省委几次电话要求你尽快返蓉，看样子领导有重要指示，你回来算及时。"

"报告"全文与在京听到的传达相比，补充了坚持党的领导、坚持社会主义道路、坚持人民民主专政三条广泛知晓的基本原则，是区分和处理两类不同性质的矛盾的基本原则。现在报告中再次强调，有利于在鸣放辩论中掌握正确的方向，我理解其重大意义。

两日后到省委参加紧急会议，李井泉主持传达中央的紧急通知。他通报了中央各大机关在报告发布后发扬民主，将运动引向深入，声势很大，提出很多问题。为继续发展这一大好形势，通知要求各省市区要有准备、有步骤地开展鸣放辩论的群众运动，在全川范围内，省和重庆、成都、自贡市以及部分专区机关、省属以上大专院校（包括中专）、省以上重要的大型企事业单位列入第一批，立即开始行动，除此以外的其他单位由各省市区根据具体情况，分批安排，年底前全部完成。同时明确不在农村和企业工人、中学生和小学教师中开展这一运动。李井泉提醒大家，按照通知精神，省委根据中央要求，做好思想行动上的充分准备，免得因准备不足而被动，大家要鼓起精神，立刻行动，参加并领导这一具有重要历史意义的群众运动。

李井泉说，从中央机关及高等院校开展鸣放辩论情况来看，一开始势头就很猛，意见多且相当尖锐。作为各单位的领导者，对此要沉得住气，主动"引火烧身"，以谦虚诚恳的态度，虚心接受批评，绝不容许抵触、打击报复，对抗运动。他满怀深情地说："咱们都是一样，要以坦诚的胸怀迎接组织上的重大考验。相信党的领导，相信运动能够健康发展，打消顾虑，克服消极情绪，振作精神，主动参与运动！"

说实话，我满脑子西南工程总局各地的工程建设问题，"三反"过去没几年，现在又开展鸣放，对怎么发展运动心中无底。作为总局机关的主要领导，这种心情不能向下属透露，只能和王森反复琢磨，不得要领，唯有接受组织安排，努力去干。

西南工程管理总局作为建工部属区域性的行政管理机构，是第一批开展鸣放的单位，总局管理或代管单位中，西南一、三、四公司和重庆中专校也划为第一批，在当地党委领导下进行运动，这几个单位除简报、信息摘要抄送总局外，无其他联系。西南工程总局机关党组织管辖的西南工业建筑设计院和西南给排水设计院也在第一批范围，两家设计院与西南工程总局有上下联系，因其业务性质不一，鸣放内容多限于自身内部事务。西南工程总局亦如此，以机关内部为主进行，涉及其他方面很少。在全社会"大鸣""大放"的氛围下，对社会时事、政治的揭批势头甚猛，多为附和或表示赞同中央机关和高等院校鸣放，大有一边倒的趋势。真正有个人观点的不多，对机关的领导作风、用人及工资待遇等意见占比很大，这种情况与省级机关相似。省里几次要求检查原因，一再督促领导干部主动上阵，引火烧身，使民主辩论能够深入下去。我们检讨后认为有两个原因，一是平常工作抓业务多，不太关注时事政治，影响至今；二是对运动认识不清，虽然作了几次动员，但与上级的要求相差甚远，对此要深入追查领导干部的认识和责任，再掀发扬民主的热潮。同一时期，全社会"大鸣""大放"深入发展，机关民主气氛渐显活跃。

中央机关和首都大专院校的鸣放日趋白热化。中央机关的鸣放，对"土改""镇反"和经济建设中的问题，提出不少疑问和批判。另外有人直接否定党的领导，攻击社会主义等——章伯钧、罗隆基提出设立政治设计院决定国家政治生活中的重大决策，企图否定、取消党的领导；储安平提出批判"党天下"以及"外行不能领导内行"，矛头直指党的领导；个别单位领导，有的是党内多年的老干部或知名的理论教育界人士，公开附和欣赏奇谈怪论，《中国青年报》总编辑张黎群①是我早年挚友，他公开赞成"外行不能领导内行"，并举实例加以发挥，以他的名气和身份发言，影响很广，人们甚感惊讶。

这些现象直接影响了我们，如"外行不能领导内行"一说，在西南工程总局影响至深，附和者颇盛。西南一公司副总工程师孙方煊，在成都市的集会中，抛出点名批判西南工程总局领导的长篇发言，指责外行领导真正的内行——将一个平庸无能的工匠式技术人员（发言未点名，大家均知晓）提拔为局副总工，埋没了真正有本事的技术人才（暗指他本人仅任一公司副总）。孙方煊在技术上颇有名望，发言在建工中掀起轩然大波，有人背后说这下戳到建筑业的老窝了，也有人有不同看法。孙方煊过去是有名的孙大炮，口无遮拦，他确实是有相当本领的技术人才，但性格太怪，与同事合不来。他曾在西南工业建筑设计院主管工程结构设计，因人际关系处不好坚决请辞，提出到一公司任副总。他看不起赵国昌在局里任副总，正好借鸣放发泄情绪。他对自己的发言颇为得意，对人讲是组织多次动员我才放了一个大炮。说明一直以来他心理不平衡，这次几经动员就痛快地放了。这个发言若在平时可能被认为是一般情绪流露，也就罢了，但这次非比寻常。不了解情况的人可能信以为真，而知道实际情况的人意见就大了。有人主张就他发言中提到的人和事逐一批驳，但他发言地点在成都，没有直接对话的机会，且在当时的气氛下无法直接批驳，尽管有不同意见，也只能搁在一边。

面对眼前的混乱，我和王森、吴兴德在一起议论。西南五公司不是第一批鸣放单位，因机关鸣放头绪较乱，吴兴德了解实况较多，故临时回机关参加运动。我们三人的看法基本一致：现在这样乱哄哄的现象，不能拖下去了，否则任务怎么完成？下边的同志悄悄问运动要搞到什么时候才

---

① 张黎群（1918—2003）：四川蒲江人。1938年加入中国共产党。新中国成立后，先后任团中央办公厅副主任、共青团中央常委，中国青年报社社长兼总编辑，团中央宣传部副部长兼任米脂县委书记，中央工业部办公厅副主任，西南局办公厅副主任，绵阳地委副书记，四川维尼纶厂党委书记兼厂长，浙江大学党委第二书记，中国社会科学院青少年研究所所长，中央纪委教育室主任。

完，实在等不住了。我们自己都说不清楚，无法解答他们的疑问。王森认为上边领导该明确表态了。鸣放辩论各说各，是非不明，责任不清。好的意见诚恳接受，检查整改，错误甚至近乎反动的言论，应该坚决批判，明辨是非不能久拖不决。但在这样全民性的大辩论中，我们不能自作主张，只能等上级的明确表态。

此时此刻，像我们这样满脑子惦记工作的，表面好像很镇静，内心却忧心忡忡，唯恐捅出纰漏不好收场。我心里还惦记着小弟和中专校校长苏云，从鸣放开始前至今，已有相当时间不知音讯，在眼前思想混乱的情况下，他们能否经得起疾风骤雨般的考验，使我难以放心。小弟阅历、经验较为欠缺，思想认识和理论上的坚定性，未得到多少考验，发生任何情况都是有可能的。苏云是老地下党员，长期以秘密身份为《新华日报》等单位做总务后勤以及采购等工作，社会交往多，难免受到一些旧观点的影响。前几年曾对"镇反""土改"中某些具体人和事说过错话。调去中专校前，我与他长谈，提醒他务必谨言慎行，保持共产党人应有的修养和政治组织的准则。成渝两地平素工作无联系，因而对他的现状了解不多，我总担心他在这次运动中管束不了自己，铸成大错。

一场重大的政治斗争

章鱼在一湾浑水中，蹒跚地游弋着……

天色是那么阴沉昏暗，摸不着有什么东西在身边飘动……

在混沌躁动的浊流里，终于慢慢地发现，各种形形色色的水波和浪花里，真个是鱼龙混杂，泥沙俱下……

我们少数几人被引来一间僻静小屋，观看由一篇短小的散文制作的幻灯片。这不就是对当前这个状况的生动描述么？诗文源于比喻，短短一段文字形象逼真地反映了"大鸣""大放"中不同人的真实心态、不同的根源本质，预示着一场新与旧、左与右的严重斗争已不可避免。

反复观看了几遍，积压多日的郁闷，终于豁然开朗。我们总是希望领导有明确的态度，其实对于这场斗争，领导早有预见，早做准备。不然怎能写出这样生动的文章？我们总是暗地埋怨领导不及时表态，其实只是时间未到，暴露还不充分，表演还未极致，不能轻易出手。出手就得给予反动者们决定性的一击。此时我们才感到在鸣放的大小场合，准备工作异常周到，每个人的发言都有专人完整记录，结束后互相核对，力求准确无误。我一开始觉得认真得过分，现在才明白只有这样才能准确地拿下大鱼。

"快了，反击开始了，等着瞧吧！"我和王森、吴兴德高兴地说。

1957 年 6 月 8 日，首都暨全国各大城市的大报上，一如既往地登载铺天盖地的各地"大鸣""大放"的新闻，唯有《人民日报》在其首版左上部，刊出了该报评论员文章《这是为什么？》，吹响了反击号角。一些知名人士转瞬被点名，个别党员领导因说错话，办错事，遭受严厉斥责。报刊报道，司法部机关在大会上斗倒反党分子王翰（副部长、部党组主要成员）；《中国青年报》总编辑张黎群为自己附和了反动言论在报刊上作了公开的检讨；高等院校形势迅速改变，集中批判制造混乱的右派论点的某副校长和主张绝对自由、攻击党的领导的某学生头头。

连日来席卷全国的混乱的气氛一下扭转过来，影响到所有正在进行鸣放辩论的单位。西南工程总局按照上级指示，既要呼应全国的反右斗争，又必须深挖严批隐藏在机关内部的右派分子。西南工程总局首次发出声讨孙方烜右派言行的长篇檄文，由包括我在内的几个人参与写作，在内部报刊《西南建筑通讯》刊出，几大鸣放单位登载转发。

进入反右批判前，省里派人查阅会议记录并收集情况，要求在各单位摸底排队，在全体人员中划分左、中、右，"右派分子"应占到百分之五的比例，我们深感为难。机关里多是一般群众，年轻人居多，加上军队和地方转业来的干部，一般均拥护党的领导，赞成社会主义和党的重大决策。这次鸣放大辩论中，多数是针对领导工作作风及生活作风的意见、因领导主观臆断造成个别问题的失误，以及涉及大家关心的工资待遇等问题。这些意见比较正常，即使有"失常"之处，也不是恶意为之。鸣放前期多是从外部传播而来的言论，如所谓"外行不能领导内行"，导致一些人不明究竟，跟着起哄，一经批判，即行溃败。又如对"土改""镇反"甚至"三反""五反"等政治运动的攻击，多半是发言者从社会交往中听到未加查证的消息，即四处传播，是运动中的个例，属个人思想问题，如因此划为右派分子深感理由不足。我们几人考虑再三，最后提出将黎楚材、李春茂、佘棣康三人划为右派，高于百分之四、不及百分之五的比例，勉强达标，报请省里认可。

黎楚材是科研所工程师，此人在旧社会即为工程师，学识及真实技术水平不高，家庭富裕，生活懒散，平素时间精力多半在玩乐之上，思想上向往旧社会的优裕生活，对社会主义无丝毫思想准备。参加工作以来有所收敛，对自己承担的工作还能认真进行，平素也少和人接触。在这次鸣放辩论中，虽然对一些大是大非，曾随声附和发过几次言，总的看来对这种政治辩论不感兴趣，把他定为右派，不是缘于他在此次运动中的表现，而是从其个人家庭出身及本人资产阶级作风认定，十分勉强。

李春茂被定为右派，有人认为应该，有人感到突兀。他出身于小生产者之家，本人是学生，解放后在当地参军，几年后转业，在政工教育部门担任干事和教员，平素表现一直比较激进。李春茂受社会谣诼的影响，听到一些关于"土改""镇反"以及"三反""五反"的传言，他都信以为真，不仅传播，还在鸣放中大放厥词，攻击几次重大的政治运动。一个受过多年教育，拥护党和社会主义的宣传理论的积极分子，只因一时放松自我思想改造，铸成大错。他曾经是一个渴望进步的青年，没犯严重错误，只要接受教训，改正错误，是能够挽救过来的。

佘棣康也是一位年轻人，原先家庭富有，有过一段纨绔子弟的少爷式生活，解放时家道中落。中学毕业后即参加工作。平素学习较松散，缺乏积极向上的进取精神，思想、生活中残存着旧家子弟的习俗痕迹。他的直接领导认为佘棣康表现一般。不过领导交办的工作都认真办理，按时完成，处人处事中规中矩。口碑尚可，排队严格说属中间分子。鸣放中，他很少主动发言，将他定为右派的原因是其赞同"外行不能领导内行"的论点。和他一样表示赞同的机关工作人员不少，他们多是单纯从技术方面理解：不懂技术怎么能管好工地？对大多数人来说，是认识上的错误，不予深究。佘棣康被划为右派只因其家庭出身。

在机关和鸣放单位转入反右后，各方面的信息和联系逐渐通畅。小弟学习回校后，对学校工作及领导思想作风提了较多意见。校长怀恨在心，利用鸣放，组织员工对他点名批判，一时相当紧张，但批判内容与运动的方针背道而驰。上级发现该校的运动颠倒了方向，小弟平素意见虽然较多，但并无出轨言行。校长在运动开始前即有不少谬论，在运动中时有流露。上级党组织随即宣布撤销其职务，集中批判其右派言行。

正如我担心的，苏云在鸣放中未谨言慎行，不经意地流露关于对土改、镇反等重大政治运动的错误观点，赞同章伯钧、罗隆基、储安平等人观点。反右一开始即受到严重批判，被戴上党内极右分子的帽子，开除党籍，撤销现有职务。当地党委建议其离校在建工系统内部处理，部里通知西南工程总局接收并安排适当工作。苏云是西南工程总局初创成员，但他戴着极右分子的帽子，安置极为困难，最后只好放在局属科研所，做资料研究员。我和他见面时不禁气急，严厉批评他不听劝告，落得如此下场，他无言以对，看得出心情低落，满腹酸楚。同时另一位"极右分子"孙方煊被撤销公司副总到科研所做工程师，主要是做工程技术的研究咨询工作。孙方煊和苏云情绪大不一样，说话嗓门仍然很高："我真是乱放了一个大炮，犯了这么大的错误，大家对我的批判，我口服心服。我本来就是搞技术的，能够继续从事技术工作，今后还有发挥作用的机会，我十分满意。"

现在回忆反右，从最初对鸣放的不理解，到忠诚地参与对右派的批判。但落实到西南工程总局机关划右派，已完全背离党的实事求是原则，以出身、作风勉强凑数，伤及无辜群众，至于在全国范围内对知识分子造成的巨大伤害，更是我始料未及的。

与陈刚的谈话

省委副书记陈刚①找我了解近期工程进展情况。

陈刚是大革命时期的老共产党人，解放大西南时从中央社会部领导岗位下派四川，最初担任内江地委书记，后调任四川省委副书记，一直主管工交基建方面的工作。他德高望重，党性强，受到人们的普遍尊重。近年因身体多病（血压特高）影响工作，日常工作事务多由刘文珍（时任省委城工委副书记）和杨超主持。我从重庆移驻成都后和他单独接触不多，他只在鸣放开始时，在一定的领导干部范围中作过一次具有高度原则的讲话，随后的工作较少直接参与。反右后，陈刚与我们几位专业部门负责人谈生产建设的进展情况，说明他对此事的高度重视。

陈刚曾与我两次专门谈话。去年我局属下一个工程处，到一个陌生的新区施工，群众关系出了问题，陈刚找我了解对此事的认识和处理，我深感他与宋任穷的观点相似，认为群众关系是攸关国家建设的重大原则问题，他认可我的处理方式，嘱咐要继续坚持，不论走到哪里，一定要搞好与周边群众的关系。今年上半年个别工地不太平，少数人集结请愿，冲撞领导机关，我曾被围堵几小时之久。陈刚找我了解事态的前因后果，要求我们正确掌握政策，做好疏导工作，化解矛盾，表示对我行动安全的关注。

这次是专门谈当前生产，陈刚关心我们如何能在紧迫的时间内，持续开展增产节约，确保完成或超额完成国家重大建设项目和国家"一五"计划。他说，你们几家是国家直属大中型企业的专业领导管理部门，担负着国家计划执行主体的重要责任，你们和企业的党的关系放在地方，接受地方党委的领导，监督指导企业完成国家任务。现在处于关键时刻，党委有

---

① 陈刚（1907—1967）：原名刘镇，又名作抚，四川富顺人。1927年加入中国共产党，新中国成立后，先后任川南区党委委员兼内江地委书记、四川省委城市工作委员会副书记、水上工作委员会书记，四川省委副书记，四川省职工工作委员会书记，四川省委书记处书记，中央监察委员会委员、驻西南监察组长，西南局书记处书记，中共贵州省委第三书记等职。

责任动员要求大家迅速行动起来，掀起新的群众性的生产建设高潮，完成国家任务。

我简要汇报了当前施工生产情况："说实话，前段时间心思都在运动上，现在刚转到生产上来。好在我们有一支以转业军人为骨干的建设队伍，自主能力强，能自觉抵制外部的干扰，始终保持施工生产正常的运行。年初制订的计划比去年的设想下调，除保证重大项目外，尚感任务不足。下半年计划有所追加，大家劲头很足，保证完成国家重大项目，整个年度计划均可如期和超额完成。"

陈刚很兴奋："我近日了解工交基建部门的生产状况，少数单位前段时间欠账较多，完成国家计划还须做更多努力。反右以来，前段时间的错误影响受到了批判，群众热情高涨，纷纷表示要把被逆流影响所丢失的时间夺回来，刚才听你谈到你们的生产建设令人十分高兴。现在看来，它证实了我一直的论点，党领导的每一次重大的政治运动，发动广大群众，都会掀起一个热情蓬勃的生产建设新高潮。"

他的谈话涉及对这两年经济建设起伏的启示和体会，在实现社会主义三大改造和党的八大方针路线的指引下，1955 年至 1956 年，农业生产和社会主义现代化建设都有蓬勃发展，全国呈现一派欣欣向荣的景象，却因局部地区及个别工程遭遇一时的挫折，扰乱了前进的步伐。一篇"反对冒进"的评论员文章造成了收缩的后果。一些重大工程被推迟或暂停，新增劳动力又被精减回家，局部地方事故增多，思潮纷乱，社会时现不安定的因素，给一些右派分子以口实。经过这场重大的政治斗争，使一些问题得到澄清。这一次生产建设的热潮将会持续下去，不致受到干扰。相信到明年，新的五年计划的开始，将是蓬勃兴旺的大好局面。

经济建设局面的重大突破

1957 年即将谢幕，建工部将召开本年度最后一次局长、经理工作会议，回顾检讨全年生产与各项工作，并明确下一年的工作目标、方针及相关举措，提交明年初全国建工会议报告。由于 1957 年政治经济形势的复杂多变和斗争的紧张尖锐，影响建设工程的高低起伏，有多少话语需要倾诉，有多少事将记入历史。明年是国家"二五"计划开始之年，国家将会提出新的指导方针和举措，促进经济建设全面持续的高涨，人们都抱着极大的关注和期望。尽管早有预期，却迟迟未得开会通知，据说将要传达中央的重大指示，各部门需要一些时间提出具体的政策和措施。等待之时，省里通知开会传达中央精神。

作为中央专业部门驻京外的管理机构，我每年参加部、省两方面的综合性工作会议。部里的会议，除有机会在京直接听到中央领导的重要讲话，加深自己对重大问题的领会和理解外，多半是由部里结合本部门情况，化为本系统贯彻中央指示的具体举措，向下报告和贯彻实施。省里则是中央会议后召集地区负责人，省级各部委、厅局或大口负责人传达中央精神及领导的重要讲话，涉及较广泛，内容更丰富。参加两方面的会议成为我们工作中的重要课程。而这次先听到省里传达中央工作会议精神，对许多问题有新的认识，预示着今后工作将有重大突破，面貌必将焕然一新。

1957 年 10 月，中央工作会议在南宁举行。会议未继续讨论反右问题，尽管还有部分地区尚未结束，党的工作重点已转到发展生产，持续开展大规模的经济建设，确定优先发展农业、轻工业、重工业的关系次序。会议重新传达毛泽东"十大关系"的讲话，特别是中央与地方的关系。毛泽东提出将中央企业交给各省，但要全国一盘棋。例如钢铁工业，各省报计划到中央，冶金部和国家计委先平衡，之后国家计委与各部委平衡后下发计划。现在变为各省确定计划并上报中央各部门了解以便平衡。

南宁工作会议对各部工作有不少批评——管理体制过于集中、不了解广大群众对社会主义建设的高度激情和积极性、制定计划保守、对地方和下面约束相当多，不利于社会主义建设事业的发展等。对部委震动很大，会议要求各部提出整改措施，专题上报中央暨国务院。正值岁尾年初，整改措施关系到国家计划的主体担当和上下体制的重大变动，不仅观念需转变，更要落实到组织和管理制度上。为充实地方的建筑力量，发挥中央和地方两方面的积极性，中央要求建工部下放企业到部分省市。经过紧密研讨，从大局出发，从建设事业发展的远景出发，最后统一了认识，提交了符合中央精神的完整报告。

各部门情况不同，有的单位因其特殊性质仍然保持部属企业，实行部地双重领导；有的企业规模很大，列入计划双轨管理，以部计划为主，此点已取得双方的共识；多数工业部门将所属企业分为几类，大中型项目仍以部领导为主。建筑工程企业有自己的特点，施工企业多数下放，并按行业归口。根据各地现状和企业流动性的特点，要做到下放后各地区力量平衡，建工部起到归口管理的双重领导作用，几个驻京外管理机构提供下放方案。部里要求下放后各局负责人，除西北贺敏学调任福建省副省长以外，其他均调回机关。初步方案如下：

部直属工程企业保留第一工程局（原部直属公司）、第二工程局（原华北包头工程局承担国防工业大型工程）、第三工程局（原西北兰州总公司）、第四工程局（由中南工程总局改组而成），其他公司分别下放或调给福建、浙江、江西、湖南、湖北、广西、贵州，独立的洛阳工程局下放给河南。

东北两个公司，华北太原、大同，河北原地下放。

西南原有力量下放四川，原西南三公司下放到云南，原已派驻贵州遵义的一个小公司，下放给贵州，安装公司一分为三，交给云贵川三省建工。方案确定，由部里召集部属企业和相关省区会商交接。

部领导与我谈话："你这几年工作做得不错，回去善始善终处理好下放交接工作。部里准备调你回计划司，原司长焦善民已任部长助理，张文韬希望回上海，东北郭林军拟到部办公厅，华北的任朴斋将调部生产局，原局长刘裕民已调任部长助理，西北的汪胜文已调任设计局副局长。"

面临工作变化，我左思右想，一时难安，其实已经历了多次。计划工作未必适合我，离开西南建工真有点恋恋不舍！

1957年末，建工部传达南宁会议精神——中央关于调整工交企业管理体制及下放企业的指示，初步议定直属企业大部分下放和撤销大区管理局，责成各管理局负责人收集意见作出草案，迅速报部形成具体方案，经批准在年度建工会议公布并实施。由于事先已有较长时间酝酿和思想准备，且对今后事业发展关系很大，因此会议讨论热烈。建工部过去的工作重点是部属企业和承建重点建设的单位，与地方建筑部门的关系限于质量安全和企业管理的指导和检查等，一般生产活动由地方自行安排。这次提出要归口，列入计划管理，部里要在中央和省市企业中平衡调剂重点建设力量，相关的事项一下多了起来。我们几个大区工程局负责人，根据年末会议的安排方案，回到本单位经集体讨论后，将意见反馈到部里。

第七章

跃进的 1958 年

中途变故

1958 年 2 月，春光明媚，一年一度热闹非凡的青羊宫花会开始了，游人渐渐多了起来。游客中不少人操着外地口音，不时啧啧称赞。中央在成都举行政治局扩大会议，各省第一书记、中央部长参加。会上第一次提出"鼓足干劲，力争上游，多快好省地建设社会主义"的总路线。会议组织游览青羊宫花会，那天可能是花会有史以来最整洁最文明的一天。我当时正在北京最后一次参加建工部会议，后来回到成都听到一些讯息。会议已结束了一段时间，它的巨大的影响引发人们的深切关注。

我在建工部大会开始前提前到京落实有关事项的具体安排。部里上报并经批准的方案，只是大的方向和原则，实施前分别沟通交换很重要。部里主要领导人嘱咐大区局的主要负责人，一定要有全局观点，着眼全局、大局，做出有利全局、平衡各省区重点建设工程力量的方案。经过部里统筹权衡，在各地区配置上适当抽补调整，在全国建工会上宣布实施。

方案明确为了在社会主义现代化建设的伟大事业中，充分发挥中央和地方的积极性，将部属工程企业大部下放到重点建设省区，形成中央和省局级的重点建设力量，并纳入国家建设统一的的计划管理。部里保持直属设计院不动，施工方面保留四个工程局，分别承担汽车、重型机械、国防兵工、重化工业、大型石油基地等重大和特殊作业工程，并可在全国范围内机动。四个工程局中，一局由部属直属公司改建，他们建成了"一汽"，正在建设"一重"，下一步准备进入"二重"或"二汽"；二局由部属华北包头总公司改建，正在建设国防兵工大型基地；三局由部属西北兰州总公司改建，正在建设兰州重化工基地；四局由部属中南工程管理局及所属部分建筑安装企业改建，正在筹划进入茂名大型石油化工基地现场。上述保留的直属建安企业，加上承担特殊作业工程的大型土石方公司及基础公司等，加起来只占现部属企业的少数，多数企业下放到省区一级。根据各地区建设的需要，分别配置。其中东北地区原有基础较好，已调出东北一公司改建兰州总公司，这次变动将东北二、三两公司下放辽宁、黑龙江，适当调剂吉林工程局；华北局力量较强但重点任务繁重，除包头总公司，其他施工企业大部下放晋冀两省区；西北经几年陆续从东北、华东调来大量施工队伍，成为建设力量最强大的地区。这次除兰州总公司改建外，另从华东迁往西安的队伍中抽调几个公司，返回安徽、福建等省区，西北工程管理局所属其他企业，均下放到陕西、甘肃；中南基础较好，力量雄厚，除中南工程管理局及所属部分企业改建为部属四工程局外，部属洛阳工程局（原从华东迁建，承担洛阳几大重点工程）已调出部分力量返回华东，成为华东工程局唯一的建筑公司，洛阳工程局剩余部分下放河南，中南局大部分公司下放湖南、广西。西南原有建筑队伍力量最小，而下一步四川、贵州等地重点建设任务特重，为此，在部属西南各企业中，西南三公司全部下放云南，西南四公司派往遵义的分公司独立为一公司，就地下放贵州，另调原驻郑州的中南四公司全部异地下放贵州，成为贵州从事重点建设的主力。西南工程管理局所属一、二、四、五公司及局本部（除个别同志上调回部，一部分技术人员调剂到云贵两省）均下放四川。

上述方案，在提交这次会议之前，部里已和相关省区通气，参加会议的各省区同志有备而来，他们对建工部主动下放工程力量，并做了平衡安排均感满意。我参加了与云贵有关领导的座谈，云南省主管工交基建的领导人表示，云南一直把西南三公司和黄以仁当作云南建设的主力军，现在部里把西南三公司下放云南，补充安装机械设备和试验研究人员，是大好事，我们高兴得很！云南已确定将原省建工局扩大为建工厅，黄以仁任厅长，统管全省建筑力量。与会的贵州建工局局长也表示，贵州的建筑力量原本最薄弱，现在部里跨省区抽调中南四公司来黔，使贵州拥有重点建设的主力，表明部里很重视贵州未来的发展。之前从西南四公司抽调来贵州的遵义分公司，虽然力量不大，但那时也是尽力而为，现在又为省建工补充配备机械安装科研力量，十分难得。我们没有理由要求获得更多照顾，即使这次有所加强，以贵州的现状恐怕也难以适应未来发展，希望今后每个时期，每个年度，部里都给予照顾和帮助。他说贵州省领导确定将省建工局扩大为建工厅，吸收中南、四川公司的负责人，参加对建工行业的领导。四川省同样是建工局的负责人参加会议，行前省里主要领导交代，对部里关于四川的安排完全接受，坚决执行。

会议结束前一天，部领导请六位工程管理总局局长在食堂聚餐。部长说："这次会议圆满完成下放调整的预定要求，各局几年来做了大量工作，培养了一批生力军。原有的工作岗位不存在了，新的任务已经在召唤你们。贺敏学去福建，张文韬确定留在上海，你们四位将仍在建工部工作，孙一清、郑奕到新建的四局，郭井军到部办公厅，任朴斋到生产局，何郝炬到计划司。"人事安排终于确证，这下安心了。

大家都很兴奋，我心里却十分淡然。"坐机关"并非是我中意的。我这半生是在不断上下跑跳中度过的，对啃数字写报表，没经验也没兴趣。现在部里并不缺计划统计的人才，比如计划司副司长肖桐，我们接触颇多，他对计划、报表的洞察、分析能力和钻研劲头令人敬佩。计划司司长缺位，他就是理想的接任人。我明白，把我放在这个位置上是对我的重视，如同杨春茂副部长所说："那么年轻已是资格相当老的地委书记，就是不一样。"他们可能高估我了吧？

回到成都，我和四川省城市建设厅（原四川省建筑工程局）厅长马识途一起去向时任省委书记处书记陈刚和省委工业部部长杨超①汇报，老马代表省里参加会议，我是西南工程管理总局的代表，有交接和告别的双重意思。汇报时，陈刚、杨超表示部里对四川情况很了解，把四川放在主要位置，无论怎么平衡安排，我们都没有意见。杨超顺便问我西南工程总局机构撤销后，几位领导怎样安排，去向如何。我向他们介绍，西南工程总局现有两位副局长和三位党组成员，撤销后，党组成员宋涛任西南工业建筑设计院院长，仍可参加机关党组工作，分担一部分活动及任务；刘贤、吴兴德可在新的领导机关担任副厅长；副局长黄以仁随三公司下放云南，云南提出由他担任云南省建工厅厅长；副局长王森将率领西南工程总局大队人员和几个局属公司下放四川。王森政治业务都很强，可以在马识途厅长的支持下，承担常务副职，这可以说是一个很棒的组合。至于我，已被通知回部里计划司。

杨超接过我的话说：“部里计划司肯定是重要工作，但四川有一个请求，西南工程管理总局这样一个大摊子，百分之七十的人员留在四川，希望你留在四川工作。”尽管调北京可能升职，但我表态服从组织安排。关于四川建工部门的领导配备，部里在平衡安排时已讨论，四川建设部门现有领导能力很强，中央早考虑上调，部里下派王森可主持常务工作，可以说这是全国最强有力的领导班子之一。杨超接着说：“省里对王森已经了解，如你所说他是一位很好的同志，但是省里领导已经研究过了，还是希望你能留下。”马识途也表示：“你能留下，我愿意做助手，大家齐心合力建设这支工程大军。”老马具有文学、外语、考古和工业多方面学识，省里会充分考虑他的工作安排，他能发挥作用的方面很多。

本来是交接告别的汇报，没想到省里压根没打算让人接手我的工作放我走。我是建工部的代表，无法对此表示同意。杨超说：“你现在的身份

---

① 杨超（1911—2007）：原名李文彦，四川达县人。1932年加入中国共产党。新中国成立后，先后任周恩来总理办公室政治秘书、川南区泸州地委书记、全国总工会西南办事处主任、四川省总工会主席、四川省委工业部部长、四川省计委主任、四川省委书记处书记、四川省副省长、四川省革委会办公组副组长、四川省革委会生产建设办公室副主任、四川省委书记兼西昌规划开发委员会主任、四川省委党校校长兼渡口市委第一书记、四川省政协主席。

是建工部的西南工程管理总局局长，当然要按建工部的意见说话。但你还是四川省委委员，省里可以在你去留问题上提出意见，你当然不好表明自己的态度，没关系，省委会向中央组织部提出请求，按中组部的意见办事。我们认为中组部会考虑或同意的，今天不再议论此事了。"

我并不认为中组部会同意省里的意见，这是四川的一厢情愿。我仍然按照预定的计划办事，并准备搬家，这个家并没有多少东西可搬，肖林在北京读书已有几年。

但事情的发展出乎意外，没几天，省委工业部通知王森去谈话，他回来高兴地告诉我："杨超说中组部已答复，同意你留在四川工作。"我一时惊愕，怎么这样快答复，建工部怎么这么快同意了？

据杨超说，中组部权衡了双方的意见，认为省里提出的西南工程总局一大摊子事都放在四川，将我留下比回部机关更合适。况且还是担负建工方面的领导，和建工部上下联系更为有利。若没有这一条，建工部可能坚持原意见，不会立刻同意的。果然很快接到人事司司长电话："你到计划司工作一事，部里早已报至中组部并得到同意。这次中组部考虑四川省的意见，认为两项工作都很重要，但计划司工作可以另配其他同志，四川提出的大摊子工作下放四川，任务很重，你在西南工作已久，对此很熟悉，留下事关紧要，而且有利于四川建工事业的加强。部里经过研究，同意这个意见，刘部长特别转告，今后在工作上将会时常联系你的。"

这个电话表明建工部已同意中组部意见，是对我工作变动的正式通知。

自安排调我回建工部以来，我即心无旁骛考虑如何搞好撤销下放工作，突然的变故使我不得不重新掂量今后的工作。一些同志早知我将离去，时常有人来摆谈惜别，这下听说我又不走了，又一次上门致候，表示对我留下的愉悦心情，也表露了希望自己今后工作得到组织的关怀和照顾。马识途几次过门交谈，他对西南力量下放倍感兴奋。他介绍了省建的概况，担心两个组织合二为一，不好处理两方面的关系，如何团结一起向前进是个问题。对此我有感受，当初冀鲁边与清河合并，"很好"与"不服气"的暗流涌动至今难忘。不过我有信心，他亦表示，愿意和我行动一致，搞好团结。但是又面临新问题，我留在四川，已明确我继续在建工工作，而他的工作，省里对他多方考虑，却又一时定不下来，成了他的心事。前一段处理撤销、下放，我自信能够照顾各方需求，做到公正、平衡和平稳，得到各方肯定。未料到留下的消息传播开后，竟出现了一件令人不愉快的事情。两位老同志直接向建工部写了署名控告信，控告我排斥老干部。同时抄送相关省市党委。

陈某，第八安装公司副经理，原建筑四师一团副团长。第八安装公司三个工程处被分给川滇黔三省，他率领第二工程处下放云南，并将任云南省建安装公司代经理，他怀疑我早就知道将留下，因此把第八安装公司最强的一处留在四川，而让他率领较弱的二处去云南，极不公平。追溯前因，他是主力部队的老副团长，转业以后，他本应在大单位任正职，却长期在工程处。第八安装公司成立时才被任命为副经理，排名在工人出身的技师王子宾之后，和新提拔的原四师师部办公室副主任（营级）排在一起。他认为这是我任人唯亲，排斥老干部的恶劣行为。

葛某，原后勤军械修理所负责人，后转建工局重庆修理厂，修理厂后按建工部要求划归新组建的第八安装公司，改为修理安装兼营的分处，取消原来工程的独立地位。他认为他这样的老军工长期压在基层，不被重用，受到排斥、歧视。

部里派人核查了解，澄清了事实。工作中对他们的提拔使用都是正常的，并无违反组织原则的行为。并且自他们转业以来，根据其历史和工作表现，职级待遇实际都已提高。

此事就此平息，却给我留下深刻的记忆。

我根据既定方案，主持分配云贵川三省力量。四川由四川省建委统管，四川省建设厅具体实施，1958年3月，下放工作全部结束。

一次盛会

我到省里参加的第一次会议是 1958 年 5 月省委在重庆召开的全省地方工业会议，主要贯彻执行中央成都会议精神——"鼓足干劲，力争上游，多快好省地建设社会主义"总路线，是广泛宣传、落实、实施总路线的动员大会。省里各大部门负责人在大会发言，从自身工作出发，领会总路线精神，并对本系统工作提出纲要性的发展规划。要求各部门领导在省级报刊公开发表署名文章，对广大干部群众的动员号召发挥作用，推动大干快上的生产建设的高涨。

虽然已明确我到省里工作，但尚未公布。这种重要的表态性发言应由省城市建设厅现任厅长署名发表，我初来乍到，心中无数。马识途十分谦让，坚持必须我做，他协助。几经协商，最后采用了建工部西南工程管理总局和四川省城市建设厅两家的名义发言，这在省里各部门的发言中成为特例。

我对此发言惶惑不解，因我非常不擅长这种表态式的语言。我认为拥护党的路线、无条件执行方针政策不用表态，必须表态的是另外两种情况——党组织提出严重批评或给予处分，应当严肃表态，表示接受，若不表态，就意味着你不接受，和组织对立；另外则是党对有关工作的指示或处理，有不同意见需向组织反映意见，但组织的决定指示必须贯彻执行，这也需要表明态度。在战争年代，我一直习以为常。近几年时有同志提醒我在发言前，应该有明确的表态词，这才引起我的注意，但我常常到时候又忘记了。此外，我拥护并坚决执行党的路线方针，但对个别文字处理有自己的看法，如："多、快、好、省"是党的严格要求和标准，是否需要在总路线中专门提出？在这种情况下，这次发言幸亏老马指点帮助，才得以完成，我对老马执行党的路线方针的真诚态度和表述的能力深表佩服。

会议进行时正是"二五"计划的第一年。完成国家计划和贯彻总路线的要求紧密联系。尽管全国只有年度计划的草案，而四川省有一份单独的计划清单，略见一斑。"二五"计划的规模比"一五"计划规模大了许多，符合总路线要求，体现了党的八大以来号召经济建设方面"超英赶美"的精神。四川省重点建设计划项目增加较多，仔细一看，主要的大项是中央各部管理的直属大中型项目，如重钢、江油水泥厂、成都电厂、四川化工厂等。按照新的管理体制，在中央和省两级统一安排计划中所体现的，新增了江油钢厂、成都无缝钢管厂等项目，突出的有第二重型机器厂的新项目，九龙坡电厂的扩建项目，国防军工方面只有投资总额，增长比例很突出（拟上飞机制造项目）。这些过去虽有议论，但付诸计划、准备实施似乎还很遥远，现在都提到建设日程上了。会议特别提到将大幅度提高本年度钢产量，在"二五"期间新建钢厂、扩建旧厂，各地有条件的都要办钢厂。看来新时期的四川建设，足够我们大干一场了。

重庆市的李止舟①是市委办公厅主任和市青年团书记，兼做市计划委员会的工作。他告诉我，在制订全国"二五"计划时，他接触到一些重要的新提法，除了大家所熟悉的"超英赶美"的口号外，还要突出几个先行工业的发展，特别是冶金工业。听说中央领导不止一次批评计划和工业部门，最近却表扬了冶金部，说他们思想解放，在务虚中务出了冶金工业的辉煌设想，吹起了工业大发展的雄风，体现了多快好省的发展速度。因此计划上增列了许多冶金工业项目，出现了"三帅两先行"②"以钢为纲，纲举目张""元帅升帐，生产高涨"的口号。这都是对工业和经济建设的新论述，无疑会大大提高工业和经济建设的发展速度，看来发展的路子越来越明确了。他向我介绍了计划和经济建设中一个重要的情况，也是一个标志：工业产值超过农业，即工农业总产值内部比值的变化，是国家经济工业化的重要转折点。去年四川工农业比值接近拐点，说明四川工业发展的步伐大大加快了。

---

① 李止舟（1916—2004）：四川荣经人，1938年加入中国共产党。新中国成立后，先后任重庆市团工委书记，青委书记，市委办公厅主任，四川省政府机关事务管理局副局长、省旅游局局长、党组书记。1962年被打成"萧李廖反党集团"（萧泽宽、李止舟和廖伯康），1982年平反。
② 三帅两先行：钢铁、粮食、机械工业称为"三帅"，能源（煤炭、电力）、交通称为"先行"。

我对他的说法有疑问，四川的现状明明是农业块头大，工业的基础十分薄弱，我追问这个论断从何而来。

因为是熟人，大家讲话很随便。他说："正因为农业块头大，农业合作化以来，生产一直高涨也倒逼了工业的发展，形象地说吧，这回工业超农业，关键就在一把刀上。"

什么刀？能有这么大的力量？

李止舟说这是一把"屠刀"，发挥了关键作用。在计划统计的报表上，生猪存栏数是农业的重要实物指标，在农牧业产值中占了相当比重。一把刀下去，生猪变成了猪肉，成为工业产品的实物，当然只能说是手工业加工出的产品。以往我们的统计不健全，农业统计较准确，猪的存栏数字准确可靠，而屠宰多为个体户，漏列很多。近来有了改进，从上市的猪肉量以及屠宰税的统计中发现，猪肉产量统计得到核实，去年生猪存栏数已超过七千万头，猪肉的产量大幅上升，这个事例打破思想上的桎梏。工业建设的发展不像我们设想的那么困难，务虚使我们开窍，要向冶金部学习。发展冶金工业是关系经济全面发展的大事，它会带动包括农业在内的各方面的发展，以钢为纲，纲举目张，当然抓钢也不能忘掉农业，它是经济建设的基础，两者不可偏离。我对他说的这种"数字搬家"（即计划统计表把生猪从农产品变成了工业产品）很纳闷。

会上李止舟突然提出："杨超同志，你是我们党内的思想家、理论家，能不能写一篇务虚的文章鼓励大家？"他这一说，我们才知道原来杨超在党内有这样高的声誉！杨超立即作了回应，第二天在会上作了题为"思想解放"的发言，按照中央领导号召，从理论上阐明对总路线的辩证认识，正确的理论和人的思想行动结合。以我们现有的物质基础和人的思想面貌结合，只要思想解放就能发挥出最大的能量。他就此提出一个有关现实的重大问题——西昌攀枝花的开发。从地质钻探初步结果得出，西昌攀枝花的开发很可能关系到全国的经济建设，现在是大好时机，四川应立即上马这个大项目，首先建议列入"二五"的重点建设计划，并立即在省委领导下建立西昌工业区建委，整合各方力量进行工业区的全面开发建设。杨超表示他愿在有生之年，投入到西昌工业区建设的事业中。省委主要领导频频鼓掌，对他愿意亲上建设前线的壮举表示支持。会议期间，省委专门研究杨超的提议并汇成报告——将西昌工业区（主要是西昌钢铁厂）建设列入国家计划，成立西昌工业区建委，受省委的直接领导，其地位在西昌地区之上，明确由省委常委、工业部长杨超兼任建委书记和主任。

组建四川省建设厅

组建省建设厅，是我安下心来要抓的第一件事。与我当年初入西南建工局不同，那时我一个人无声无息地从航务部门转来，在小旅馆里租下一间简陋的房间，开始摸索西南建工局怎么组建。有了七八个兵的时候，才靠唯一的助手苏云，在鲜特生老人的住宅"特园"里租了三间大屋子，开始办公，前后经过五年，才达到后来的规模。现在建工部西南工程管理总局与四川省城市建设厅合并成立四川省建设厅。两个单位原来各有新建的办公大楼。锣锅巷大楼是西南工程总局和一公司的联合办公楼，另有曹家巷、锣锅巷三个住宅区。省厅在簸箕街建有新办公楼和一部分住宅。从外表看锣锅巷办公楼气势宏伟，然徒有其表，内部却很狭小。省厅建于原法国领事馆旧址，新楼外观朴素，里面有宽阔的院子。

这些建筑完全可以装下新的省建设厅。一个组织因工作性质决定了其机构设置、人员配备，各部门有所不同。省工业厅因下面有几个小局显得庞大。省里领导指出，建设厅可参照建工部的规定职能，配置相应机构，并按照精简高效的原则，压缩人数，以适应当前形势，做到精干有效。

着手了解省厅的工作情况，发现与西南工程总局的工作范围相差很大。建工只管理属下公司的施工，事情单一、集中。省厅则庞杂得多，不仅管理所属的三个建筑公司和四川省设计院，而且要归口管理地县的建筑队伍，虽然它们主要由地区管，但省局必须负责相关建筑的技术规范、技术标准，发生质量与安全事故，也必须过问。今年处于建设高潮的前夕，各地区高度重视发展建筑力量。省属建筑公司接受地区施工任务有所增加；建工部将建工、城建总局、建材工业三部合并，职责范围增加很多，对城市建设管理和公共事业的要求很高，四川也不例外。除重庆和成都、自贡市外，市县城市规划提上日程，而涉及具体规划须由省局最后裁定。建材工业不只现有三个大、中、小的水泥厂和两个非金属矿，还包含砖、瓦、沙、石以及一些地方小建材产品，都属于省厅管理范围，庞杂程度可想而知。

1956年成立国家基本建设委员会，薄一波任主任，全国建设会议上明确了国家重大建设由国家建委统一管理，国家计划的重大项目，包括甲乙方在内的综合设施，其责任和权力均超出各部范围之上，各重点建设省区也应相应建立建委机构。四川省当时确定由省工业办公室兼管此项工作，现在工办之下设立基本建设局，进行成立建委的准备工作，工办先挂建委牌子，马识途以工办副主任身份兼建委代主任，管理此项工作。1957年撤销国家建委，其业务由国家计委兼管。省里将基建局机构并入省局，保持建委职能直到现在。这次新组建省建设厅，沿用这一办法——建委名义暂时保留在省建设厅，这是超过省厅工作范围，对省级专业厅局负有综合职责的一项工作。省里当时未特别重视，是临时安排，但放在省建设厅头上却是大事。为此我向杨超请示："工办、计委是综合性职能机构，这事放在工办头上不是更合适吗？"杨超答复："中央企业和几个地区管理局下放到省里，工业管理任务一下子加重了，省里正在考虑如何设置更为适宜，建委这项职能和你们接近，还是由你先管起来吧！"

经过这几番调整准备，除了厅领导班子成员有的人去向未定，须经省委最后决定批示始能公布外，厅及附属管理机构算是定下来了。省厅的职能处室为办公室、监察室、机关党委及城建、计划、财务、生产技术、人事、劳动工资、卫生（管理成都、重庆两处医院及各公司卫生科室处，其负责人兼成都医院院长，卫生处不另设专职人员）和总工程师、总机械师室，原归属建委的基建综合处仍独立设置，原批准安康元任建委副主任未公布，改任省建设厅副厅长仍专管此项业务。厅直属两个企业管理机构，即建材工业局、安装局及科学研究所等。不久中国科学院在几个原大区所在省市设立分院，省里调马识途到科分院任职。他向我提出调省建一公司经理与他同去，帮助他做筹建工作，我即表示同意。随后省厅原负责政治思想工作的副厅长李静波调省煤炭局。李离去之前专向我汇报原省厅思想政治状况，对马识途颇有微词。据李静波说，他曾在"反右派斗争"前夕向省委主要领导汇报老马是右派分子，得到的答复是："汇报有道理，但马识途是四川地下党的苗子，还是该保护呀！"李静波思想坚强，个性突出，作风硬朗，颇有好评。但他的意见显然有很大片面性，反映了老区南下干部的思想作风，与地下党同志之间有相当的隔阂，解决好此类矛盾绝非一时之功。由此联想到两支建筑队伍合在一起，也会各有不同观点、作风，特别在干部使用以及发挥队伍的作用方面，往往出现分歧，需要随时注意。合并伊始，对直属几支队伍的组合、配置也得费很大功夫，才不致发生意外。除了设计院、科研所、机械总站、教育机构一般保持不动外，对原有七个土建公司和安装工程处重组如下：

原省建一公司是省里搞工业建筑的主要力量，此次保持不动，负责以自贡市为中心的川南地区省属以上工程项目的施工，其主要领导人随马识途调走，由该公司另一主要负责人继任。

原西南一公司按顺序改为省建三公司。该公司为西南工程总局第一主力，仍驻成都，承担川西地区电子、航空和一部分大型民用建造施工任务，人员不动，新派一位党委书记。

原省建第二公司，主要承担民用建筑，合并后将有两个工区下放专县，力量稍有减少，考虑与西南二公司合并，保持其主力队伍的能力。

原西南二公司，即将自山西调回。该公司在重庆、太原承担国家重点建设工厂任务，人数较少，与省建二公司合并后，其能力与新建省建三公司持平，可分担成都地区航空、化工及一些大型民用建筑任务，其领导人拟由双方各抽调一人，分别任经理和党委书记。

原西南四公司改为省建四公司仍驻重庆，主要担任重庆地区军工建筑及其他任务。该公司遵义工程处下放贵州，将原省建五公司留驻重庆工程处划归该公司。

原西南五公司系几方面混合组成，能力较弱，决定合并入新组成的省建二公司（除重庆工程处四公司外）。

原省建三公司，应杨超之请，作为省属公司，交由西昌工业区建设委员会领导管理，名为西昌建筑公司。

到 4 月底，经省委批准的四川省建设厅领导正式公布如下：

何郝炬、王希甫、王森、石民、吴兴德、刘贤、安康元（专管建委工作）。王希甫①是原省厅二把手，曾参与修建抗战时期延安大礼堂，本人系高职土木科肄业，石民②系抗战时期中共北方局青委成员，刚来省局工作。

摆开大摊子

此时已不断传来一些重大新建项目的动态。

成都航空工业筹建处来人告知，该处于辉主任已调回二机部三局，捎信致候，并通报成都两个厂即将同时大上的消息。发动机厂已于 1957 年开始厂前区工程，是准备工作的一部分。西南工程总局原派遣五公司一处（王经志）担任施工，现两厂大上，要求重新部署力量。两厂设计工作俱已完成，现按照国家要求，正在开展设计革命，对原设计进行修改，不久即可交付。于辉调走后，财政部杜同光继任，杜也是一三二厂厂长。不久，发动机厂厂长崔光炜、基建副厂长李英杰也前来过访。我发现，崔竟是十多年未见的老相识，抗战时渤海行署的一位科长。

化工部李长清来访，此人原不相识。他自报是四川化工厂（金堂）筹建负责人，接替原筹建负责人李鸣鹏，李鸣鹏让他来找我。该厂 1956 年

---

① 王希甫（1913—1983）：吉林洮安人。1937 年加入中国共产党。新中国成立后，先后任成都市军管会农林水利处副处长，川西水利局军事代表兼副局长，都江堰水利修复工程指挥部总指挥，成都市建设委员会副主任，四川省建工局局长兼分党组书记，四川省建设厅副厅长，四川省建设局局长兼分党组书记，峨眉水泥厂革委会主任，四川省建工局革委会副主任、党委副书记，四川省建委副主任。

② 石民（1918—2006）：贵州贵阳人。1937 年加入中国共产党。新中国成立后，先后任华北局党校研究室副主任，西南局组织部训练班及西南局党校教育处副处长，川南总工会副主席，四川省第一工农干校校长兼党委书记，四川省城市建设局副局长，四川省城市建设厅、四川省建设厅副厅长，四川省建设局副局长。

曾部分开工，后临时停建。现已决定重新上马，请求建工部门继续施工，该厂是一项特大的化肥项目。所谓有一个重机厂、一个特大化工厂（军用）就可以达到日寇当年的国防军工水平，李长清说这次再也不会停建了。

就在此前后，北京决定兴建十大建筑，包括人民大会堂、革命历史博物馆、美术馆、民族文化宫和几大高级宾馆等。周恩来、彭真等多位领导亲自选址，抓设计。北京市副市长万里亲自抓施工，并宣称在 1959 年国庆节前完工。一时震动全国，各地纷纷响应。四川省由副省长阎红彦主持，在有关厅局参加的会上，确定成都兴建几项特大建筑，包括大会堂、锦江宾馆、总府街招待所和东城根街宿舍等大型公共及民用建筑项目，要求建工部门尽最快速度完成。省建三公司首先承担重任，不断将下属工程处拆分，将原有四个工程处扩大到九个，仍应接不暇。

在工农业生产方面，报刊不断报道农业的高产典型和改天换地、开山涉水的动人事迹。工业方面，冶金工业提出当年翻番，五年大上的号召，使年初刚列入计划开始建设的工厂，也要在当年出产品。老厂要发挥潜力，超额甚至翻番完成生产任务等。成都地区原先并无钢铁工业，为了实现全省钢铁工业发展的需要，市里决定自行筹资，集全市人力、财力建设中型钢铁厂。这个项目实际投资远远超过其他类型的大中型项目。由于全省指标要求各地区都要分担，使得各地相应出现了相当多的小铁厂、小煤窑、小水泥厂、小机械厂，真正是捷报频传，遍地开花。

最后，一个重要消息通报下来。

国家确定在德阳建设的第二重型机械厂（简称"二重"）、东方电机厂（简称"东电"）、东方汽轮机厂（简称"东汽"）三厂同时上马，建工部直属第一工程局入川施工。"二重"的厂长兼书记是一机部时任部长助理景晓村①。这个项目未落在我们头上，却与我息息相关。建工部向我交

---

① 景晓村（1917—1994）：原名景慕达，山东章丘人。1935 年加入中国共产党。新中国成立后，先后任上海市委副秘书长，华东工业部部长，国务院第一机械工业部第四局局长、部长助理，第二重型机器厂党委书记兼厂长，国家一机部技术司司长，农业机械部常务副部长、党组成员。

代了"二重"和一局来川的具体问题。抗战时期，景晓村是渤海区党委书记，是我素来敬重的老上级，他出任此职我很高兴。

正在此刻，我接到正式通知加入中国建筑师代表团，参加在莫斯科举行的国际建筑师协会第五次代表大会，会后访问捷克斯洛伐克与民主德国。后来得知，团中央也派遣肖林参加同时在列宁格勒举行的国际建筑学生大会。能够出国参加学术讨论并访问考察，当然是件好事。

土包子开洋荤

1958 年 7 月，国际建筑师协会第五次代表大会在莫斯科召开，中国派出杨春茂任团长，梁思成、杨廷宝任副团长的建筑师代表团，团员多为建筑专家、建筑教育家。不知什么原因，竟然挑上我这个土包子。大会就主流思潮和建筑风格进行了激烈辩论，会议期间参观苏联正在建设的住宅小区。闭幕后，中国代表团分成两个小团继续访问，我跟随梁思成任团长的这个团去了捷克斯洛伐克，两个多月的行程让第一次出国的我大开眼界。

9 月底代表团搭乘伊尔 - 14 从莫斯科回国，机上乘客不到三十名，除了代表团五人外，另有中国人四人，余下皆为外国人。飞机快到张家口上空时，只见前方一团巨大的黑云，机舱内气氛突变，这时机长已果断决定掉头返航，告知乘客保持镇静不要惊慌。我越发紧张，好在时间不是太长，飞机在蒙古境内的沙木拉达迫降，此地不是机场，只是荒漠中比较平坦的沙坝，沙坝不远处有两间破旧的小店，乘务员招呼我们在此休息并解释道："事发突然，沿途只有这一处临时起落点。我们向前方发了电报，前方将派装满燃料的油罐车前来，到时会把大家送到附近可住宿的地点。因为路途很远，请大家在这里耐心等候。"

大家围坐在小店里的几张小桌旁，店家端上一个土陶饭碗和一盘干硬的饼子，碗里是干辣椒和大颗粒盐。大家正准备用餐，只见碗的内沿有个黑圈，定睛一看，竟是密密麻麻的苍蝇。也许是天气很凉，怎么也赶不走苍蝇，几位外国女士一阵惊呼，无法下咽，大家的情绪都很低落，两位年轻的空姐大约是第一次遇到这样的事，不知怎么办好。

这时机长赶过来，把代表团拉到一边介绍机上乘客的情况。这些外宾来自几个国家，有作家、商人、旅游者，好几位是夫妻同行。有些国家尚未与中国建交，转道苏联前来。其中一位是某国高级文化官员，以私人身份自费来华旅行，希望代表团的同志能帮助安抚外宾。

代表团表示义不容辞，团长梁思成，年长体弱少语；王文克（建工部城建局副局长）长期失眠，身体不好；我是土包子，郑孝燮（建工部规划局总工程师）外语口语不行，重任落在清华朱畅中①副教授肩上。朱畅中1952年留苏，会几国语言，是代表团的翻译。朱教授立刻开始工作，向外宾解释情况，回答问题清晰流畅，外宾们的情绪慢慢好转了。

我（云一）与朱畅中（左三）在捷克斯洛伐克

---

① 朱畅中（1921—1998）：浙江杭州人。1945年毕业于中央大学建筑系，成绩优异，获"中国营造学社桂莘奖学金"第一名。曾任武汉区域规划委员会技术员，湖北省建筑工程处工程师，南京都市计划委员会设计室工程师，1947年受聘到清华大学建筑系任教，协助梁思成先生创建清华大学建筑系。1952至1957年留学于莫斯科建筑学院城市规划系，获副博士学位。1957年后，继续在清华大学任教，先后任清华大学建筑系副教授、教授及城市规划教研组主任，中国城市规划学会风景环境规划学术委员会主任委员，建设部风景名胜专家顾问。

黄昏时派来的车把大家送到附近的小镇，旅店清爽，餐馆干净。经过半天的折腾，终于安顿好，大家都放松下来，餐桌上有了笑声。和代表团一桌的机长也很高兴："今天差点出大事，伊尔－14这种飞机没有抵抗剧烈风暴的能力，今天如果犹豫，没有及时掉头，很可能卷入风暴的旋涡，机毁人亡。夏秋季节转换时，气流不正常，塔台常常提醒航线注意防范。我刚看到黑云，还没作出决定时就接到紧急呼叫，让我迅速回撤，切勿延误。迫降在沙木拉达是因为燃料不够，没有办法飞到有机场的城市。迫降后接到国内信息，今天早上北京飞江南的航班，也是伊尔－14，在安徽和江西交界处遭遇特大风暴失事，机上有外国专家和部门领导，他们知道我们平安降落时特别高兴。现在好了，一切都平安无事，只要明天天气正常，上午就到北京，大家今晚安心休息吧！"

"逢凶化吉，遇难呈祥"，经历了一波三折后，这八个字真是分外亲切。朱畅中转述了机长的话，外宾们都高兴极了。"但是"，朱畅中话锋一转，说起今晚的住宿安排："旅店只有几个房间，没有单人间，男乘客多些，住三个大房间，床位不够打地铺。女宾是两个小房间。你们几对夫妇，对不起，只能棒打鸳鸯了！"朱畅中的话引来一阵笑声，外宾们欣然接受。

次日清晨，晴空如洗，大家坐回了原先的位置，两位乘务员忙着给乘客送茶或咖啡，大家愉快地互相致意。接近中午降落北京，回到建工部招待所，杨春茂特地来看望，他带团去了民主德国，比我早回京两天。听说我们所乘坐的航班迫降很担心，今天见我平安返回，很高兴。说起头天失事的飞机，才知遇难的外国专家是建工部勘测院的苏联专家，我见过几次，为人爽朗热情。同机遇难的陆凤翔（西南工业部办公室主任，后调任冶金部）曾与我共事，听到噩耗我深为难过。

半个多月后，郑振铎、蔡树藩率团从北京经莫斯科访问阿富汗，在同一航线上失事。我这时才知道自己多么幸运。

大干快上的热烈气氛

我在京停留了两天，参加部里为此次出访苏捷之行的总结座谈，之后即匆忙赶回成都。我一直惦记着四川是否跟上了"鼓足干劲，力争上游，多快好省地建设社会主义"的总路线。时间过得很快，转瞬 1958 年已过去三分之二。这段时间里，到底干得怎么样？

希甫、王森、康元等同志，赓续不断来看望。聊到当前状况，大家都很兴奋："你出去两个多月，一定不会想到，这场轰轰烈烈的群众运动，从开始到现在一直持续不衰，是党和国家的正确引导，总路线的威力深入人心，充分发动了人民群众，大家拧成一股劲往前赶，越干越有劲，聊起这些新鲜事可真多哩！"大家一致认为，最显著的是农业，那真是你追我赶，高潮迭起，把其他方面，其他战线通通甩在后边，叫人总是追赶不上哩。

我们这些人都是从农村走过来的，思想上、感情上始终关注农村。现有工作对农村接触不多，但记得从"土改"、互助合作到农业合作化高潮等关键事件得到党和毛主席的特别关注和指引，年年向上，年年增产，人心舒畅。大家也都对农业发展的好光景十分羡慕。没想到在新时期，农业飞速前进，过去想不到、做不到的事一个个全给超越了，大家着急想追赶却总追不上！几个人全都这样说，我谈起刚到北京听说徐水农业亩产突破几千斤的特大新闻，京中机关、学校及企业界大批前去参观或参加现场会议，那是在总路线的指引下，农业又一个重大的突破。

"你的消息过时了。"他们说，"你离开国内的时间虽然不久，可恰恰正在这时发生了许多突破性的大事件。农业的高产纪录是河南起的头，他们在《人民日报》上放了高产卫星，小麦亩产上了几千斤。没过几天，湖北省放的比他们还高出许多，从那以后就好像在比拼一样，不断有此类报道，徐水只是个例罢了。"那段时间四川一直没有报道，人们背后不少议论：还算是农业的先进地区，这么落后，咋就是上不去。这算好，前几天，省里在郫县红光公社也放了个大卫星，把前边那些纪录统统甩到后面了。

"那是咋回事？咋个一下就上去了呢？"我真有点纳闷。

自然是采取了许多措施。省里通知了各大单位负责人到现场参观，千真万确，那亩水稻与别处大不一样，单秧苗数量就比别家地块多，成熟的水稻挤得密密麻麻，密不透风，好在已临近收割，田里已无积水。据说还集中一批大电扇给地里吹风哩！

"有这种事？可得赶快收割，久了会把庄稼捂坏的！"我说。

那是自然，据说过了两天，全给收获完了。

听说这些，我心里有点嘀咕：到底怎么回事？我坚信在党的正确政策指引下，农业肯定是年年增产。可是农业产量增一点也很不容易。中央上年发布的农业发展纲要，提出在几年时间内，使粮食能实现亩产超八百斤的目标，那是要费多大力气，采取多少措施才能够达到的，怎么会一下子上得那样快，上千斤的高产来得那么容易，并且那么整齐地在各地区一齐涌现？我始终相信《人民日报》的公开报道，从来没有不实事例，这中间肯定有诀窍，只是不为我们所知罢了。过了几天，我见到省计委副主任张戟①，谈起此事，我们的想法颇为相似。他对党报上公布的纪录数字坚信不疑。他提到那天现场参观，各单位都是先接到通知，去得也很整齐，包括省党政领导机关的领导除阎红彦外都去了，这对大家可以说起到重大的促进作用。阎红彦是省委书记之一（当时排在第四），主持政府工作的常务副省长，主管经济建设。据说他头两天已去看过，现场参观他就不再来了。

话题转到了工业建设，大家认为和农业一样形势喜人。各条战线大量报道了以增产节约为中心的劳动竞赛，重大产品生产纪录也是你追我赶，不断创新。不同的是工业产品种类众多，超产纪录不像农业那样明显、引

---

① 张戟（1916—2007）：山东曲阜人。1938 年加入中国共产党。新中国成立后，先后任重庆军管会贸易部副部长，川东行署工商厅、工业厅副厅长，四川省财委秘书长、副主任，省计委副主任兼党组副书记，省农机局党委书记兼局长，省计委主任兼党组书记、省委委员。

人注目。现在人们普遍关注的是钢铁工业。年初冶金部部长王鹤寿在务虚会上提出钢铁工业要在几年内大幅度提高产量（当时全国年产钢五百多万吨）。毛主席肯定了此番言论，指出工业发展衡量标准是钢产量，提出了钢铁工业迅速实现"超英赶美"、持续翻番的豪迈设想，"以钢为纲，纲举目张"成为经济建设的指导思想。相应地把钢铁工业的计划指标提高到比上年翻番，列入 1958 年年度计划，各省市区跟进，钢铁工业也和农业的粮食生产一样成为"大跃进"的标志。

一些新的提法为人们所乐道，如"三帅两先行"，这样的提法把农业、工业全部包括了。除了国家新增的重大项目外，各省普遍新建大量的中小型工业项目，"总路线""大跃进"把全国上下都发动起来了，出现大大小小的建设工地，十分壮观。不过有一点值得注意，那会儿时间已到 9月，已过了近全年的三分之二，冶金部务虚会提出本年度产钢超一千万吨，现在全国仅完成不到五百万吨，这不能不令人担心。据说国家将采取一些重大措施，不久即将公布。工业的其他各项指标并未对外公开发布，我们可以调整，但钢铁指标却已单独宣布，要是不能完成，对国家形象的影响就大了，是绝不允许的。

四川的钢铁计划指标能否上去，大家也有看法。四川虽说是全国少数已有钢铁工业的省分之一，但原来的基础太弱。"大跃进"前四川的钢铁工业主要是重钢、二钢（重庆第二钢铁厂）。"一五"期间重钢年产钢二三十万吨，二钢十来万吨。产铁基本是重钢。另外还有几个小铁厂，出名的有三家：威远、万福、华强。本年度确定新建江油钢厂，还在筹建和设计之中。重钢正抢建两座新增的三十三立方米高炉，新建炼钢转炉可能在年内点火，但缺少生铁，也无法生产。下一步棋该怎么走，大家都说不清。说实话，我们对钢铁工业了解也不多。

他们还告诉我，已得到中央通知，确认在经济建设中实行"三委"分管的体制，即由国家计委主管全国的长期五年计划及当年计划，另成立国家经济委员会，主管工业各部门生产，国家基本建设委员会综合管理各行业的基本建设，以适应在总路线的指引下，经济建设迅速增长发展的需要。实际上"三委"分管的体制 1956 年就实施过，当时国家建委主任为薄一波，"反冒进"后，撤销了国家建委。现在国家重申"三委"分工综合管理经济建设的体制，足见对此事的高度重视。各省市区也都采取了相应的组织措施，四川已宣布恢复建委，看来你将来的主要工作，是要转向建委了。

这是件大事。我早看到两份文件，一是中央关于建立"三委"综合管理经济建设的通知，它强调了强化经济建设的综合管理和执行的重要性，公布了"三委"领导人的名单：计委主任李富春不动，但副主任如顾卓新未列入；经委主任薄一波未变，但内部分工似有变动；建委则是重新设立，原国家基本建设委员会 1957 年已撤销并入经委，此次重新成立，主任为陈云，他出任此职引起较大关注，人们皆知他原任中财委主任，是中央书记处书记之一、政治局常委，是党内有威望的财经专家，他兼任此职显示了建委的重要性。三位副主任，宋劭文、刘岱峰、柴树藩均系新调来的。

另一通知是四川省委根据中央精神建立省里三个委员会，计划委员会基本不动，原省委书记阎秀峰兼任计委主任，现变更为副省长李斌（今年调任西南经济协作区副主任，协作区主任是四川省委书记李井泉）兼任主任，副主任张戟、刘兆丰未动，李斌此次兼任省内职务，使人多少感到不顺当。经委与四川省委工业部合并，按省委机构分工，计、经、建委在党内均归口工业部管理，经委的位置无形中突出了，其成员不是原工办的负责人，而是由原计委副主任刘洪阳①调任工业部部长兼经委主任两职，位置同样突出。建委则是以原先在工办内设立的基建综合局为基础，恢复扩大组成。1956 年省里未另设建委，由原工办挂建委的牌子，在工办内设立基本建设局作为办事机构。1957 年建委撤销，基建局并入省城市建设厅，保留建委综合职能的基建综合处单独存在，基建局局长安康元原系西康省

---

① 刘洪阳（1921—2007）：河南偃师人。1938 年加入中国共产党。新中国成立后，先后任川南区党委纪检处处长，泸州地委书记，四川省计委副主任兼党组书记，省委工业部副部长，省工业生产委员会主任，省经委主任、党组书记，泸州天然气化工厂副厂长。

财政厅长，本拟在建委成立时任副主任，后并入省建城市建设厅任副厅长，仍专管基建综合管理的工作。这次宣布的四川省建委领导人名单中，主任由原国家计委排名靠前的副主任顾卓新担任，我和安康元为副主任，赵新民为秘书长（和一般厅局不同，"三委"均设秘书长，说明工作的重要性）。安康元告诉我，组织上通知他去谈话，提到建委的人事安排，顾卓新下放来川。虽说已有通知，何时能来迄无消息，会不会另有变动也未可知。现在建委要马上开展工作，还得由何郝炬来主持，为此要他专门转告我，尽快把工作担当起来，不要等待。建委要建立党组，也由何郝炬负责，建设厅长也不动，请他两边兼管，安心工作。

我对顾卓新来川感到突然。据说他在国家计委实际担负常务工作，怎么会突然下放到省里？组织上关照不要等待，在他到来之前，我将把工作担起来，没有任何意见。建委是新机构，人少事繁，好在安康元、赵新民和综合处杨乐斋[①]工作积极主动，大量事务均及时解决，但有两件大事，必须由我直接处理。

一件事是第二重型机械厂、东方电机厂和东方汽轮机厂，选址定在德阳，要求马上开工建设。"二重"是第一机械工业部继长春"一汽"、富拉尔基重型机械厂之后建设的特大机械工厂，是建工部负责机械工业建设的第三个特大型工厂，一直由部属工程公司随工程移动现场施工。前段时间做勘测选点工作，现已正式确定，筹建处已成立，先遣人员已来川向四川省领导机关报到，包括到省建委报到。厂长景晓村叮嘱首先是向四川省委、省政府、省委工业部进谒报到，也要向省机械工业厅和省建委报到。"二重"是一机部直属企业，同时接受地方主管厅局的业务指导和工作业务联系，更因为是在建的工厂，建设中许多重大问题，都需要向省建委报告请示处理，建委是基建方面的主管单位嘛。

---

① 杨乐斋（1924—2012）：山东莒县人。1942 年加入中国共产党。新中国成立后，先后任四川省大竹地委政策研究室副主任，垫江县委秘书，四川省城市工作委员会、工业办公室、省计委科长、处长，四川省基本建设委员会副秘书长、秘书长、党组成员，省建委主任、党组书记，省城乡建设环境保护厅厅长兼党组书记。

景晓村从华东工业部调到一机部担任部长助理兼三局局长。据我所知，1955 年前后担任部长助理的一批老同志目前多数任副部长，景晓村却主动下到"二重"工作，说明"二重"的分量很重。随后建工部一局（原部直属工程公司）局长张哲民也来了，他的先头部队已部分进入现场。据他讲全国大干快上的跃进形势，促使各方面都提前实施，"二重"及东方几个项目，原计划 1959 年动工，现均提前到今年下半年。一局原是专管特大工厂的现场型公司，现在加上东方电机和汽轮机项目、德阳地区其他国家大型基建项目，可以说是不断挖掘潜能。我掐指一算，德阳"二重"、东方电机厂、东方汽轮机厂、成都无缝钢管厂、重庆电厂扩建（从原十万四千千瓦扩大到四十万千瓦）、金堂大型化工厂的复工、今年正式开工的成都航空两厂和电子工业成都基地，加上新上的江油钢厂、成都钢厂等，已经数不过来了。

另外一个不在国家计划内的大项目是成都几项大型的民用建筑工程，即受北京十大建筑的影响，由省政府副省长阎红彦亲自主持策划的锦江大会堂、锦江宾馆的兴建。他即席指定我全力负责此项工程。省政府成立锦江工程建设处，由省机关事务管理处抽人组成，阎红彦说这个处是甲方性质的管理单位，指定实力强劲的建工部西南工业建筑设计院设计、省建设厅主力第三工程公司施工，何郝炬兼任锦江工程建设处处长，机关事务管理处张铁僧为副处长，负责日常工作。阎红彦说，这项任务就由何郝炬一手担当，甲方乙方一把抓，到时保证向省里交房子，完不成唯你是问。

这不是和当年修建重庆大会堂如出一辙吗？阎红彦果断干脆，决心大，我啥也没说，接下任务。工程地点由阎红彦确定。他不同意苏联专家莫辛审定的成都市城市规划，认为大会堂和宾馆那样摆没气势。他硬是在南区四川医学院（原华西大学）华西坝校园中开辟出一条南北向的大道。这次回来，南北大道已经打开，给川医留下一个地下通道连接，两个重大建筑物的位置和宏伟气派由此凸显。西南工业建筑设计院副主任建筑师徐尚志率队正加紧进行设计，省建三公司为此两项工程专门设立了工程处，已进入现场，开始进行拆迁、基础开挖等施工前期工作。

我此时方知三公司，除早已继续进行的电子工业项目、成都航空发动机厂及航空研究所、成都电厂以及电讯工程学院等几所大专院校的工程外，还接受了成都市给的重要工程。成都市把省建三公司当作成都地区最大最强的施工公司来使用，直接下达任务，是省厅下达公司任务以外的工程，公司领导很高兴企业名声在外。三公司原有四个工程处，这几个月陆续增加，承担锦江大会堂、锦江宾馆施工的是新成立的第八工程处。可能还会增加，我提醒他们适当控制。三公司表示实力雄厚，问题不大。我从管理处了解到，尽管工程已经启动，但难题不少，预算资金只是大概估计，因设计尚未正式出台，省里给了四百万元控制权，存在较大差额。三大主要材料由国家每年按计划订货调拨。该工程仓促上马，已错过本年度订货时间，只能在省里工业生产计划外超产解决。能否达到工程要求，有很大的未知数，想要如期完工，需要很大努力。尽管如此，大家满怀信心，认为当前发展形势大好，即使有很多问题，到时候自然会得到解决的。

两件大事，三面红旗

形势继续向高处发展。

农业纪录被不断改写，生产组织形式又有重大跃进。河南首创"人民公社"，被认为是共产主义农村的高级组织形式的突破性尝试，得到毛主席亲自批示"人民公社好"，并迅速普及到全国。在短短的时间里，实现了人民公社化，影响深远。

"总路线""大跃进""人民公社"被称为进入新时期的三大标志的"三面红旗"，发出了高举"三面红旗"向更高、更深、更广的领域进军的洪钟巨响。人民公社的特别形式，未直接关联我们的工作，但"一大二公，政社合一"的高级组织形式却给人们极大的精神鼓舞。

就在此时，传闻邓小平视察德阳，即席讲话中弥德阳为"二重"和两大动力的建设基地，顺带肯定了农业大面积高产和人民公社化的高潮，并以此设想，未来仅需现有耕地的三分之一进行生产，留出三分之一耕地轮作生产，另外三分之一则可以腾出来进行现代化建设，必将进一步推动国家经济建设的高速发展。尽管是领导的即席讲话，不是正式文件，但在从事基建的人们中留下深刻的印象。未来对土地征用严格控制和严格节约的要求，将会悄然发生变化。

政治局北戴河会议后，中央以批转冶金工业部报告的形式下发全民动员大办钢铁的通知。通知强调发展钢铁工业具有重大意义，钢铁工业的跃进指标是我国已经公布的重大指标，能否胜利完成，不仅关系到冶金工业，而是关系到整个国家经济建设的大事，是必须严肃认真对待的政治问题。必须抓紧时间，全民动员，大办钢铁，完成国家计划。通知具体指出，完成钢铁工业任务，要大中小并举，两条腿走路。我国有冶炼的悠久历史和丰富经验，人民公社化创造了有利条件，可以将大量劳动力投入到冶金生产第一线，开拓钢铁工业发展的新局面。

9月7至11日，四川省委一届八次（扩大）会议在重庆召开，传达贯彻北戴河会议精神。会议决定10月1日全省统一实现人民公社化，并决定年产钢十六万吨，铁一百二十万吨，争取完成一百四十万吨。在这之前一个月，省委成立了钢铁办公室（简称钢办），省委第一书记李井泉兼主任，省委书记处书记陈刚、省委工业部副部长刘洪阳兼任副主任，各市、地、州成立相应机构。省委随即召开市、地委第一书记电话会议，动员全党、全民为钢而战，要求市、地委第一书记挂帅，力争9月底全省万座高炉全部投产。会后，全省掀起大办钢铁和人民公社化运动。要求各机关、企业、学校都要在自身范围内开发小高炉，"人民公社"要发挥"一大二公"的优势条件，抓紧秋后的有利时节，投入劳动力到矿山工作等。

由于时间紧迫，各单位得到通知当天就讨论和制订行动计划，火速执行。我所在的省建委和建设厅立即召开党组、分党组会议和厅领导干部会议，按照中央指示和自身的职责及工作现况安排了工作。

省建设厅所属企事业单位力量较雄厚，与工业建设密切关联，是这次行动的重点单位之一。我们的任务：所属企业承担与钢铁有关的建设任务，或与钢铁发展有关的行业，如水泥、交通的工程任务要抓紧进行，保证完成，并随时准备承担新的支援项目，这方面任务不轻；在其直属机关及所属科研设计单位中，发挥工业技术的优势，立即在后院砌小高炉，土法炼钢，弥补国家计划的不足。建委人数少又无直属单位，但机关要设法与有实力的单位一起参加小高炉生产；派出领导干部重点参与地区的开矿、建炉的大办行动。建委的职责之一即是抓与钢铁工业相关的各行业的建设，促进建设计划的圆满完成。

赵新民、杨乐斋，分别带领两三名干部赴绵阳、乐山，督促了解地区行动情况，帮助工作。我一人出发先去省属荣山（劳改）煤矿，检查了解矿井生产和一个新建矿井的建设，然后转道江油，核查新建的省属江油钢厂的建设。江油也是绵阳及其东邻遂宁地区各县上山下乡，大办钢铁的集中所在。安康元留守机关，处理日常工作，并参加机关后院小高炉的生产活动。

响应中央号召，大家都投入到大办钢铁的行动中去了。

首次出行

来到荣山煤矿已是日暮黄昏，矿长在矿区大门口等候已久。他早得到省劳改局的通知，告知他我将在当日下午搭大车到达广元，晚饭以前将赶到煤矿。他很感惊奇："怎么你一个人下基层？"

我笑着回答："一个人来不行吗？"

"那倒不是。"他也笑了，"只是像你这样的领导，第一次到这么远的地方，没个帮手一道，咋个都想不到呀！"

我顿觉自己鲁莽了，好在省劳改局事先打了招呼，不然找不到人，真有点狼狈呢！

晚上在矿部听矿长介绍生产和管理情况。我原以为劳改煤矿管理上一定很费力，不能和正常厂矿比，听了介绍以后，印象大不一样。他们对劳改犯的管理很严格，居住点和生产区有围墙和铁丝网，由公安干警看守。

矿部配备有专职的行政和技术管理干部，矿井生产正常，几年来按时完成生产计划。今年与往年差不多，省里要求增产，看来可以达到。计划新开一个矿井，由矿上自己组织施工队，招募社会劳动力。因为定得较晚，资金、材料没有落实，计划完成得不理想。矿上凭借自己的一点家底，坚持干下去，距离原计划稍有推迟，但还在想方设法尽量完成。我对矿上的工作总体满意，只是对新井的建设不大放心："基建工程一开始，总有这样那样的问题和困难，要完成任务需要多方面努力。现在看来一些问题已基本解决，时间晚了一点，想法抢上去。我过去的经验是，一年的工程计划，大部分都是在第四季度完成，你们应该也不例外，希望你们的努力取得成效。"

第二天，按计划去现场实地查看生产和工程情况。由于老矿是劳改人员集中处，矿上不让我下去，直接去了新矿井工地。路途很远，不时翻几个山坡，连续转弯，路面较陡，费了不少时间。矿长说施工开始后发生了山体滑坡，毁坏路面，几次修复，道路面积不断扩大，占用了更多土地。开工以来大部分时间都在修路，开发矿井又躲不开这几座山坡，实际上矿井开拓更费力气。好在矿井井下条件较好，工程进展比较稳定。我看了现场后认为，虽然是临时组成的施工队，但管理比较规范，对完成计划迅速投产很有信心。

第三天我赶赴绵阳，转去江油。矿长打算派工作人员送我去绵阳，我谢绝了，请他们打电话通知对方到火车站接我去住地，这样在绵阳可少走许多弯路。绵阳刚成立建委，由原市建工局局长担任负责人。前几年，西南工程总局在绵阳地区执行任务时有过接触。他们因我到建委后，第一次出差就来绵阳，感觉省里很关注绵阳。我却说来绵阳主要是去江油钢厂了解工程情况。省建委已派赵新民秘书长率领的工作组来绵阳，了解和帮助大办钢铁，他们应该早已到了。

他们说，工作组已到了两天，你到江钢现场正好与他们碰上。绵阳和江油之间来往车辆很多，正好搭车赶往江钢。绵阳和遂宁两区大办钢铁的临时指挥部设在江油。遂宁地区没有矿山，各公社劳动力的投入都朝着绵阳方向。绵阳西部山区正好摆下这些建设大军，江油更是重点所在。

绵阳建委的同志无意中提到江钢的问题很大，直到现在还没有正式开工，今年的计划要求，九成落空，这一次大办钢铁行动如能解江钢之危就好了。但愿如此。

往江钢的路上全是民工，一个接一个，望不到头尾。我到达江钢现场附近的小村子。一座破落祠堂是江钢接待外来人员的居住点，人来人往络绎不绝。我问了几个人得知这些人是从遂宁来的公社大军，在这里建小高炉，他们的行动预先并没有具体安排，上边简单通知到这个方向，找地方住下，干粮是自己带的，临时搭锅起灶食宿，一夜之间村里挤满了人。这时江钢负责人宋乃岳到了，他原是军分区副政治委员，是军队师一级领导转业到地方。从筹建开始他就在此兢兢业业地工作，已经明确是建厂后的党委书记。筹建处另一位负责人是厂长，现在去老钢厂挂职实习。目前只有他一人在此……谈到项目的进展情况，他如实说，现在还停留在勘测设计阶段，主体工程不能及时开工。

省里认为江钢是一座中小型工程，省里拥有重钢及成钢的老基础，工程建设轻而易举，上手才知道钢铁工业的中小项目比其他工业中的一些大中型项目块头大得多，设计伊始便遇到难题。首先缺乏矿山的基础资料，无法确定钢铁产品的规模，难以设计。省里表示矿山暂时定不下来，可以设法解决，设计仍然按原定规模进行，不受影响。然而设计过程中，发现预定规模与预定投资有相当大的差距。省里再一次明确，一定按实际需要解决投资，使设计继续进行，但时间已来不及，可能要到年底或明春才能开工。于是又产生一个确定施工单位的问题，原先估计工程量不大，按照冶金工业部自营建设规定，由重钢自营基建公司或冶金部五冶公司抽调部分力量完成。最近由于工业建设跃进式发展，上述两家已无人可调。冶金厅表示将与省建委商讨，再做决定。

宋乃岳讲的情况，完全出乎我的意料。我以为工程已开工多时，只是进度迟缓，未达到省里要求，哪里想到还有这样多悬而未决的事。我问他："你们现在没有开工，也没有确定施工单位，那么前段时间报道你们已完成建设的工作量，并且已有了今年下半年的钢铁按计划产量，是怎么回事？"

他回答："筹建处成立不久，按照上边的要求平整厂区土地，完成了几栋暂设工程的工棚、临时仓库等，都是组织附近的临时工突击完成的，这自然列入建设计划已完成的工作量中。最近按照全民大办钢铁的要求，我们也紧急安排，自己动手，抢建小高炉，争取尽快出铁。也从省厅调拨省内自制的简易小转炉，争取临时抢建能炼出钢来，算是为正式投产练兵。"宋乃岳的态度严肃认真，无论是修建暂设工程还是抢建小高炉，他与干部、工人天天在一起劳动，令人肃然起敬。尽管建厂进度缓慢，问题很多，但我无法提出意见和批评，只能鼓励他们在现有条件下，发挥主动积极的精神，继续努力做好工作。他提出一些要解决的问题，我表示回省后即和有关部门研讨，尽量解决，尽管有的问题我自己也是心中无数。职责所在，不能推托。

次日，我和宋一起到现场察看，小高炉已经砌成，不日即可生产。我们参加了清理现场的劳动，遇上赵新民几人和地区钢铁指挥部的同志。回到住处后，赵新民讲这个小高炉现场，是他们看到的较好的一处。设备和砌筑虽简陋，但井井有条，显得干净利索，像个工业生产的样子。这里的干部来自国营企业，比较有经验。与地区特别是公社混乱不堪的队伍大不一样。有的单位来了一大批人，连个合适地点都找不到，带队的干部也不知道怎么安排。这样下去，能否实现"大办钢铁"的要求令人担心。他疑惑建委派出来的工作组能起到多大的作用，我们自己都没有经历过这样大的场面，不知道从何下手，只能边看边做。此次行动的领导主体是地区党的领导及一线大办钢铁临时指挥部，省钢办直接指挥。建委的地位和能力有限，在一些问题上插不上手。当然我们肯定是抱着学习的态度认真参与，做好自己分内的事。他建议我无须和他们一起行动，现在任务繁忙，荣山和江钢有许多事急需处理，赶紧回去解决。

一次惊险的登山

这次出差仅几天，需要解决的事很多，大多关系到下一年度的持续建设，接洽、协调、平复耗掉大量时间。我忙于在建委和建设厅两边跑，参加后院小高炉的劳动时间很少。这时，杭州半山钢铁厂在建工程崩塌，建设部紧急召开重大事故现场会，各省派人参加会议以吸取教训，敲响警钟。省内道路交通及大小工程事故频现，王森在出差途中遭遇车祸入院，而年度建设计划能否顺利完成更是全国上下的大事，弦一直绷得很紧。一天，省委陈刚通知召开紧急会议，让我务必参加。

陈刚是省委主管工业建设的书记，因身体不好没有去重庆省钢办，而在后方主管日常工作。参加会议的人员不多，煤炭工业厅厅长、铁道部第二设计院副院长、省计委副主任、省地质局局长和我。会议议题是在彭县（今彭州市）、绵竹的高山地带多次群众性报矿中，发现矿点较多且相距近，可能埋藏体量较大的矿藏。送来的群众矿样，有含铁量低于百分之三十、不具备开采价值的样品，也有含铁量超过百分之四十且矿点集中的样品。如果属实，则打破多年来川西无大矿的论点。陈刚指出这个大矿的开发至关重要，自从中央号召大炼钢铁以来，在土洋结合两条腿走路的指引下，形势大好。但今年完成了任务，明年怎么办？大大小小的高炉需要多少矿石？矿山开发始终是大问题。四川最大的指望是攀枝花已勘明的大矿藏，正在前期策划，不知多久才能投产。最近发现两处希望较大的矿藏，一个是川东巫山桃花矿点，重庆市委鲁大东书记亲抓该项目，据说已查实近亿吨储量，如果供应重钢，需打造一大批轮船，运输成本较高，考虑在当地建设大型高炉，将铁运往重庆。现在正在讨论中，已将原矿石送到钢厂和钢铁研究院检测，条件具备即可动工。另一个就是川西这个矿点。

大家对发现这样大型的铁矿十分兴奋，最积极的是煤炭厅刘厅长，他同时兼省钢办成员。刘厅长认为群众多次报矿，且已经开始地质勘探，希望很大。现在应做前期开发准备，最重要的是尽早动工修建矿山铁路专用线。省计委副主任赞同，但认为大型矿山的开发建设最要紧的是探明矿山储量，现在应该加大勘探力度，只有明确储量，才能规划设计。两者意见差距很大。铁二院崔副院长认为，矿山多在海拔一两千米之间，直接修建铁路支线接到川陕铁路干线，几乎不可行。无论从距离火车站最近的哪一点看，也无法降低设计坡度。因此只能考虑修建矿山索道与铁路专用线衔接，即使这个方案，仍然投资巨大。现在只有明确矿山储量和具体地点才能设计，以避免造成失误和浪费。我基本赞成后两位同志的意见，关键是地质勘查能否迅速跟上。

地质勘测队的同志介绍了工作进展，按照省里紧急任务要求，他们立即组织小分队上山勘察，因地势所限，钻探机无法进入，采用人工挖掘进行槽探。现在已有上百工人，挖了十几条探槽，发现了几处矿石。因在高山悬崖作业，进展缓慢。小分队吃住困难，临时搭的露天窝棚，四周透风，已是深秋，不耐风寒。日需口粮三百多斤，全靠人力背运。道路是新开的，一个壮汉也只能背六七十斤，来回一趟需要三天，背上去的口粮路上消耗小半。很快大雪封山，人也得撤下来。

煤炭厅刘厅长几次打断地质队发言，认为勘测队缺乏鼓足干劲的精神，夸大困难。对这样有重大意义的矿山勘察应该用最积极、最坚决的态度想办法、想措施。他说："我就不相信在大跃进形势前，地质勘测队不能在最短时间拿出国家急需的矿产储量和建矿位置。"

勘测队的同志没有辩解："刚才说的是向领导反映实际情况，我们会继续按照上级指示和要求，积极进行工作，力争早日完成任务。"

陈刚最后发言："和大家一样，川西发现这么大一个矿，这么短的时间群众报矿有了重大成果，我也很高兴。要真正落到实处，希望地质勘探得到最好结果。勘测队的同志在很短的时间付出最大的努力，非常不容易。我认为光坐在这儿讨论不行，现在急需实地调研，和相关同志一起想办法，给大家伙鼓干劲儿，又快又好地把事情办好。本来应该我去的，但我这个身体……医生严格限制我的行动。"接着他转向煤炭厅的刘厅长，"我希望你能去，你熟悉矿山情况，也了解绵竹到什邡、彭县一带。前段时间还去了天池煤矿，那地方距离这个矿不远……"

没等陈刚说完，刘厅长立刻站起来："但是我有严重的高血压和糖尿病。上次在天池煤矿登一个两三百米的陡坡，没走两步我就不行了，大伙儿让我坐在椅子上，想把我抬上去也没成功。医生说我太冒险……唉，真是体能不继啊！"

看他体胖而无力的身躯也能想到是事实。谁能完成这个任务？在场的还有计委副主任和我。我不是最合适的人选，从没接触过这方面工作，也不知能不能做到陈刚说的想出办法、鼓舞士气，但现在不是推脱的时候，我立即表态："那我走一趟吧！"

陈刚迟疑了一下，让我上山不是他原来的打算，但没别的办法了："行，你能出马太好了！"

首先选择上山路线。有两条路可走，一条是绵竹方向，德阳经黄许到天池的运煤专线正在试运行，从天池上山，路程较远。另一条是以彭县白水河为出发点（正在修建彭县至白水河的小铁路），坡度很陡，勘测队已在高山深谷里开凿人行小道。勘测队建议选第二方案，时间短，而且白水河起点处有一个省建设厅管辖的省属彭县石棉矿，可以歇脚，找带路民工也方便。路线确定后，勘测队同志提前回去做准备，由川西钻探队负责汇报。我晚走两天，告知建委和建设厅两方，交接眼下工作。

安康元、王希甫认为在王森车祸住院之际，我跑这一趟太大胆，路途艰险，要做好充分准备，不能像广元江油那次单打独斗。建设厅请石棉矿的党委王书记到成都介绍情况，当天回去后帮我做好准备。我与建委办公室秘书王存治在次日下午赶到石棉矿矿部。石棉矿位于群山边缘，完全是手工作业，全矿两百多职工，除少数领导和工作人员，几乎全是附近农民。少量建筑与农舍没有区别，看上去整洁朴素。

王书记已问清了上山路线，找好了向导，是多年上山采药的老把式。据说山路崎岖险峻，应尽量减少行装。王书记说："山上气候变化无常，一天可能遇上好几场暴雨，结实的雨衣雨鞋特别重要，其他东西留在这里。一定要吃饱。睡觉没有铺盖，裹着外衣在窝棚里凑合。今晚早点睡，明天早起，吃饱喝足，厨房给你们准备了十几斤干粮，估计能维持一天半。半路悬崖边有一个临时窝棚，如果赶不到山上地勘队的指挥点，将就在那儿歇一夜。背粮的民工都是这样。另外，千万不要天黑了还赶路，很危险，什么事都可能发生。我们听说您是大领导，经历比我们多得多，但千万不要想得太简单。我是基层小干部，战争中干过几年，年龄和您差不多，昨天听说您要自己一个人上山，吓了我们一跳。这种事，我现在干不了也不敢干。"

王书记考虑如此周到，给了我很大的帮助，我十分感动，这并不是他的工作。不过我不同意他把这事看得这么严重，我认为这只是一趟相当艰苦的山区之行，并没有特别之处。

第二天完全按照王书记的吩咐行动，吃饱喝足——包子、馒头加上一大碗面条，估计有一斤多。每人背了一条干粮袋子，至少四五斤。我问是不是太多了。王书记连忙说："不多不多，再说是越来越轻，路上都吃掉了。"

从矿上出发，沿着西边的小山沟，跟着向导往大山深处走去。时间还早，太阳已升起，给深山的冷秋增添了一丝暖意，沟深山陡，时时遮住阳光，直到走到沟的尽头，开始爬山后才觉着离太阳近了。登上不大的山头向下望去，像馒头一般的平冈，长满了枯黄的衰草。"馒头"是孤立的，继续翻山得下到深沟再往上爬。前面还有两座山峰，高耸陡峭，看不到山路，不禁发蒙。向导说这样的山峰不能直接上去，得绕好多道弯，多走几十里地。我们不需要向那些山峰走，先在这儿歇歇，再翻两个山头就能找到运粮的小道。

向导的话正合我意，我已感觉疲惫，想着没走多远怎么就想休息呢？只是一会儿工夫，向导指着天上的阴云："不得行，马上要下暴雨，这里没法躲雨，赶紧走，找个能遮雨的地方。"

果然，还没到沟底，倾盆大雨迎头而下，雨大得眼睛都睁不开。虽然早已雨衣雨鞋全副武装，却挡不住这狂风暴雨。内衣湿了，雨水顺着橡胶绑腿的缝隙渗了进来，没多久，膝盖以下全部湿透。迈不开步，只得站在雨里，好在是急雨，很快雨停，露出淡淡的阳光。向导说得赶紧赶路，不然天黑都到不了窝棚。

拖着湿漉漉的衣裤，爬起坡来特别累，很快没力气，心里空空的不知如何是好。向导提醒吃点干粮缓缓。这个提议太管用了，早上虽吃得很撑，却扛不到晚上，狼吞虎咽地啃了一块饼，渐渐缓过气，爬山也不觉得吃力了，不禁想到解放战争时，山东民工推着沉重的小车，走几步停一下啃几口干粮喝一口水，再继续赶路，没想到，过了这么多年，我也体会到这艰辛。

继续翻山，这山似乎没有尽头，途中再次遭遇两场暴雨。天色渐晚，脚下的小路一直向上延伸，向导提醒我们距离半路的窝棚不远了，这条新开的小路不好走，千万要小心。我们这才发现前面岩石上横着两根交叉的树干，人只能从悬空的树枝上挪过去，一不小心就会摔下悬崖。一直没说话的王存治喃喃道："真的有点儿悬哦！"

"不怕的，民工背五六十斤粮食来往好多次都莫得事，眼睛莫向下看，两步就过去了。"向导说。

心惊肉跳地走过去，当脚踏在岩石边的地上时，长松一口气，不由得坐下来歇了好一阵。我问向导："这个山洞看样子时间很久了，不是为这条路新开的吧？"

"当然不是，勘探队开这条路时利用了这个老洞子，这个洞子年代久哦，我们上山挖药时经常走过，还在里头过夜。老人讲，这是几百年前古人炼丹的地方。"向导提醒我们一路上有好几个这样的山洞，有的高，有的低，不靠路。"你们一个都没看到，真是一心只在路上。"

还真是，从爬上小山冈开始，我就只顾着应付天气、路沟和暴雨，眼睛哪里够用？踏过靠树干延伸的断头路，继续往前，到达临时窝棚时已是黄昏。"这一天到底走了好远？"我自言自语。

"说实话莫得好远！"向导笑着说，"距离我们早上出发的地方，直线距离十多公里，但是拐来拐去将近四十里，你们从来没走过这样的路吧？以为走了很远了。今天在这儿住下，明天到大山坪还有不少路呢！"

王存治问："这儿有吃的吗？走了一天路，干粮快吃完了。"

"应该有，民工一般会留一点备用。留在这儿做饭的小伙子要吃，路过的人也要吃饭。"

窝棚搭在悬崖边巴掌大的平地上，几根老树干是立柱，屋顶是勘探队带来的麻袋，覆上塑料布。一间大屋靠外角是岩石砌的炉灶，放着行军锅。大屋里面的地上铺着麻袋，麻袋下是树叶和干草。做饭民工的行李堆在最里面，用塑料袋包裹着。

我们到时，从山上下来十几个民工，吵吵嚷嚷好热闹。不久晚饭端出来，一锅半干不稀的米饭，每人一碗撒了几粒盐的白汤加上咸萝卜。大家狼吞虎咽地吃着，我们也一样，吃完一碗又添一碗，只是咸萝卜抢不过小伙子们。我暗暗想：早上吃那么撑，白天断断续续啃了不少干粮，晚上又吃了许多，这一天岂不是吃了六七斤口粮？大概创下我的最高纪录。

吃过晚饭天已漆黑，民工们就地躺下，没有铺盖，就这么挤在一起，很快鼾声四起。我们有样学样往地上一躺，按说，这么长时间衣服应被体温烘干了，可还是觉得浑身湿漉漉的，怎么都不舒服，但是太过疲惫，不知不觉间睡着了。拂晓时分被冻醒，勉强爬起来，民工们早已起床，做饭师傅已摆好热汤热饭，大家吃得很痛快，身子也暖和过来了。

天仍然阴沉，路仍然是在断崖和树枝之间的缝隙里盘绕，好在没有昨天那么多暴雨。继续登山，干粮见底时终于到达勘探队的临时大本营——高山深处的大山坪。在小队部的帐篷里，先来一步的区队长和总工程师以及分队领导正等着我们。

"难得在高山上还有块平地，名字也适合。"我寒暄道。

"是个巧合，"区队长笑着说，"我们根据群众报矿的集中地区，带着测绘地图，在山里寻找时发现这是个理想的临时驻地，附近的几条沟是重点勘察地段。"

队长一边说一边摊开五万分之一的测绘地图，大山坪正是几条沟里的一块平台，地图上标明了各条沟的名字，名字很有趣——野牛沟、野狼窝、野猪沟等，小分队已在这几条沟布置了槽探，大山坪是几条沟槽的歇脚地。"这些地名是老乡上山打猎挖药时的习惯叫法。"

我急于了解目前勘探的进展以及矿藏的具体情况，总工说单凭这张图说不清楚，休息一下，下午选最近的两条沟，实地考察后再详细汇报。

两条沟槽相距很远，槽探是勘探术语，从沟口向前挖坑道，人工作业，注定快不了。总工讲解道："槽探施工方便，成本低，是勘探初期普遍采用的方法，但这里比在浅丘地区明显困难得多。设计沟槽的依据是前期普查结果和群众报矿的报告，并结合地质局对地形地貌的了解。一般来说，岩层裸露的走向往往反映岩层矿藏的储存量，也就是说沟槽是经过了区队的技术论证最终确定的。这一带报矿点很多也集中，我们把矿样拿到实验室检测，去掉其中不属于矿石的一般岩石，只在有矿石存在的地点开槽。经过一个多月的掘进，没有发现成型矿。这一条矿槽，已经可以肯定毫无收获，只能放弃。另一条沟槽显示含矿，但量很少，可能是大一点的鸡窝矿。我们打算继续挖深一段再判断。这几条矿槽，现在看起来一半肯定报废，其他的还在掘进，结果如何很难预料。根据一个多月的探查，又新设计了几条沟槽，争取在大雪封山之前取得足够可靠的资料，要真正确定做详细勘察，只能等到明年春天。"

"为什么不能考虑冬天继续勘探呢？"省领导希望确定能否在冬季封山后继续勘察。

常年上山采药的老乡说虽然封山时间比较晚，但每年的封山期都在两个月左右。这里与山下隔绝，杳无人烟。封山以后，物资只能靠外面运进来。按照现在的人数统计，每天光粮食就需要三四百斤，两个月需要的两万斤口粮必须在封山之前运进来。现在每天有六十个民工运送，日运量三千斤左右，民工往返需要两天或更多一点，会消耗五分之一的口粮。因此运到现场仅够开支，略有节余。要在很短的时间运送两万斤存粮，必须增加近两百名民工，用不超过三十天的时间突击完成。这么多人，现有小道难以承受，开支也远远超过计划。其他问题，如衣服已难以抵御严寒，需要立刻抢运上山；封山后，人员体能消耗很大，突发疾病的可能性增大，万一病势较重，无法运到山下治疗。无论如何，封山后是不能作业的。

因此，勘探队提出抓紧封山前的不长时间，再开几条沟槽，力求取得准确的资料，为开春以后更深入的勘测工作做好准备。区队领导和一些工作人员决定留下来和分队职工一起突击，同时密切注意气象变化。如有突变，即刻下山，山上的相关物资如帐篷、工具、余粮封存，减少运输负担，明春再启动。

"万一提前封山，会不会出现严重的风险或事故？"

"风险肯定是有的！我们干这个行当时间不短了，对于气候变化有一定经验，虽然不是次次准确，也八九不离十。"区队长自信地说。

我追问："你们刚才这些打算，是原先就这么计划的还是陈刚书记开会后重新调整的？"

"当然是重新研究和部署的。"区队长肯定地说，"我们原来只是考虑在封山之前做完这几条沟，明年春天再继续。那次汇报以后，发现计划落后于省里要求，回来后调整成三段式的行动，新增了几条探槽，突击挖掘，争取获得新的成果，缩短探矿时间。"

"这就是说：不可能在封山以后继续勘探，而是力争封山前尽可能多的掘进采样，这会使工作强度加大到极限，同时还存在突然提前封山的风险？"

"这些问题都存在，但和封山后留在山上相比完全不同，风险也罢，强度也罢，自己还可以控制，封山以后的事由不得人了。"

只能如此，我同意区队长的意见。

从两条沟槽出来已是黄昏，这才有心思四下张望，西边长长的悬崖壁立天际，高不可测，旁人说翻过悬崖就是阿坝，和大山坪的海拔相差不过八九百米，但无路可走，就连祖祖辈辈采药人也没走过，不过人们也给起了名字，高大屏障上有个缺口被叫作"南天门"，旁边矮一点的叫"太子岭"。

在分队部的帐篷里晚餐，除了米饭、咸萝卜外，还有一碗烧酒和小罐头，颇让人意外，我不禁问："这么艰苦还有烧酒罐头，岂不出格？"

"一点也不，你莫拿昨天和今天上午比，在这么潮湿寒冷的地方劳累一天，喝点小酒暖和暖和是必需的，只是没法每天供应，我们想尽办法采购了一些，每个灶头都分得一些，保证每人每天能喝上几口，隔几天吃一次罐头。东西太少，稀罕着呢！在半山窝棚做饭的民工也单独分了一点，下山的民工可以在山下补给就不分了，争取做到人人都有。今晚吃的罐头是区队长和总工背上来的。"

区队长还介绍除了吃之外，每天洗洗烫烫也是必需的。因此每个灶头每晚烧几锅热水，倒在铁桶里，每人轮流擦洗，虽然没澡盆舒服，但多少解决点问题。

最后趁着酒后的高兴劲儿，我问道："事情都安排好了，我还是想晓得这次勘察能不能有预期结果？"

我的问题让他们觉得很突然，区队长回答："我们从没想过，一直以来，只要发现有成矿迹象，我们都是按照要求尽可能探查。这几年几个项目，花了大量的时间精力，结果有的几经勘察没有发现大的矿床，有的则实现了勘探的目的。"这支勘测队参与了攀枝花大矿山的勘测工作，接受这个项目只有两三个月。现在说成果太早了，我希望大家的努力能得到最好的结果，一切需要事实证明。

总工比较谨慎，他承认从技术看，现在的情况不理想，但地质勘探是复杂的工作，需要花费很长时间才能获得相应的结果。槽探是最初级的工作，他寄希望于明春修好便道运进设备后，向深处挖掘，取得更翔实准确的资料。

第三天，我按照原计划继续查看几条沟槽，小分队的几座帐篷就是几个灶头。所见所闻让我明白在这样艰苦的条件下，干部和员工的劲头一直很高，我不可能提出更高的、不切实际的要求。我抓紧最后一天的时间，走到每一条沟槽，走进每一顶帐篷，野外勘探原来是如此艰辛。

调研过程中，我深感勘探队工作的细致和具体。他们将勘探分成三个阶段，实际上工作是连续的。区队长说第一轮沟槽已结束，第二轮正在进行。实际上第一轮真正结束的只有一半，另一半因为发现矿藏，确定在第二轮中继续掘进。第二轮的新沟槽只占一半，体现出从实际出发的适度安排。既加大工作力度又强调对突发情况的应对，没有丰富的经验，难以有这样大胆的预见和安排。从帐篷和灶台里体会到勘探队负责人对员工的关心，生活条件不尽如人意，也算竭尽全力了。从人们的积极的精神状态能看出，越冬之前的大战动员已传达到每一个人，人们无怨无悔、劲头十足地期待新的胜利。

晚上区队长和小分队负责人让我对他们的工作提出意见和批评，我说："哪有批评！通过两天的观察，你们的安排是积极的，我唯一的担心是气候变化，一定要保证安全下撤，这是对全体职工负责，对勘测工作负责。"

返程意外轻快，下山比上山容易，雨水减少了，熟悉的小路，重要的是心情的变化，走起来很从容，只是饭量一点没减少。回到石棉矿已是晚饭时间，王书记昨天下午就在这儿等我们。

"这两天太辛苦了吧？光从你的脸就看出来了，又黑又瘦，满身泥浆，赶紧用热水洗洗，换上干净衣服，再喝上几口酒，吃完饭早点休息，明天睡够了再起来。"王书记早为我们安排好了。

真是太好了，浑身又湿又痒，巴不得马上跳到浴池里。

返蓉后立刻向陈刚汇报情况。到会的人不多，计委、煤炭厅和地质局的负责人共五人。我简单汇报了三天的所见所闻，勘探队认真执行省里会议要求，行动积极，我同意勘探队制定的三段式槽探方案，困难比较大。我离开时特别提醒了注意防范风险，一定要重视人身安全。

陈刚说："我们之前对勘测队苛刻了，他们变压力为动力，做了调整，难能可贵。勘测队在不通公路的深山老林里备尝艰辛，了解实际情况。我们这些人坐在家里不切实际地说话，幸亏你走了一趟，看清了现状。勘测队的部署是恰当的，我们也和你的意见一致，同意加大工作强度，注意安全防范，如果不慎而酿成严重后果，我们有不可推卸的责任！"

陈刚随后介绍了一些情况："东西两矿都没有达到上次的预估，最有希望的桃花铁矿是近亿吨的巨大矿藏，却因矿石含铜，无法在技术上解决而被永久搁置。川西这个，一时引起很大震动的大矿资源未被落实，很有可能被长久废弃。虽然不会影响当前钢铁产量，但对钢铁工业的长远发展影响很大，我们只有加快开发攀西，为各地解决难题。兹事重大，非四川一省可以解决。我很赞成杨超的意见，他一直在为促成国家开发攀西奔走呼吁。时间也许很长，但不会耽误太久。"

1958年底，国家宣布"大跃进"完成，钢铁产量从1957年的五百三十七万吨翻番，达到一千零七十万吨。实际上是勉强凑出。四川宣布钢产量超额完成国家计划，全年产钢七十万二千九百吨，产铁八十三万八千八百吨（1962年核产，实际产钢四十七万吨，生铁五十六万吨）。因为人人参加，大家心知肚明。各机关的小高炉，找不到原料，把铁板、铁锅、门锁、钥匙等都扔进去抵数。

有次建筑科研所所长邹予明与勘探公司党委书记赵寿亭发生争论：

邹：不要吹牛了，这不是钢，是铁，废铁不纯，不一定能炼出钢，最多算半钢。

赵大发脾气：你乱说，我们辛辛苦苦熬更守夜炼钢，你抹杀群众的劳动，污蔑"大跃进"！

我心里同意邹予明的看法，但没有公开表态。

第八章

调整的 1959—1965 年

大炼钢铁的乱象

1959 年是鼓足干劲、力争上游、多快好省进行社会主义建设的第二年。在讨论 1959 年指标时，大家明白上不去，但钢铁"上了马"又不能下，只能在上年报的指标基础上继续增加。按"大跃进"的定义，是每年都要翻番的。但 1959 年再翻番肯定不行了。中央这时提出"大中小跃进"的说法，增加百分之三十是"大跃进"，增加百分之二十为"中跃进"，增加百分之十为"小跃进"，最少也得增加百分之十。年初，我参加在重庆召开的云贵川三省协作区会议，讨论当年的钢产量指标，再由全国计划会议定板。云南省在会上说很困难，再加码支持不住，准备抓好现有比较正规的几个钢铁厂，不上新项目。四川原本试图调整，不再"一马当先"，但冶金部不同意。最后四川、贵州仍按冶金部要求，钢铁指标增加百分之二十。年初虽然减少了一些民工，但仍保留一批小炉子。在随后的省计划工作会上，冶金厅副厅长李文达强调以四川现有的情况不能达到冶金部的要求，意思是四川上得不够。省长李大章听到后开玩笑地接了一句："元帅下马，精神不死。"

调整后的指标仍然很高，各行各业增加了不少劳动力，每个县都要求办工业，上机械厂，设备没多少，人却上了不少。除冶金外，电力行业的项目较多。1959年同时开工的大电厂（几万千瓦）有近二十个。我继续跑工地，去了乐山、宜宾、自贡。我到工地时正赶上放炮炸石头开路，工地一团乱象，盲目上马，目标空洞，上千人的工地没有基本的施工规划。宜宾同时有两个项目开工，一个南广河，一个苏滩，各有几千人。电站项目没有钢铁指标卡得那么死，要求没那么急。我向宜宾地委书记刘结挺建议就保一个项目，就目前状况，同时上两个项目，恐怕各方面条件都不行。回到成都我向电力部门讲了同样的意见，我认为这样无准备的乱象浪费人力物力，建议全省小水电建设集中在鱼嘴和坛罐窑两处（此两处最后因各种原因放弃实施）。后来宜宾减了一个。但从全省看，电站项目仍然上得太多。另外，我在川东小煤矿发现农村长期存在极原始、极危险的"三辈小窑"——祖孙三代共挖一个小煤窑，孙子在掌子面挖煤，儿子在巷道里推煤车到窑口，爷爷把窑口的煤运到堆场。我真正体会到小煤窑的艰辛和危险，却没有解决的好办法，加上大炼钢铁的需要不能停产，心里很难受。

总体而言，1959年没有1958年那么狂热。6月，计委准备省人大二届二次会议的年度计划报告。省委书记处书记、副省长阎红彦分管计委、建委、财办，他是当时为数不多敢于讲真话的领导（阎红彦看了郫县红光公社的"卫星田"，说这就是假的嘛！只有他一个人敢说）。整个工业计划是阎红彦和副省长李斌负责。阎红彦在成都召开会议，李斌、计委副主任张戟和我参加，冶金厅没来人，都在重庆钢办抓生产。阎红彦认为计划没有做到综合平衡，省钢办仍然压制其他行业保钢铁（因为冶金厅没有参加这次调整会议，后来大批计委右倾）。阎红彦对我们说："你们说话都不行，看来工业指标上不去。这不行啊！还得调。"他知道我们的想法，也知道我们不敢说。阎红彦又说："李政委（井泉）思想不通，不行，我们现在就去找他。"下午两三点钟，阎红彦带着我们到金牛坝，李井泉还在午睡，阎红彦进去把他叫起来，说："我看这个计划指标不行，还得调。"我们都没说话，李井泉最后同意调整。调整的结果是减了一些劳动力，指标并没有下调多少。减少劳动力，冶金业首当其冲。接着，张戟到国家计委开会，国家计委第一副主任贾拓夫提出按农、轻、重次序安排经济工作，强调综合平衡，实际是转述中央意见。张戟回来后，在省里的调整会上强调这个精神，综合平衡，冶金不能太突出。钢办和冶金厅极为不满，张戟引述了李大章的"元帅下马，精神不死"，惹下大祸。

然而不到一个月，庐山会议结束，《彭德怀同志的意见书》（简称《意见书》）使会议由纠"左"转向反右，形势陡转，全国开始反右倾。贾拓夫成了右倾分子，被批斗下放至基层。省计委主张"综合平衡"成为右倾中心，可能与钢办脱不了关系。就在这时，阎红彦调走，反右倾的人只字不提阎红彦主持的会议，只说什么人讲了什么话，李大章也未出面解释，张戟就这样被大批。

这中间四川搞了一次"反右倾测验"，在全国也是绝无仅有的事。李井泉参加庐山会议回来后，没有立即传达会议精神，仅告知省委常委几人。8月30日，省委突然通知处级以上干部开会。先发文件，即《意见书》，后面没有附任何东西，要求参会人员上午学习下午讨论。我读了之后，只觉得与报纸上的调子不大对口，加上彭老总讲了很多农业方面的事情，我并不清楚，下午发言时没有明确表态，没想到侥幸过关。有不少同志认为彭老总身居高位，言之有理，均表示同意《意见书》，哪知就这样上了"名单"。

第二天宣布中央对彭德怀的结论，大家一听就知道糟了，但谁也没想到以后会那样批判。9月13日移至重庆继续开会，分大、中、小会批。大会一开始就点了几个人上台，重钢经理陈兴（身处冶金第一线，深知钢铁产量上不去的原因）、泸州地委第一书记邓自力①（提出解散公共食堂）、

---

① 邓自力（1920—2010）：四川广安人，1939年加入中国共产党。新中国成立后，先后任川南行署合江县委书记，泸州地委宣传部长，四川省总工会副主席，泸州地委副书记、第一书记，宜宾地委副书记，省体委副主任，省文化局局长、党组书记，省政协副主席，省人大常委会副主任。

省委农村工作部副部长夏戎①（他看到内江农村的乱象，写下所见所闻交给内江地委书记张励，张励转给李井泉，李井泉认为批评"人民公社"是与中央唱反调）、成都军区一位师政委（在部队讲了很多老家农村的实际情况）、计委副主任张戟（反对大炼钢铁，转述了李大章的玩笑话被批为"反党分子"）。一千多人参加大会，每排放一个大喇叭，声势逼人。被点名上台的人事先并不知道会挨批，会场气氛十分紧张。中会是省级机关工业口范围，李文达一开始就指名点姓地批李斌和几位计委中层干部，李斌没有思想准备，被搞得一头的汗。接着开小组会，我和计委副主任安康元被批。这次反右倾使四川调整的努力再一次受挫，对"大办钢铁"起了推波助澜的作用。四川重新制定钢铁指标，再也不提调整。

这股风潮还牵连了其他一些项目。金堂有两个大企业，成钢是地方项目，川化是国家项目，川化的条件好得多。当时成钢产量上不去，刘洪阳宣布，钢铁行业的材料、资金不够，就抽调其他行业的，于是成钢截流川化的物资。从北京来的化工部干部很生气，说："到底是姓钢还是姓化？不能拿钢铁压化肥。"他的话被汇报上去，回到北京后挨了大批。轻工、纺织业有点钱和物资，开个会就被钢办拿走，轻工厅长刘瞻因说了一句"我轻工被打入冷宫"而被大批一顿。

建委、冶金厅和劳动局编成一个学习小组，李文达任组长，我是副组长，回到成都后继续接受批判。建设厅机关讨论时，吴兴德被认为有右倾思想，省委组织部认为邹予明思想一向右倾，给予警告。年底，省委发布文件，由我担任四川省基本建设委员会主任，恢复工作（顾卓新明确不来四川，我得以转正）。我奇怪正在被批判咋还转正？接着陈刚通知我代表省经济部门到北京开会。我很意外，有人说是因为批判我的内容集中在按照农、轻、重次序安排工作计划，而这是中央领导多次强调的正确意见。尽管如此，出差之前，按照李文达的要求，我向群众做了检讨。

---

① 夏戎（1917—2007）：山东威海人，1933 年加入中国共产党。新中国成立后，先后任川东区万县地委副书记兼工委书记，农委书记，万县地委书记，省委农工部副部长，四川农学院党委书记。

到重庆抓 "五小"

1960年全国各省的"大办钢铁"开始收缩，由于头一年四川的钢铁指标完成得好，冶金部在全国收缩的形势下希望四川坚持。当时全国钢产量第一是辽宁，第二是上海，第三是河北。河北1960年劲头不足，冶金部希望四川站到第三。因此，确定1960年的生产指标时，又一次提出上小高炉，继续上一批劳动力。4月14至16日，中共四川省委在重庆召开工交和基本建设六级干部大会，陈刚代表省委作报告，要求全省工交战线"紧急准备，再一次开展全民大办钢铁运动"。规定当年必须保证产钢一百五十万吨，争取一百六十万吨；产铁三百万吨，争取三百三十万吨（1962年复核当年钢产量，钢六十八万吨，铁一百二十五万吨）。力争做到全省一百多个有铁、煤资源的县都建立不同规模的"小洋（土）群"，其余采取"飞地"办法，建铁、煤"小洋（土）群"。要求三年内，全省所有专区、州和大部分重点产铁县，都要分批建小型钢铁联合企业。大会还批了一批生产上不去的右倾企业领导。

与1958年不同，这次正儿八经地建了一批高炉。这时四川农村已经普遍出现问题，有的地区人口非正常死亡严重。但反右倾后，谁也不敢说话，说了也没用。

我从北京回来后，李井泉让我负责设备生产。四川虽有军工大厂，但"大跃进"需要的"五小"（小高炉、小炼钢、小轧钢、小电站、小煤矿）订不到设备。重庆八大军工厂转民品并不容易，因为计划调整，省里才有机会向军工厂提要求。我带着建委几个人抓"五小"，在重庆成立"五小"设备办公室，搞了整整一年。

军工厂虽然有设备有技术，但隔行如隔山。小火电设备是郭家沱四九七厂（望江机器厂）制造，生产一千五百千瓦的小电站设备，多次试验不过关，生产出来的设备成本高质量差，冒黑烟污染大、效率低，煤耗是同类产品的一倍。尽管如此，这些设备在缺电的山区小县还是发挥了作用，一直使用到三线建设开始。其他如小高炉各地都抓，未及使用即告废止。

巡回检查

1960 年下半年，我被调回建委主持地方建设巡回检查，沿广元—绵阳—乐山—内江—永川检查，最后在重庆开总结会。由于物资供应不足或项目本身条件不够，大部分项目没有完成计划。乐山钢厂因完不成计划被批评，重点批评了重钢、永荣矿务局（供应重钢优质煤和焦炭）和德阳"二重"。

永川是薄煤层，只有几十厘米厚，与泥土混杂，产量上不去，严重影响重钢生产计划。省委工业部部长、钢办常务副主任刘洪阳主持召开检查会，省委书记李井泉（兼任钢办主任，钢办实际成了全省生产建设指挥中心）参加，逐级下挖，从矿长到分矿主任、井长、车间主任、工段长、掘进组组长、老工人一并拉上台受批判，当场宣布对永荣矿务局局长杜介厘的处分。

重钢原经理陈兴已在 1959 年反右倾大批判中被撤换，接任的经理王廉和党委书记安以文在检查会上被撤职。

德阳"二重"是央企，生产资料由中央调拨，刘洪阳想截留，以李井泉的名义命令"二重"调出钢铁和其他物资给其他企业，要求无条件执行。"二重"厂长兼党委书记景晓村坚决反对，他说"二重"是国家重点工程，拒绝外调，为此他向省委和一机部提意见。这次以反对大办钢铁为由，对景晓村重点批判。会前，刘洪阳、李井泉分别找我谈话，要我带头批判景晓村（战争时期，景晓村为渤海区党委书记，我是下属二地委副书记），我非常矛盾，但又无法躲避。第二天我硬着头皮发言："首先说明，景晓村同志是我的老上级，我很钦佩他，也很尊重他。他在'二重'的工作有一些错误（我尽量避开提及钢铁），有唯生产力的观点。"我指出了几处具体问题，提出批判。散会以后，四川轻工业厅厅长刘瞻（和我受过相同的批判）笑说我：这哪里是批判哦，不痛不痒。

连续批判几天后，景晓村顶不住了，在会上承认自己在家私下与妻子议论过毛主席老人家太心急。我听了着急：怎么在会上说这些？后来才知道"二重"第一副厂长、原贵阳地委书记肖岗揭发了景晓村，这下达到了此次批判的目的，景晓村成了"反党反毛泽东思想"的典型。大会撤销景晓村党委书记职务，厂长是中组部管理，国务院任命，未得到国家批准前，由景晓村本人提出请假休养的申请。从重庆调吴希海任"二重"副厂长，代厂长；调孙克为"二重"党委书记，不再担任德阳工业党委副书记一职。会议结束后，一些工作人员高兴地说，总算扳倒一个大人物！

四川调粮

四川土改后，粮食年年增产，1949 年年产粮食约二百九十九亿斤，1956 年年产量约四百三十余亿斤，粮食有富余，中央认为四川有能力向外调粮，"一五"期间平均每年向外调粮三十二亿斤左右，外调加内销后尚有结余。四川粮食出问题是从 1958 年开始的，1958 年十一二月，我出席省委工作会议，李井泉突然在会上说，湖北咋搞的？把我们的粮食截了，他们不是亩产几万斤吗？原来四川调往上海的粮食在武汉被湖北强行扣留。湖北是鱼米之乡，却截别人的粮吃掉，说明他们的粮食出了严重问题，应该是个警钟，但没有引起四川领导们的重视。1958 年底统计粮食产量时，四川发现有问题，到手的粮食总数不及统计报表的数字，大家以为是大量劳动力上山炼钢，粮食虽丰产，却没能全部收回来。而实际情况是1958 年粮食产量按照"大跃进"精神指令性下达，统计报表上的粮食产量虚高，实际产粮大幅下滑。湖北即吃了亏，截了粮，年底开始调减指标，1959 年湖北的计划指标全面下调。四川这时还认为 1958 年丰产，只是没收回来而已。粮食按照虚高指标征购，是高征购，把农民手里的粮大都拿走了。

到 1959 至 1960 年时，四川的粮食储备已经很紧张，但中央不了解四川情况，仍在向四川要粮。开始是大城市及交通沿线调运，存粮逐渐调光。1959 年 8 月，省委决定降低党政机关干部口粮定量标准，省级机关每人每月二十一斤，县级机关十九斤。1960 年初，省委开会讲到粮食问题，四川粮食库存已经不多，达不到配给要求，中央又要求调粮，两头都紧张。李井泉让副省长张韶方调查城镇人口每月到底需要多少粮食才够吃。张韶方的调研结果，以年均粮食销售量除以人口数量，再平均到每月，得出每月十七斤就够了。他增加了两个影响因素：一是外出坐火车、汽车吃饭不需要粮票；二是城市人口有副食品搭配，成人小孩拉平，人均十七斤差不多。十七斤定量标准是省委解决缺粮的第一个办法，却是错误的，没有考虑到调查是在副食品供应充裕且在外就餐不需要粮票时进行的。另一个错误是 1960 年 9 月宣布四川省地方粮票作废[①]。省委的想法是若市场上流通的几千万公斤粮票都要买粮的话，将会是大问题。主要领导的出发点是维护"大跃进"的进度和指标，不实事求是，不顾群众生活。这两件事做得太糟糕，社会反响强烈，群众怨声载道。这时只能自己想办法，口粮不足加水增量，用瓜菜、谷糠等代替主食。所谓的增量食法无济于事，省建委综合处处长杨乐斋是公认的大肚汉，十七斤口粮不够塞牙缝，全家节省供他一人，另从市场上买野菜、谷糠、豆渣等掺入。我们出差时，陈刚号召每人节省一点米饭或馒头帮助老杨，即便这样，老杨仍然经常饿肚子。

1961 年中央继续要求四川调粮，年初下的指标后来还增加了一些。这时四川本身已非常困难，加上调粮，可谓雪上加霜。1961 年初，我在金牛坝参加省委工作会，李井泉主持。会开到一半，北京李先念来电话要粮，李井泉叫张韶方去接电话："你去说明一下，我们现在确实有困难。"张韶方照实回复，李先念说不行，一定要井泉同志接电话，李井泉只得离开会场。李井泉回来后脸色很难看，情绪低落，他说："先念说问题发生在四

---

① 1960 年 9 月，经四川省人委批准，四川省粮食厅公告发行新版地方粮票，旧票一律作废（共四千八百万公斤粮票）。

川，总比发生在北京的影响小一些，四川要服从大局，一定要调粮。"最后还是决定调粮，四川只剩"死角粮"，从交通不便、转运困难的通南巴地区往外调。为此，北京专门派粮食部副部长曾传禄坐镇广元，调了几百辆车进川运粮。

中央调粮是根据四川的报表要求的，我当时在计委，统计报表都是由计委上报。粮食产量是省里定的，1958年定的是比1957年翻一番，大约八百多亿斤；1959年九百二十亿斤，后来说高了，调来调去，调到六七百亿斤，仍然是虚报。1962年核实，1958年实际产量与1957年持平，大约四百二十亿斤。1961年只有二百六十亿斤，比1949年还少三十亿斤。四川缺粮我认为有几个原因，一是"大跃进"开始后，农业生产每况愈下，浮夸风、高指标、高征购，把农民手里的粮食拿空了。大家明明知道粮食出问题，都不敢说，说了就是右倾。二是国家调粮加重了困难。第三，没有及时改正盲目冒进的错误。湖北、云南不同，发现情况不对，立刻下调指标，四川则执迷不悟，损失太大。上面的文件精神，有一个是否执行、如何执行的问题。

四川民间传说李井泉为了当中央政治局委员，不顾四川人民死活，实际不是这样，李井泉1958年已经是中央政治局委员，调粮与他当政治局委员没有直接关系。1961年调粮后，中央了解到四川的实情，很快决定进口粮食，1962年中央还调了一些粮食给四川。

内外交困

我带领民工南下参与解放战争后，没有经历农村土改和合作化，对农村情况知之甚少。王森从农村老家回来后与我聊到所见所闻，在座的还有其他同事。之后我专门跟王森讲不要再传播，免得酿成恶果，王森接受了我的意见。1959年省委全会后我到北京开会。部里正在开会贯彻庐山会议精神，只见到基建办副主任兼运动办公室负责人冯舜华。冯舜华说你来得正好，部里正准备把群众对王森的反映转给你们。我忙问什么事。冯舜华说部里这次会议有人揭发水泥局苏局长散布农村老家的不良现象，成为批判的对象，苏局长辩解是听王森讲的。我说知道这事，苏局长是地下党时期王森的直接上级，他俩无话不说。并说我已经劝说王森不要传播道听途说的事，他接受了我的意见没有再提及，我看这事不用再转了。冯舜华同意，这事就算过去了。

此时农业情况反映很多，我连续看了一些文件。1960 年冬，正是粮食紧张时，苍溪县在全县范围内开展"查粮食，反瞒产"，查出隐瞒的粮食五百二十八万斤。省委于 10 月下旬批转这个报告，要求各地应仿照苍溪县委的做法。报告下发后，各地开始追查"隐瞒"的粮食，有的地方给基层干部、农民扣上"私分"的罪名。

1959 年后陆续传来农村人口非正常死亡的消息，省委并没有认为是工作失误，而是把揭发出问题的地区统统认为是干部问题，处理了芦山、丰都、眉山等地干部。丰都处理最重，县委书记被开除党籍、法办，宣布为"坏分子"。1961 年省委提出"政权还在不在我们手里"的问题，派省里的干部到基层任职，去的都是问题严重的地方，省委组织部副部长安法孝到江北县任县委书记，省委农业工业部部长杨万选到合川县任县委书记，宣传部副部长明朗到梁平县任县委书记，省委党校副校长魏文引到荣县任县委书记、王森任副书记。但是在省委的指导思想下，问题的严重性被掩盖了，没有人敢讲真话。

另外，农村公共食堂也是导致上述农村问题的重要原因。公共食堂建立之初即规定社员必须集中在食堂吃饭，个人应分的粮食统一由食堂管理。自己不能做饭，锅碗瓢盆都收走了。公共食堂掩盖了高征购的致命影响，还把老百姓逼到绝路。粮食自己掌握，吃多吃少，再弄些瓜果调剂，后果不会这样严重。1960 年因为灾情严重，不少地方的公共食堂已名存实亡。但四川仍然千方百计保住公共食堂，1960 年李井泉在《上游》杂志发表《公共食堂是人民公社的心脏》的署名文章，不顾实际情况，坚持继续办公共食堂。之后经过多次反复，直到 1961 年 7 月才解散全省公共食堂，比全国其他省市晚了半年至一年。

工业方面，1961年上半年上面继续要求生产指标保持增长，实际各地都上不去。全省有一大批劳动力在矿山、小高炉工地苦干，但生产始终上不去，他们没有粮食供给指标，由公社提供钱粮，困难程度可想而知。我和杨超（原在西昌工业区工作，因条件困难无法开展工作，调回省委接任陈刚，主管计划及经济工作，陈刚调西南局书记处负责纪检、监察工作）负责的鱼嘴电站，两百多民工因饥饿导致浮肿无法正常劳动，不得不遣送回家休养，剩下的老职工人数不足，工程处于半停工状况，但我们还是坚持干下去。

此时真是内外交困，继续维持"三面红旗"不倒；"以钢为纲，纲举目张"，"鼓足干劲，多快好省地建设社会主义"口号不变。为解决吃饭问题各方均筋疲力尽。

李富春的重要报告

1961年10月，国家建委第一副主任程子华①召开各省建委主任会议，他说国家清楚近来各地存在严重的"三高""五风"②，给社会、经济建设带来恶劣影响，要求大家如实反映情况，并讨论明年的基本建设。我感到题目太大，我只是负责基本建设的很小一部分具体工作，难以全面回答问题。会议以大区为单位分组，先小组汇报再讨论。西南区只有云贵川三省，加上重庆与会两人，总共五人，选组长很麻烦。组长要求在三省代表中选定，云南参会的是省委书记处书记、老红军周仕平，贵州是副省长吴实，我的职务最低。我提请周仕平为组长，他说四川块头最大，应该四川任组长，吴实也同意，最后我竟成了组长。

---

① 程子华（1905—1991）：山西运城人。1926年加入中国共产党。新中国成立后，先后任山西省委书记兼山西军区司令员、政治委员，山西省人民政府主席，全国供销合作总社主任，国务院财贸办公室副主任，商业部部长、党组书记，国家基本建设委员会第一副主任、党组副书记，国家计划委员会常务副主任、党组副书记，西南局书记处书记，西南局三线建设委员会常务副主任，民政部部长、党组书记，政协全国委员会副主席。
② "三高""五风"："三高"即高指标、高征购、高定额；"五风"即浮夸风、共产风、强迫命令风、生产瞎指挥风、干部特殊化风。

当组长第一天就没开成会，周仕平打了个照面说有其他事便离开了，留下两个助手替他解释，说他同时参加几个会，忙不过来。要求汇报云南现况，两个助手都回答不了。吴实态度很好，仅缺席一次，但发言避开要求汇报的内容，只说公安和基本建设的具体工作，问题不多。实际上大家都怕了，不敢讲真话，说了不就是右倾？程子华到小组看讨论情况，人不齐还冷场，把我狠批了一通："'三高''五风'已经十分严重，你们还在做梦？"我无言以对。

此时，杨超通知我去北戴河，代表四川省计委参加国家计委的会议，为明年全国计划做准备。西南局分管计委的书记处书记阎秀峰、韩博（西南局计委计划综合局副局长）参会，我赶上了李富春的报告，是分量很重的报告。

李富春在报告中提到三年"总路线""大跃进""人民公社"取得的重大成就，指出苏修断绝援助以及我们自己的工作失误等导致目前的困难，他明确提出"调整、巩固、充实、提高"八字方针，不再提"三面红旗"。

报告的另一重点是下一年度各项指标。前两年以各省为单位汇总中央各部委的分省计划，上报国家计委，国家计委按照总方针综合平衡各省与中央各部委计划，形成全国一盘棋的国家计划。这次不同，由国家计委先行提出计划，如基本建设投资规模大大缩小，1962 年仅计划七十亿元，约是上一年的百分之十，不够冶金一家。

报告很长，结束后阎秀峰对我说："马上打电话给省委，这事关系重大！"我打给西南局经委主任李斌。我刚一开头，李斌立刻说："别慌，等我找笔记下来。"我记录得很详细，我讲一句他重复一句并记录，没听清的还要再问一遍，这个电话打了七个多小时，从下午三点到晚上十点，我和他都饿昏了，精疲力竭。李斌说要立刻报告省委。

第二天起来得晚，与会几人在小组讨论会上都认为万万没想到，终于迎来这一重大转折，很有必要，但是否来得太陡？这些举措是不是太急？大家能不能接受？我听到小道消息，中央将在近期召开扩大工作会议，李富春的报告应该是扩大会议的主要内容。下午李斌再次来电，他已紧急向主要部门传达了会议内容，大家叫苦连天，怀疑计划投资的数字搞错了，要求参会人员严正地向国家计委提意见。李斌转告了省里领导的看法——确认扩大会议很快召开，我们等待中央的最后决定。不久调整指标出台，1961 年全国基本建设投资安排七十个亿，分给四川不过两亿元，这点钱真是擦屁股都不够。

七千人大会

1962 年 1 月，中央在北京召开扩大的中央工作会议。出席会议的有中央、中央局、省、地、县（包括重要厂矿）五级领导干部，又称"七千人大会"。刘少奇报告了严峻的形势，代表中央做检讨。毛泽东、邓小平均做了检讨。

我们一线工作人员尽管没有参会，也听到很多消息。会议气氛很活跃，各省负责人受到与会干部的严批，一些事情被翻转，甚至有"白天出气晚上看戏"的说法。各省揭开三年来积累的严重问题，触目惊心。会上山东组大爆发，过去打游击时的战友大部分变成"右倾分子""反毛泽东思想"。山东省委第一书记舒同（原新四军暨山东军区政治部主任、华东局常委兼宣传部部长）被认为问题很多，中央派安徽省委第一书记曾希圣解决山东问题。他刚到山东组，安徽组问题大爆发。据说李井泉被批得过不了关，中央领导为他承担了责任，等等。

此时，陈云已不管经济，邓小平提议请陈云想办法，陈云建议进口粮食几百万吨救急，对外称是"品种调剂"；提高烟酒零售价，收入归中央。五粮液从一元涨到三元。"文革"时这是陈云的罪状之一——七千人大会期间毛主席要你讲你不讲，你什么意思？

七千人大会结束后，与会代表回到地方传达会议精神。省里按照省、大区、地、县四级进行，省级机关按照大口编组，工业口指定的组长是苗逢澍①、我和刘洪阳。这个次序始料未及，刘洪阳坐拥钢办常务副主任、工业部部长和经委主任三大要职，这几年工业方面的重大会议或重大批判均是他一人包办，这次第三召集人的身份说明了变化。

李斌属西南局，未参加工业口会议；张戟下放两年，此次通知较晚没有参加会议；刘瞻、孟东波等人发言不积极。有的人是被批判，受处分后一直在工作，除了拥护大会以外说不出什么；有的是在不断的运动中跟着起哄批判别人，现在不好转变。苗逢澍等人关注我会说什么，我事先没有准备，但这几年压抑在心里的愤懑难以平息，话匣子打开收不住，讲了整整一天，从传达庐山会议确定右倾分子到永荣矿务局五级干部、职工站在台上被批斗；涪陵"反瞒产"的恶劣后果，几个县出现饿莩，小孩偷吃地里的红薯玉米被毒打；有人反映实际情况反遭批斗；至今仍有人坚持说高产，明显扭曲事实说大话的人成了先进，投机取巧的人吃香，谨慎的人是右倾……我特别提到李文达、刘石安等人批判我强调农轻重、综合平衡，是右倾典型。我说这证明他们平时不学习，打击正确思想是何等无知，硬要我在大会上检讨，我当时表态接受批判也是错误的，说明我意志不够坚定，扛不住了。

刘洪阳除了主持会议外，大部分时候很沉默，估计没想到自己成了批判的对象。会议结束后，省里立即部署调整的具体工作，我参加了几次，其中重要的有几项：

（一）重新统计年报，现在已经证明前几年的统计报表存在严重的不实，1958 年粮食产量估计过高，1959 年至 1960 年本就减产，但为了保持跃进式增长，睁着眼睛说瞎话，上报数据与实际情况天差地别。特别是人口统计，1957 年年报是七千二百万，现在人口减少有几种说法，说几百万到一千多万的都有。李井泉让阎秀峰主持调查，阎秀峰认为此事影响太

---

① 苗逢澍（1916—1991）：山西襄垣人。1937 年加入中国共产党。新中国成立后，先后任西康区党委委员兼康定地委书记、康定军分区政委、军管会主任，西康省委副书记，四川省委常委兼任省民工委书记，省监委书记，农业机械厅厅长，手工业厅厅长，化工厅厅长，水电厅厅长兼党组书记。

大，因而一再说明必须核实清楚。我赞同公安部门的统计，人口减少的主要原因是出生率降低，正常时期四川年出生人口为百万以上，三年困难时期上户口的人数极少，几近为零。非正常死亡人数增加很多，这样计算下来，应该是比较准确的。

（二）李井泉说"大跃进"三年农村损失最大，高指标、高征购、公共食堂等，一笔笔账欠农民太多。今后几年干部要转变作风，扎扎实实恢复生产，大锅饭的体制改为由生产队核算，大炼钢铁征用农村大量人力和财物，这笔钱一定要退赔。他下令全省机关、企事业单位的自有资金全部上缴作为退赔金，初步估算四川（除三州）的公社拿了两亿多元来炼钢、办食堂，需要退赔。

我清理了建设厅和下属单位的所有存款，包括局、公司两级项目奖励基金以及科研所实验室提取实验经费，数目不大，但积少成多（这几年大笔支出：一是重庆电厂成品混凝土报废的赔偿金，二是锦江大会堂因重钢产的屋顶钢架含硫量超标多次的检验费），保留了几十万的质量赔偿金，余下的两百万全部上缴。

最后凑够了两亿退赔给农村，当时四川有近七千万人口，农民约四千万，平均每个农民约得四到五元。

（三）省里规定由各级部门负责干部平反。这是调整工作中工作量最大的一项，存在不少具体问题，特别是处理结论。我参加了省里关于景晓村平反的专项会，参会人员五人：李井泉、省委主管组织的书记许梦侠、刘洪阳、绵阳地委第二书记彭华和我。我明白让我参加是因为我和景晓村的历史关系，以及我不赞同对景晓村的批判。彭华做了个人汇报，他在"二重"连续批判景晓村的大会上狠狠地发声："你不是大干部吗？今天我这个小人物敢于把你这个反党分子捋到底！"现在平反结论已定：景晓村虽有错误，但当时的批判也是错误的。彭华带着平反结论向景晓村道歉，景晓村很冷淡："你不过是摇旗呐喊，省领导决定批判我，跟你关系不大，用不着道歉。"彭华说只能请省领导跟景晓村谈，许梦侠很生气地说："这个景晓村太过分了，难道要李政委亲自跟他谈吗？"李井泉倒是很平静：

"景晓村说得对，对他的批判不能仅仅让彭华同志承担，我可以跟他谈，向他道歉，但有一条不能道歉，他公开反对毛主席。"说到这儿，李井泉扫视了我们几人，"他说只是跟他妻子在家议论，这不对，'二重'第一副厂长肖岗在会上揭发听到过景晓村的言论。"后来我听说李井泉向景晓村道歉，景晓村痛哭不已，同意平反结论。没多久，一机部通知景晓村回部里，"二重"由肖岗代理厂长。

（四）动员大批职工回乡劳动，恢复农业生产，减少城市供应人口，这是调整的重头戏。杨超主持会议，计委副主任、劳动局局长李满盈汇报拟议的实施方案。温江地委副书记宫辐书①发言："我感觉精减人员的数字太大，许多工作将完全停摆，希望省里再考虑。"杨超也讲了几句，这本是正常发言，讨论实施方案的可行性，却惹恼了刘洪阳，他拍桌子站起来公然指责杨超："这是抹杀近几年经济工作的重大成就，我不同意减少冶金人员……"讲完即扬长而去，杨超怒不可遏，讲了两句离席，剩下的与会同志不知所措。李满盈找来许梦侠，许梦侠只得宣布暂时休会。

李井泉了解后，表示这个方案仍然照顾了方方面面，人员精减不够，还得继续减。他严厉批评刘洪阳以一己私利公开炮轰杨超，目无组织，要严肃处理。最后1957年之前的老工人也清退了部分。

（五）精简机构，主要是前几年新增的学校——省级各部门自办的中专、技工学校和业余大学，因经费无着大量裁员。撤销省钢办，合并计委和建委，暂时保留经委，但与工业部分离。杨超主管工业并兼任计委主任，我任计委第一副主任，协助杨超工作。此时，刘洪阳、王宗琪因作风问题，被北京、重庆、成都三地举报而撤职，孟东波任经委主任。调整后，各方面都比较顺当，干部作风有了很大改变，人们对未来有了信心。

四川"大办钢铁"，用于基本建设约十二亿元，生产上亏损十几个亿。

---

① 宫辐书（1919—2013）：山西神池人。1937年加入中国共产党。新中国成立后，先后任中国人民解放军晋绥军区警备第三团政治处主任，四川大邑县委书记兼纪律检查委员会书记，四川温江公署专员、党组书记，温江地委副书记、地委书记兼温江军分区党委书记，成都市副市长，成都市委书记兼市政协副主席。

各县建的小炉子是自己拿钱，未计算在内。省里投入及亏损两项相加，花了二十几个亿，当时四川年财政收入十几个亿。调整的结果，重钢、二钢保留，规模缩小，铁厂裁掉了华强厂，保留威远、万福两个厂，成钢改产。调整后四川的钢铁生产规模比"大办钢铁"前还小（1962年全省产钢三十一万三千吨，比1957年下降十一万六千吨；铁二十万六千吨，比1957年下降百分之二十七点五）。

工作调动及找煤

1962年中央决定将全国建筑力量收编至建工部统一管理，建工部部长刘秀峰为此到四川与省里协商将西南三省的主要工程公司收归中央，建工部一局与四川省建设厅合并成立建工部西南工程管理局（简称建管局），并要求我回到局里工作。杨超不同意，最后结果是两边兼着，我继续任省计委副主任，同时在建管局任职。刘秀峰征求我的意见，希望我任局长，我认为自己在两边任职有许多不便，提出自己任局党委书记，由赵化风①担任局长和党委副书记，同时任副书记的还有王森和宋秋白（原建工部一局副局长）。

建管局书记的工作和我在省里兼任建设厅厅长时差不多，每周参加党组会和全局工作会，日常工作赴京开会均由王希甫、王森两位处理。我主要负责省计委的日常工作，参加省计委赴京会议，本应由省委书记出席的经济工作会议由我代为参加。李井泉向中央提出岳池、武胜、广安提水灌溉工程投资作为专项任务，要我跑国家计委争取实现。

另外我还参加国家召开的棉花、林业、物价等重大会议。1962年下半年省级机关和成都市物资紧缺，特别是燃料紧张，农村用麦秸秆和野草，

---

① 赵化风（1918—　）：河北灵寿人。1938年加入中国共产党。新中国成立后，先后任华北行政委员会政法委员会办公室主任，民政局副局长，建筑工程部技术司司长，建工部一局党委书记兼局长，西南工程管理局党委副书记兼局长，建工部政治部副主任兼党组办公室主任，北京经济学院党委书记。

城市靠蜂窝煤生活。省内几大矿区的煤只能供工业，发电厂都很紧张，有些地方拦截过境煤车，极似"大跃进"时期计经委强制性生产调度，当时总能得到各部门谅解，事后逐步调整给予补偿。而燃料却是没办法补充的，成为影响正常经济生活的重大问题。相当长的时间里，我除了在省计委办公，还与温江地委副书记宫韬书一起跑成都的小煤矿，寻找燃料，解决困难。延安时期，宫韬书是张思德的队长、中央直属机关特等劳动模范，是对党忠诚，全身心投入工作的老同志，我俩配合得很好，实实在在地解决了一些基层生产单位的难题。在此期间，我的肺病复发，医生要求我休假疗养，但工作不能停，我上午在家休息，下午上班，实际上常有电话或来访，很快全日上班。

冬季供暖，燃料需求进一步增加，需要找到新的来源。忽然得知彭县山沟里有一个小煤窑，因交通不便，数年没有调出，积压了上万吨煤，只需修一条简易道路即可运出，让人喜出望外。但鉴于之前的浮夸风，我决定晚饭后去一趟彭县核实，估计下半夜可回来，第二天还能上班。这个煤矿因为规模小，职工人数少，矿长兼支书，文书兼统计员，加上会计和几个采煤老把式。我到达煤矿时已是下半夜，矿长带着我看了堆煤场，看到两个堆成小山包的散煤，证明所言不虚。简单座谈后，了解到煤矿的生产现状，堆煤已有数年，因不通公路不能大量外调，现在只能靠人力搬运，供给附近村庄，因而收入很少，职工生活也很困难。如果能修一条简易道路，动员职工及附近农民参加，只要两万元，半个月即可通车。这件事不难办，我立刻拍板，限定时间，由矿上组织代工和提供工具按时完工。拂晓时分回到机关，心里很高兴，干了一件实事。

简易道路如期贯通，但并没有运出多少煤，我收到报告说小山头一样的煤堆已经全部掏空了。我当天冒着寒风赶到煤矿，表面的煤已经拉走，露出石头。我气坏了，严厉斥责矿长："这完全是骗人的把戏，怎么处分你？"

矿长喃喃自语："咋回事呢？明明统计清楚，这几年确实有这么多存煤啊！"

"这几年你是看着煤堆堆起来的吗?"追问了很久,最后落在这几年的产量日报和统计报表。文书兼统计员是位女同志,终于想起数据是怎么得来的。1959年开始,不管煤矿大小,彭县下达生产任务且每年递增,并规定每日上报,当日没有完成计划,彻查并处分矿长。有几个矿被查,这个矿因为太偏僻产量低未被查处,但被点名,受处分是早晚的事。这时统计员出主意:"我天天填报情况,上面从来没检查过,我们按上面要求的指标填报。二天要是被抽查,也找得出理由,比如突发洪水冲了。"这个办法矿上几个负责人默许了,这几年的确无人来查,也没有急调。"哪晓得你来追查,要处分就处分我。"统计员说。

"处分你干啥,你又不是矿长。"转头再想,处分矿长也没用,这是三年来"三高""五风"的恶果,还好只是报了一万吨煤,运走了近百吨,解决了一点点问题。我只能对矿领导做了适当的批评教育了结此事。

黄以仁的工作安排

1963年春夏之交,我第一次以所兼建工部西南工程管理局党委书记的身份到云南。云南省主管工业的省委书记处书记郭超希望我到云南帮助解决黄以仁受批判撤职后平反的问题,顺带检查云南建工局的工作。1959年云南省委对云南建工厅及三公司"黄米集团"不讲政治、资本主义经营方式的大批判,到1962年宣布批判是错误的,已经解决了大部分人的工作,唯有黄以仁还悬着。省里的工作安排,黄以仁一直不接受,当时主持批判他的同志约他面谈,他也拒绝。阎红彦表示自己可以出面,黄以仁以阎红彦初来乍到不了解情况为由拒绝,他不接受省里安排,也不打算离开云南,静候处理。郭超当年未参与对黄以仁的批判,现在因工作关系与黄以仁多次沟通均无结果。与黄以仁熟悉的鲁瑞林、秦基伟等已调离,思来想去,只有我和黄以仁熟悉,希望我帮忙。

我说这是原则问题,批判黄以仁是省委的决定,他现在的去留我也不能发表意见。即使和他谈,也只能是我个人的劝解,有用吗?

郭超说道理是这样的，但我们相信你能解开这个结。黄以仁很尊重你，多次提到你是他的挚友和领导，一贯支持他的工作。在他最困难的时候得到你的理解和帮助，这一点云南三公司的同志都这么说，你可以到他们中间去做一些了解。

　　我本来就这么打算，第一个找米兆伦，他与黄以仁一直合作愉快。下放云南后，米兆伦担任三公司经理兼党委书记、厅党组成员，云南省委、昆明市委对他俩进行大批判时，两人奋起抗辩，被扣上"黄米集团"帽子。原公司班子成员刘玉龙、李万富等保持沉默，李晋杰参与了批判。一些老工人、干部为黄、米二人说话被处分，干部下放，老工人离开，公司元气大伤。复查以后，一部分干部重新启用，一部分调到其他单位工作，离开的老工人返回公司。当时参与批判黄、米的少数人仍在领导岗位。米兆伦经上级多次谈话后同意调往省经委任职，目前只有黄以仁没解决。省里提出为他平反，但不宜在建工系统工作，去什么地方由黄以仁挑选，黄以仁不接受，表示自己就留在建工厅。

　　我与李晋杰谈话，他承认当时批判黄、米二人是迫不得已，违心说了一些话。他已向黄以仁道歉，老黄并不当回事，说不关他的事。李晋杰对黄以仁现在的对抗很担心。当时保持沉默的刘玉龙和李万富，表示老领导遭受的打击太大，谁来接手这个摊子不是小事，收归建工部管理是好事，同时对刘贤、高觉民等人寄予厚望。

　　最后我找到老黄，他非常高兴："我晓得你来了几天了，估计最后才能见面。我们只算老友重逢，没有工作关系了吧？"

　　我说："你说得对，老朋友总要见个面。"

　　他说："大老远地来看我，不会无缘无故，总是有点事吧！"

　　我笑："是郭超叫我来的。"

　　"郭超跟我的事没关联，他刚接手管工业。"

　　"他一再叫我来，帮他们劝你，把这件事了结。"

　　"我不和你说那么多，你晓得我的处境，包括大多数干部和老工人都成了'黄米反党'集团，你听过这样的事吗？"

"我当时听说了，从组织原则讲我们对你挨整没得发言权，而且我当时也因严重右倾受批评。"

"我晓得，我也明白，不过你受到的折磨没得我严重。不是说阎红彦在四川敢讲真话，是坚持中央正确方针的好人吗？咋个一到云南，地皮没踩热就公开支持昆明市委乱整呢？"

"是有点儿奇怪，但你想这不是一个人的问题，而是歪风邪气作怪，很多人受到影响。说正事，省里已经给你平反，向你道歉，几次安排你的工作，你始终没接受，这不是办法吧？"

"我就是气不过，前面乱整破坏党的威信是他们，现在七千人大会后说好话的也是他们。我豁出去了，不工作就不工作，反正没得工作快五年了。"

"话不要这么说嘛，我们都是老同志，要终身为党的事业奋斗，咋个能以赌气的方式对待党的要求呢！你这样就是跟党对着干，最后自己下不了台，这样好吗？"

"你说得有道理，但我要是接受了，被污蔑打击的形象在云南还转得过来吗？"

"不愿意留在云南，可以去其他地方嘛。"

"我不是没考虑过，哪有适合我的地方？我被搞成这个样子，哪里愿意接收？比如回四川，你同意其他人会同意吗？"

"你想得周到，我的看法和你类似。回建工部呢？部里对你前几年的工作一直是肯定的，刘部长杨部长经常提起你，现在的二把手赖部长是后来的，但他经常说起你在太行的工作。"

老黄想起来了："赖部长是旅政治委员，当时我在旅部当参谋主任，他很了解我。"

"这样吧，我现在给北京打电话，建议你到部里工作。"

老黄同意了，很快我接到部里人事司的回话，几位部长都赞成，赖部长很高兴，具体分配什么工作还要再商量，多方考虑，过几天再明确。我转告了老黄，他毫不在意："回北京就行，至于干啥子工作没得关系。"

我将结果告诉了郭超，我这个中间人算完成了任务。郭超谢我帮了大忙，要我多住几天和省里的主要领导谈谈这方面工作，我拒绝了，反问：你不就是省里的主要领导吗？

返回成都，王存治在机场告知接到西南局文件，免除我四川省计委副主任的职务，以后专等建工部西南工程管理局的工作。我有点意外：之前刘部长和杨超谈好了我两边兼职，怎么突然变了？我找到杨超问个究竟，他闭口不谈："这是上面的决定，我们只能执行。不过你在建管局管的大部分项目在四川境内，我们要经常见面通气。在没有人接替你之前，你要兼顾当前的工作，不要断了线。"

后来有同志告诉我建工部和四川协商好两边兼顾，报给中组部，中组部不同意。建管局的局长、书记由中组部管理，省计委主任是中组部管理，副主任则是西南局管理，两边不能交叉，只因四川坚持不放，一直拖而未决。最后中组部通知双方，调你去青海省任副省长，四川和建工部都不接受这个安排，于是四川放弃，以换取你能继续留在西南地区工作，中组部最后同意这个方案（接替我任青海副省长的王昭同志"文革"时被迫害致死，我逃过一劫，这是后话）。

1962年下半年至1963年底的调整取得了相当的成效，人均伙食标准增加有限，不过市场上杂粮、红薯、布票已放开，灯芯绒、毛麻织品、白酒虽然贵一些，但能在市场上买到。大家松了一口气。

三年困难时期，我每天上下班时，常遇到一位中年妇女，面容惨白，体形消瘦，让人担心。1963年下半年她的身体、面貌明显好转，不久看出怀孕。这几年人口出生率很低，现在能在街上看到孕妇，变化很大。冬天，我时常往返德阳、金堂等地，路过农村，看见老大爷脸上泛光，衔着烟袋，或散步或冲壳子，这情景好几年看不到，不赶时间时我会下车和老大爷摆龙门阵，老大爷乐呵呵地说："这几年政策好啊，自然过得舒坦。"是的，政策是主要原因，作风转变也很重要。前几年的"三高""五风"是人们厌恶的丑恶现象。

学习解放军

1964年年初，报刊连续报道解放军将军下连当兵，各大军区以及军以上各大部队的首长响应号召下连当兵，他们大多五六十岁，背着背包，扛起大枪和战士们一起摸爬滚打，进行军事训练，其中许世友、李德生、杨得志分外引人注目。这是红军传统的又一次体现，地方上也掀起了学习解放军的热潮，领导下基层参加工人的生产劳动。

在局党委常委会上，我和赵化风同时提出下基层的要求，我是党委书记理应第一个下去，局工作由赵化风同志负责。另外我一直未参加部直属企业、原第一建筑工程局的基层活动，现在正是熟悉和学习的好机会。我的要求得到大家的一致赞同，到一公司参加生产劳动半年，周末回局参加党委会议和局办公会议。

月初，我背着背包和王存治、李竹溪等几位同志一起到一公司一处三队报到，副局长兼一公司党委书记李子乾①、副书记许景茂已在公司等候，他们陪同到一处，与书记陈长春、主任陶浩然见面，陶浩然一直陪着我们到一处瓦工三组报到，陶浩然也参加劳动，按照规定，他半天劳动半天工作。下到基层，办公、劳动、住宿都在一个地方，方便多了。陶浩然是建筑五师的干部子弟，中专生，年轻能干，担任主任时间不长，已被公司内定为第一接班人（名单在总局组织部），这次安排实际是照顾我，我也顺带对他考察。

我加入的瓦工三组是老中青结合，由抗战时期的老战士、建设"一汽"时招收的青年以及在四川中江招募的学工组成，现在大多是三级工。组长张师傅比我大两岁，军龄十年，五级工，担任队长十几年。我开始体验在工人集体中生活，仿佛又回到抗战时在山东农村和农民兄弟在一起，

① 李子乾（1922—1997）：河北深县人。1938年加入中国共产党。新中国成立后，先后任石家庄地委宣传部副部长、地委委员，建筑工程部直属工程公司办公室主任，建工部一局一、四公司党委书记，西南工程管理局副局长兼一公司党委书记，建筑工程部长江工程指挥部、国家建委一〇三工程指挥部党委副书记、革委会副主任，基建工程兵整编办副主任、工程部副部长、指挥部副参谋长。

同甘共苦休戚与共。瓦工组是一个大组，砌砖铺瓦是主业，实际现场也包括搬运土方、平工杂工等活路。浇筑混凝土时人手不够，在现场的工人大都参加，混凝土工仅比平工高一二级，却是工程的核心。之前我到工地也就是监督鼓励，现在参加实际操作，体会大不一样。

在基层劳动三个月，我和陶浩然合作，承包了东方电机厂大门的砌砖工程，大家公认我俩砌砖达到了三级工水平。陶浩然兴致很高，认为可以达到样板标准。砌到一半时，组里一位八级工老师傅负责把控砌筑质量，他根据垂线和目测，判断已经砌好的部分偏出水平线三厘米，如果继续下去，偏心会加大成为危墙，必须拆除或者换人。他说虽然两位领导很用心，外观也不错，但误差大是质量事故，我检查晚了，应当负主要责任。

这对我俩简直是重大打击，陶浩然不等我说话，就响亮地说："我是工程处主要负责人，不能出这么大洋相，坚决拆掉，重新来过。你按照最严格的要求监督，我们从头好好干。"我十分赞同，动手拆除重砌，在老师傅的严格监督下，最终以全优的质量标准完工。这事很快在工地传开，虽然已经过去五十年，大门早已拆除重建，陶浩然已在"文革"中不幸去世，这件事仍然在我记忆里留下深刻印记。另一件小事，给宿舍屋顶铺瓦，下面的工人给我递瓦，我和另一个工人蹲在屋梁上铺设，工人失手下滑，我立刻抓住他的手，费了好大力气还抓不住，眼看着他要掉下去了，幸好旁边有人看见，赶紧过来，避免了事故发生。

所住的工地宿舍，没有装修。全天劳动时有疲劳之感，同住的几人相处颇好，大家抢着打扫厕所，清理垃圾。有一段时间全工组在附近耐火材料厂工地干活，单边七里路，我们结伴走路上下班，自带午饭，十分愉快，饭量亦大增，一顿吃六七两。

运动不断

半年时间很快过去，我回到机关，又接连开展了几次学习和批判的政治运动。首先是在领导干部中开展"下楼洗澡"运动，采取自下而上发动群众和自上而下自我检查结合，工程处以上的干部全部参加。接着又提出"两条路线""两条道路"的斗争和大批"阶级斗争熄灭论"，火力很足，震动很大。起因一是《刘志丹传》被指为刘景范等人借题发挥，为高岗翻案；二是《彭德怀自述》也被认定为翻案；邓子恢在农村合作化中"小脚女人"的错误，都一起被清算，其中调整时期的一些言论也被批判。有人抱怨这两年刚能吃饱饭，又开始搞大运动。

1964年秋在农村开展"四清"运动（清工分、清账目、清仓库和清财物），广为传播桃园经验（王光美在1963年11月至1964年4月间带领工作队在河北省抚宁县卢王庄公社桃园大队蹲点开展"四清"运动后总结出来的经验）。先搞扎根串边，访贫问苦，从小到大逐步组织阶级队伍；然后开展背靠背的揭发斗争，搞"四清"；再集中和系统地进行阶级教育，开展对敌斗争；最后进行组织建设，但很快被终止。接着在全国范围内普遍开展"四清"运动（清思想、清政治、清组织和清经济），我被通知到基层单位搞建筑业试点，这也是成都市的重点。

下来后才知市里刚进行以"阶级斗争为纲，大批阶级斗争熄灭论"的运动，白锋被严厉批判，因为他宣扬苏修"一长制"思想，与党委领导下的厂长负责制唱对台戏，已被停职检查。我在一公司一处的"四清"运动中批判了该处书记陈长春，在三公司四处批判了工人暗地实行的多劳多得的计件工资加奖励，虽然没给领头的魏怀中任何处分，但这种错误的批判造成了恶劣的影响。

与此同时，中央各部号召学习解放军提出的工改兵的要求，建工部作为首批试点单位，先组成一个支队和两支独立大队，建工部成立政治部，将党组改为党委，党委由七人组成——刘裕民、汪少川（解放军调入）、许世平、阎子祥（设计局）、任朴斋（生产局）、何郝炬（西南建工局）、苗澍森（西北局），政治部主任赵化风（西南建工局局长调任）。建工部撤销地区建工局，改为八个直属局，一、二、三、四局在西南，五、七局在西北，六局调京，八局在华北。

开启大三线建设

1956 年之后，中苏关系进一步恶化，两国长达七千三百公里的边境线，出现了空前的紧张局势。1962 年美国第七舰队进入台湾海峡，多次举行以入侵中国大陆为目标的军事演习，并与我周边国家签订条约，结成反华联盟，并在这些地区建立军事基地，对我国东、南部形成一个半圆形的包围圈。当时中国百分之七十的工业分布于东北和沿海地区，东北的重工业完全处于苏联的轰炸机和中短程导弹的射程之内；而在沿海地区，以上海为中心的华东工业区则完全暴露在美国航空母舰的攻击范围中。一旦战争开始，中国的工业将很快陷入瘫痪。在当时国际局势日趋紧张的情况下，为加强战备，中央提出"深挖洞、广积粮、不称霸"的方针，强调独立自主、自力更生。为加强战备，1964 年，中央决定建设第二套完整的国防工业和重工业体系，将国防、科技、工业、交通等生产资源逐步迁入三线地区。

全国划分为一、二、三线，京畿、东北及沿海地区为一线，中部晋豫皖赣鄂湘为二线，西北（除新疆）、西南（川黔滇北）为三线，并立即部署大规模的三线建设，重心是成昆铁路和攀枝花钢铁基地。毛泽东甚至提出骑驴去攀枝花建设，没钱他捐出稿费，由此三线建设的大幕迅速拉开。

国家计委第一副主任程子华（原国家建委第一副主任）专驻西南，负责西南三线建设，之后决定加强地区党的领导，西南局第一书记李井泉兼任西南三线建设委员会（简称三线建委）主任，程子华为常务副主任，西南局书记处书记，实际主持三线建设工作。后陆续增加阎秀峰、彭德怀、钱敏①为副主任，中央枢关经济部门负责人和地方省市负责人为委员，机械、工业各部委（除二机部、七机部）、建工、商业、物资等部均设立指

---

① 钱敏（1915—2016）：江苏无锡人。1938 年加入中国共产党。新中国成立后，先后任华东局经委副主任兼华东局国防工办副主任，西南三线建设委员会综合组总指挥，重庆市委书记、第二书记兼重庆市革委会副主任，重庆市委第一书记，第四机械工业部党组书记兼部长。

挥机构，在三线建委的统一指挥下工作。

国家建委下设建工、建材两个小部（1964年机构重组后分别成立），主任谷牧（原国家经委主任）。机构编制并无大小部之分，只是口头提出，原党组改为部党委，我被列入建工部七名党委成员，负责西南工程管理局工作。在全国向解放军学习的号召下，调军队干部汪少川任副部长，赵化风调任部政治部主任，部党委成员实际为三位正副部长（刘裕民、汪少川、许世平），其他委员为设计、城建总局局长，西南西北总局负责人。1965年，因三线建设需要，部直属企业改为八个工程局，各省市根据需要恢复省市建工局，西北、西南工程管理局改为部派出的指挥部。我原为建工部西南工程管理局局长，现在改名为建工部西南指挥部指挥长。

部直属八个工程局中，一、二、三、四局在西南。一局由原直属公司的一半和原西南一、二、六公司组成。原西南工程管理局第一副局长郑奕任局长，并兼任西南指挥部副指挥长，原西南工程管理局副局长吴兴德任副局长兼西南指挥部副指挥长，贾偶兼一局五公司经理；二局由调重庆的部属渤海工程局与西南四公司合并。李子乾任副局长兼一局一公司书记，李景昭（原渤海工程局局长）、陈东野（原西南三公司经理书记）任副局长；三局由原西南驻云南一公司和西南一公司部分力量组成。刘贤（原西南工程管理局副局长，云南总公司经理）任局长、书记，副局长李明刚（原西南安装一公司经理）、副书记高某（原西南工程管理局办公室主任）；四局由原贵州建筑公司和中南二、五公司及西南四公司遵义分公司组成，王森任书记（原西南工程管理局党委副书记），副书记宋秋白（原西南工程管理局党委副书记）。五、七两局（原部属西安工程公司及兰州总公司改设）在西北，六局（原部直属公司剩下一半）调京，八局（原部属华北工程局改设）在华北。

程子华与我谈话："三线建设任务很重，西南工程管理局将承担重大工程，是建委直接指挥的主力兵团之一，希望你们不负众望。"他并未告知三线建设的规模，我只有模糊的概念，知道之前已经有工程在施工，在吕正操（铁道部第一副部长、铁道兵代司令员）、郭维城（铁道兵副司令员）的指挥下，铁道部和铁道兵的几支著名施工队，1964 年以来一直在成昆铁路异常险峻的峨边地区开洞架桥。西南局经委曾组织省地有关领导现场参观，印象极深。

程子华到西南后的第一件事是前往从沿海迁往重庆的红岩电机厂调研，电机厂工程量不大，重庆建工局一个施工队不到两个月完成基建，厂方组织本厂职工自行安装，预计很快投产。程子华召开现场会议，推广该厂快速建成的经验，这是专门为农机配套的电机厂，以前全国仅此一家，可谓"独生子"，重庆是第二家，可想而知其重要性。程子华在现场宣布重庆地区由五机部副部长朱光任总指挥长，统一领导，立即启动十几项大中型工业项目迁建、改建。首先是华蓥山地区的几个光学厂，土建安装由我指挥、二局施工，由于项目多且分散，重庆建工分担了部分任务。重庆似乎是攀枝花之后的第二个三线建设的中心。

以前二机部只管兵器、航空、造船，现在分别成立了几个工业部。五机部成立三线建设指挥部，分设了枪炮、弹药、光学、坦克等几类工厂，规模大为扩大。六机部则设立办事处，由司局长坐镇，在阆中、江津、涪陵等地建设工厂。大型轮船无法在川江上游行驶，只能制造小型轮船，但大型船舶的核心部分可在三线制造，这样，大型柴油机、化油器等项目亦放在三线。另外，"二五"期间建成的航空工业项目已投产，筹备组长于辉正式担任成都峨眉机械厂（成飞一三二厂）厂长，崔振华任飞机发动机厂（成发四二〇厂）厂长。三线建设开始后，拟在贵州建设同一套项目，原发动机厂主管基建的周副厂长告诉我，他已调往贵州，另有一位副部长往来于川黔两地，在三线建委的领导下工作，重点在贵州。他还说以前同在发动机厂工作的同事李英杰调到二机部几年了，据说现在也要到西南建设，不过二机部保密等级高，情况不明。

四机部之前在绵阳建有一套不完整的电子工业城，如今拟在广元再造电子城，一位副部长常驻指挥。八机部是管理农机的新部门，在西南三线设立办事处，副部长刘昂（女）负责。一机部已在德阳和自贡、绵竹建设第二重型机械厂和三大动力特大厂，这次三线建设将扩建大量的民用机械厂，任务很重，副部长白坚坐镇指挥。其中拟建的重型汽车厂选定在大足，筹建组组长是原渤海二分区的干部，他说老厂在济南，是"独生子"，不能内迁，因此在三线新建一个工厂。这个项目规模大，投资巨，我指派建工二局四公司承担，工期六至七年，将占用二局三分之一的力量。

现在我对"独生子"有了了解，这类在一、二线地区的企业规模有大有小，产品十分重要，全国独此一家，可谓国家的宝贝。根据国家要求，要么迁建，要么在三线另建，任务繁重，国家调华东局经委主任、国防工办副主任钱敏负责遴选、组织和实施，任命其为西南三线建委副主任，名列程子华、阎秀峰、彭德怀之后。实际上，"独生子"并不限于机械工业，医药、化工甚至轻工业也有类似的企业，我接触到的有抗生素研究所、抗生素厂、天津医科院血液研究所（生产血液、白蛋白等制品）、乐山造纸厂等应接不暇的项目，令人目眩。我作为建工部成员参与三线建设，所知有限，却感到其历史意义重大。

不久，建工部为解决三线建设力量不足，除恢复各省市建工厅（局）外，另将沿海省市建工局的力量支援西南西北，调入西南的有江苏、浙江、山东、湖南、河南等省建公司，包含成建制的运输车队。我把这些公司交给一、二、三、四局临时管辖。

攀枝花动工

此时，程子华找我："现在许多项目已经开动，只有攀枝花这个重中之重没有动静，需要你们的主力军出马了！"按照惯例，钢铁基地攀枝花由冶金部负责建设，而围绕基地的一大批其他行业的项目没有完全确定。冶金部已与四川省商议，明确了渡口（因保密需要，对外以"渡口"代指）的总指挥部和地方行政机构，由西南工程管理局派出约五百人的精悍小分队进驻攀枝花，搭建临时办公用房，修建一个两百千瓦的小火电厂和小水泥厂，工期两个月。

程子华说："现在攀枝花一片荒野，人烟稀少，正值干热季节，只能露天作业，交通异常不便，需要边修路边施工，对你们是很大的考验，由你们自己紧急处理。"我理解了"特事特办"的含义，未来攀枝花将是一个特大新兴工业城，建设地方行政机构是地方政府的事，因特殊时期特殊情况，由冶金部和四川共管，并以冶金部为主。冶金部派出主管计划、生产技术的副部长徐驰任总指挥和渡口市长，基建司司长李非平任副职，设冶金、矿山、生产分指挥部。其他相关行业包括电力、煤炭、交通、物资、建工、财贸也设立分指挥部，西南工程管理局暂定为第三分指挥部。除了上文提到的办公用房和小火电厂、小水泥厂之外，西南工程管理局还将建设两个大中型火电厂（其中一个建于隧道内，技术难度大）、一个大型水泥厂、一个煤炭洗选厂，均属钢铁基地的前期工程。

接到命令后，我不敢有丝毫懈怠，决定从昆明的第三工程局选调五百人的精兵强将，由三局一分公司经理、人称"老郭海"带队；另派一局二公司副经理李高臣率木材、水泥制品等加工厂从成都出发。这样的安排是考虑到第三工程局在云南，除滇北靠近攀枝花属三线，其他地区是一线，"一大三小"是三局的写照，安排这一任务合情合理。之前贵州项目多而第四工程局人手不够，原计划将一局二公司派往黔北，但一局二公司去向尚不明，调李高臣到渡口是临时决定。

我从渡口检查工作落实情况回到成都，冶金厅副厅长李文达找我闲聊，李文达不在乎"大跃进"时批判我，1962 年以后他经常到我处说长论短。他是消息灵通人士，1963 年我离开四川省计委一事，是李文达告诉我的，他说中组部曾考虑将我调出西南，因四川省同意我专任建工部西南工程管理局工作作罢。这次他的小道消息是四川建议我出任渡口市长，因中央确定以冶金部为主，改派原西康省副主席白认代表四川任副市长。我听后一笑置之。

李高臣、老郭海带领建工两支小队，头顶青天，夜宿荒野，在极其艰苦的条件下，凭借高昂的斗志，仅用一个多月时间提前完成任务。三线建委明确由三局负责渡口地区其他项目的施工。

随着建工系统在川滇黔三省的工程陆续开工，我经常从成都到渡口，再经昆明赴贵州，最后从重庆回成都，从冬天到次年春天都在路上。这期间，中国人民银行人事局长贺晓初为总行下属的印币厂选址一事找我。总行很早就与四川联系，希望在四川建厂，因四川项目太多，省里未表同意。后来李先念副总理直接找到李井泉，此时大城市和交通沿线已无地可用，李井泉请西南指挥部帮助总行选址，这事交给了我。选址通常是建设单位确定后，建委最后核定，我第一次担当此任务，自觉需慎重。遂与贺局长一道，会同省建委安康元、杨乐斋几经查勘，按照"深挖洞"的原则，偏僻、便于隐蔽分散的方针，最终定在旺苍县东河边。总厂车间分散成七个小分厂，交通不便，成本增加，这符合当时"靠山、分散、隐蔽"的建设指导方针，但实际效果不佳，"文革"后再次合并搬迁。责任虽不在我，但工作没做好，留下很大的遗憾。

另一件事是刚成立不久的七机部（前身为国防科工委五院，曾在川北建设〇六一厂，西南工业建筑设计院设计，建工二公司施工）准备开建〇六二、〇六三厂两个重大项目，副部长张帆来川，邀我与他一同选址，我们跑了好几个地方，最后确定在达县宣汉一带摆下〇六二，大竹附近建〇六三。此时四川已在重庆、自贡、成都、渡口分设三线建设工委，任务太重，达县、大竹均在重庆分区建委管辖范围，建厂期间设立现场党委和总指挥，为此国家签发关于川北基地建设的文件，并通知各方：现场党委书记张帆，副书记鲁大东，指挥长何郝炬。

文件收到后，程子华突然找我："我怎么不知道这件事？"

"我也是刚知道，是建工部和七机部协商的结果。"

"你的任务太重了，你不能蹲在一个点做具体工作。西南工程管理局是三线建委的主要建设力量，承担多部门的建设项目，虽说各部部长是建委委员，但只有开会时来两天，平时就靠你了。不行，你不能待在一个地方，我去问刘裕民，让他另派副部长来。"

过了几天，程子华对我说："刘裕民讲了很多困难，部里现在是一正、两副部长，刚通知生产局长任朴斋、苗澍森、李景昭和你为副部长，除了任朴斋，其他人都在外地。如果换人，只能任朴斋接替，但他本人主管部里的生产技术工作，也不能长期在外，最多两边跑。许多事还是得你负责。"

我说："那是当然。指挥部建立后将由一局一公司承担，我建议由一局副局长兼一公司经理李子乾担任副指挥长，他完全可以胜任。"

任朴斋很快到了成都，他说："部里人手太紧张，部党委原有七个委员，加上新来的汪少川和赵化风，这次调整，新增四位副部长，设计局的阎子祥和城建局的丁宁两个委员没动，他俩只管专业局。你和苗澍森在京外负责三线建设部属企业的指挥管理，李景昭刚提拔，也在三线，一时抽不出人。我负责部里的生产技术，两头跑没问题，但工作重心还是在部里。"

我表示理解："你尽管放心，这是我义不容辞的责任。"

我已经半年多没有参加部党委会议，任朴斋告知部里近况："为了进一步贯彻学习解放军的号召，中央决定在建筑业实行工改兵，把一部分建筑业的精锐改建为基建工程兵，类似铁道兵。准备以西南工程管理局二局为试点，改建为一个支队；在西北选择两个公司改为两个独立大队，部里指定你具体实施。现在方案正在讨论，大家都知道你有抗战时的经验，估计以后你会专做这项工作。"

我对他的估计没想太多，但是工改兵会影响下一步三线建设的布置。任朴斋也认为建工系统需全面考虑，二局工改兵后，是不是需要成立新的二局？西南工程管理局将来的发展趋势怎样？三线建设如此繁重，云贵川的主力兵团势必会与地方建工公司划开，以便主力军集中精力完成重要施工任务，同时在西南的各工程局、公司也需要调整。

目前一局工程量最大，所属工程公司最多，原有一、二、三、五公司，前两年新增四公司和成都六公司，最近准备增设九公司，一公司的项目占西南工程管理局项目的一半以上。三局与云南工程局分开后，主要任务是渡口的前期工程，预计两年内完成，下一步待定。四局正在逐渐扩大，贵州的安顺、遵义及黔南任务多，急需扩充队伍。因此考虑将三局转向贵州，承担安顺地区三机部的两个航空大项目和其他部门的项目，至少持续六七年时间。这样，可以考虑把一局二公司扩大为新的二局，负责黔北到湘鄂川黔交界处的三线项目，以缓解四局的压力。

这个方案由任朴斋带回部党委，很快得到批准，西南三线建委亦没有意见。三局迁走后，渡口保留了强大的指挥所，由三局一公司、山东泰安公司以及三局派出的木工、机修厂、部属第三土石方公司组成，足以保证完成任务。由三局副局长、一公司老郭海、泰安公司经理共同领导。如此，一公司在达县，四公司在德阳和宜宾，五公司在泸州，新建的二公司在自贡和乐山，施工力量配置比较均匀，保证三线建设的稳定发展。

1967年1月，三局在渡口的机关及直属队数百人迁往安顺，如按正常操作，需步行到云南，再乘火车赴安顺，时间较长。我突发奇想，干脆发扬艰苦朴素精神，抄近路步行到安顺，时间相同。这可以说是建筑业的一大创举，也是学习解放军的具体行动。

可惜我只参加了三线建设的前期工作，我与程子华的上下级关系也仅限于前期，程子华作风缜密果断，批评人很直率，对下级的工作很关心，我从中学到了很多。很快，我与他都遭受厄运。

第九章

动荡的 1966—1976 年

1966 年初，我的工作重心仍然是大三线工程，穿梭于西南三省的建筑工地。但"文化大革命"的开始，改变了整个社会。

1965 年 11 月《文汇报》发表姚文元的文章《评新编历史剧〈海瑞罢官〉》，指出该剧的要害是罢官。我开始并不在意，以为这仅是文化界的争论，与我们没什么关系。然而事实并非如此，1966 年，中共中央《五一六通知》下发后，一系列重大消息引起巨震。在这之前，各机关已经在进行小范围的批判活动，主题是清理身边的赫鲁晓夫。

我与田家英

1966 年 5 月，西南局书记处常务书记、四川省省长李大章突然派西南局工交政治部副主任、老红军宋世永调查我与田家英①的私人关系。我和田家英是中学同学，并先后前往延安。很多人知道我俩私交极好，可是为什么这时候为此事专门找我？我虽然意外，仍然如实回答问题——我与田

---

① 田家英（1922—1956）：原名曾正昌，四川双流人。1938 年加入中国共产党。1948 年至 1966 年任毛泽东秘书；1954 年后兼任国家主席办公厅、中央政治研究室、中央办公厅副主任。

家英是中学同学，是好朋友。我去延安是受田家英的鼓励。

宋世永问：你们经常联系吗？

我答：那倒不是。陕北公学学习后，田家英决定留在延安学习工作，而我决心去前方参加抗日斗争，此后没有联系的机会。直到 1943 年，我从解放区电台广播和报刊上读到田家英和胡乔木的文章《东北问题的历史真相》，才知道田家英是延安的笔杆子，很高兴。真正跟他联系上是 1949 年，全国解放后西南局命我赴京向时任国家民委副主任的刘格平请示，如何接待西南少数民族代表等问题（我本人未做过民族工作，刘格平是中央政府委员，是我在渤海和华北局学习时的上级领导，因此我接受了这项任务）。刘格平与我见面时正好与田家英通话，我得以插了几句话。之后田家英到我的住处，互相交换了这么多年来各自的情况，我问及他的夫人刘承智，田家英回答说他们已经离婚。我很愕然，他俩是青梅竹马，一起参加学生运动，同赴延安参加革命，我不太理解。田家英说没有办法，她总是拉着他参加交际活动，例如周末跳舞或游玩，他不太喜欢，他更愿意在家学习，加上他的工作机要性强，实在合不来。我问他俩分开以后现在怎么样？他说还好，各自都另外结婚，现在的夫人董边在妇联工作，很少见面。田家英说他住在中南海，一般人进不去，让我以后到北京时电话通知他，他来看我。后来我确实出差时联系过田家英，他不是每次都能来见面，他解释过因为工作关系难以与同志多接触，希望我谅解。

大概是 1954 年或 1955 年，一天我去四川省委开会碰到田家英，我很高兴，问他在成都待多久，能否到我家一叙。田家英回答，这次出差时间很紧，明天去西昌，回来再说。我说好，回成都给我电话。过了好些日子没有音信，又一次到省委开会见到雅安地委书记何允夫，是他陪田家英外出调研的。他说田家英去了两三天即回成都。我说怎么没联系我。何允夫答田家英不让告诉你嘛。另一次，记不清时间，我在重庆出差，住在市里的小招待所。重庆市委副秘书长、团委书记李止舟（也是延安出来的四川人）与我一起晚餐。李止舟说田家英正在重庆调研，住在潘家坪市委招待所，据说明天离开。说话时已是晚上，我说现在就去潘家坪见一面也好。

李止舟与我同去，但潘家坪的警卫十分严肃，说田主任已休息。我解释刚到重庆，是田主任的同学，特地来看他，李止舟也在一旁帮腔，警卫不为所动，毫不通融，我们碰了一鼻子灰，很丧气地走了。

1965年秋天，国家计委在北戴河召开1966年度计划编制的预备会议，西南局书记处书记阎秀峰、西南局计委综合计划局副局长韩博和我三人代表西南局计委和四川省计委参会。一天晚上，我准备去大会堂看电影，从岔路口迎面过来的人是田家英，我和他相距乒乓球桌的距离，正准备打招呼，田家英却低头匆匆而去。

宋世永听完我的讲述后说，哦，原来是这样，我会如实向李大章汇报情况。以后再也没人谈起此事。多年以后回忆故人，才明白身处权力中心的田家英的谨慎，他的所作所为实际是在保护我。斯人已逝，生者如斯；长歌当哭，幽思长存。

厂社结合

"文革"气氛日趋紧张，中央领导尚能两面兼顾，各部派出工作组与学生应对，其他方面的工作继续进行，并推出"厂社结合"的方针。西南局第一书记李井泉向我传达中央这一重大举措，并要求在三线建设中具体实现，将三线建设和"文化大革命"联系起来。李井泉拿着地图选定三个片区作为西南地区的厂社结合的试点——重庆双桥子至江津白市驿、巫溪红池坝、石柱黄水乡。李井泉说党中央少奇同志以极大的精力规划和实施厂社结合，希望解决建设中的问题，减小工农差别，同工同酬，实现共产主义理想。李井泉要我尽快落实，我马不停蹄地查勘三大片区。回来后，我向李井泉汇报三个片区的调研结果，黄水乡条件最好，可容纳大量劳动力，利于工农结合；红池坝地域广袤，这两处容纳能力虽强，但立刻实现需要大量工作，只有双桥子—白市驿这一片条件成熟，可立即执行，其他两处只能逐步推行。李井泉同意我的意见，让我马上行动。

不久，建工部指令我代表部领导在大足宣布基建工程兵二十一支队成立，并向支队及四大队授旗。其时，群众情绪高涨。典礼后，我和一局副局长贾倜相约畅游大足玉龙水库。我以前不会游泳，50年代开始练习，从一百米到一千米，姿势不正规，但很努力，坚持冬泳、长距离游泳。玉龙水库长约十五里，来回约三十里，中途因体力不支折返，却创下我练习长距离游泳以来的纪录。

工改兵不是建工部一家的事，涉及冶金、水电、煤炭、建工等多部门，拟单独成立基建工程兵司政机构，预计谷牧任政委，明确原津浦前线指挥部政治部主任谢有法任政治部主任。我现在仅代表建工部管理自己的工程兵部队，范围完全不同。这次宣布二十一支队一线机构全部由铁道兵抽调组成，支队长姓肖，政委姓吴，副支队长、参谋长均姓王，都是新人，熟悉建筑业还需要一个过程。另外几个大队基本是原建工人马，如四大队大队长是原西南四公司经理丁煜华，安装大队大队长是原安装公司经理张振华等。工改兵对出身要进行严格政审，结果原公司不少老职工包括一部分临时工都不合要求。部人事司与支队政治部做了详尽调查，只能吸收一半职工，不合要求的另一半由部里另行安排。部里准备把一部分老技术工人转到新的二局，由李景昭、陈东野带领，以建筑公司名义工作，一部分参加厂社结合保留下来。这种安排发生很大的问题，以致最后全面翻盘。

风波乍起

问题是从原二局开始，工改兵和厂社结合同时进行。原二局部分职工到新的二局，后又突然决定万德舟带一部分人到三局，弥补三局和云南局拆分后力量的不足。剩下的人员转入双桥子—白市驿厂社结合队伍，只能以共产主义理想为由就地安置，相当于断了后路。这时虽然宣布将率领他们的从葫芦岛来西南的李景昭提拔为建工部副部长，但实际上他管不了这件事。于是留下的这部分人宣布向建工部造反，成为冲击建工部的第一家施工单位，部里指定我火速赶去处理。当时的情况，我只能尽量说服，没有其他办法，但这时部里所属的其他单位起来支持他们的行动，尤其是已经落户安顺的三局参与，这些人不仅是原二局老职工，还直接推出打倒三局领导的口号，一时间声势浩大。此时我只能暂停三局领导刘贤的职务，允许三局职工成立革委会处理今后事宜。正在此时，准备出国援建的原三局领导之一的李峰被部里叫回来参与今后工作。这之后，三局的风浪暂时平静。

趁此间隙，我到贵州的四局检查工作，了解情况，这也是部里的要求。部里正面临首都高校的不断冲击，无力考虑部属单位的工作。我见到四局领导王森，他正焦头烂额。二局、三局接连冲击建工部，四局也不例外，连续发生原领导和西南工程管理局分配到贵州的同志被冲击，每日不得安宁。王森认为中央领导应该反击了，他把这次冲击比作反右。我对他深表同情，但我说这和反右派斗争完全不同。首都高校的行动得到中央文革小组的支持。现在各地发动对部里的冲击同样是有来头的。我们只能做好自己的工作，想不到那么多。此刻，我无力请示部里，只能回到二十一支队驻地看情况再说。二十一支队是部队，未参与地方行动，目前还比较安定。

然而形势变化之快难以想象，此时西南、西北两局出现了一些情况。形势随着部里支持造反，已经形成了全国难以平静的局面。警报从后院响起，在成都的一局一公司、三公司，响应二局、三局的行动，先后宣布向部领导发起冲击，并与社会上的造反关联。5 月后，首都高校的"革命风暴"影响了成渝各大院校，成都高校相继冲击省委、西南局。最初省委、西南局由部委一级干部出面接待、做工作，但"文革"的态势汹涌而来无法阻挡，火力很快集中到两级的主要领导，并扩大到地区和县，遍地烽火。首都几大院校造反派派出人马参与各地行动。

1966 年 8 月以后，各单位原有格局完全被打乱，军队进驻维持秩序，以"东方红"或"红成"为名的群众组织各自为政。此时我已沦为阶下囚。我是在二十一支队宣布支持"文革"后被机关群众自发关押的。此时，西南局李井泉、李大章已被造反派架走、批斗。

我家也不例外，肖林被批斗，关押在设计院不能回家。"文革"伊始，肖林任官办的"文革"主任，写了一篇文章反对红卫兵串联，自然逃不了厄运。大女儿晓树十五岁，四中初三学生，所谓的"老保"红卫兵，和同学在五〇二厂劳动，被造反派"八二六"派拉去游街。二女儿晓任十二岁，小学六年级，由好心的邻居吴兴德一家照料。吴兴德的女儿东平和晓任一起买菜做饭，为了省钱，两个小姑娘趁着戴红袖箍的"纠察"到市场检查时买菜，这时菜价便宜一半。最初晓树给我送饭，后来在学校被按在毛泽东像前跪下磕头，晓树回家大哭，再也不来。肖林偷偷让晓任带话给我——现在各单位很乱，要我一定要坚持，千万不要自寻短见。

这时稍微大一点的单位都有军队进驻，军队并不过问造反派的行为，造反派为所欲为，发生了不少恶性死亡事件。

不久，四局来人把我揪到贵阳批斗，四局已被军管，王森等人在军管的严格控制下接受造反派批斗，我和王森等人被完全隔离。对我的批斗大约是借鉴了之前对李井泉的批斗。脖子上挂着大黑牌，戴上很高的帽子，牌子上写有"李家王朝的计划大臣、西南建筑业土皇帝、反革命修正主义三反分子"等，趴在大卡车上，后面瞄准我的是一排上了刺刀的步枪。我被拉去游街，俨然是绑赴刑场的架势……我是继李井泉之后在贵阳被游斗的，声势与李井泉不相上下。几个年轻人（可能是造反派民兵）押着我游街，我的脑子一片空白，不知将会发生什么。游斗几条街后，围观人群逐步散去，民兵王明根把高帽子和黑牌子扔在地上，拖着我消失在人群中，他悄悄对我说：没事的，看着很凶，下来没人管，就是我们几个人说了算。我被拖到一栋没有完工的半拉房子里，一位工人递给我一碗水一碗饭：吃吧，啥子都不要管。我问：我是被关押的犯人，这样行吗？他说：没得事，说是看管，从来没人检查。他把我带到工人宿舍，没想到老工人安慰我说：把你弄成这样，我们看着都难受！这些工人是从河南随中南二公司迁来，仍有人常往来于两地。工人们说之前建工部部长刘秀峰不知犯了什么错误，被下放到这里劳动，人挺好的，前不久被部里叫回北京，不知是不是造反派揪回去的。工人问我知不知道这事。我说没有听说。工人们又说：你是个大好人，咋会摊上这个事？我看这事长不了。老工人对王明根说：你要好好照顾他。王明根笑着点头说，那还用说！

回到住处，王明根说第二天他送我回成都。我问他：行吗？他说据说现在中央的精神要求走资派回到驻地。不能在外地拉来拉去地斗。有的人是想要你答应他们的要求。前几天贵州三局的造反派要拉你到他们那里批斗，这边根据中央精神没答应，而是要把你送回成都，怕万一出了什么事不好交代。估计因为成都是你的老窝子，在成都有家，总比在这里挨批斗好点。放心，还是我们几个小伙子送你，不得吃亏。

从贵阳上火车，竟然两天才到成都，火车上乱得一塌糊涂，满地垃圾，拥挤不堪。幸亏有王明根等几个小伙子拉扯，才没有挤散。顺便打听，知道自从大中学生全国串联以来，一直是这样。我被送回家，家里静悄悄的，两个女儿在家。王明根跟邻居讲了下情况，第二天回贵阳了。

几位邻居说起我离家这段时间发生的事情，指挥部二十多人，包括原来批判过的黄科长都平安无事，倒是局里在德阳中专的一批中学生跑来几趟，为首的是杨姓二年级学生，疯狂打砸。奇怪的是这些学生并没受什么冲击，学校教务主任、总务主任受造反派的鼓动起来造反，学生也跟着闹起来。我被杨姓学生重打了几次，但也有学生比较理智。周才贵是一位工人子弟，跟着造反派到我家抄家，看见我家的几把藤椅和破了洞的皮沙发，对同学说：还是个大走资派，这些东西还不如我家的摆设。走啰走啰！还有一些临时工冲到家里吵吵闹闹，说克扣了他们的工资，看到没有什么结果也就散了。许多单位发生了打砸抢，军队工作组只管一般秩序，对造反派的行为不闻不问。这时，原来的建筑四师及以后的转业干部中也有少数投机分子跳出来说四师被迫转业是受我的迫害，把我从家里拉到他们的驻地批斗。原四师的连队指导员徐清玉转业后被提拔任工区总支书记，颇受领导赏识，他参与批斗，比较文明，只是嚷嚷几句，从不动手动脚。他告诉我不光是他们这些连队指导员，包括丁长河也参加了，他被下面的人拉着要来找我理论。过了几天没见丁长河动作，我猜丁长河不会如此，只是被造反派拉大旗作虎皮罢了。听说有人鼓动王海东造反，王海东在农业厅里靠边站。他把来人骂走了……指挥部有个别人附和造反派，不过声势不大。

我回家后很快到了1967年春节前夕，全国掀起夺权风，党报党刊均停刊，仅有号外发布简明新闻、公告以及赞扬各地夺权的报道。这时成都的造反派分为"兵团派"（成都工人革命造反兵团，也称"撬杆儿派"）和"红成派"（红卫兵成都部队）。当时保守派产业军已垮，其社会基础转而支持"红成派"。"兵团派"和"红成派"的斗争，实际上是造反派和保守派斗争的延续。西南工程管理局内部也不例外，《西南建筑通讯》编辑康致中、安装公司技术员陈大伦、三公司供销处销售员朱某、理发员朱某、机关炊事班班长刘某等人组成所谓的"兵团派"，康陈二人是核心；工会主席费长厚、工程师张代富①则是"红成派"的核心。"兵团派"在军队的支持下夺权，他们内外奔走，顾不了我们这些被打倒的走资派，我们已是死老虎，停发工资，每个月发十五元生活费。

突然，1967年春节的一天发生巨变。头天晚上没有什么动静，第二天天一亮，成都军区就镇压一批乱打乱砸乱抢的"三乱"分子，局里扬扬得意的几个"兵团派"头目被扣押。省军区政委奉命到省计委抓恢复生产，他首先找到省纺织局的王克，希望王克协助，王克以不熟悉全面工作为由，建议请省委杨超（被造反派关在昭觉寺）和我协助。我和杨超得以出来工作，我俩找到省计委处长辛文了解情况。"文革"初期，辛文曾被计委副主任张戟批判，后来造反派推举他和另一处长周雪丰临时主持计委工作。辛、周两人见到我和杨超，态度积极，向我们介绍情况，使我们能顺利开展工作。

然而，仅仅工作了一个多月，在反"二月逆流"的浪潮下，杨超再次被关押，我则被揪到绵阳群峰农场，在造反派的监督下劳动。过去两个月

---

① 张代富（1933— ）：重庆巴县人。大学文化，教授级高级工程师。1959年加入中国共产党。历任建工部一局技术员、工程师，四川省建工局副主任工程师，四川省建设厅副总工程师、副厅长，四川省建筑工程总公司副总经理、党委常委兼四川华西企业公司总经理、党委书记，四川省建总公司副总经理、党委常委兼中国华西企业公司总经理、党委委员、副董事长。

的经历让我十分迷茫，不知何去何从。群峰农场的劳动量可以承受，甚至还能到河里游泳，想着在这里劳动一辈子，当个不称职的农民足矣。晚上学习，除了"老三篇"① 外没有其他读物，很快我就背诵如流。造反派让我们好好学习《湖南农民运动考察报告》，对照自己的思想，检讨自己为什么走上错误路线，成为"人人唾弃的过街老鼠"。在群峰农场的群众，包括以前认识的战旗文工团的同志以及他们的指挥、原彭县铜矿孙书记，他们如何看待我们这些走资派，对外面发生的事情是什么态度，都不甚清楚，糊里糊涂地过着。

锦江宾馆学习班

1967 年 8 月中旬，农场突然通知我可以回家，但不能外出并接触人。孙书记要我马上离开，我问他去哪里，他叫我别问。我俩背着背包和行李到成都锦江宾馆报到。孙书记说：你看这里多好，好好学习，说不定有好事呢！

我算是到得比较早的一批，住在锦江宾馆西楼，和老熟人王敖②、周航③住一个房间，也就是一个学习小组。他俩比我早到，我一进房间，他俩就笑着说：'这下好了，我们这些被打倒的人聚在一起。"我放下行李问：这么慌慌张张地把我拉到这里是咋回事？他俩说不知道，让干啥就干啥呗，别想了，不管咋样，换到这儿，至少可以洗热水澡了。王敖原在领导机关，他说军委会筹备这么久了，之前讲过"三结合"（人民解放军当地驻军代表、革命领导干部代表、革命造反派代表相结合），可是现在只

---

① 老三篇：指毛泽东写的三篇短文，即《为人民服务》《纪念白求恩》《愚公移山》。
② 王敖（1920—2004）：曾用名王翱，山西临县人。1938 年加入中国共产党。新中国成立后，先后任西南局组织部干部处处长兼西南行政委员会人事局副局长，中央组织部干部处副处长，西南局组织部副部长，万县地委书记、地区革委会主任，四川省委组织部副部长，四川省纪律检查委员会常务副书记，四川省人大常委会副主任、党组副书记。
③ 周航（1920—2011）：重庆长寿人。1938 年加入中国共产党。新中国成立后，先后任西南局办公厅秘书处处长，中央书记处第三办公室研究员，中央工业工作部一级巡视员，西南局办公厅副主任，四川省文教办副主任。

有军队的人和造反派，是不是该解决这个问题了。我说想不了那么多，周航是乐观派，他说我讲得对，我们都是中层，说啥都关系不大。聊起这一年的遭遇，我们都差不多。

我们在房间里学习中央文革小组和四川造反派的材料。监视人是五十军的军人和成都军区战旗文工团的造反派，他们每天都要对我们的行为做记录。我们没有被要求写检查，也没有被审查。一日三餐都自己到一楼餐厅打饭菜回房间吃。打饭时能见到其他参加学习班的同志，但没有说过话。也没在锦江宾馆的院子里散过步，相当于没有人身自由。只有批判李井泉时开过大会，小会也少，大部分时候都是在房间里除了同房间的人外，和其他人都没有交流，也不可能交流。

后来知道，这个学习班是四川省革命委员会筹备小组主办的，由支持"兵团派"的省革筹小组副组长刘结挺、张西挺主持，是为成立省革委会解放干部做准备的，平日里由五十军的军人以及成都军区战旗文工团的造反派看管。参加人员选择了西南局、省、市部分部委厅局级以上干部，以及重点大专院校、大型企业部分负责人，约六十人。西南局参加的人有李辛夫、周航、王敖等；省政府有赵苍璧、秦传厚、潘阳泰等。已调到国家轻工部的刘瞻也被从北京拉回来参加学习班。

我到的第二天开小会，由西南局机关革命造反指挥部主要负责人、西南局办公厅的王同臻处长主持，我被算作西南局的人一起参加。参会人数不多（因西南局机关编制少，办公厅是人最多的机构，也就二十多人）。这天批判西南局书记处书记程子华。我纳闷：程子华在西南局时间不长，批判他什么？事实如此，程子华对批判者提出的关于西南局的问题一问三不知，他的确不清楚。大概之前因为李井泉被抓到北京，李大章仍被关押，只得让程子华顶差。发言的人一个是赵苍璧，一个是钱敏。钱敏是西南三线建委副主任，批判同样是三线建委副主任的程子华（程子华实际地位比钱敏高），显得不伦不类。批判的内容不外乎是程子华历史上与徐海东、戴季英有过节，他俩批判时慷慨激昂，仿佛自己亲历。程子华经历的事多，十分老练，对他俩的发言逐一反驳。争辩不休中，程子华看见了我，不好打招呼。我一直敬重程子华。

王敖小声对我说："你对程子华算知根知底。"

我答："他俩说得那么扎劲，其实是虚晃一枪。"

王敖说："话不能这么说，大家都谋求解放出来嘛。"

原来如此，批判领导是为了解放自己，我心里不以为然。随着学习的延续，我逐渐明白：迕学习班是准备解放干部，李大章也来参加了学习班，看上去很轻松。王敖悄悄说："看来李大章要解放了，听说中央点名要他出来代表老干部，他是最有资格的人了。"

一天，听说中央把李井泉交回四川批斗，同时要求李大章在批斗会上发言，这成了学习班的大事。我和周航不明白为什么，王敖比较老道，他胸有成竹地说："这是意料之中的，是给我们这些老保一个机会。让大家表态拥护中央文革，争取早日解放自己，回到毛主席的革命路线上来。"造反派夺权已经半年多了，军管会和造反派当家，没有实现革命三结合。经过王敖指点，我和周航顿觉开窍，原来是这样，怪不得李大章在学习班常有笑容。

王敖说："那是自然，听说中央点名要李大章出来，可就是有人反对，还把刘结挺、张西挺作为老干部代表结合进了省革筹。刘结挺还是成都军区副政委，他真的能算老干部代表吗？他是代表造反派的老干部！看来这回是动真的了。"

周航说："话说转来，中央把李井泉交回四川批判是大好事，不光关系到李大章能不能解放，和李井泉、廖志高一伙划清界限，跟我们这些老干部也相关。大家都要好好准备一下。"

"那当然。"王敖说。"不过发言的人不会太多，上去几分钟就能说到李井泉的要害也不容易。"

三个人猜来猜去，最后认为他俩不太可能上台发言，我倒有可能，我长期管计划，接近领导，知道的事多。我听了有点发愁，我戴着"李井泉计划大臣的高帽子"，实际上我知道的并不多，特别是最令四川人反感的向中央调粮一事。大家说李井泉不顾四川人死活，靠给中央调粮当上了政治局委员，实际并不是这样的。我认为李井泉最不得人心的是庐山会议后搞测验找右倾分子。他俩认为我这么发言过不了关。

10 月 13 日开批斗会前，李井泉向我们几人握手致歉（因为他的严重错误连累了我们），没有了过去不可一世的气派。他的态度让我有些同情。最后上台的是李大章和周颐①（长期任李井泉的秘书，省委副秘书长、秘书长），另有天宝、史立言、明朗等人发言。"文革"初期，周颐任省委"文革"领导小组组长，掌握的材料最多，发言时嗓门极大。李大章是西南局常务书记、四川省省长，二把手，讲得最多，内容最重要，最有分量。发言主要集中在以下几个方面：

一是揭露李廖死党在四川的反党罪行（"文革"后，据说李、廖两人表示四川省许多事都是李井泉、李大章、廖志高三人商量决定的，李廖应该是"李李廖"）。

二是"大跃进"期间造假，给外省市调粮，饿死四川老百姓。

三是庐山会议后，故意不宣读中央文件而让大家讨论彭德怀给毛主席写的信，致使许多干部被划成右倾机会主义分子。

四是关于李井泉的问题。四川政法委一李姓干部，李井泉认为其工作方法错误批斗他，该干部自杀；党代会投票，李井泉差一票，会后李井泉让公安部门介入，调查未果，多年后才知是明朗未投给他；萧泽宽（重庆市委组织部部长）、李止舟（重庆市委副秘书长）、廖伯康（重庆市委办公厅副主任）向中央反映三年困难时期四川饿死人的情况，李井泉得知后，让任白戈严惩三人，三人被打成"萧李廖反党集团"，萧泽宽被免去市委常委、组织部部长职务，调到农村搞"四清"；李止舟留党察看一年，撤销党内外一切职务，下放砖瓦厂当副厂长；廖伯康留党察看两年，撤销党内外一切职务，下放建筑工地劳动。

会议宣布李大章完全解放并参加"三结合"的领导班子。

---

① 周颐（1914—2013）：曾用名周继颐，山西夏县人。1937 年加入中国共产党。新中国成立后，先后任川西区党委副秘书长兼省档案局局长，成都市委第二书记，重庆市委书记，内江地委第一书记，省委、省革委副秘书长，省委秘书长兼党史办主任，省政协副主席、党组副书记。

"文革"中的两大派别——"兵团派"和"红成派"一直严重对立。反"二月逆流"后，成都驻军和中央文革一直支持"兵团派"，"兵团派"在成都占主导地位。"红成派"实际得到重庆驻军和成都军区部分领导的支持。

这次封闭学习，不断有人找我们谈话，要我们表态支持哪一派。

一些人不清楚状况轻率表态支持"兵团派"，导致"红成派"极大不满。"红成派"虽然在锦江宾馆围墙外，但观察得很清楚。而学习班完全被刘、张和"兵团派"控制，支持他们才能解放，才能恢复工作。

突然之间，我发现自己竟然处在两派都想拉拢的位置，思来想去，我是已有近三十年党龄的干部，岂能忘记革命初衷，盲目附和？我斩钉截铁地对来劝说的造反派讲：我是你们两派革命群众公认的顽固不化的走资派，是大家要打倒的人，谁沾上我谁倒霉。就当时的心情，我想了两句打油诗：

锦江三月人依旧，矢的自甘走他乡。

幸遇两方皆戟指，岂堪附骥以求皇。

打油诗一出，没人再来劝我这个保守顽固分子。一时间风平浪静，王敖和周航说我做得对，但是担心我以后会遭罪。他俩是中层干部，附和几句轻松过关，但我不一样。听说"红成派"知道打油诗后很高兴。为此，我一直没得到解放，多挨了很多批斗。但我始终庆幸自己守住了自己，没有辜负哺育我的人民。

四个月的封闭学习期间，发生了几件难以忘怀的惨剧：成都大学副校长庄顷，川医党委书记孙毅华，原西南局书记处书记兼秘书长和组织部部长、西南局"文革"领导小组组长刘植岩被逼坠楼身亡。具体原因不清楚。刘植岩死（1967年12月12日）后没几天，学习班就结束了。

我没有表态支持"兵团派"，学习班结束后待在家里，很快被游斗。

"跪门吃草"

1967 年底，我被关押并带往旺苍东河印制公司接受批判。在东河待了三天，每天一早起，与中国人民银行贺晓初局长一起被戴上高帽，挂上黑牌，押至厂部广场，先背诵"老三篇"，接着开始批斗大会，持续一天。晚饭时勒令我俩跪在广场上，给我俩一些牲口吃的草料充饥，逼着我们上演川剧《绨袍记》中的《跪门吃草》①，令人发指。

坐在一旁酒醉饭饱跟着造反派起哄看热闹的是三公司原党委书记李文庚（从建工一局调到三公司）和三公司第三工程处主任高曰荣（原建四师十团某营副教导员）。高曰荣从副营提至副团，本人仍然很不满意，要把新提拔的副经理杜恒产（正团级）打倒。据说后来高曰荣真的脱了杜恒产的裤子打屁股，狠狠地整了杜恒产，恶劣至极！还有造反派的打手毕占奎，此人脾气十分暴躁，喜欢打架。

我俩被人押着，无法动弹，三人看完戏走了，我们像犯人一样被押走。那种屈辱，今天想起来仍然头皮发麻。

1968 年上半年我被造反派斗得一塌糊涂，"打倒何炬战斗队"的头目是建筑科研所职工、大学生韦延年，我最初不知他为什么这么起劲，后来得知韦延年背后是苏云。1957 年苏云被划成右派后回到成都，我给他安排了个室主任的位置（这个职务不需要报上级批准）。苏云很不满意，他认为自己是老资格，应该安排更好的职务。他不知道这是我能力范围内最好的位置了。"文革"开始后，苏云认为自己要翻身，必须打倒一个职位高的人。他参加的"三老会"（老干部、老地下党、老专家），被江青点名为反动组织，苏云被调查时，乱咬人，导致名声很差。苏云去世前，我去看他，他对自己在"文革"中的所作所为很后悔。

建管局 60 年代的转业军人因不满待遇低，把我抓到建设厅对面的小

---

① 《跪门吃草》：川剧著名丑角周裕祥的折子戏，事出《东周列国志》。

旅馆批斗，揪着我的头发往墙上撞，斗了一天，晚上不让我回家。大女儿晓树担心我，半夜找到我，却不能带我回家。

除了本地造反派，外地造反派也跑到我家让我交代揭发其他人。我拒绝，立刻被打被骂，企图将我屈打成招咬出其他人，用假材料整人。本地造反派帮着外地造反派恐吓我，我气坏了，坚持没有就是没有。一身伤痕累累，我买了一些三七泡酒，用来涂抹伤口。

1968年6月，刘结挺把我、张呼晨（副省长、财办主任，1938年我与他同在山西平陆工作）、牟海秀、李唐基、沈学理等人抓到自贡批斗。自贡是山城，在大山铺，我们戴着高帽子，挂着二三十斤的铁牌，一声令下，号令枪响了，身后的人猛然一推，我们踉踉跄跄地从十几米的高坡一口气冲下来，摔倒在河边。

一次在建管局批斗，我被押上台时，绑得全身扭曲。老工人冲上来拉扯并质问我：你为什么对毛主席不敬？这一拉扯，绳子松了，我顿时觉得舒服多了。批斗结束，工人们偷偷告诉我：晓得你难受，我们也没别的办法，只能想到这一招。

接着，被拉到重庆白市驿批斗了一个多月，最初造反派把我关到草料棚，后来放松了，我与老工人们同吃同睡。晚上老工人递给我一碗烧酒，我不敢喝，老工人瞪眼：怕啥子！喝！我接过来喝了，一人一根泡萝卜，一人一口喝转转酒。喝了酒，工人们叫我一起打牌。我不敢，还是那位老工人一瞪眼：想开些，打牌打牌！工人们讲述生活的艰难，厂社结合虽然不是我的决策，但他们如今的境地与我相关。我既感激又惭愧，赋诗一首：

白市驿（1968年）

己行殊优崇，让座车前篷。

徙往白市驿，暂栖小溪东。

三老相厮伴，风雨守料棚。

七年临合工，薪微负担重。

娓娓话家常，使人更沉痛。

嗟我多过失，何以对群众。

工友自开朗，安然乐融融。

寒夜问衣被，情意暖心胸。

语我无见外，樽蒲呼与同。

萝卜当佳肴，杯酒轮不空。

朝市沽鱼归，畅饮三五盅。

事毕便将去，勿忘花甲翁。

老人多关切，感我肺腑中。

来此不虚度，底层结良朋。

工农本色在，阶级心相容。

辞别何款款，他年愿相逢。

有人动员晓树与我划清界限，她一时没有主意，既想划清界限，又下不了决心。1969年1月，四中学生下乡到宁南，接受贫下中农再教育。当时我没有工资，吴兴德刚被解放出来，担心晓树下乡后的生活，拿了一些钱给她。出发那天，我被关牛棚，肖林在"万岁馆"（即"毛泽东思想胜利万岁展览馆"，今四川科技馆）劳动，晓任到学校给姐姐送行。我口占两首诗纪念，庞帜云在一旁看了流泪：

其一

旧园隔绝枉神伤，雏燕南飞辞故乡。

世事几经涉险阻，室家相累失戎装。

荷锄此去亦为战，插队生根自主张。

悲我将行难远送，梦魂客夜到金江。

其二

舐犊情深常依傍，一朝远别我难忘。

几番风雨之湘楚，又抱热情下建昌。

渺小家园何足恋，农村天地任翱翔。

幼苗苗壮顶风长，小树他年成大梁。

我被弄到广元工地批斗，工地有一些转业军人，对我拳打脚踢，理由是他们从军队转业时应该去生产单位（那时建工十分缺人，是赵化风要来的），来了这个又苦又累又脏的施工队当工人。没两天，突然又把我带到青川批斗。我和青川没有任何关系，原来是青川革委会需要一个大走资派当靶子，我正好在广元，二话不说把我借到青川。批斗会上揭发的罪行与我毫不相关。

1969 年夏天，韦延年把我们弄到成都近郊一局的仓库抬轨枕。仓库有一段专用铁路，不算长。我、吴兴德、庞帜云、郑奕四人抬两百多斤的轨枕，抬起来迈不了步，那滋味够受的。郑奕有颈椎病，脖子上戴着钢套，我真怕出事，去找韦延年请求他饶了郑奕。后来王希甫代替了郑奕。

1976 年，周恩来、朱德、毛泽东相继去世，一时形势十分紧张。当时，大女儿晓树在抗菌素研究所当工人，二女儿晓任在国家围棋集训队，小女儿晓军五岁，我恐遭不测，和肖林商量，想把晓军托付给邻居、西南工程管理局的司机陈大礼，万一发生什么事，我们不行了，晓军交给他，让她到农村活命吧！幸而"四人帮"很快被抓。

被解放

1970 年加快了解放干部的步伐，像我这样被监禁在牛棚的干部有了出来工作的机会。先学习检讨，然后在建管局宣布我解放，按照规定在所在单位当工人，听候分配。从牛棚出来当天，回家路上碰到钱敏，他说段君毅来四川了，要不要去看他。我说我刚放出来，没自由。他说没关系，一起去。

段君毅住在永兴巷，见到我俩非常高兴。他问我现在在干啥，我说不知道，应该还是在建管局吧。段君毅叫我到计委，我说这样不行吧。段君毅说我来解决。此时成都军区政委张国华主政，段君毅任计委副主任，省革委会成员。

在等待安排工作的日子，为了省钱，我常独自骑车到青龙场赶场买鱼，也和吴兴德的小儿子安平到龙潭寺买鸡蛋。为了防止被人认为是套购，我在大门外等安平，十四岁的安平跑几趟，一次带十个鸡蛋出来。

很快宣布了省计委班子名单。成都军区副司令员王东保为主任，段君毅与十三军后勤部政委秦登魁、我、钱敏、熊宇忠（原西南局计委副主任）为副主任。

段君毅让我立刻到计委上班，内外勤都做。在机关整理材料，骑着自行车在外调查各部门计划，一刻不得闲。为了编制1971年生产计划，我到重庆、绵阳、广元等地出差，了解地方计委计划，回到成都编制草案以供讨论。所谓计划就是要钱，但上面没钱给，造反派也不理，是个吃力不讨好的活儿。

辛文[①]是造反派推出来做计划的，他了解全面，是计划组组长。辛文自视甚高，一般人他都看不上，认为我优柔寡断，不过对我很尊重。后来我任计委主任后，提他做副主任，很多人反对。辛文能力很强，中央准备成立三峡省，我推荐他任三峡省筹备组副组长。三峡省筹备组下马后，辛文回四川任政协副主席。

在计委的几年，一边工作，一边继续被造反派批判。有一次因省委开会与北京开会的时间冲突，我去了北京，没参加省委的会，差点挨大整。当时有同志问：你是省委委员咋个不参加会议？我开玩笑地说："省委开会不就是举个手吗？我就不去了。"哪晓得因为这句话，有人给省委写了专题报告，说何郝炬对省委心怀不满。从北京回来后，杨超批评我："你说的啥子话哦，什么叫'举手委员'？"他帮我作了解释，那时气氛没有那

---

① 辛文（1931—2011）：山西石楼人。1948年加入中国共产党。新中国成立后，先后任西康省财贸科副科长、西康省计委商业科副科长，四川省计委综合处处长、生产办公室副主任，四川省革委生产指挥组计划组副组长，四川省计委综合组副组长、生产物资处处长，四川省计委副主任、党组成员，四川省进出口委员会副主任、党组成员，四川省计经委副主任兼党组书记，四川省三线建设调整改造规划办公室主任，三峡省筹备组副组长兼党组副书记，四川省政协副主席、党组成员。

么紧张，这事也就过云了。段君毅后来告诉我他曾经问过李大章，以何郝炬的资历、经验，应该进省委班子。李大章说这个人不讲政治。李大章是对我在锦江宾馆学习班不表态有看法，我一笑置之。

"三化" 工程

1972 年周总理批准了国家计委经李先念、余秋里提出的关于开展对外经济技术合作的报告。1973 年 1 月确定从西方国家进口十三套大化肥、四套大乙烯（即石油化工厂）、三套石油化工、一个烷基苯工厂、四十三套综合采煤机组、三个大电站、武钢一米七轧机，以及透平压缩机、燃气轮机、工业汽轮机工厂等等重大成套设备，共需外汇四十三亿美元，简称"四三方案"。"四人帮"反对进口，十三套化肥设备原本给上海一套，他们不要，坚持自己搞，要"多快好省"（后来上海仿制了一套设备，效果不好）。进口设备经毛主席批准，由余秋里负责，具体办事的是国家计委副主任周泰和，决定十三套化肥设备中的六套以四川天然气为原料。1973年，我在省革委生产指挥组，到北京参加计划工作会议。国家计委提出方案：六套设备中的两套给四川，要求安排在有设备、生产能力的厂。省里决定在四川化工厂（成都青白江区）、泸州天然气化工厂（泸州纳溪县）各安装一套年产三十万吨合成氨、四十八万吨尿素的设备。另外四套设备国家计委安排给云、贵、鄂、湘各一套。最初打算全部设备放在四川，定点在原料产地便用四川天然气，生产出的产品调各省。云、贵坚决反对，鄂、湘也不赞成，这个说法就不提了。国家计委建议云贵在邻近四川的边界设厂。贵州选择赤水，与四川古蔺相邻，连接天然气的管道距离短。云南的选址是国家计委出面，要求四川划地支援云南建厂。这个办法有例可循。建设攀枝花时，四川从云南划了一块地，现在攀枝花市金沙江以南那一块原属云南永仁县。四川最后同意在宜宾县划出两个乡，设为云南的水富特区，建设云南天然气化工厂，是云南的重点企业。水富这个地方没有公路与云南连逋，建厂的全部物资均是从成昆铁路运到成都，从成都转运到宜宾安边，再用船运过金沙江。云贵两个厂的班子和技术骨干均由四川支援，川化支援贵州，泸天化支援云南。由于燃化部规划的川汉输气工程下马，湖南湖北的设备没有使用天然气，改为石油。

中间有段插曲，是关于四川天然气化工厂（川天化）的事。川天化定点在合江，1960年开始建设，准备搞盐化工，生产烧碱。"文革"开始后停工，主要原因是合江的长河盐场产量很小，原料供应有问题。国家原计划在合江布置一套烧天然气的设备，后来燃料化学工业部了解到如果四个厂都用四川的天然气，一年需要十几亿立方米，当时四川年产天然气七八十亿立方米，明显支持不了。1974年我从北京出差回来，刚到计委办公室就被川天化的七八十人围了。他们用"造反派"的方式质问我为什么不同意把设备给川天化。我看到厂党委书记也在，问他："你怎么来了？"他笑而不答，后来他告诉我一半是被工人们架着来的，一半也是希望工厂能恢复建设。一帮人把我围到下午4点，午饭没吃，我怎么解释也没用。我只好当着他们的面给燃化部打电话："你们燃化部定的事，怎么现在成了我的问题？"燃化部回答："川天化这次定不了，以后一定设法安装别的设备，总会解决他们的问题。"工人们听了后连说对不起，我说我理解你们想恢复生产的愿望，但方式不能接受。后来我请他们吃了一顿饭才散去。然而部里一直未给川化工定项目，直到1980年，因为进口的化肥设备运转良好，农业增产较多，国家决定再给四川两套设备。我对化工部（此时燃化部已撤）说这次无论如何应给川天化，化工部不同意，认为放在合江效益不好。这时达县、重庆争着要项目，二机部在涪陵有军工厂，也提出改造一套。省长鲁大东当时管军工，他支持建在涪陵，一时争论不下。没办法，我到北京请国家计委副主任王德瑛帮忙，他以前负责川气出川计划，我俩很熟。王德瑛提出招标，由他主持。他到四川几个厂跑了一遍，做了分析，最后决定在涪陵、合江定点，总算解决了川天化。

决定十三套化肥设备的同时，决定上四套化纤设备：上海石化、辽阳化纤、四川维尼纶、天津石化。其中，川维是纺织部的项目。1972年轻工部准备在重庆建设一套国产维尼纶设备，还没定点次年就下马了。这次定点要求靠近城市、河道且有天然气。燃化部主张放在合江，轻工部不同意，最后按照轻工部的意见定在重庆附近的长寿县。

1973年7月3日，省委成立川化、泸天化、川维三套大型进口设备装置建设领导小组，统一领导建设工程。"三化"工程建设中，川化、泸天化进展较顺利，虽然有"文化大革命"的干扰，泸州还发生"武装支泸"的武斗，但终归有老厂的底子，上面有行业部门管理。川维则一开始就不顺，项目定点时很勉强，确定后很长一段时间无人过问。遇到的第一个问题是征地，长寿县不同意划地。1973年6月批准立项，到1974年春天施工单位还没能进场。北京与外方签订的合同是四年完工，这已经快过去一年了。中央急了，原以为有三线建设的力量，四川行动最快，当时国务院仅有一个业务组（组长李先念、谷牧），一个"毛选"组（组长刘西尧）。谷牧分管化工项目，他曾任国家经委、建委主任，轻工部一司长陈锦华是他的组员，陈锦华能力强，谷牧让他出主意。陈锦华建议还是先让四川动起来，推荐何郝炬和杨乐斋两人。他说四川基建队伍大，何郝炬一直是领头的；四川省建委副主任杨乐斋负责管理，所有的施工单位都要在他那里报到、选址，是四川建设的活字典。安康元也可以，但他身体不好，不能出差。谷牧认为这个方案很理想，打电话给徐驰，指责四川动作迟缓，提议要我和杨乐斋专管此事，给四川立军令状。

为此事，我和杨乐斋到北京出差。余秋里在中南海与我俩谈话。我第一次进中南海，几步一岗，很森严。余秋里最初以为我是造反派，谷牧介绍说："他是老建委，老保。我清楚，段君毅也清楚。我专门点他俩负责，是希望摆脱'文革'的桎梏。"又对我俩说，你们赶紧想点办法推进项目。我这一路确实想了些办法，一定要抓住名头，建议首先解决设备运输的问题，设备超高，铁路的涵洞、桥梁高度不够，最好从乐山到重庆走水路，采用"二级保卫"（国家领导人保卫级别），经过哪些河道、使用哪些码头由公安部门督查。比如设备到重庆，由重庆公安局局长全程陪同交接。项目从运输到安装均采用二级保卫，造反派插不了手。谷牧同意了。

回到成都，省委明确"三化"建设领导小组组长是徐驰，我是副组长主持工作，我的计委主任未免，但不管计委的事，专抓"三化"工程。"三化"下设"三化"办公室，好友张黎群"文革"前任绵阳地委副书记，被打倒后没事干，我叫他到"三化"建设领导小组任办公室主任，省计委科长袁一飞任办公室副主任。办公室五个人，管得很杂。1974年2月26日，省委发出《关于加强三套进口装置建设工作的领导的通知》，通知对领导小组的工作，有关地、市党委加强对建设的领导，省革委有关部、委、局加强协同配合等作了原则规定。凡"三化"工程有关事宜均由领导小组定夺，需要哪家出力、出人，直接通知，给了很大的权力。

1974年至1977年四年间，我和杨乐斋的工作重点是"三化"工程。最初是每个月跑一次工地，后来是平均两三个月，把三个项目轮流跑一遍，成都—青白江—长寿—泸州，跑一趟差不多三周，1976年途径永川时感受到松潘大地震的震波。1976年"反击右倾翻案风"使得形势再度混乱，省委组织部刘文静处长派来造反派，想内部夺权。派来捣乱的人竟是我的好友谢国治的弟弟。好在我得到徐驰的支持，造反派没得逞。三个项目，泸天化和川化比较省心，川维熬白了我的头，二十四次下川维，有诗为证。

1966年，泸天化从英国和荷兰引进的年产十万吨合成氨装置和十六万吨尿素装置建成投产。这一次是扩建，从美国、荷兰引进年产三十万吨合成氨、四十八万吨尿素大化肥装置，总投资一亿三千五百万元。工程于1974年动工，省建五公司、省建机械化施工公司、省建安装二公司等参与施工，1976年底投产。土建施工中的造粒塔采用滑模升板技术，大大加快了土建施工进度，此技术还在川化的造粒塔以及南京、西安、成都各工地的烟囱、电视塔、水塔等高耸建筑物以及高层框架中广泛使用，进度快、质量优，降低了成本。吊装合成塔时我在现场，李厂长有心脏病，没敢在现场观看，吊装很成功。三个项目中，这个项目投资最小、基础最好，进展较为顺利。

四川化工厂1958年时定在金堂，因为天然气原因改到青白江。从日本引进三十万吨合成氨、四十八万吨尿素大化肥装置，总投资两亿五千八百万元。1973 年 5 月与日本签订合同，合同约定 1976 年 3 月建成，全部由我国自行土建设计和建筑安装。工程于 1974 年 5 月动工，由省建六公司、省建安装一公司、省建机械化施工公司等施工，1976 年 3 月建成。

四川化工厂引进日本超大设备七件，铁路隧道无法通过，只能走水路。从上海港将超大件设备卸于千吨驳船上，利用洪水期溯长江而上，后折入岷江运抵四川乐山王浩儿码头，再分批装上四百吨平板拖车运至夹江火车站，火车车厢全部改装，转运至青白江施工现场。领导小组把设备安全责任交给省公安厅，公安厅按照国家领导人警卫标准沿途警戒。特大件运抵现场后，遇到的大难题是设备吊装。当时只有一台 50 年代东德的四十吨塔吊，而设备重达四百吨。进口吊装设备需要外汇，不能考虑。建工局总机械师包其国、省建安装一公司老工人贾广德（八级起重工）等人和重庆建工学院的教授反复研究，制定设计方案，并在"二重"、西金厂等多个厂家、企业、科研机构的共同努力下，增设两根起重量为两百吨的桅杆组成龙门架，这样起重量达到四百吨；四台二十吨卷扬机作为动力设备，置于轨道上，随塔吊移动，塔吊四周均可安装桅杆，空载时随塔吊行走，定位起吊时，桅杆支座经基础箱直接支承于地面，上部增设稳定塔身的缆风绳，作为大件设备吊装的主要机械。现场参战职工群策群力，日夜奋战，不到两个月就改装成功一台四百吨塔桅起重机，并经试吊四百零六吨重物成功，且移动轻便安全，这在当时是绝对的技术革新（此项创新在 1978 年全国科学大会上荣获国家二等奖）。吊装前遇到一个问题，按照我们的标准，设备螺栓孔直径与设备基础螺栓直径间隙为十几毫米，但国外设备这一间隙只有两毫米，这就给吊装就位带来很大的困难。有人提议扩孔，但一没扩孔工具，二是扩孔后设备不完好。贾广德师傅提出只要我们精心施工，可以不扩孔。正式吊装那天，我到了现场，周围的农民、现场工人足有三千人围观。吊装过程充分发挥塔桅起重机的优点，调好桅杆的角度，吊直了设备，使十六只孔眼对准螺栓，十分钟即吊装到位，没有一个扩孔。日方总代表井上原本十分怀疑，专门等在现场观看，吊装成功令他们十分惊讶，拍了很多照片，直夸我们了不起，真有办法！

初过青白江（1974年9月）

奔忙青白江，旧地焕新章。

竖塔入天际，埋沟淋雨汤。

凌空高吊起，简陋双桅抢。

大件千钧重，轻举傲远洋。

  1973年6月国家计委下达四川维尼纶厂项目计划，是全国四套大化纤项目之一。选址在长江北岸、重庆长寿县晏家乡朱家坝，是三面环山的山间凹地。川维厂第一化工区引进法国斯贝西姆公司的制氧、乙炔、醋酸乙烯、甲醛和排除物焚烧等成套设备，第二化工区引进日本可乐丽公司的聚乙烯醇设备，总投资估算七亿，厂区地域二百六十一万平方米，号称"十里川维"。房屋建筑总面积六十五万平方米，十八家设计单位参与设计。进场施工企业二十二家，西南工业建筑设计院承担主厂房的土建设计，省建四公司承担了主要生产装置和大部分辅助生产的土建工程施工，省建六公司、省建十五公司参与了时段施工支援。省建八公司承担热电站和外国技术人员招待所土建施工，省建九公司承担中转站土建施工，重庆市建三公司和长寿县建公司主要承担生活区建筑及零星小项目的土建施工。省建工局直属的两家机械化土石方公司承担土石方开挖及填运，重庆市政工程公司负责厂区道路施工，长江六六一工程指挥部承担码头工程施工，交通部第二航务工程局二工程处实施水下炸礁作业等。高峰期，工地有近三万人。

  我没有参加川维的前期工作，1974年我刚接手"三化"工程，长寿施工负责人许景茂就找到我，说土地未征，施工队伍进不了场，眼看时间耽误不起。我给重庆打了多次电话，仍旧解决不了。我第一次到四公司，对大家说我受命于危难之际，必须靠大家共同努力。不得已我给许景茂出主意：不管三七二十一，干脆把队伍拉过去，没有工地先露天扎营。施工单位是军队转业下来的，真的就这样开进去，在公路两边驻扎下来。我接着给重庆打电话，说队伍已经到了，你们想怎么处理？重庆市委书记鲁大东急了，说这样不行，不符合程序。我坚决不让步，让我管施工，要按时完工只能倒逼。鲁大东派专人驻长寿督促解决征地问题。1974 年 3 月开始平整厂区场地，8 月化工主厂区打下第一根基础桩，此时征地迁民办公室才刚成立。

初下川维（1974 年 7 月）

甲寅夏，予丞命主川中三化工程，四年中来往青白江、永宁河、长寿间，其中下川维廿余次，川化泸天化多次。喜怒忧乐，变化日频，即兴口占，工拙诚不计也。

寒气无端花信迟，东风吹我着征衣。

马蹄阵阵催行色，江笛声声数约期。

重挽弓弦人未老，应如众愿力成归。

河山壮丽无穷意，化出飞虹映日晖。

1975 年 6 月 7 日在川维检查工作。前右起樊远东、何郝炬、葛占奎

这样一个特大工业项目，开工于"文革"时期，主要设备全进口，技术复杂，设计施工多方交叉，征地拆迁、交通运输、材料供应、外事管理、后勤物资可谓千头万绪。川维建设中除有法、日、德等国的技术设备外，还来了很多外籍专家在现场工作，引进的设备也要配合进行商检，部分设备还需由国内进行修改和加工制造。大量涉外事务和国内设备制造、

物资供应等工作，不仅困难多、时间紧，而且若延误与国外签约还将遭受违约罚款……，所有的问题、决策、协调汇总于"三化"办公室，人手严重不够。1974年9月我找到省建总公司，希望借调三人，王希甫只给了樊远东一人。9月9日晚饭时樊远东到我家，他说自己不会写不会说，不知道到了计委做什么，心里打鼓。我叫他别担心，12日跟我出差跑现场。我让樊远东带上五六个大馒头，一包生大蒜，以防万一生病。计委刚分到一台丰田越野车，很打眼，中途在路上吃面时，司机陈大礼和樊远东轮流守车。

厂区距离长寿县城水路约八公里，公路约十五公里。施工现场条件极其艰苦，冬冷夏热，夏天室外气温高达五十度，没有抹灰的干打垒房子，水泼到墙上，立刻冒白烟；工程浩大、工期紧迫，上万工人云集于此，吃饭是大问题，蔬菜当地可解决，肉凭票供应，最初是从成都、重庆拉到工地。我找到重庆市，买猪下水比猪肉容易些，先解决了两吨猪下水供给工地，后来跟重庆协商好，现场每人每天供应半斤肉；连续几年战高温、斗严寒、防洪水、住工棚、喝浑水（当时只有长江未经过处理的泥水）、驱病疠（当时曾流行一种叫"白线鼠"的传染病，经省建工局派去医疗队及时消除并加强了预防工作）。没有节假日、没有探亲和休假，更无加班费。当时职工工资也较低，又大多与家人两地分居，生活十分困难。我回到成都即与省里领导研究批准给予参战职工每人每日补助生活费两毛钱，这样每人每月可增加六元生活补贴。这在当时，给每月仅有三四十元工资的一般职工解决了很大问题；运输设备不够，指挥部的干部都到码头搬水泥、抬钢筋，水泥遇上洪水浸泡，最后只能降低标号使用。重庆建委主任赵良抬过钢筋，1975年春节我到现场给大家鼓劲儿，与工人一起劳动，参加地下管网工程清淤；法国人分期分批提供工艺图纸，难以进行综合审查，而且修改频繁，每次修改图上都标明为"最终设计"，给施工带来很多困难，每次核准清单要花三五天；工地交叉作业，各土建施工单位之间、土建与安装公司之间大大小小的矛盾，吵得不可开交，多年来我在西南地区建筑业工作，有一定威信，我到现场，矛盾很快能解决，我要是不去就一直拖着；1976年"四人帮"大批"唯生产力论"，很多厂矿停产，川维急需的设备材料不能按时交付，窝工严重，我在川内到处跑材料，解决阀门、不锈钢等材料。

经常半夜接到电话，电厂没有煤发电，马上要停机，我只得到处找运煤的火车，不管运往哪里，只要有煤，都就地截住，用了再说，以后有煤再还，生产秩序混乱。

联动试车之前，我让樊远东陪着技术人员一个装置一个装置地检查，每天晚上，樊远东电话汇报当天情况，用了半个多月完成摸排，一次试车成功。有人说，没有我孤总，这个工程拖个一年半载很正常，其实是我最大限度地发挥了长期在建筑业工作的优势。

八下川维（1975年5月）

莫道工程多坎坷，重来又见起风波。

道途堵塞交通阻，程序交叉埋怨多。

工地奔忙似火热，后方疲沓尽推脱。

回天何用经纶手，端看指挥气若何。

十二下川维（1975年9月）

溽暑全消天渐凉，江头九月黄花香。

高温苦斗心如铁，旱地划船行有方。

平地高楼通水火，凌空巨塔待安装。

沟渠新开泥泞道，十里金花不夜乡。

廿三下川维（1976年12月）

此来为伴李公①行，喜见山乡景色新。

作业高空顶雨雪，深沟开凿到黄昏。

---

① 李人俊（1914—1999）：浙江温州人。1939年加入中国共产党。新中国成立后，先后任山东省人民政府委员兼工矿部部长，华东财政经济委员会秘书长，华东军政委员会华东财经委员会秘书长，燃料工业部、石油工业部副部长、建筑工程部部长、国家计委副主任、中国石油化工总公司董事长。

甩开枷锁浑身劲，更上新程万众心。

自是三军勇善战，竣工点火事非轻。

1979 年川维投料试生产，1983 年 5 月国家计委组织竣工验收，最终造价十亿。国家计委副主任彭敏任验收委员会主任委员，我是副主任委员。我在验收会上讲道："……川维厂建设从开始到施工高峰，正处于林、江反党集团严重干扰破坏时期，处在很不正常很不平静的严重时刻，我们顶住压力，与干扰破坏进行针锋相对的斗争，坚持建设、积极生产，经过曲折反复才取得建设的胜利。我再次感谢参加建设的广大职工的艰苦努力，同时希望大家珍惜这来之不易的胜利成果。"

川化、泸天化因为依托老厂，基建投资省了一半，投产后每年利润三个亿，对财政、农业贡献巨大，当时四川财政年收入不过二十多亿。川维白手起家，投资大，浪费大（工程所需建材均提前一年订货，由于征地不及时，导致物资已到货却找不到人接收，送货单位卸在路边，大量的钢材、水泥、砖瓦砂石堆在一起，型号标准全乱，最后只能按最低标准使用，浪费许多材料）。川维投产即亏损，设计时天然气价格很低，每千立方米五十元，维纶出厂价高，每吨五千五百元。到 1980 年投产时，天然气价格上涨，每千立方米八十五元，维纶出厂价格下调至四千五百元。1983 年每吨维纶亏损三百七十七元五。这时从中央到地方均有人批评川维决策错误，后来拿了一半厂房生产涤纶，改产聚乙烯醇、甲醇，终于在 80 年代中期扭亏为盈，一年有近亿元利润。

泸州长江大桥

1964 年中央决定实施三线建设，石油部为此在四川组织开气找油。1965 年，调集全国石油系统来川进行以川南为中心的会战。旋即"文化大革命"开始，会战被迫中止。1970 年，四川石油局组织所属单位四千多人，在盆地南部开展泸州古隆起会战，勘探三叠系气藏。年底，先后在盆地西北部、南部钻获工业气流，一些试验井日产几十万立方米天然气。国家和石油部门对四川天然气前景十分乐观。燃化部康世恩估算，一口井日产二十万立方米天然气，四川一年可产二百亿至三百亿立方米天然气。国家计委也对此做了一系列规划，进口六套化肥生产设备均是以四川天然气为原料。1972 年底，燃化部专门集中讨论大规模开发四川天然气，次年制定勘探开发规划。1974 年，我陪同国家计委副主任韩光视察川南几个县的气矿，走到泸州要过长江，在渡口等船。排队过江的车如长龙，等几个小时是常事。那时规定小车不用排队，至少也要等半个多小时。沿途司机都抱怨，过江要看天气、水情，经常封江封渡。车排在路上，无法掉头，人也不敢离开车，附近没有饭店、旅店，司机只能吃干粮、喝凉水，在车上过夜，实在很辛苦。川南矿区的队伍驻扎在长江南岸，每天也要排队过江，十分不便。韩光见此情形，说这样不行。我建议在川气出川工程川南矿区项目下加一个子项，建一座泸州长江大桥，经费在川气出川工程项目中列支。投资几千万，在当时是大项目，四川自己的基建项目一年总规模不过几千万，不可能全部给一个地方建桥。

1975 年，国务院批准国家计委、国家建委联合提出的开发四川天然气年产三百亿至五百亿立方米和铺设出川输气管道的建设方案（通称"川气出川工程"）。1976 年，川气出川工程按总体设计部署全面开工，泸州长江大桥顺利地列入其中。由北京拿钱，未列入四川省计划。为配合川气出川工程，国家地质总局在成都成立四川石油普查勘探指挥部。当年有三十多个气田的天然气并入管网，扩大了成都、重庆两个供气系统的规模，年产气量达五十三亿八千万立方米。1976 年 10 月成立川汉输气工程泸州大桥指挥部，项目预算四千四百五十万元。1977 年 1 月省建委批准大桥的初步设计，设计负责人是四川省公路勘察设计院女总工程师臧棣华（后为省交通厅总工程师），1977 年 10 月动工。1978 年 9 月，国家建委发现燃化部对四川天然气的预测有误，规划储量与实际可开采储量相差甚远，遂报请国务院批准停止川汉输气工程。这一年恰好赶上调整国民经济，全国停建、缓建了一大批项目，各地也跟着调整。大约是 11 月，国家计委在昆明召开西南地区计划会，要求各地清查处理项目。我没参加这个会，省计委派了人参加。会上有人提出重庆长江大桥是计划内的，泸州长江大桥是计划外项目，意思是四川不管泸州长江大桥。省计委开会的同志也不吭声。后来省统计局把泸州长江大桥列入非计划项目，以"何郝炬项目"写入简报。

长江大桥没了资金来源，此时大桥水下基础尚未完工。我和泸州的同志都认为应该继续修，但又解决不了建设资金。四川自己建设的公路项目经费靠征收的养路费维持，大桥要续建只能用养路费，但泸州长江大桥没在省计委立项，出钱无名。当时的省委主要领导到泸州视察工作，泸州的同志再次提出续建，领导说这个项目应该搞，但现在确实有困难。这下不好办了，泸州的几位领导都来问我怎么收场。我算了下账，工程款已花了一千万。因川汉输气工程下马，石油局给了一千多万的收尾款，如果把其他工程（引桥等）停工，集中力量修桥墩，钱应该够用。我建议在今年枯水期拼死也把两个江中桥墩基础建好，泸州的同志问光有桥墩有什么用。我笑着说留得青山在，不怕没柴烧。有了桥墩就有了基础，只要把桥墩搞起来，桥就一定能修。至于今后该不该修，是否修，不用去管，我们总之是尽到责任了。泸州决定横下一条心干下去。为了省钱，泸州市长徐明国找重庆市长借重庆长江大桥的施工设备，结果碰了钉子，重庆报了一个很高的费用。徐明国每次说起这事就抱怨重庆太抠门儿，实际情况是重庆的建桥费用已超支，想利用这个机会找钱。徐明国和臧棣华坚守工地，千方百计地省钱，一个冬天终于完成了一、二号桥墩施工。

1978年，四川的经济，特别是农村经济发展很好，财政增收，局面繁荣，加上省委书记到中央要了些政策，包括将1977年、1978年四川财政增收的部分全部留用，这样四川建设有了条件。此时到泸州仍然交通不畅，过江堵车，排队依旧。这时省里有人问，为什么桥修了一半又停了？省交通厅厅长何仲明到泸州调研，回来给省里汇报，应该修桥，桥墩已经修好了，只剩桥面，花不了多少钱。他这么说，省里也有人附议，我对泸州的同志讲，快了，有人说话就行。最后省里决定泸州长江大桥由省交通厅负责建设，经费由养路费解决。大桥建设指挥部改名为四川省公路桥梁建设指挥部，继续建设。从停工到复工不到一年，因水下基础已完工，1980 年 3 号桥墩提前一个月完工。陆上引桥及桥面施工进度很快，1982 年 9 月大桥竣工，10 月 1 日通车。泸州长江大桥被视为国内深水、高墩、大跨桥梁的范例，荣获 1984 年四川省优秀设计奖、国家优秀设计金奖，二号墩深水基础施工获国家科技进步三等奖。

泸州的同志说，没有泸州长江大桥就没有今天的泸州，这话有道理。没有长江大桥，泸州市区不能南北连成一片，发展规划受限。有了桥，很多事都好办，而且方便了贵州、云南的交通。泸州大桥开工后，贵州省的一些司机主动捐钱给指挥部，钱虽不多，但表明了他们盼望有桥的心愿。泸州大桥完工后，省了几百万，泸州又建了一座沱江二桥，相当于多修了一座小桥。

第十章

改革开放

升钟水库

1972 年，邓小平复出后，看到四川农业上不去，于 1975 年调擅长农业的时任广东省委第一书记来川任省委第一书记。新书记上任后，很吃惊四川这个农业大省竟然没有大型水库。这与李井泉有关，李井泉的指导思想是省钱，采用提水灌溉就可以了，不用上水库。省委第一书记便到水利部要项目，水利部答复只要四川找到合适的地方我们就批。实际上南充地委早在 1973 年就提出在嘉陵江支流西河中游、南部县升水镇碑垭庙修建升钟水库。南充地委书记卫广平带着升钟水库的全套计划书到省计委汇报，我参加了汇报会，很快上报国家计委。1976 年 3 月 12 日国家计委批准立项，这是新中国成立以来四川上马的第一个大型水利工程，蓄水十三亿立方米。四川当时一年的水利建设投资最多不过七千万，只能建中、小型项目（蓄水量一千万至一亿立方米是中型项目，一百万至一千万立方米是小一型项目，一百万立方米以下为小二型项目）。1976 年 4 月南充组成升钟水利工程指挥部开始做准备。水库淹没区涉及南充、绵阳两个地区，卫广平到省计委汇报，要求将剑阁、盐亭的两个淹没区划归南充地委管辖，以便于协调移民、受益问题。1977年12月8日正式动工。

升钟水库是川北地区骨干水利枢纽工程，南充地委和省水利局负责工程建设，南充地委副书记李世德任指挥长，省水利局副局长燕征为副指挥长，长驻工地。省水利局工程处参加施工，一开工就上了南充、蓬安、西充、阆中等地两万多民工，但一年多时间进展缓慢。1978年夏天，燕征向省委第一书记汇报项目进展，书记叫我列席（我于1977年底任省革委副主任，管常务）。

燕征很激动："国家计委同期批准两个水库，一个是升钟，另一个是陕西石头河水库。陕西是省长挂帅，比我们顺利多了。"

书记问："那你说怎么办？"

燕征立刻回答："我看没有别的办法，一定要书记您亲自抓。"

会场气氛有些僵，书记没有答复。中途我上卫生间，他也跟着去卫生间，对我说："老何，要不你来管吧，第一书记怎么可能去现场指挥？"

我说："我是管工业的，没管过农业啊！工业已经那么多事情，哪儿有时间管这个水库哦！常务工作怎么办？"

我猜书记早就打定主意了，果然，他继续游说："没有问题，老何，你抽点时间去指挥一下就行了，就牵头抓起来吧！"

回到会议室，书记说："你们的意见直截了当，很好，现在成立工程领导小组，我看还是请郑炬同志抓这个项目。"

至此，升钟水库升级为省管项目，成立了四川省升钟水库工程领导小组，我任组长，成员有省革委副主任李林枝、省委农办主任卫广平、省计委副主任李吉泰、省建委副主任杨乐斋、水利局局长苗逢澍。11月，又成立了现场指挥部，开始每月跑一次工地，单程三百八十公里的土路，要走上一天。第一次去现场，小组成员均到场，主要处理一件事：抓质量。我们先看了大坝工地，选址很好，沟很深，淹没区少，但施工现场狭窄陡峭，密密麻麻挤满了民工，没有机械设备，材料全靠人力车从坡下往上推。两万人上上下下，现场混乱，既危险效率又低。我对水利局工程处的同志说这样不行，这样，我批钱，你们买点挖掘机、翻斗车、风钻，这个工程公司因此打下了机械化设备的基础。我发挥长期主管建筑业的优势，关键工程采取包给专业公司的办法，不再上民工。送水隧道包给铁二局，大坝基础先让省建工局机械化施工公司施工，这样工地基本顺了。后来中央二机部二十四、二十七公司，冶金工业部第五冶金建设机械化公司，省交通厅公路二处等大型施工公司相继进场，工程建设逐渐从人海战术转变为机械化施工，大大提高效率。对此，南充的同志当时不太同意，主张继续用"大办""大跃进"的办法，因为农村经济体制改革尚未开始，平调农村劳动力基本不花钱，后来农村改革后，这个办法就不灵了。

中间有个小插曲，1979年夏，省委担心如果不能尽快完成西河截流，汛期来临后果不堪设想，尽管当时工地有三百多辆工程车，仍然不够用。省委向中央发了绝密电报，希望中央支持，姚依林副总理批示同意。省委将电报转给水利局，水利局派供应处曹元前去北京。曹元在国家计委拿到批示后，到国家物资总局要车。我们想要十辆二十五吨货车，总局只想给两吨半或三吨半的货车，曹元据理力争，总局说他们没权批。曹元退而求其次，说要十辆十吨货车，物资总局说这也得总理批才行。曹元打电话向局长汇报，局长说我们不能任性，只能尽量办。最后物资总局批了十辆捷克斯柯达七吨半卡车，从北京发了一趟专列到成都站。总算解决了问题。

1980年全国经济形势不好，四川原有两亿多投资，其中水利约九千万，占比最大。国家要求各省压缩投资总额，具体项目由地方自行确定。四川是农业大省，农业占全省GDP的百分之三十，农业部门要求终止升钟水库项目——花钱多且不知何时见效，全省水利项目很多，都需要钱，一个升钟水库的钱可以用在好几个项目上。这个提议得到主管农业的四川省委书记王黎之的赞同。

我当时负责全省投资总计划，掌握项目的"生杀大权"。这时必须平衡各方矛盾。我主张铁二局负责的伏虎送水隧道（长一千多米，施工难度较大）、渠系配套工程停工，坚决保大坝工程。我对水电厅建议，大坝修一半不具备蓄水功能，洪水一来就全毁了。大坝一毁，整个工程前功尽弃。讨论的结果，最后同意我的方案，两千万元全力保大坝，保证项目

1981 年考察升钟水库

"形散神不散"，只要大坝建成，水库迟早能建成。南充地委对此很有意见，我说全省这么多地方需要钱，没法只顾你一家。事实证明，这是当时条件下的最优选择，之前陕西石头河水库比升钟水库建设速度快，但因同样的原因，经历了停工复工，90 年代初才建成。

　　1983 年水库大坝基本完工，大坝高七十九米，底宽五百二十八点一五米，坝顶宽九米八，坝顶长四百二十米，为省钱采用黏土心墙石渣坝结构。1984 年 7 月水库枢纽工程竣工蓄水，1986 年完成隧道建设，接着完成支干渠。水库库容十三亿四千万立方米，水域面积八万四千亩（其中耕地不到三万亩），最深一百七十多米。工程费少效宏，性价比较高。我 1985 年离开省政府之前，提上由财政每年拿一个亿，安排基本建设投资，建几个重点工程，主要有升钟水库、锦城艺术宫、四川省体育馆、四川省肿瘤医院。规定升钟水库每年从中安排两千五百万。省里专门为升钟水库到北京找总理支持，总理也很赞成，要求国家计委每年安排三千万资金维持。四川后来接任的同志在升钟水库一事上非常积极，工程就这样延续下来。1998 年底一期配套工程全面竣工，实现控灌面积一百三十九万亩。从开工算起，整整二十年，总投资十亿以上。水库以灌溉发电为主，解决西充、南充、阆中、南部等丘陵干旱区县农业灌溉。现在水库水质良好，是全国有名的钓鱼基地。

省贫困县西充受益最大，县委书记曾在省党代会上发言："成都街上只要闻到臭味，肯定遇到西充人，我们西充人一年到头只有红苕吃，没法不放屁。"升钟水库解决了西充千百年来旱区之痛。而南部县占用土地最多，受益最少。水库建成后，南部县用受益县的水费，补贴水库移民。

大坝建成后，我填词一首：

临江仙·升钟水库（1985 年 6 月）

千载西河初睡醒，碑垭忽架飞虹。拦腰截断锁蛟龙。绿波吹细雨，轻艇荡微风。

敢藉蟠龙争伏虎，几经酷暑严冬。长渠千里起升钟。凤鸣通在望，天矫破长空。①

1991 年 3 月，水库枢纽工程竣工验收，张中伟省长邀请我参加竣工仪式，我谢绝了，这是我参与的最后一项大型工程。1994 年路过水库，最后一次游泳横渡水库，那一年我七十二岁。

古蔺郎酒厂

70 年代末，我和省计委副主任何仲明到古蔺县出差。解放初期，我在重庆工作时，与崔子明在街边小饭馆喝过古蔺出的郎酒，很喜欢郎酒的味道。这回到了古蔺要好好喝一顿。打听了一圈才知道因销量不好，郎酒厂已停产几年。

我和何仲明找来厂长询问：这么好的酒咋会卖不出去？

厂长说：四川人不喜欢酱香型，在川内没得名气。

---

① 碑垭：碑垭庙，水库大坝所在地。蟠龙：南部县境内水电站。伏虎：伏虎山，干渠隧道所在地。凤鸣：凤鸣山，干渠隧道所在地。

我和何仲明要厂长拿出复产计划，厂长最后报了十三万，主要是收购酿酒用的粮食。我们大钱批不了（两位数以内），十三万还是可以解决，郎酒厂得以复工。

不仅如此，我还想把郎酒推销出去。当年年底的全国计划会议，我让郎酒厂送十瓶酒到成都，我背到北京招待各省计委同仁，大家反映酒不错。北京市副市长、财贸部部长郭献瑞对郎酒很赞赏，他主动说由他出面，招待西南、华北几个省的计委主任。饭桌上，郭献瑞拿出茅台和郎酒，撕去商标，请大家盲评打分，结果郎酒第一，茅台第二。这下郎酒出名了，成了大新闻。商业部闻风而动，说郎酒厂归商业部管。其实之前，商业部根本不知道郎酒厂的存在。商业部给郎酒厂投资一百多万，一个小酒厂彻底做大了。

因为十三万，郎酒厂的老工人都知道我，他们很感谢我和何仲明给了他们机会。郎酒后来宣传周恩来总理夸过郎酒，那是瞎扯。

访问日本

1978 年 2 月，国家计委在向中央政治局作的《关于经济计划的汇报要点》中提出，有计划地组织干部到国外去考察，出国考察的目标从落实引进项目转为寻求国外先进管理经验。5 月，副总理谷牧率团考察西欧五国，6 月底向中央提交了访问报告，认识到我们与世界发达国家经济发展水平的差距之大。听说中央领导表示："不但部长、副委员长、副总理、省委书记，连有些厂长也要出国考察，要号召高级干部学一点社会主义时期的经济规律。"

当年 10 月，时任安徽省革委会主任的万里率中国省市负责人代表团访问日本，我是团员之一。在日本两周，参观了航站楼、火车站、茨城核电厂、丰田汽车公司、商场等大型企业，乘坐新干线，每天都安排得很满。时隔二十年第二次出国，我不禁震惊于日本企业的现代化、高效率，日本社会的富庶，高楼鳞次栉比，商品琳琅满目，城市整洁有序。1958 年我出访苏联、捷克斯洛伐克时，中国与这两个国家有差距，但绝没有二十年后与日本的差距这么大！日本也是战后才发展起来的，我们在"文革"十年浪费了太多的时间！每天回到酒店，大家在一起热烈讨论，时不我待的紧迫感十分强烈，大家认为需要在思想、制度、管理、技术等多方面学习先进经验。特别是万里，可谓如饥似渴，总想看更多的企业，跑更多的地方。最终我们比原计划超期，没有钱了，日本接待方只得降低餐费标准，也不能在酒店洗衣，最后快吃不上饭了才打道回府。

1978 年 10 月于日本国宾馆

我们刚从日本回来没两天，邓小平访问日本。同年 12 月，党的十一届三中全会闭幕，"以阶级斗争为纲"的口号停止使用，"两个凡是"被彻底否定，党和国家的工作重心逐步转移到经济建设上来，中国改革开放的历史新时期正式开启。

1981 年特大洪水

我任常务副省长这几年，工作繁杂，像救火队员，唯一的放松是周末在春熙路口的成都棋校下围棋。1981 年 7 月 12 日是星期天，我和廖井丹[①]从上午开始对弈，之前成都已经下了三四天暴雨，但这一天暴雨如注，我和廖井丹预感要出事，下午两三点提前结束，各自回家。我家在学道街，回家路上的积水已经到小腿，家里也是一塌糊涂，院门被大雨泡涨，用身体使劲撞开，瓦房内到处漏雨，小学四年级的女儿晓军说已经把所有的脸盆、厨房里的洗菜盆都用上，还不够。暴雨下了一夜，我担心了一夜。

第二天上午省委扩大会，先讲灾情，雨区集中在嘉陵江干流中游、涪江中下游、沱江上中游以及岷江与渠江中游；接着是救灾安排，派出工作组、慰问团，协助灾区工作，清除淤泥垃圾，安置灾民，控制疫病，恢复供水、供电、交通、通信；最后省委第一书记谭启龙确定由我去北京汇报，他自己坐镇一线。会后，谭启龙乘坐成都军区的直升机查看灾情，接着我和副省长杨钟带着两位四川电视台记者坐直升机查看成都及周边地区灾情，并拍摄录像。放眼看去，川西平原汪洋一片，零星的屋顶似孤岛，成都城区被淹，温江专区、金堂全县被淹⋯⋯灾情陆续汇总，全省除甘孜、阿坝、凉山三州和渡口市外，洪水波及十四个地、市，一百一十九个县。在这些受灾县中，遭受不同程度淹没的县以上城市共五十三个，其中金堂、潼南、合川、资阳、资中、射洪、南部等七个县城灾情最重，成都市、重庆市的北碚区，以及龙泉驿、内江、富顺、丰都、涪陵、万县市、遂宁、剑阁、盐亭、南充市等地灾情也很严重。成渝、宝成、成昆三条铁

---

① 廖井丹（1914—2006）：曾名剑鸣，四川长寿人。1937 年加入中国共产党。新中国成立后，先后任西南局宣传部副部长，西南行政委员会委员兼文化教育委员会副主任，新华日报社社长，新华社西南总分社社长，成都市委第一书记，四川省委常委、省委书记处书记，渡口市委第一书记兼攀枝花钢铁公司党委第一书记，中央宣传部副部长。

路多处塌方，运输中断十多天。

焦头烂额的两周后，我带着辛文、财政厅厅长姜泽亭、秘书李昌明和四川电视台副台长李放赴京，住在四川办事处。国务院派车接了我和记者，到国务院汇报灾情，副总理万里主持会议，汇报时我讲得很简略，主要请大家看录像。录像引起很大震动，大家没想到天府之国成了泽国。国务院副秘书长田纪云刚从四川调到北京，万里在西南局工作过，看见重庆朝天门、北碚、江津等熟悉的地方被淹很震惊，连声说太严重太严重了！田纪云说用录像汇报是一大创举。胡耀邦听说后要求第二天给他放录像，胡耀邦在川北工作过，从录像上看到他在南充曾经住过的房子泡在水里。

会上决定国务院和中央各部委共同拿钱救灾，田纪云起了很大作用。我们在北京待了十几天和各部委谈，水利部部长钱正英、国家计委副主任顾秀莲是老熟人，批钱很大方。国家建委是管理机构，没多少钱，谷牧也给了几百万。最后，国务院拿一个亿，中央各部委拿一个多亿，总数差不多三亿，给四川救灾，远远超出我的预期，大家笑称我面子大。

四川省委原第一书记、时任国务院总理原本说事情忙完后见见我们，一看要了这么多钱，为了避嫌没见。没多久，陕西发洪水，省长带队到北京汇报，没要到多少钱，陕西省省长很失望，说四川人很狡猾。

遂宁年年遭水灾，我利用这次机会，拨给遂宁七百万修建涪江防洪堤，一次性解决问题，不再被水患困扰。遂宁喜出望外，说我是天大的"财神"。1984 年遂宁防洪堤建成，我填词一首，当地刻碑于堤旁：

生查子·遂宁防洪堤工成以赋（1984 年 6 月）

城徒名遂宁，忽没洪波里。村镇尽为墟，灾难几时已。

众心起巨堤，堆砌长千米。挥臂挽狂澜，蜷首自东去。

水灾后三个月的一天，民政厅副厅长高振中①找我，他刚从川北回来，讲到达县地区几个县灾情很严重，却没拿到钱。我说达县地委书记李香山没报灾情有多严重，省里拨了二十万元给他。我感觉问题严重，第二天安排了工作后，立刻去川北。第一天晚上十点到绵阳，绵阳总体情况还好；第二天到广元，广元比绵阳差，川北三个月没见太阳，粮食都是空壳，收成不乐观；第三天到旺苍，旺苍年年被淹；第四天到南江，南江归达县地区，对李香山意见很大，说他瞒报灾情。我在南江拍板，按每人每个月二十斤口粮发放，记不得是发两个月或是三个月，川北旺苍、南江动用各自的储备粮，保证老百姓不饿肚子。第五天我在巴中见到新任达县地委书记盛永堂，问他：你们在搞什么名堂？盛永堂解释李香山不了解下面的情况，我批评他：你们这么搞要不得！任何时候、任何事情都应该实事求是。第六天经盐亭回成都，盐亭很多老百姓营养不良。我同意盐亭参照旺苍、南江的办法。

实际上我没有权力动用储备粮，但人命关天，我决定先斩后奏。先借粮，以后丰收了还给国家。回到成都，我立刻向谭启龙汇报，谭启龙同意了。恰好这一年，灾情发生得比较早，灾后大太阳，补种后，四川三大粮区（温江专区、内江专区、江津专区）不仅大丰收还增产了，遂宁、绵阳差一些，但也不错，当年即把借用的储备粮还清。

大江东去

改革开放后，当年为支持三线建设迁来的企业陆续迁回，国家投资东移。四川建筑业窝工严重，我力主队伍要走出去。四川建设厅在 1981 年、1982 年先后两次派出考察组前往沿海特区考察，深受特区改革开放的启

① 高振中（1924—2020）：山西临汾人。1945 年加入中国共产党。曾任山西省临汾县四区区长，川西人民法院办公室主任，四川省高级人民法院办公室主任，四川省政法党组办公室副主任，四川省高级人民法院副院长、党组成员，四川省民政厅副厅长、党组成员，四川省人民检察院副检察长、党组成员，四川省人民检察院检察长、党组书记。

发，厅党委研究决定组织力量进入特区发展，但在设立机构用什么名称及开展何种业务上犹豫不定。建设厅向我汇报时，我大力支持，指出根据特区改革开放的政策特点，可用"华西企业"的名称，一要体现其是中国西部的单位，二要综合发展突出"企业"特点，要跳出过去仅搞建筑承包的圈子，可在特区除承包工程外开展建材生产、工商贸易等多种业务，将来还可把四川的物资、土特产等带出口。省里很快批准成立四川华西企业公司，并由省政府开具给深圳市政府的证明"四川华西企业公司"，当年8月即在深圳注册开业。

华西进入特区之初，困难重重，因当时还处于计划经济与市场经济交叉并存的时期，如承包工程必须通过招标，但中标后，工程所需的材料以及施工机械、设备、汽车等所需的油料必须由施工单位自带有关指标才可在当地购买，也可以市场采购，但需用港币或外汇券，买进口的物资。我得知情况后即请省计委等部门破例专拨一部分钢材、水泥及油料等物资指标给华西转特区使用，并指示银行、铁路等部门解决贷款、车皮运输等困难，后来还由省财政、税务部门给予华西享受特区企业所得税百分之十五的优惠（当时省内企业向国家应缴所得税百分之三十三），华西得以很快在特区立足发展。1984年末华西公司参与投标深圳市五大重点工程之一的大型建筑——深圳体育馆，该工程设计独特，采用90米×90米大跨度钢网架屋盖结构，工程需用大直径无缝钢管立柱及各种规格的无缝管材作网架材料，装饰标准也高，施工技术难度大，工期紧，市里要求必须具有较高信誉、实力雄厚的施工企业，且能解决工程所需大批无缝管材的单位才能投标，当时全国只有鞍钢和成都无缝钢管厂可生产。基于此，招标单位原已内定冶金部下属一家冶金建安公司承建，但设计和监理单位香港华森设计顾问公司坚持要投标，并推荐四川华西公司参与投标竞争。华西向我汇报后，我即请分管冶金系统的孟东波副省长指令成都无缝钢管厂破例增加生产计划指标，并在春节期间加班生产以保证工程急需。华西最后经过答辩竞争，以钢网架顶升方案先进，标价合理中标。这个项目先后被评为广东省、四川省、深圳市的优质样板工程银质奖，并经国家建设部最后检查验收，获评为第一批建筑工程最高奖——鲁班奖。

华西在深圳等沿海特区发展后，1985年初，我在四川省建筑工程总公司（1983年7月四川省建设厅改名而来，华西集团的前身）工作会议上希望公司向上海地区发展，并在当年四川省建筑学会年会上题字"大江东去"，鼓励进军上海市场。1985年5月，华西承建了当时全国最大的棚户区改造工程，总面积四十万平方米，由数十栋高层和多层住宅组成的田林小区，是上海市旧城改造的重点工程之一，我到工地看望华西职工时写下"大江奔流接甫中，安营田林纵浦东"的题词。

为发挥华西在特区取得的信誉及经济实力，我支持华西争取直接向海外发展业务。经省政府审批，华西报请国家经贸部，省委书记杨汝岱和我分别写信给国务院领导及有关部门。国家经贸部按原规定一个省除中央企业在各省市的分公司外只批一个外经公司的对外经营权，考虑到四川华西公司在深圳特区的特点，按中央"特事特办"的政策，于1988年破例批准四川有两个对外经营权（即中川国际和四川华西公司），并经国家建设部、国家工商总局审核定名为中国华西企业有限公司。1985年中国华西取得对外经营权后，面临单独经营发展存在的外汇资金不足的问题，仅靠自身的外汇积累和省内银行贷款也有限，我为此将荣毅仁属下的对外公司给四川从国际上融资五十亿日元的贷款分给华西集团二十五亿日元，约一千万美元，从而解决了华西向外开拓的资金困难。

我现在离开了建工系统，然而近三十年建筑业的经历留下深深的烙印。无论走到哪里，只要当地有四川的建筑队伍，我总是住在他们的临时办事处而不住宾馆，即便当地领导再三邀请。有人问为什么，我开玩笑说省钱呀，不用出房费。省钱是一方面，更多的是感情，在简陋的招待所，我感到亲切自由。

望海潮（1982年12月）

开山辟道，平基竖架，惯于斩棘披荆。晓月晨星，攀高凿隧，为人砌筑营营。岁晚室生春。看巴山蜀水，画栋顿升。却待束装，荒村漠野尝艰辛。

自甘陋室栖身。纵高楼万千，广厦如林。两鬓渐霜，宝弓未老，鲁班重赴征程。奇技有新人。将瓦刀接过，又绘彩云。天外华灯辉映，明月照新城。

绵阳 "八三九工程"

1983 年 9 月底，国务委员兼国防部长、中央军委副秘书长张爱萍到四川视察（张爱萍与魏传统、杨超为达县同乡、同窗），任务是搬迁梓潼山沟里的核工业部第九研究院（简称"九院"），那里条件太差，不利于尖端武器的生产。魏传统陪着张爱萍在川内转了半个月，确定在绵阳附近找地方。核工业部（原二机部）在四川有两个施工公司，当时两个公司正闹内讧，张爱萍震怒，坚决不要他们的队伍介入，他正考虑在四川找谁抓这个项目，九院党委书记李英杰推荐了我。李英杰当时兼任九院调整布局小组组长，该项目定名为"八三九工程"。

我接到张爱萍秘书的电话，约我第二天随张爱萍到梓潼山沟里走一趟。我丈二和尚摸不着头脑，直觉不是什么"好事"。我带着李昌明，陪着张爱萍考察了十几天，最后选定绵阳北郊、开元以北沿涪江东岸申家沟、周家湾的丘陵地带为八三九项目用地。张爱萍站在山头，右臂一挥，划了一道圆弧：就这儿了！这个位置距西南计算中心近，与绵阳隔江相望，生活可依托绵阳，不占良田，搬迁移民较少，北面留有发展余地。

我问：总投资多少？总面积多少？

张爱萍：一期三亿三千万元，总建筑面积四十一万平方米。

我正计算，张爱萍打断我：别算了，只有两亿三千万元。

我说：我们四川穷，没钱贴啊！

张爱萍：我不管，反正交给你了。完不成我找你！

回到绵阳，杨超正等着我们。张爱萍说：我决心要搬迁九院，这件事就由何郝炬来抓。我很惶恐，怕干不好这么大这么重要的项目。我说核工业部有两个公司，实力很强……话还没说完，被张爱萍打断：不要提他们，说起就生气。为了保证工程质量和进度，防止发生扯皮问题，张爱萍明确主体工艺和总体规划设计由九院负责，核工业部第五设计院负责工业建筑设计，西南建筑设计院（原西南工业建筑设计院）负责民用建筑设计及总体规划设计。张爱萍说："为了工程质量能保证，时间快，还是包给省里好，这样材料也好解决，我给国防科工委打个电话，请国防科工委同核工业部说，就定了设计、施工由四川省政府承包，从设计到施工全部由四川省承包。"

张爱萍赶着回北京向总理报告，临走前，他叫上九院领导邓稼先、李英杰与我开会，宣布工程由我负责，立下军令状，完不成的话，找你何郝炬算账。我的想法是还是要把核工业部的施工队伍算进来。张爱萍说：我不管，你负责，责任在你，我只管按期完工，到时候找你要钥匙。九院希望张爱萍留下墨宝，张爱萍让我也写。我的字哪里拿得出手，张爱萍一定要我写，从那以后，我开始练毛笔字。

1983 年 9 月，我（前排左三）陪同张爱萍同志（前排左四）在绵阳视察

回到成都，我找到省建总公司。1984 年 5 月，省建总公司为八三九项目专门组建了四川省建筑工程承包公司，任命省建总公司常务副总经理高德明①为承包公司总经理，先期派遣承包公司绵阳总经理部入驻施工现场，紧急调遣省建机械化公司、省建一、四、五、六、十一、十三公司以及省建第一构件厂、省工业设备安装公司、省建运输公司等施工单位先期进场，建工系统八个公司加上核工业部二十四公司，人手没问题。资金由国家计委分期拨款，任务重时间紧。1984 年设计单位集中在绵阳现场设计，9 月完成项目的初步设计。1985 年 6 月 20 日举行开工典礼，那一天细雨霏霏，我和邓稼先、李英杰剪彩奠基，张爱萍发来贺电：祝贺施工顺利，保证质量，体现科学城特色，并力争提前竣工。从此"八三九工程"项目又叫"科学城"。

"八三九工程"项目动工，我（持铁锹者）和邓稼先（右三）、李英杰（右二）剪彩奠基。左一为高德明，左二为甘宇平

刚开始施工，问题一大堆，地基开挖了，设计图纸还没全部完成，材料没进场；征地没谈好，农民切断自来水……高德明十分能干，精心筹

---

① 高德明（1931—1993），四川泸州人。泸县高级工业职业学校土木建筑专科毕业。1960 年加入中国共产党。先后任四川省第二工业设备安装公司经理，四川省建设厅施工管理处处长，四川省建筑工程总公司常务副总经理，四川省建筑工程承包公司总经理。

划，科学管理，严控质量，精打细算。核工业部的队伍施工质量出问题，模板不牢，浇筑混凝二时，水流光了。我要求铲掉，重新施工。李英杰对四川建筑总公司的队伍非常满意，高峰期现场施工人员近万人，表扬他们动作迅速，干净利索。1985 年 9 月，国防科工委三局局长朱科与国家计委国防司张家林司长到工地检查施工情况，被施工建设者热火朝天的干劲所感动，连续几次说"没想到啊""没想到"，原本不打算给钱的他们在回京路上请示张爱萍，决定追加九百万元投资，以解决建设资金紧缺的燃眉之急。

1992 年工程顺利完工，竣工仪式上，张爱萍十分高兴：不要祝贺我，一定要祝贺何郝炬！我很高兴，幸不辱使命；也很遗憾，邓稼先没能看到——邓稼先于 1986 年 7 月去世，我这才知道他因受辐射伤害致重病缠身多年。写下小词一首纪念这位两弹元勋。

喝火令·悼邓稼先（1987 年 11 月）

渊海若无物，平凡以近人。胸怀宏愿许人民。飞越长空天外，遥遥赴征程。

求索十年久，风沙秋复春。功成两弹尽轰鸣。长叹英年早逝，千里放悲声。

大宁河招待所

1985 年 3 月，我在川东出差，到了巫山县。这里地处山区，交通不便，财政收入少，但自然环境颇好，特别是境内长江支流大宁河沿岸，如百里画廊，峰峦耸立，绝壁摩天，石石滴水，处处苍翠。与三峡相比，不遑多让，当地人称"小三峡"。巫山发展旅游大有可为，当时却没有任何基础设施，我建议先建一个招待所，让秘书李昌明转告县委书记，好好商量，报一个合适的预算，不要超过两位数。

当晚县委会议室灯火通明，县委常委全部到齐，讨论计算了一晚上，第二天报上来——八万元。我一看就笑了，我说不要超过两位数暗示百万以内，真是老实人啊，也太老实了！八万元哪里够？最后我批了三十万元。第二年招待所建成，解决了游客的住宿问题，大宁河旅游迈出了第一步。

这是我作为常务副省长审批的最后一个项目，1985年5月我卸任常务副省长，出任四川省人大常委会主任。

任常务副省长这些年，不出差的话，我通常早上7点到办公室，晚上12点回家，每天需要处理的文件摞起来用秤称。出差频繁，司机陈大礼从建工局就跟着我，到了退休年龄一直没人接替，车队说需要两个司机才能安排得过来。后来曾任常务副省长的谢世杰告诉我，这活儿不是人干的！

司机陈大礼

海螺沟

1986年夏天，我和省人大常委会委员袁一飞在甘孜检查工作，原省委书记许梦侠的秘书孙前下派泸定县任县委副书记，他讲泸定县磨西镇沟里的风景特别美，有冰川有温泉，巴适得很，一定要我去看看，帮泸定好好宣传。我们被他说动，孙前带着两三个工作人员陪我、袁一飞以及我的秘书曾益三人一同前去。汽车还没到磨西镇就没路了，我们下车步行，后面跟着驴队，驮着被褥干草。

所谓的路，连羊肠小道都算不上，凸凹、坎坷、泥泞，深一脚浅一脚走了大半天，累得半死，终于到达一号营地，距离磨西镇约十五公里。一号营地是森林间的一小块坝子，啥也没有，晚饭是带的干粮——土豆和玉米。工作人员找了块干的地面铺上干草，大家都累了，就地一躺，天为被地为床，满天繁星触手可及，一下就睡着了。第二天在鸟鸣声中醒来，空气清新，唯有两腿沉重得抬不起来。二号营地距离一号营地八九公里，一路上坡，加上高海拔，我实在走不动，只得骑上毛驴。孙前一路给大家"画饼"：二号营地的温泉是真资格的温泉，没有怪味，舒服得很。到了二号营地，所谓的温泉仍然位于荒野之地，水从一个小山头像瀑布一样倾泻而下，日久天长，地面被冲刷形成了一个小凹池，没有一丝人工痕迹。孙前确实没吹牛，温泉水质很好，温度很高，走了两天大家累得够呛，看见袅袅白烟，很兴奋，都是男士，不用扭捏，迅速脱光跳进池子，群山环抱中裸泡温泉，一扫疲乏，真乃人生一大快事！算是奖赏了我们几个先行者。第三天继续骑驴前往三号营地，没有鞍子，没有脚踏，任由毛驴跌跌撞撞，我的屁股磨烂了，怎么坐都难受。在三号营地看到日照金山，一号冰川的"城门洞"，瑰丽非凡。

原路返回，再受一遍罪，我的手表也不知丢在海螺沟哪里了。孙前问：漂亮吧？没骗你们吧？大家都笑：早知道这么辛苦，打死也不来。哪里是游山玩水，纯粹找罪受。曾益说：这是高原野外的探险、原始森林里的长途拉练，我们是为建设海螺沟冰川森林公园的踏勘人。回到成都，我填词一首，好好宣传了一番海螺沟。孙前因为建设海螺沟冰川森林公园的工作，从此与旅游结缘。

创办 《岷峨诗稿》

1986 年成立四川省书画院，杨超任院长。张爱萍说没有诗不行，谭启龙很赞成，"书画院"改成"诗书画院"，《岷峨诗稿》杂志社因此成立。

马识途和我考虑编辑人选时，第一个想到的是刘传弗①。刘传弗是四川地下党，是一位有传奇故事的老侦察员。"四清"时蒙冤，羁押在成都市公安局十五年而未判决，妻子与他离婚。刘传弗在狱中除了"老三篇"无书可读，开始作诗填词，传统诗词形式含蓄委婉，适合咏志言情，他以此度过漫漫铁窗岁月。1979年平反后，刘传弗诗词热情很高，写得也好，常向四川著名女诗人黄稚荃讨教。我和老马请刘传弗出任主编，他欣然接受。李维嘉②不知在哪里听说这件事，主动要求加入，编辑部正式成立。几年后，章润瑞③加入，是《岷峨诗稿》的顾问。

《岷峨诗稿》定位季刊，一年四期。马识途认为《岷峨诗稿》既是旧体诗，装帧宜采用线装竖排版，诗词应讲平仄。老马旧学底子深厚，毕业于西南联大中文系，出版了多部小说，文学修养最高。我以前不太在意平仄，从这以后按照老马的意见办。办刊经费由出版方巴蜀书社出一部分，诗刊发行售卖一部分，编辑部四人均义务审稿，一两个工作人员由巴蜀书社员工兼职。创刊号出版了，深蓝色封面，看上去古典精致。

没想到，《岷峨诗稿》创刊后一直卖不出去，亏本严重，巴蜀书社贴不下去了。老马、李维嘉和我自掏腰包，每人出了一百元，维持《岷峨诗稿》正常出版（刘传弗离休早，收入很低）。张爱萍得知后很生气："四川这么大一个省，一本杂志都养不起吗？"找到副省长蒲海清，蒲海清给诗书画院批了每年四万元办刊。1998年杨析综任诗书画院院长，将办刊经费提高到每年十万元，一直到现在，每年略有结余。

审稿流程是刘传弗一审，李维嘉二审，马识途三审，我终审，每一首诗稿四人都会看一遍。简阳曾渊如投稿很多，他认为旧体诗不应大众化。

---

① 刘传弗（1919—1992）：四川阆中人。1937年加入中国共产党。新中国成立后，任成都市公安局刑警大队长、副局长。
② 李维嘉（1918—2018）：重庆人。1938年加入中国共产党。新中国成立后，先后任川西行署委员、眉山地委组织部副部长，四川省委农村工作部办公室主任，四川省农业办公室副主任，四川省文联书记处常务书记，四川省政协副主席。
③ 章润瑞（1919—2016）：四川叙永人。1945年毕业于武汉大学历史系。曾任成都《华西晚报》、重庆《国民公报》主笔。新中国成立后，先后任西康省教育厅副厅长，西昌地委副书记，南充师范学院（现西华师范大学）党委书记兼院长。

他的诗常骂人，每次我都会改。我改过的诗不少，被叫作"一把刀"。老马和我审稿至 2019 年，三十三年共一百三十二期。2019 年，老马和我联名辞职，老家伙早该让位了。

省人大常委会工作

在省人大常委会工作了近八年，主要工作是立法，对我是新课题。我主抓了几个条例：

1987 年 7 月颁布《四川省人口与计划生育条例》，是全国各省、市、区第一个通过的计划生育条例。

全国人大常委会讨论《村民委员会组织法》实施细则，当时各方意见很多，很多委员认为没有必要，我也是这个看法。全国人大常委会委员长彭真在大会上讲基层工作很乱，应该有统一的法律规范，这个法律很有必要。我被彭真说服，在四川认真贯彻，带着秘书和几个工作人员，跑了很多村调研、宣传，脚踏实地、实事求是是我们工作的法宝。我曾经给自己定了个目标，走遍全川一百八十多个县，下乡调研正是机会。当时四川没有高速公路，外出调研很花时间，最终除了阿坝县、木里县、会东县、雷波县、沐川县五县没到外，基本完成计划。1991 年 5 月发布《四川省〈中华人民共和国村民委员会组织法（试行）〉实施办法》。

改革开放以后，经济建设迅猛发展，占用耕地越来越多，我很着急，经历过饥荒、战争的人尤为看重保护耕地。在我的推动下，1991 年 5 月颁布《四川省成都平原耕地保护区耕地保护条例》。然而，很快土地成为各级政府的财政收入来源，这个条例显得不合时宜，十年后即被废止。

市场经济的发展，对农村合作社提出新的要求，我建议搞《合作社组织条例》，做了一些准备工作，1993 年离任时没有完成。

当时，人大的工作人员先天不足，基本是一线转二线，有人开玩笑说人大是"养老院"。1988 年四川省委组织部提前宣布省政府秘书长姜泽亭任副省长，我与姜泽亭在省政府共事几年，很赞成。然而，省人大代表得知后大有意见：你们内定了，还要人大做什么？这项提议遭到以省人大常委会委员、省农机局原副局长梁维舟为首的人大代表们反对，没有通过姜泽亭的任命。省人大成立以来第一次发生这种事，是当年四川政治生活的大事，实际反映了省委相关人员没有法治观念，从此以后，干部任命必先在人大征求意见。

说到梁维舟，我任省人大常委会主任时，他是永远的反对者，我提出的任何意见，他都反对，绝对行使了人大常委会委员的权力。这些年见到他，他倒是尽说我好话。

当代四川史、志工作

1982年，中央提出编撰《当代中国》丛书，要求各部门、各省市、各战线都要对中华人民共和国成立以来的历史经验作出有科学价值的总结，写出专卷。1984年，省委委托杨超和我领导《当代中国·四川卷》的编写工作。我们成立了编委会，并依托四川省社科院，先后借调了近十位同志组建了编辑部，从拟定编写提纲、收集材料、编撰初稿，用了近三年时间。1987年7月，杨超和我带着编辑部全体成员，在峨眉山万年寺对全书逐章逐节地进行通审、通纂。1988年，我们在青城山连续又进行了两次通读、通改工作，最后，全稿由省委审定后报送北京，1989年，上、下两卷正式出版，共一百零二万多字。

《当代中国》出版后，我们留下参与编撰的骨干人员，在省社科院组建了当代四川史研究所，转向编写《当代四川简史》，并组织省内各地区和重点部门、单位编写《当代四川》丛书的各卷。省委委托杨超和我继续负责这项工作。《当代四川简史》初稿完成后，我采取逐章通读全稿、边读边议边改的办法。这部书三十万字，下限写到1995年。《当代四川》丛书先后出版了三十五卷。

1999年，我参加了在北京召开的《当代中国》丛书编写工作总结大会。会上提出了"后续工作"问题，但没有下文。我与杨超商量，当代四川史在延伸，当代四川史工作也不能结束。我们于1999年报请省委批准，把"当代四川丛书编委会"改为"当代四川史编委会"，后陆续增补了三位比较年轻的退休副省级干部做编委会主任，同时增补了编委会成员。工作仍依托省社科院进行，编研计划和经费由常务副省长和省政府办公厅协调。二十多年来，当代四川史编委会编撰、出版了《当代四川要事实录》和《青史留真》等系列书籍，开过两次全国性的口述史学术会议，《当代史资料》内部季刊从2000年出版至今。

根据胡乔木1980年关于"加强地方史志研究编纂"的讲话，四川省于1981年恢复省级地方志编纂，我于1984年任四川省地方志编纂委员会主任。1985年我到人大，接任常务副省长的顾金池兼任地方志编纂委员会主任，他让我担任《四川省志》的第一审稿人，我同意了，一方面是责任，另一方面是喜欢。我从小喜欢历史，喜欢读方志——古代中国的百科全书，审稿于我是乐事。1993年正式成立《四川省志》审核委员会，我任主任，负责终审。

从1984年到2003年，近二十年光阴，八十卷《四川省志》，四千多万字，我一一通读审阅。百余年间之巴蜀，迭经变革，由乱至治，浩繁纷绪，旁及广远；英哲相继，遗韵流芳。读后犹萦留脑际，久久不能去。遂咏诗百首，聊记读志所得。李维嘉认为这一百首诗没有诗味，拒绝刊登在《岷峨诗稿》。摘录三首于此。

电力工业志

有无小大百年间，开发曾经几往还。
椒子洞窝星火起，九龙跳蹬巨浪翻。[①]
火冲水镇两相济，西电东输一向牵。
什九资源余水力，路遥任远待登攀。

---

① 椒子洞窝：成都椒子街、泸县洞窝，为蜀中最先建成的小型火电、水电厂；九龙跳蹬：重庆九龙坡、成都跳蹬河，新中国成立之初在这两地建设了大型火电站。

峨眉山志

横羽修眉浑若仙，长将秀色润人间。

象池夜月流天籁，白水秋风说普贤。

异草珍禽列绿谱，祥光云海绘诗篇。

春来晓雨猿声细，更上高山觅杜鹃。

地理志

江纳百川流大海，山拦二水起河图。

高原盆底标差异，深谷陡峰地貌殊。

冬暖春温伤酷暑，雾晨雨夜繁秋湖。

黑华之府分参觜，① 地利天时人气舒。

围棋—— 一生挚爱

1945 年，我在山东德州任支前司令部政治部主任时，向粮食科长牛子春学围棋。牛子春的学生除了我，还有渤海区行署主任王卓如②。牛子春是"土八路"，不会什么定式，教了我们一些基本常识：什么是眼、两个眼就活了、怎么打劫……我和王卓如初学，劲头很大，一有时间就摆开棋盘。王卓如不太会联，一次被我断掉，一大块棋被围，最后被剃了光头，现在想起来都痛快。

解放后调建工系统，每年在北京开建工局大区会议，晚上和华东局张文韬下棋是乐事，文韬学得早，比我棋艺高。西南局的谭申平、李辛夫③

---

① 黑华之府：《禹贡》"华阳黑水惟梁州"，后指益州之地。参觜：《史记·天官书》"觜，觿，参，益州"。

② 王卓如（1911—1991）：河南濮阳人。1927 年加入中国共产党。新中国成立后，先后任山东省财委副主任兼商业厅长，山东省副省长兼计委主任。1958 年因反冒进反浮夸被打成"反党集团"。1962 年平反后任全国供销合作总社副主任。

③ 李辛夫（1920—2004）：原名李士传，笔名心甫，山东淄川人。1938 年加入中国共产党。新中国成立后，先后任西南局办公厅秘书处长、中央书记处第一办公室研究员、中央工业工作部办公厅副主任、基层工作处处长，西南局办公厅主任，四川省委、省革委、省政府副秘书长兼外事办公室主任，四川省人大常委会委员、政法委员会副主任。

都是棋友，李辛夫赢我多，我赢谭申平多。我的二女儿晓任在这样的环境中获得围棋的启蒙。后来我在谭申平办公室认识了廖井丹，廖井丹水平比我高，我俩的第一盘棋，我搞了一个"硬腿"的下法，看上去平淡无奇，但两个方向都可以发展，廖井丹不适应我的野路子，我大赢了一盘。之后的周日，没什么事我就到廖井丹五福街家里通宵下棋。

成都的围棋氛围很好，群众基础也好。陈毅曾对廖井丹讲：西南发展围棋就靠你了。廖井丹很重视成都棋校的发展，帮棋校找场地、找房子，解决各种困难。我们后来就到位于春熙路口的成都棋校下棋。粉碎"四人帮"后，廖井丹调任中宣部副部长，全力支持成立了蜀蓉棋艺出版社。这个专业的出版社，全国独此一家。

棋校在少年宫办少儿围棋培训班，晓树、晓任先后被我送去学棋，这大概是我唯一一次管女儿的事情。晓树成绩很好，是四中篮球队队员，学了一年多围棋后兴趣渐失。而晓任学棋热情高，1964年进入成都棋校女童班，1965年获得全国十单位少年儿童围棋比赛女子儿童组亚军。那一年成都棋校战绩很好，女子儿童组前六名成都棋校占了四位，包揽前三。黄德勋拿了男子少年组第三名。当年的成都市政协会议，不知谁的主意，棋校教练黄乘枕带晓任、黄德勋列席，两个小娃儿，啥也不懂，太可笑了。晓任因为受我的爱好的影响，走上围棋的职业道路，1982年获得职业五段。

围棋的趣味性很强，变化多端，胜负在毫厘之间，我沉浸于棋枰，其乐无穷。黄德勋说我是"乱杀派"，只攻不守。也许是因为生活里谨慎，在黑白世界里放开手脚，恣意挥洒，岂不快哉！1987年11月我接待日本山梨县议会代表团，会议休息时，我和李辛夫分别与日本议员对弈，我中盘完胜常盘议员，十分痛快。

这些年，我在家只能自己跟自己下棋。晓军笑称我是金庸笔下的周伯通，左右互搏。围棋，陪伴了我七十多年，是我一生挚爱。

1987 年 11 月与日本山梨县议员常盘下棋。左二为李辛夫

重返延安

1990 年底，我利用去西安参加全国地方志会议的机会重返延安。延安显得逼仄，延河不复当年汹涌，自己亲手挖的窑洞没了痕迹，陕北公学的校址变了模样，当铺早已没有踪影，唯有巍巍宝塔屹立在山顶。

2021 年 6 月，我（党龄八十三年）和肖林（党龄七十三年）获得"光荣在党五十年"纪念章

五十二年，弹指一挥间，束发少年已满脸皱纹，回想自己走过的路，不禁感慨万千：

沁园春

本自疏狂，因愤国忧，遂赴疆场。对獠牙猛兽，横眉怒指；仓黄黎庶，倾诉衷肠。奔没山林，遄行平野，饮马黄河过长江。炮声亟，正曙光在望，红满江乡。

几经风雨沧桑，笑孺子而今鬓已霜。恨平生拙碌，未酬夙愿；沉沦十载，尝罹劫�。逝水不留，干支恨短，却看新枝长出墙。沉吟久，奈笔端敛彩，难赋华章。

　　庚子年岁末，新冠肺炎疫情此起彼伏，九十八岁的父亲没能亲笔写完本书就住进了医院。在医院侍疾的间歇，父亲口述、我记录完成了最后两章。讲到六十多年前云贵川三地基本建设从无到有的艰难过程，父亲饱受病痛折磨的脸庞焕发光彩；讲到"文革"中痛苦的经历，"跪门吃草"的屈辱，父亲的声音忍不住发抖；昏迷中的父亲仍然念念有词："撬杆儿派""红成派"，我都不赞成，我不是不讲政治，而是最讲政治……父亲亲历了九十年来中国最为激荡的历史，他说："我只是一名普通的干部，这辈子很精彩很值得，对得起党，对得起人民，对得起自己的良心。"

　　父亲于2007年、2012年出版了《霜天晓月》《故人故事》，原打算就此搁笔，他说解放后运动不断，限制很多，很难写，但架不住亲朋好友的询问和鼓励，2013年夏天父亲开始动笔撰写本书。前五章父亲写得很顺利，从第六章起，父亲的写作速度极慢，常常大半年没有进展。父亲住院后，病情急转直下，勉强完成了第九章。在医院的两个多月里，我和母亲不断地启发父亲，查阅资料，寻找当事人佐证，完成了最后一章。父亲已经不能讲述具体内容，留下许多遗憾。不过，父亲很高兴，完成了三部曲，画上了圆满的句号。

　　我出生在父亲"被解放"后的20世纪70年代，在我最早的记忆里，父亲总是不停地出差、开会、加班；一次父亲从黑龙潭水库带回一些鱼，母亲让我用小盆分了，送给大院的邻居们；父亲接待少数民族代表，被灌得酩酊大醉，抱着马桶吐了一夜；父亲给幼时的我写了一百多首打油诗，以耍赖、玩泥巴、尿炕的糗事为题。我十岁时自尊心大大发展，认为这些诗丑化我的形象，一把火烧了大半，现在记得："大院里有个小娃娃，又耍泥巴又耍沙。泥巴糊得两手黑，爸爸一看就是她。"父亲性格温和，好说话，小学大门口两分钱一串的麻辣大头菜，让人垂涎欲滴，母亲从不给我零花钱，我趁着父亲中午偶尔回家，找他要钱，总能得手；初二生日时父亲送我上海辞书出版社的《唐诗鉴赏辞典》，我爱不释手，请父亲题诗于扉页："长烟落日听胡笳，开遍东风万树花。山水田园入画境，赏心怡性撷英华。"高中时的我很愤青，对社会、对政治有自己的看法，时常和父亲争辩，认为他圆滑中庸胆小，父亲大概觉得又好气又好笑，送我一首清平乐："遐思飞缕，故作荒唐语。妙问奇猜谁与拟，却道憨痴成趣。中宵掩读偷灯，依然稚气天真。休叹落红飞逝，凌风玉树亭亭。"我从小文科好于理科，然而母亲笃信"学好数理化，走遍天下都不怕"，强力要我继承她的专业，数学物理让我高中两年噩梦不断，临近高考时，从不管我的父亲罕见地、愁眉苦脸地与我谈话："你的成绩可能考不上大学，现在很缺技术工人，当工人也很不错……"我勉强上了苏州的大学，父亲写了两首诗勉励我："园杯冷落秋迟迟，恰是挑灯夜读时。莫道榴花开最晚，来年春暖报芳期。""蜗室观天天自低，江河奔啸自东西。追风逐浪行无止，踏上人生第一梯。"

在我心目中，父亲最传奇的事是十五岁独自一人偷跑去了延安，我喜欢听父亲讲他的中学生活、山东打游击，讲历史典故、诗词故事。我常常取笑父亲高中没毕业、没有科学常识，父亲总是一笑置之。一次我偶然翻出他50年代自学结构力学的笔记本，不禁呆了。前年冬天与父亲闲聊，他总结自己这一生："数学全班第一，却迷上了写文投稿办报纸。陕北公学毕业后，组织希望我留在马列学院做理论搞宣传，我坚持到抗战前线，心里打算先锻炼几年再回延安学习。解放后，仍然想回学校学习，办职工夜大，因工作繁杂不能坚持上课，每天挤出时间自学微积分、力学，最后却是管交通、建筑、工业、水利、计划的'万金油'。这辈子粗心大意，兴趣多而不能坚持。"父亲说："我少年即去延安，没有家的概念。后来虽然成了家，有了三个女儿，却没管过你们，一心为工作，是一个职业人，好在你们三个各有所成。"

1995 年全家福，后排从左至右何晓树、何晓军、何晓任

　　我直到上了中学，才意识到父亲是一个官。这个官具体干什么我不清楚，也不感兴趣。再后来离家上大学读研，结婚生子，那时父亲已经离休。这么多年，对父亲的工作，只是零星地知道一些碎片。整理父亲的回忆录，一方面感叹他惊人的记忆力，一方面完整了解父亲在革命胜利后的建设年代里的工作经历。父亲的文笔不能说多好，他的文字如他本人，真实质朴谦逊，实事求是，不官僚不说大话，如实写下当时的认知，没有事后粉饰。

　　新中国成立初期的西南地区，基本没有大的建设项目，三十多年来，硬是从条件艰苦、人才缺乏中白手起家，闯出了一条康庄大道。一穷二白的中国到如今的"基建狂魔"，是几代人付出多少努力才实现的。父亲恰好参与其中，有困难有委屈，有挫折有成绩。生活在平凡年代的人，很难在日常生活中感受到历史。而在父亲的回忆录里，我深深体会到，在波澜壮阔的时代，风云际会的时间节点上，大多数普通人，无论主动还是被动，都被这样的时代所裹挟，背负理想向前奔跑，充满激情地行动，富有意义地生活。从这一点讲，父亲是幸运的。

2021年5月20日何郝炬（前中）九十九岁生日时与家人和朋友们合影
从左至右（男）：张昱中、李昌明、杨宝泉、王存治、曾益、黎万策、陈克福、陈贵林
从左至右（女）：何晓任、汤瑞华、王瑞清、黄华娣、肖林、何晓军

在整理书稿的过程中，得到许多朋友的帮助。感谢华西集团原总经理张代富、四川省建委原基建处副处长樊远东接受采访并提供了翔实的材料，两位老建工人作为"三化"建设的参与者有许多生动的回忆；感谢四川省建筑科学研究院原副院长黎万策、华西集团原办公室主任梁建平、四川省政协原副主席章玉钧通读文稿并补充相关资料；感谢四川省机关事务管理局原局长李昌明、四川省建设银行原行长曾益、浙江水利水电学院曹元老师提供材料；感谢四川省建委原副主任王存治、四川省建筑工程总公司原经营部经理王瑞清、四川民族出版社原副社长邹景阳、成都市政协原副秘书长吴安平审阅文稿，订正谬误；感谢四川大学华西医院吴红梅教

授、刘龚翔医生的精湛医术以及干一病房护理团队的精心护理，让重病的父亲得以在住院期间完成本书；感谢好友宋湘云将手稿输入电脑；感谢中国建筑西南设计研究院有限公司蒋明伟高级建筑师授权在本书封面使用其摄影作品《巴朗山垭口》。

特别感谢新华文轩出版传媒股份有限公司原总编辑张京的宝贵意见，他对新中国成立后四川的历史、人物、事件极为熟悉，以严谨求实的态度订正了大量谬误；感谢责任编辑谢雪老师一丝不苟的改稿审稿，没有她的耐心和鼓励，这本书将不完整；感谢当代史编委会的鼎力相助，让本书得以在父亲百岁生日前顺利出版。

由于父亲年事已高，精力和记忆大不如从前，父亲的老友、老同事们大多过世，一些需要核实的事找不到当事人。本书难免有疏漏或谬误，敬请读者不吝指正。

这是父亲的经历，也是许许多多参与者的经历。谨以此书致敬为共和国流血流汗的劳动者们，你们用意义鲜明的行动，改变了中国的面貌！

何晓军

2022 年 3 月